Constantinopla 1453

Primera edición en este formato: octubre de 2025
Título original: *Constantinople 1453. The Last Great Siege*

Diseño de cubierta: Taller de los Libros
Imagen de cubierta: Panorama 1453 History Museum - Vivaystn - Wikimedia Commons

Publicado por Ático de los Libros
C/ Roger de Flor n.º 49, escalera B, entresuelo, despacho 10
08009, Barcelona
info@aticodeloslibros.com
www.aticodeloslibros.com

ISBN: 979-13-87592-35-6
THEMA: NH
Depósito Legal: B 18178-2025
Preimpresión: Taller de los Libros
Impresión y encuadernación: Liberdúplex
Impreso en España — *Printed in Spain*

ROGER CROWLEY

CONSTANTINOPLA 1453

El último gran asedio

Traducción de
Joan Eloi Roca

ÁTICO DE
LOS LIBROS

Barcelona - Madrid

Índice

Para Jan, con amor,
herido en el malecón durante el asedio

Constantinopla es una ciudad mayor que su fama.
Que Dios en su gracia y generosidad quiera convertirla
en la capital del islam.[1]
Hasan Ali Al-Harawi, escritor árabe del siglo XII

Contaré la historia de los terribles peligros… de Constantino-
pla, que he observado muy de cerca con mis propios ojos.[2]
Leonardo de Quíos

MAPAS

El Mediterráneo oriental en 1451

Territorio otomano 1451
Territorio bizantino 1451

GEORGIA

Tanais

Caffa

Mar Negro

Sinope

Trebisonda

Manzikert

• Amasia

Constantinopla

Izmit (Nicomedia)

• Ankara

Ver cuadro

ANATOLIA

• Konya

KARAMAN

CHIPRE

MAMELUCOS

Varna

Edirne

Gallipoli

Prusa

Manisa •

Azmir (Esmirna)

LESBOS

RODAS

VALAQUIA

Danubio

BULGARIA

Novo Brdo

Mar Egeo

NEGROPONTE

CRETA

Mar Mediterráneo

HUNGRÍA

Budapest

Danubio

Belgrado

SERBIA

Kosovo

Salónika (Tesalónica) •

Lepanto

BOSNIA

Ragusa (Dubrovnik)

ALBANIA

Mistrá

Monemvasía

CORFÚ

Mar Jónico

Otranto

Mar Adriático

Venecia

Ancona

Nápoles

SICILIA

Génova

Florencia

• Roma

300 kilómetros

Ampliación

Mar Negro

Anadolu Hisari

Scutari

Rumeli Hisari (La Degolladora)

Bósforo

Constantinopla

Mar de Mármara

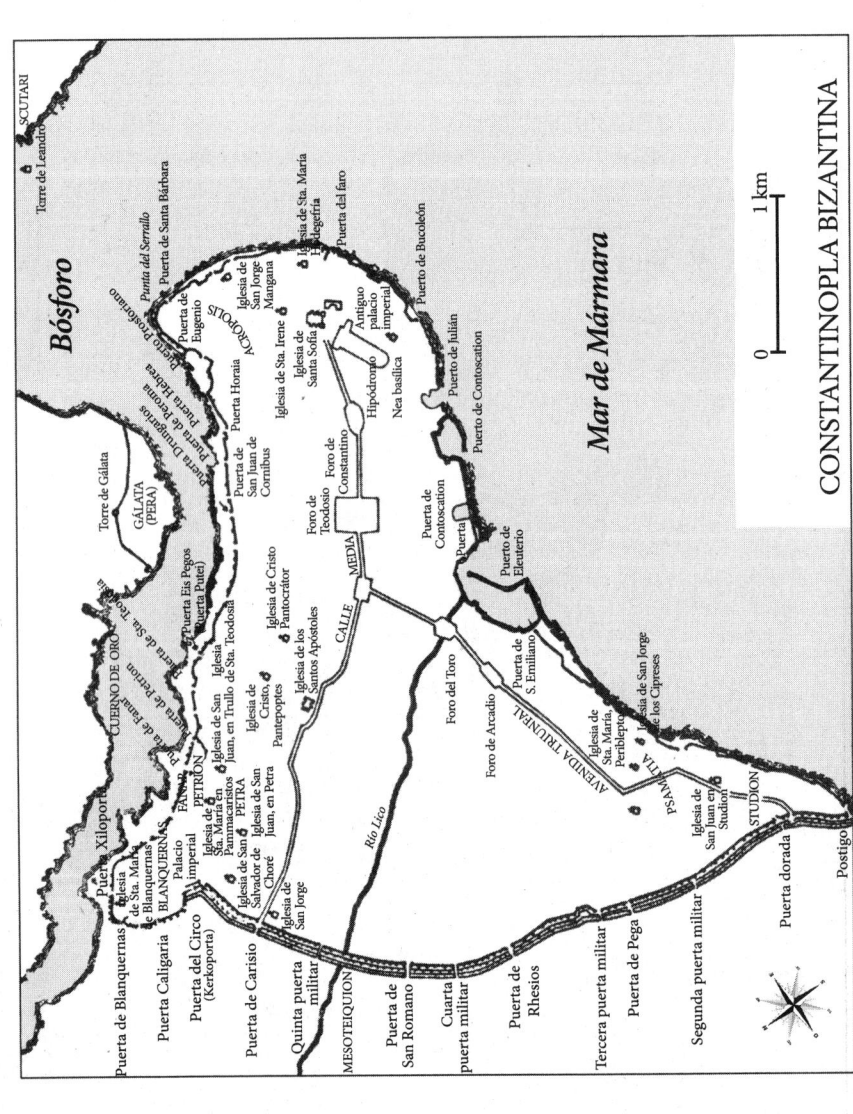

CONSTANTINOPLA BIZANTINA

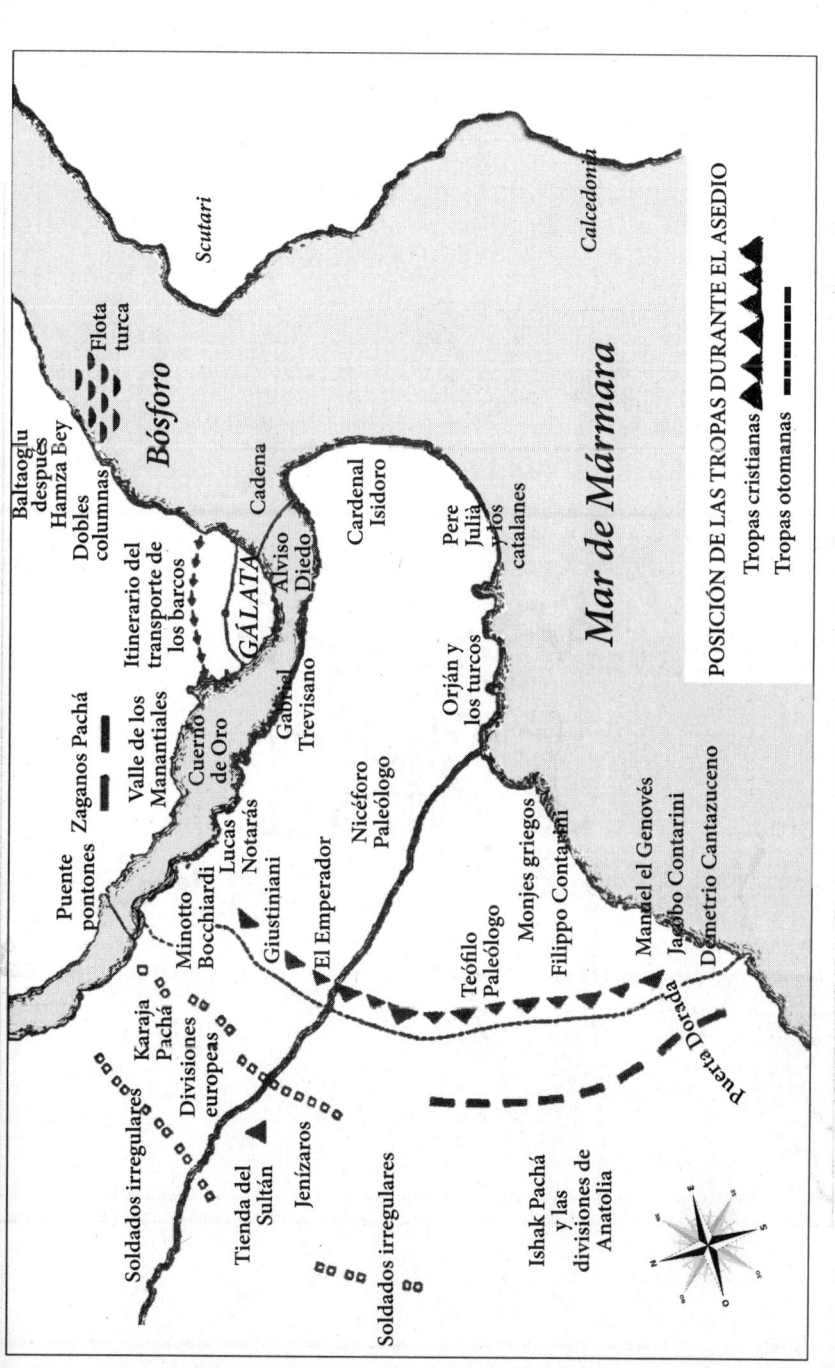

Scutari

Bósforo

Baltaoglu
después
Hamza Bey

Flota
turca

Dobles
columnas

Zaganos Pachá

Puente
pontones

Valle de los
Manantiales

Itinerario del
transporte de
los barcos

GÁLATA

Cadena

Cuerno
de Oro

Alviso
Diedo

Minotto
Bocchiardi

Lucas
Notarás

Gabriel
Trevisano

Cardenal
Isidoro

Giustiniani

El Emperador

Nicéforo
Paleólogo

Pere
Juliá
y los
catalanes

Karaja
Pachá

Divisiones
europeas

Orján y
los turcos

Mar de Mármara

Calcedonih

Soldados irregulares

Tienda del
Sultán

Jenízaros

Teófilo
Paleólogo

Monjes griegos

Filippo Contarini

Manuel el Genovés

Jacobo Contarini

Demetrio Cantazuceno

Soldados irregulares

Ishak Pachá
y las
divisiones de
Anatolia

Puerta Dorada

POSICIÓN DE LAS TROPAS DURANTE EL ASEDIO

Tropas cristianas

Tropas otomanas

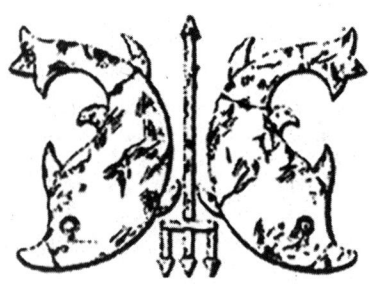

PRÓLOGO

La Manzana Roja

Una manzana roja despierta la tentación.
Proverbio turco

Empieza la primavera. Un milano negro se mece al viento sobre Estambul. Dibuja círculos perezosos sobre la mezquita de Solimán como si un hilo invisible lo atara a sus minaretes. Desde las alturas contempla una ciudad de quince millones de habitantes que ve pasar los siglos y los días con gesto imperturbable.

Si esta misma ave se hubiera unido a sus ancestros que sobrevolaban Constantinopla un frío día de marzo de 1453, la planta de la ciudad le habría resultado reconocible, aunque mucho más vacía. El emplazamiento de la urbe es singular: a grandes rasgos un triángulo que apunta ligeramente hacia arriba su punta oriental como si fuera un agresivo cuerno de rinoceronte rodeado por dos lados por el mar. Al norte queda el Cuerno de Oro, una resguardada ensenada de aguas profundas; el lado sur está bañado por el mar de Mármara, que se abre al oeste hacia el Mediterráneo a través del cuello de botella de los Dardanelos. Desde el aire se distingue la línea constante e ininterrumpida de fortificaciones que protege los dos lados del triángulo que dan al mar y se alcanzan a ver los remolinos y ondulaciones que crea la corriente del mar al pasar frente a la punta del cuerno de rinoceronte a siete nudos. La ciudad, pues, cuenta en sus dos lados marítimos no solo con defensas hechas por el hombre, sino también naturales.

Pero es la base del triángulo lo que resulta más extraordinario. La recorre una compleja triple línea de murallas, tachonadas con abundantes torres muy cercanas entre ellas y precedidas por un foso formidable, que se extiende desde el Cuerno de Oro hasta el mar de Mármara y protege la ciudad de cualquier ataque. Es la milenaria muralla de Teodosio, la fortificación más impresionante del mundo medieval. Para los turcos otomanos de los siglos XIV y XV era «un hueso en la garganta de Alá», un obstáculo no solo físico, sino también psicológico, que se mofaba de sus ambiciones y frenaba sus sueños de conquista. Para la cristiandad occidental, Constantinopla era el baluarte que contenía al islam. Mantenía Europa a salvo del mundo musulmán, y eso infundió a las naciones europeas una falsa sensación de seguridad y las tornó complacientes.

En esta panorámica, en la primavera de 1453, se distingue también la ciudad amurallada genovesa de Gálata, una minúscula ciudad-estado italiana en el extremo del Cuerno de Oro, y se ve exactamente dónde termina Europa. El Bósforo divide los continentes, discurriendo como un ancho río entre suaves colinas arboladas hasta llegar al mar Negro. En la otra orilla está Asia Menor, Anatolia, que en griego significa literalmente «Oriente». A cien kilómetros de distancia reluce bajo la débil luz la cumbre nevada del monte Olimpo.

Mirando hacia Europa, la tierra se expande en ondulantes pliegues hacia la ciudad otomana de Edirne, 225 kilómetros al oeste. Y es en esta región en la que un ojo que todo lo viera descubriría algo extraordinario. A lo largo de los toscos caminos que unen ambas ciudades marchan multitudinarias columnas de hombres; gorros blancos y turbantes rojos avanzan en apelmazadas masas; un conjunto semoviente de arcos, jabalinas, llaves de mecha y escudos que reflejan el oblicuo sol; escuadrones de caballería que remueven el barro a su paso; cotas de malla que relucen y tintinean. Tras los soldados, largas filas de mulas, caballos y camellos con toda la parafernalia de la guerra y el personal necesario para sustentarla: zapadores, cocineros, herreros, mulás, carpinteros y cazarrecompensas. Y tras ellos todavía hay más. Impresionantes recuas de bueyes y cientos de hombres arrastran, con enorme dificultad, grandes cañones sobre el blando suelo. El ejército otomano en pleno está en movimiento.

Si se amplía más el campo visual, se ponen de manifiesto más detalles de la operación. A lo lejos, como en el fondo de una pintura medieval, se divisa una flota de galeras procedente de los Dardanelos que avanza contra el viento con laboriosa parsimonia. Transportes de altas bordas se acercan desde el mar Negro cargados de madera, grano y balas de cañón. Desde Anatolia, pastores, hombres santos, seguidores del campamento y vagabundos acuden al Bósforo desde el altiplano respondiendo a la llamada a las armas hecha por los otomanos. Este harapiento mosaico de hombres y pertrechos es la conjunción coordinada de un ejército con un solo objetivo en mente: Constantinopla, capital de lo poco que en 1453 queda del antiguo imperio de Bizancio.

Los pueblos medievales que estaban a punto de enfrentarse en esta lucha eran intensamente supersticiosos. Creían en profecías y buscaban presagios. Los habitantes de Constantinopla atribuían poderes mágicos a sus antiguos monumentos y estatuas. Consideraban que el futuro del mundo estaba escrito en código en las narrativas esculpidas en las columnas romanas, cuyo significado original se había perdido. Incluso el propio clima se consideraba un augurio, y la primavera de 1453 era inquietante. Era inusualmente fría y húmeda. Bancos de niebla recorrían

Una imaginativa panorámica de la ciudad en el siglo xv.
Gálata está en el extremo derecho de la imagen.

lentamente el Bósforo. Hubo terremotos y nevó cuando ya no debía. En una ciudad angustiada por su futuro, estos fenómenos se consideraron no solo un mal presagio, sino quizá incluso un augurio del fin del mundo.

Los otomanos que se aproximaban también tenían sus supersticiones. El objetivo de su ofensiva era conocido como la Manzana Roja, un símbolo de poder mundial. Los musulmanes deseaban fervientemente su captura desde hacía más de ochocientos años, casi desde tiempos del Profeta, y sobre su conquista existían abundantes leyendas, profecías y citas apócrifas. En la imaginación del ejército que avanzaba, la manzana que ansiaban se ubicaba en un lugar muy concreto de la ciudad. Frente a la iglesia matriz de Santa Sofía, sobre una columna de treinta metros de altura, se elevaba una enorme estatua ecuestre de bronce del emperador Justiniano, un monumento al antiguo poder del Imperio bizantino y un símbolo de su papel como baluarte de la cristiandad contra Oriente. Según Procopio, un destacado historiador del siglo VI, era asombroso.

> El caballo mira a Oriente y su aspecto es noble. Sobre el caballo hay una enorme estatua del emperador, vestido como Aquiles […] su coraza es de estilo heroico, y el yelmo que cubre su cabeza parece moverse arriba y abajo y refulge deslumbrante. Mira hacia el sol naciente, cabalgando, me parece a mí, hacia los persas. En su mano izquierda sostiene una esfera, con lo que el escultor quiere simbolizar que todo lo que hay en la tierra y en el mar está sujeto a él, aunque no tiene espada ni lanza ni arma alguna excepto que sobre ese orbe se alza la cruz a través de la cual ha conseguido su reino y su dominio del arte de la guerra.[1]

Era en el orbe de Justiniano culminado con una cruz en el que los turcos habían situado exactamente la Manzana Roja, y a por ella venían: a por la reputación de aquel fabulosamente antiguo imperio cristiano y acceder a la posibilidad de dominar el mundo que parecía contener.

Los bizantinos tenían profundamente interiorizado el miedo al asedio. Era un fantasma que recorría sus bibliotecas, sus salas de mármol y los mosaicos de sus iglesias, un espectro que temían, pero que conocían bien y no les sorprendía. En los 1 123 años transcurridos desde su fundación hasta la primavera de 1453, la ciudad había sido asediada en veintitrés ocasiones. Y había caído una sola vez: no ante los árabes ni los búlgaros, sino ante los reyes cristianos de la Cuarta Cruzada, en uno de los episodios más extraños y vergonzosos de la historia de la cristiandad. El enemigo nunca había podido superar las murallas terrestres de la ciudad, y había hecho falta un terremoto, en el siglo v, para que se derrumbaran. Por lo demás, las murallas terrestres siempre habían resistido a las acometidas humanas, así que cuando el ejército del sultán Mehmed llegó al fin a las puertas de la ciudad, el 6 de abril de 1453, los defensores

La estatua de Justiniano, reconstrucción extraída de
Justinien et la civilisation byzantine au VIe siècle, París, 1901.

confiaban justificadamente en sus posibilidades de repeler el ataque.

Este libro narra los extraordinarios acontecimientos que llevaron a este momento y los todavía más extraordinarios hechos que sucedieron a continuación. Se trata de una historia de coraje y crueldad, de prodigiosos ingenios técnicos, de suerte, de cobardía, de prejuicios y de misterio. También aborda muchos otros aspectos de un mundo que estaba a punto de cambiar para siempre: el desarrollo de la artillería y otras armas, el arte de la guerra de asedio, las tácticas navales, las creencias religiosas, y los mitos y las supersticiones de la gente de la Edad Media. Pero, sobre todo, es la historia de un lugar excepcional, de corrientes marinas, de colinas, de penínsulas y clima, de la forma en que la tierra se eleva y luego se hunde en el mar y de un estrecho que divide dos continentes de forma tan sutil que «casi se besan», de una ciudad fortaleza defendida por sus rocosas orillas y formidables baluartes, y también de las particulares características geológicas que la hacen vulnerable a un ataque. Fueron las posibilidades de este emplazamiento —las que ofrecía para el comercio, para la defensa y para el sustento de su población— las que hicieron de Constantinopla una pieza clave en el destino de varios imperios y las que llevaron tantos ejércitos a sus puertas. «La sede del Imperio romano es Constantinopla», escribió Jorge de Trebisonda, «y quien sea y siga siendo emperador de los romanos es también emperador del mundo entero».[2]

Los nacionalismos modernos han interpretado el sitio de Constantinopla como una lucha entre los pueblos griego y turco, pero esa simplificación es muy engañosa. Ninguno de los dos bandos habría aceptado o siquiera entendido estas etiquetas, aunque ambos denominaban de ese modo al otro bando. Los otomanos, literalmente la tribu de Osmán, se denominaban a sí mismos de ese modo, o simplemente musulmanes. «Turcos» era un término peyorativo aplicado por las naciones occidentales y el nombre de «Turquía» resultó ajeno a los otomanos hasta que lo tomaron prestado de Europa para crear la nueva república en 1923. El Imperio otomano en 1453 era ya una organización

multicultural que absorbía los pueblos que conquistaba sin preocuparse demasiado por su identidad étnica. Sus tropas de élite
eran reclutas eslavos, sus principales generales eran griegos, su
almirante era búlgaro, y hasta el sultán era probablemente medio serbio o macedonio. Más aún, debido al complejo código
de vasallaje medieval, miles de tropas cristianas le acompañaban
en la carretera de Edirne. Habían venido a conquistar a los habitantes grecoparlantes de Constantinopla, a los que hoy llama-
mos bizantinos, una palabra que se usó por primera vez en la
lengua inglesa en 1853, exactamente 400 años después del gran
asedio. Ellos se consideraban herederos del Imperio romano y se
referían a sí mismos como romanos. A su vez, les gobernaba un
emperador que era medio serbio y un cuarto italiano, y buena
parte de la defensa de su capital recayó en pueblos de Europa
Occidental, a los que los bizantinos llamaban genéricamente
«francos»: venecianos, genoveses y catalanes, ayudados por algunos de etnia turca, cretenses, un castellano y un escocés. Es, por
tanto, difícil atribuir identidades o lealtades simplistas a los que
participaron en el asedio, pero hubo una dimensión de la lucha
que nunca olvidaron los cronistas contemporáneos: la de la religión. Los musulmanes se referían a sus adversarios como «des-
preciables infieles», «desgraciados no creyentes» o «enemigos de
la fe»; mientras ellos eran definidos por sus oponentes como
«paganos», «bárbaros infieles» o «turcos sin fe». Constantinopla
estaba en la primera línea del frente del prolongado combate
entre el islam y la cristiandad por decidir qué religión era la
verdadera. La ciudad era un lugar donde diferentes versiones
de la verdad llevaban ochocientos años enfrentándose en una
guerra interrumpida solo por algunas inestables treguas, y fue
también allí, en la primavera de 1453, donde unos acontecimientos trascendentales en la historia del mundo sentarían los
cimientos de una nueva actitud en la relación entre los dos grandes monoteísmos del Mediterráneo cuyas consecuencias siguen
percibiéndose todavía en la actualidad.

1

El mar en llamas
629-717

*Oh, Cristo, dueño y señor del mundo, a Ti
te dedico esta ciudad súbdita, y estos cetros
y el poder de Roma.*[1]
Inscripción en la columna de Constantino
el Grande en Constantinopla

El deseo del islam por la ciudad es casi tan antiguo como el propio islam. El origen de la guerra santa por Constantinopla está en el Profeta en persona, en un incidente cuya veracidad, como la mayor parte de la historia de la ciudad, no puede verificarse.

En el año 629, Heraclio, «autócrata de los romanos» y vigésimo octavo emperador de Bizancio, realizó un peregrinaje a pie a Jerusalén. Era el momento cumbre de su vida. Había aplastado a los persas en una serie de notables victorias y recuperado la reliquia más valiosa de la cristiandad, la Vera Cruz, que se disponía a devolver triunfalmente a la iglesia del Santo Sepulcro. Según la tradición islámica, cuando llegó a la ciudad recibió una carta. Decía sencillamente: «En el nombre de Alá, Clemente y Misedicordioso, esta carta es de Mahoma, el siervo de Alá y Su apóstol, a Heraclio, el gobernante de Bizancio. La paz está con aquellos que siguen la recta vía. Esta es la llamada del islam. Os invito a rendiros a Alá. Abrazad el islam y Alá os concederá una doble recompensa. Pero si rechazáis esta invitación, llevaréis a

vuestro pueblo por un camino equivocado».[2] Heraclio no tenía
la menor idea de quién era el autor de esa carta pero, según se
dice, hizo averiguaciones y trató su contenido con cierto respeto. Una carta similar se envió al «Rey de reyes» en Persia, y este
simplemente la rompió en pedazos. La respuesta de Mahoma
fue sencilla: «Decidle que mi religión y mi soberanía se exten-
derán más allá de las fronteras del reino de Cosroes».[3] Para Cosroes fue demasiado tarde —lo habían ejecutado lentamente a
flechazos el año anterior— pero la carta apócrifa fue un presagio
del extraordinario ataque que estaba a punto de lanzarse contra
el Bizancio cristiano y su capital, Constantinopla, un ataque
que desharía todo lo que el emperador había conseguido.

En los diez años anteriores, Mahoma había conseguido unificar a las belicosas tribus de Arabia bajo el sencillo mensaje del
islam. Impulsados por la palabra de Dios y disciplinados a través de la oración en grupo, las bandas de saqueadores nómadas
se transformaron en una fuerza de combate organizada cuyas
ambiciones se proyectaron más allá de los bordes del desierto,
sobre un mundo al que la fe dividió en dos regiones muy distintas. En un lado estaba la *Dar al-Islam*, la casa del islam; en el
otro, los reinos que todavía debían ser convertidos, la *Dar al-
Harb*, la casa de la guerra. Hacia la década de 630 los ejércitos
musulmanes empezaron a aparecer en los márgenes de las fronteras bizantinas, donde las tierras habitadas ceden paso al desierto, como si fueran fantasmas salidos de una tormenta de arena.
Los árabes eran ágiles, ingeniosos y fuertes. Sorprendieron por
completo a los torpes ejércitos de mercenarios destinados en
Siria. Los atacaban y luego se retiraban al desierto, incitando a
sus oponentes a abandonar sus fortificaciones y salir al desolado páramo, donde los rodeaban y los masacraban. Atravesaban
tierras inhóspitas que nadie osaba cruzar, incluso matando a sus
camellos y bebiendo el agua de sus estómagos si era necesario,
para emerger de nuevo, siempre inesperadamente, a espaldas de
su enemigo. Asediaron ciudades y aprendieron a tomarlas. Primero cayó Damasco, luego la propia Jerusalén. Egipto se rindió
en 641, Armenia en 653. En veinte años el Imperio persa se
había hundido y convertido al islam. La velocidad de las con-

Heraclio cabalga triunfante con la Vera Cruz.

quistas de los árabes fue asombrosa; su habilidad para adaptarse, extraordinaria. Animados por la palabra de Dios y conquistando para él, los pueblos del desierto construyeron en los astilleros de Egipto y Palestina, con la ayuda de cristianos nativos, marinas de guerra para «luchar la guerra santa por mar»,[4] y con ellas tomaron Chipre en 648 y luego derrotaron a una flota bizantina en la batalla de los Mástiles en 655. Finalmente, en 669, menos de cuarenta años después de la muerte de Mahoma, el califa Muawiya envió una enorme y poderosa fuerza anfibia a asaltar la propia Constantinopla. Los vientos de la victoria le favorecían y tenía sobrados motivos para esperar la victoria.

Para Muawiya iba a ser la culminación de un ambicioso plan a largo plazo, concebido y ejecutado con gran cuidado y meticulosidad. En 669, ejércitos árabes ocuparon la orilla asiática frente a la ciudad. El año siguiente una flota de cuatrocientos barcos cruzó los Dardanelos y estableció una base en la península de Cícico, en el lado sur del mar de Mármara. Allí se acumularon suministros y se construyeron un dique seco y las instalaciones necesarias para sostener una campaña militar que debía durar cuanto fuera necesario. Los musulmanes cruzaron el estrecho al oeste de la ciudad y pusieron pie en Europa por primera vez. Allí capturaron un puerto desde el que conducir el asedio y organizaron saqueos a gran escala del *hinterland* de la ciudad. Dentro de la propia Constantinopla, los defensores se refugiaron tras sus gigantescas murallas, mientras su flota, atracada en el Cuerno de Oro, se preparaba para lanzar contraataques contra el enemigo.

Durante cinco años seguidos, entre 674 y 678, los árabes condujeron su campaña siguiendo un método constante. Entre primavera y otoño de cada año, asediaban las murallas y lanzaban operaciones navales en el estrecho en las que se enfrentaban con la flota bizantina. Ambos bandos combatían con el mismo tipo de galeras a remo y prácticamente con el mismo tipo de tripulaciones, pues los musulmanes tenían acceso a las habilidades marineras de los cristianos del Levante mediterráneo. En invierno los árabes se reagrupaban en su base de Cícico, reparaban sus barcos y se aprestaban a dar otra vuelta de tuerca al año siguiente. No les importaba que el asedio durara mucho, pues estaban seguros de que su victoria era inevitable.

Y entonces, en 678, la flota bizantina realizó un movimiento decisivo. Lanzó un ataque contra la flota musulmana, probablemente en su base de Cícico, al final de la temporada de campaña —los detalles no están claros o fueron deliberadamente omitidos— liderado por un escuadrón de rápidos dromones (galeras ligeras con muchos remeros que se desplazaban a gran velocidad). No existen crónicas contemporáneas de lo que sucedió, aunque se pueden deducir los detalles por los relatos posteriores. Cuando los barcos atacantes se acercaron a sus enemigos descargaron sobre ellos, después de la habitual andanada de proyectiles, un extraordinario chorro de fuego líquido desde bocas montadas en lo alto de sus proas. Estelas de fuego ardieron sobre la superficie del mar frente a los barcos que se acercaban y luego alcanzaron a los barcos enemigos y los incendiaron, tras caer «como un rayo sobre las caras que los contemplaban».[5] La explosión de llamas se acompañó con un ruido atronador, el humo ocultó el cielo y el gas asfixió a los aterrorizados marineros de los barcos árabes. Aquella tormenta de fuego parecía desafiar las leyes de la naturaleza: podía orientarse hacia un lado o hacia abajo, en la dirección que deseara su operador; cuando entraba en contacto con la superficie del agua, el agua misma se prendía.

Imagen de un manuscrito iluminado que muestra cómo se utilizaba el fuego griego, en esta ocasión en particular contra el rebelde Tomás el eslavo, extraído del *Codex Skylitzes Matritensis*, Biblioteca Nacional, Madrid.

También parecía tener propiedades adhesivas, pues se pegaba a los cascos y mástiles de madera de los barcos y se demostró imposible extinguirla, de modo que barcos y tripulaciones se vieron pronto atrapados entre chorros torrenciales de fuego que parecían ser el ataque de un dios enfurecido. Este extraordinario infierno «acabó con los barcos de los árabes y quemó vivas a sus tripulaciones».[6] La flota árabe fue completamente destruida y los traumatizados supervivientes, «habiendo perdido muchos soldados y recibido graves heridas»,[7] levantaron el asedio y regresaron a casa. Una tormenta invernal destruyó la mayoría de los pocos barcos que se habían salvado, y el ejército terrestre árabe cayó en una emboscada y fue destruido en la costa de Asia. Desanimado, Muawiya aceptó en 679 una tregua de treinta años en términos que no le eran favorables y murió, convertido en un hombre roto, al año siguiente. Por primera vez en su corta historia, los musulmanes habían sufrido un grave revés.

Los cronistas presentaron el episodio como una prueba evidente de que «Dios protegía al Imperio romano»,[8] pero en realidad lo que había salvado al imperio era una nueva tecnología: el descubrimiento del fuego griego. La historia de esta extraordinaria arma sigue siendo objeto de intenso debate incluso hoy y Bizancio consideró su fórmula un secreto de estado. Parece ser que, poco antes del asedio, un fugitivo griego llamado Calínico llegó a Constantinopla procedente de Siria y trajo con él una técnica que permitía proyectar fuego líquido mediante el uso de sifones. De ser cierta esta historia, es muy probable que Calínico se basara en técnicas sobre armas incendiarias conocidas en todo Oriente Medio. El ingrediente principal de la mezcla era, casi con toda seguridad, petróleo en crudo procedente de los yacimientos naturales en superficie del mar Negro, mezclado con resina de madera triturada, que es lo que le confería sus propiedades adhesivas. Es probable que lo que se perfeccionara en los arsenales militares secretos de la capital bizantina fuera la tecnología para proyectar este material. Parece que los bizantinos, que eran los herederos de las habilidades de ingeniería práctica del Imperio romano, fueron capaces de desarrollar una técnica para calentar la mezcla en contenedores de bronce y presurizarla mediante una bomba manual, lo que luego permitía emitirla a presión por un surtidor, donde el líquido podía encenderse aplicándole una llama. Manejar material inflamable a la presión necesaria y producir fuego en un barco de madera requería técnicas de fabricación muy precisas y hombres bien adiestrados y con los conocimientos necesarios de marinería: en ello radicaba el auténtico secreto del fuego griego que destruyó la moral de los árabes en 678.

Durante cuarenta años, el revés en Constantinopla exasperó a los califas omeyas de Damasco. Para la teología islámica era inconcebible que toda la humanidad no fuera, con el tiempo, a convertirse al islam o, como mínimo, a aceptar ser gobernada por los musulmanes. En 717 hicieron un segundo intento, todavía más decidido que el anterior, de eliminar el obstáculo que impedía la difusión de la verdadera fe por Europa. El ataque árabe llegó en tiempos turbulentos para el imperio. León II fue coronado emperador el 25 de marzo de 717 y solo cinco meses después se encontró un ejército de 80 000 hombres atrincherado a lo largo de todo el perímetro de las murallas terrestres de la ciudad y una flota de 1 800 barcos bloqueando el estrecho. La estrategia de los árabes había evolucionado desde el último asedio. El general musulmán, Maslama, se dio cuenta muy rápido de que las murallas de la ciudad eran invulnerables a las máquinas de asedio; esta vez los árabes iban a optar por un bloqueo completo. Un detalle que muestra hasta qué punto estaban decididos a sostener el asedio cuanto fuera necesario es el hecho de que el ejército musulmán había traído consigo semillas de trigo. En otoño de 717 araron la tierra y plantaron las semillas fuera de las murallas para recoger la cosecha a la primavera siguiente. Y a continuación se sentaron a esperar. Los barcos bizantinos con surtidores de fuego griego realizaron una salida que tuvo cierto éxito, pero no lograron romper el bloqueo naval. Todo había sido planeado cuidadosamente por los musulmanes para aplastar de una vez por todas a los infieles.

Lo que sucedió a continuación fue una catástrofe inimaginable para los árabes, que se desarrolló en etapas inexorables. Según los propios cronistas árabes, León consiguió engañar a sus enemigos con una traición de una astucia impresionante, incluso para lo habitual en la diplomacia bizantina. Convenció a Maslama de que la ciudad estaría dispuesta a rendirse si los árabes destruían la comida que tenían almacenada y entregaban a los defensores parte del grano. Una vez lo hicieron, León se quedó tras las murallas y se negó a parlamentar. El ejército engañado padeció un invierno extraordinariamente riguroso para el que, sin comida, no estaba preparado. La nieve cubrió el suelo durante cien días y los camellos y los caballos empezaron a morir. Los desesperados soldados no tuvieron otra opción que comer su carne. Los cronistas griegos, que no son precisamente célebres por su objetividad, insinuaron que llegaron a extremos mucho más horribles: «Se dice», escribió Teófanes el Confesor cien años después, «que incluso cocinaban en hornos a los muertos y los excrementos mezclados con levadura y se los comían».[9] Al hambre siguió la enfermedad, miles murieron en aquel invierno. Los árabes no conocían los implacables inviernos del Bósforo: el suelo estaba demasiado duro como para enterrar a los muertos y cientos de cadáveres tuvieron que ser arrojados al mar.

A la primavera siguiente una gran flota árabe llegó con comida y equipo para aliviar al ejército en apuros, pero no consiguió revertir su suerte. Sabedores del peligro del fuego griego, escondieron los barcos en la costa de Asia después de haberlos descargado. Por desgracia, parte de las tripulaciones, que eran cristianos egipcios, desertaron, se unieron al emperador y le desvelaron la posición de la flota. Una escuadra imperial de barcos armados con fuego griego cayó sobre la desprevenida flota árabe y la destruyó. Un ejército de refuerzo enviado desde Siria cayó en una emboscada de la infantería bizantina y fue hecho pedazos. Mientras tanto, León, cuya determinación y astucia parece que fueron inagotables, había estado negociando con los paganos búlgaros. Los persuadió de que atacaran a los infieles atrincherados frente a las murallas; 22 000 árabes murieron en la batalla. El 15 de agosto de 718, pasado casi un año desde su llegada, los ejércitos del califa levantaron el asedio y emprendieron el camino de regreso a casa por tierra y mar. Los soldados en retirada fueron hostigados constantemente en el altiplano de Anatolia, pero a la causa musulmana le aguardaba todavía una calamidad más. Las tormentas hundieron algunos barcos en el mar de Mármara y el resto de la flota sucumbió a una erupción volcánica submarina en el mar Egeo que «hizo hervir el agua y cuando la brea de las quillas se disolvió, los barcos se hundieron en las profundidades, junto con sus tripulaciones».[10] De la gran flota que había zarpado hacia Constantinopla, solo cinco barcos regresaron a Siria «para contar los portentos obrados por Dios».[11] Bizancio se había doblado, pero no se había quebrado, ante el asalto del islam. Constantinopla había sobrevivido gracias a una mezcla de innovaciones tecnológicas, hábil diplomacia, brillantez individual, gigantescas fortificaciones... y pura suerte, temas que se repetirían sin cesar durante los siglos siguientes. No es sorprendente, dadas las circunstancias, que los bizantinos se inclinaran por la siguiente explicación: «Dios y la santa Virgen, madre de Dios, protegen a la Ciudad y al imperio cristiano, y [...] nadie que apela a Dios es abandonado por completo, aunque sea castigado durante un breve periodo por sus pecados».[12]

La incapacidad del islam de tomar la ciudad en 717 tuvo consecuencias trascendentales. La caída de Constantinopla habría abierto el camino a una expansión musulmana en Europa que podría haber cambiado por completo el futuro de Occidente, una opción que sigue siendo uno de los escenarios más intrigantes de la historia contrafactual. La resistencia de Bizancio, además, frenó la primera y agresiva expansión del islam, cuya marea también empezó a retroceder en el otro extremo del Mediterráneo cuando un ejército musulmán fue derrotado a orillas del Loira, a solo 250 kilómetros al sur de París.

Para el propio islam el significado de la sonora derrota en Constantinopla fue más teológico que militar. En el primer siglo de su existencia habían existido pocos motivos para dudar de la victoria final de la fe. La ley de la yihad dictaba inevitablemente que las conquistas se sucederían unas tras otras. Pero al pie de los muros de Constantinopla, el islam se había visto derrotado por algo que era casi una imagen invertida de sí mismo: la cristiandad era un monoteísmo rival imbuido de la misma idea de un destino universal y deseoso de ganar conversos. Constantinopla había definido el frente de un largo enfrentamiento entre dos versiones íntimamente relacionadas de la verdad, un combate que se iba a prolongar cientos de años. Mientras tanto, los pensadores musulmanes se vieron obligados a reconocer un cambio práctico entre la Casa del Islam y la Casa de la Guerra; la conquista final del mundo no musulmán tendría que postergarse, quizá hasta el fin de los tiempos. Algunos juristas crearon un tercer estado, la Casa de la Tregua, para expresar este aplazamiento de la victoria final. La era de la yihad parecía haber tocado a su fin.

Bizancio había demostrado ser un enemigo tenaz y la propia Constantinopla devino para los musulmanes una cicatriz y un deseo. Muchos mártires habían perecido al pie de sus murallas, entre ellos el portaestandarte del Profeta, Ayyub, en 669. Sus muertes convirtieron a la ciudad en un lugar sagrado para el islam y dotaron de un significado mesiánico al proyecto de su captura. Los asedios habían dejado un rico legado de mitos y folclore que se transmitió a lo largo de los siglos. Hizo que se incluyeran en los hadiz, el cuerpo de dichos atribuidos a Mahoma, profecías que predecían un ciclo de derrota, muerte y victoria final para los guerreros de la fe: «En la yihad contra Constantinopla, un tercio de los musulmanes permitirán que se les derrote, cosa que Alá no perdonará; un tercio morirán en combate, convirtiéndose en asombrosos mártires, y un tercio conseguirá la victoria».[13] Iba a ser una guerra de enorme alcance. Tan titánica fue la arquitectura del conflicto entre el islam y Bizancio que ningún estandarte musulmán volvería a desplegarse frente a las murallas de la ciudad durante los siguientes 650 años, un plazo mayor que el que nos separa a nosotros de 1453. Pero la profecía decretaba que esas banderas volverían a desplegarse frente a la capital bizantina.

Constantinopla, construida sobre un asentamiento fundado por el legendario griego Bizas mil años antes, llevaba cuatro siglos siendo una ciudad cristiana cuando las derrotadas fuerzas de Maslama retornaron penosamente a casa. El lugar que el emperador Constantino escogió para su nueva capital cristiana en 324 contaba con las formidables ventajas naturales de su emplazamiento. Una vez se terminaron las murallas, en el siglo v, la ciudad devino prácticamente invulnerable mientras la maquinaria de asedio se limitara a las catapultas. Dentro de los veinte kilómetros del perímetro de sus murallas, Constantinopla se erigía sobre una serie de empinadas colinas que le permitían disponer de puntos desde donde se dominaba de manera natural el mar que la rodeaba, mientras que en su lado septentrional, la ensenada del Cuerno de Oro, que tiene precisamente la forma de un cuerno curvado, le brindaba un puerto seguro de aguas profundas. La única desventaja era lo yermo del promontorio, un problema que la ingeniería romana solventaría con una compleja red de acueductos y cisternas.

La ciudad estaba situada en un cruce único de rutas comerciales y militares y la historia del asentamiento que la había precedido se había desarrollado entre el eco de ejércitos marchando y de los golpes de remos rompiendo el mar: Jasón y los argonautas pasaron frente a él en busca de vellones de los buscadores de oro de la desembocadura del Dniéper; el rey persa Darío hizo llegar a él a 700 000 hombres por un puente de pontones para luchar contra los escitas; el poeta romano Ovidio contempló con melancolía «el lugar que es la enorme puerta de dos mares»[14] de camino a su exilio a orillas del mar Negro. En esta encrucijada la ciudad cristiana acabó controlando la riqueza de un enorme *hinterland*.

Al este, las riquezas de Asia central se canalizaban a través del Bósforo hasta los almacenes de la ciudad imperial: oro de los bárbaros, pieles y esclavos de Rusia, caviar del mar Negro, cera, sal, especias, marfil, ámbar y perlas del lejano Oriente. Al sur, las rutas llevaban por tierra a las legendarias ciudades de Oriente Medio: Damasco, Alepo y Bagdad; y hacia el oeste, a través de los Dardanelos, se abría todo el Mediterráneo: rutas a Egipto y al delta del Nilo, a las ricas islas de Sicilia y Creta, a la península itálica y todo lo que había más allá de las columnas de Hércules. Más cerca quedaban la madera, la piedra caliza y el mármol necesarios para construir una gran ciudad, y todos los recursos imprescindibles para mantenerla. Las extrañas corrientes del Bósforo creaban temporadas de copiosa pesca, mientras que las cosechas de los campos de Tracia, en Europa, y las tierras bajas fértiles de las llanuras de Anatolia aportaban aceite de oliva, maíz y vino en abundancia.

La próspera ciudad que se erigió en este lugar fue la plasmación del esplendor imperial, gobernada por un emperador romano y habitada por ciudadanos de lengua griega. Constantino dispuso una red de calles con columnatas, flanqueadas por edificios públicos con formidables pórticos, grandes plazas, parques, columnas y arcos del triunfo tanto paganos como cristianos. Había estatuas y monumentos saqueados de todo el mundo antiguo (entre ellos los fabulosos caballos de bronce esculpidos para Alejandro Magno quizá por Lisipo, que ahora son uno de los grandes reclamos de Venecia), un hipódromo que rivalizaba con el de Roma, palacios imperiales e iglesias «más numerosos que los días del año».[15] Constantinopla se convirtió en una ciudad de mármol y pórfido, de oro martillado y brillantes mosaicos, cuya población llegó a superar el medio millón de habitantes. Dejaba atónitos a los visitantes que acudían a ella para comerciar o rendir homenaje a los emperadores del Imperio romano de Oriente. Los bárbaros de la inculta Europa contemplaban boquiabiertos la «ciudad que desea el mundo entero».[16] La reacción de Fulquerio de Chartres, que llegó a Constantinopla en el siglo XI, sirve de ejemplo de otras muchas a lo largo de los siglos: «Oh, qué ciudad más espléndida, qué elegante, qué bella, cuántos monasterios en su interior, cuántos palacios construidos con mucho trabajo en sus avenidas y calles, cuántas obras de arte, maravillosas de ver. Sería agotador enumerar la abundancia de cosas buenas, de oro y plata, de ropajes de mil estilos y de reliquias sagradas. Constantemente entran barcos en su puerto, así que no hay nada que los hombres deseen que no se traiga hasta aquí».[17]

Bizancio no solo era el último heredero del Imperio romano, sino también la primera nación cristiana. Desde su fundación, la capital se concibió como una réplica del cielo —una manifestación del triunfo de Cristo— y su emperador se consideraba el viceregente de Dios en la tierra. El culto cristiano era evidente en todas partes: en las altas cúpulas de las iglesias, en el sonido de las campanas y de los *gongs* de madera, en los monasterios, en el gran número de monjas y sacerdotes, en el interminable desfile de iconos por las calles y murallas, y en la interminable serie de plegarias y ceremonias cristianas en la que vivían los ciudadanos y su emperador. Los ayunos, las fiestas y las vigilias marcaban el calendario, el reloj y la estructura de la vida. La ciudad se convirtió en el gran repositorio de reliquias de la cristiandad, traídas de Tierra Santa, la envidia de todos los cristianos de Occidente. En Constantinopla tenían la cabeza de San Juan Bautista, la corona de espinas, los clavos de la cruz y la piedra del sepulcro, las reliquias de los apóstoles y miles de otros artefactos milagrosos enmarcados en relicarios de oro con gemas y piedras preciosas incrustadas. El cristianismo ortodoxo apelaba a las emociones de sus creyentes a través de los intensos colores de sus mosaicos y de la misteriosa belleza de su liturgia, desarrollada con seducción a la luz de las velas en sus oscuras iglesias, durante la cual el incienso y las elaboradas ceremonias envolvían tanto a la iglesia como al emperador en un laberinto de hermosos rituales diseñados para embelesar y cautivar los sentidos con sus metáforas acerca de la esfera celestial. Un visitante ruso que presenció una coronación imperial en 1391 se quedó estupefacto por lo suntuoso y flemático que fue el acto:

> [...] durante todo este tiempo, el coro entonó un canto asombroso de suprema belleza que desafiaba el entendimiento. El cortejo imperial avanzaba tan lentamente que

tardó tres horas desde la gran puerta a la plataforma sobre
la que estaba el trono. Doce caballeros, cubiertos con malla de la cabeza a los pies, rodeaban al emperador. Ante
él marchaban dos portaestandartes de cabello negro: las
pértigas de sus estandartes, sus trajes y sus sombreros eran
rojos. Por delante de estos portaestandartes caminaban
los heraldos, cuyas varas estaban bañadas en plata […]
Mientras ascendía a la plataforma, el emperador se vistió
con la púrpura y la diadema imperiales y se puso la corona con puntas […] Entonces empezó la liturgia sagrada.
¿Cómo podría alcanzar a describir su belleza?[18]

Anclada en el centro de la ciudad, como un poderoso buque,
se alzaba la gran iglesia de Santa Sofía, construida por Justiniano en solo cinco años y consagrada en 537. Era el edificio
más extraordinario de la antigüedad tardía, una estructura cuya
inmensidad solo era igualada por su esplendor. La inmensa cúpula levitaba milagrosamente de forma incomprensible para los
visitantes. «Parece», declaró Procopio, «que no descanse sobre
muros sólidos, sino que cubre el espacio bajo ella como si estuviera suspendida del cielo».[19] Cerraba en su interior un espacio
tan vasto que aquellos que entraban por primera vez se queda-

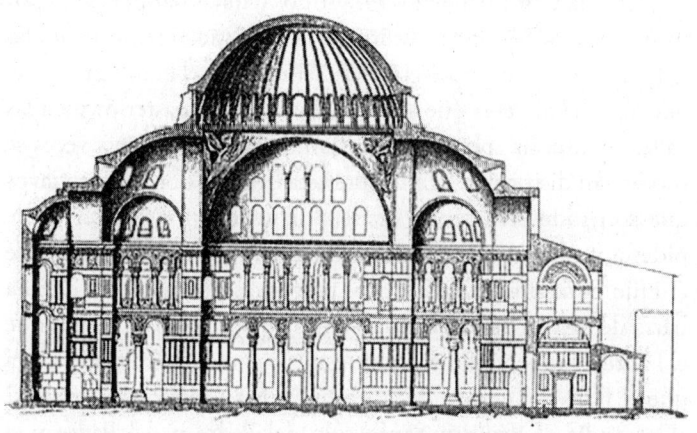

Sección de la basílica de Santa Sofía.

ban literalmente mudos. Las bóvedas, decoradas con dieciséis mil metros cuadrados de mosaicos dorados, eran tan brillantes que, según Pablo Silenciario, «descienden de ellas rayos dorados que ciegan los ojos de los hombres y hacen que apenas puedan mirarlos»,[20] y sus suntuosos mármoles de colores lo llevaron a un rapto poético. Parecía como si estuvieran «espolvoreados con estrellas [...] como leche salpicada sobre una superficie de un negro brillante [...] o como el mar o como esmeraldas o quizá como acianos azules en un prado con algún rastro de nieve disperso».[21] Fue la belleza de la liturgia en Santa Sofía lo que convirtió a Rusia al cristianismo ortodoxo después de que, en el siglo X, una expedición enviada desde Kiev presenciara una misa y afirmara: «No sabíamos si estábamos en el cielo o en la tierra, pues no existe esplendor y belleza pareja, y no alcanzamos a describirla. Solo sabemos que aquí Dios habita entre los hombres». El detallado preciosismo de la iglesia ortodoxa estaba en las antípodas de la austera pureza del islam. Uno ofrecía la simplicidad abstracta de los horizontes del desierto, un culto portátil que podía celebrarse en cualquier lugar donde se pudiera ver el sol, un contacto directo con Dios; la otra, imágenes, colores y música, asombrosas metáforas del misterio divino diseñadas para guiar al alma hacia el cielo. Ambas estaban igualmente decididas a convertir al mundo a su visión de Dios.

La vida espiritual de los bizantinos tenía una intensidad pocas veces igualada en la historia de la cristiandad. La estabilidad del imperio se vio en peligro en ocasiones por el gran número de oficiales del ejército que se retiraban a los monasterios y en las calles se discutía sobre teología con tanta pasión que a veces se producían disturbios. «La ciudad está llena de obreros y esclavos que son todos teólogos», escribió irritado un visitante. «Si le pides a un hombre que te cambie dinero, te explicará por qué el Hijo es distinto del Padre. Si preguntas por el precio de una barra de pan, el panadero te sostendrá que el Hijo es menos que el Padre. Si quieres saber dónde está el baño, alguien te explicará que el Hijo fue creado de la nada».[22] ¿Era Cristo uno o varios? ¿Descendía el Espíritu Santo solo del Padre o del Padre y el Hijo? ¿Eran los iconos sagrados o una muestra de devoción o de idolatría? No se trataba de preguntas baladíes: de su respuesta dependía la salvación o la condena eternas. Las cuestiones de ortodoxia o herejía eran tan explosivas como las guerras civiles en la vida del imperio y minaban de la misma forma su unidad.

El mundo del Bizancio cristiano era también extrañamente fatalista. Todo estaba ordenado por Dios, y la desgracia, en cualquiera de sus niveles, desde la pérdida de un monedero hasta un gran asedio, se consideraba consecuencia de los pecados individuales o colectivos. El emperador reinaba por la gracia de Dios, pero si era destronado por un golpe palaciego —descuartizado por los conspiradores o apuñalado en su bañera o estrangulado o arrastrado atado a unos caballos o simplemente cegado y enviado al exilio (pues la suerte de los emperadores era notablemente inestable)—, también eso era voluntad de Dios e indicio de algún pecado oculto. Y puesto que la suerte estaba predestinada, los bizantinos estaban supersticiosamente obsesionados con las profecías. Era habitual que los emperadores inseguros abrieran la Biblia al azar en busca de pistas sobre lo que les esperaba en el futuro; la adivinación gozaba de mucha popularidad y aunque el clero de vez en cuando arremetía contra ella, estaba demasiado incrustada en el alma griega como para expulsarla de la conciencia colectiva. Un visitante árabe del siglo IX presenció el curioso uso de unos caballos para conocer el desarrollo de una lejana campaña militar: «Los introducen en la iglesia, donde se han colgado las bridas. Si el caballo toma la brida con la boca, la gente dice: "Hemos conseguido una victoria en tierras del islam". [En ocasiones] el caballo se acerca, olfatea la brida, da media vuelta y no se acerca a ella más».[23] En este último caso, presumiblemente la gente se marchaba triste, asumiendo que se había producido una derrota.

Durante muchos siglos la imagen de Bizancio y de su capital, brillante como el sol, ejercieron una atracción gravitacional sobre el mundo más allá de sus fronteras. Proyectaba una imagen deslumbrante de riqueza y longevidad. Su moneda, el besante, con la cabeza de sus emperadores en él, era el patrón oro de Oriente Medio. El prestigio del Imperio romano se añadía a su nombre: en el mundo musulmán, Bizancio se conocía simplemente como *Rum*, Roma, e igual que Roma provocaba

Los peligros del cargo: el emperador Romano III ahogado en su bañera, 1034.

el deseo y la envidia de los pueblos nómadas semibárbaros que habitaban más allá de sus puertas. Desde los Balcanes y las llanuras húngaras, desde los bosques rusos y las estepas de Asia, turbulentas oleadas de nómadas tribales golpeaban contra sus defensas: los hunos y los godos, los eslavos y los gépidos, los tártaros y los avaros, los búlgaros túrquicos y los salvajes pechenegos, todos ellos deambularon por el mundo bizantino.

El Imperio, en su momento de máxima extensión, abrazó el Mediterráneo desde Italia a Túnez, aunque se expandió y contrajo constantemente bajo la presión de sus vecinos como si fuera un enorme mapa que constantemente se pliega y despliega. Cada año partían ejércitos y flotas imperiales de los grandes puertos a orillas del Mármara, con banderas al viento y fanfarria de trompetas, para recuperar una provincia o reforzar una frontera. Bizancio era un imperio en guerra constante y Constantinopla, por su posición en la encrucijada de continentes, pueblos, religiones y rutas comerciales, recibía a menudo presión de Europa por un lado y de Asia por otro. Los árabes fueron simplemente los más tenaces de la larga sucesión de ejércitos que acamparon al pie de sus murallas en los primeros quinientos años de su existencia. Los persas y los avaros lo hicieron en 626, los búlgaros asediaron la ciudad repetidamente en los siglos VIII, IX y X, el príncipe Igor de Rusia en 941. Para los griegos el asedio era un estado mental y constituía la esencia de su mito más antiguo: después de la Biblia, los bizantinos aprendían el relato homérico del sitio de Troya. Eso hacía de ellos gente a la vez práctica y supersticiosa. Aunque atendían con suma diligencia al mantenimiento de las murallas, que consideraban un deber cívico, y mantenían los graneros bien provistos y las cisternas llenas, la religión ortodoxa confería una importancia suprema también a las defensas psíquicas. La virgen era la protectora de la ciudad; sus iconos se paseaban en procesión por las murallas en tiempos de crisis y se consideraba que había salvado a la ciudad durante el sitio de 717. Daba a los defensores una confianza que igualaba la que los atacantes musulmanes obtenían del Corán.

Ninguno de los ejércitos que acampó frente a las murallas pudo superar estas defensas físicas y psicológicas. La tecnología para asaltar las fortificaciones, los recursos navales para ejecutar un bloqueo marítimo y la paciencia necesaria para desgastar por hambre a los defensores estaban fuera del alcance de cualquiera de los aspirantes a conquistador. El imperio, aunque frecuentemente se vio exigido casi hasta quebrarse, demostró una resistencia notable. La infraestructura de su capital, la fuerza de las instituciones imperiales y la afortunada coincidencia de contar con líderes extraordinarios en momentos de crisis hizo que, tanto para sus ciudadanos como para sus enemigos, el Imperio romano de Oriente pareciera destinado a durar eternamente.

Sin embargo, la experiencia de los asedios árabes dejó profundas cicatrices en la ciudad. La gente reconocía en el islam a un contrapoder irreductible, un enemigo cualitativamente distinto a los demás. Las profecías bizantinas sobre los sarracenos —que es como los árabes acabaron siendo conocidos en la cristiandad— daban voz a sus peores presagios sobre el futuro del mundo. Un escritor afirmó que los árabes eran la Cuarta Bestia del Apocalipsis, que «será el cuarto reino de la tierra, el más desastroso de todos los reinos y transformará la tierra entera en un desierto».[24] Y hacia finales del siglo XI, el islam propinó un segundo mazazo a Bizancio. Pasó tan rápido que los contemporáneos no alcanzaron a comprender su trascendencia.

2

Sueños de Estambul
1071-1422

He visto que Dios hizo que el sol del imperio
alumbrara la mansión de los turcos, e hizo girar
las esferas celestiales alrededor de sus dominios, y los
nombró turcos, y les dio soberanía, y los hizo reyes
de su época, y colocó las riendas de los pueblos
de su tiempo en sus manos.[1]
Al-Kashgari

Fue el surgimiento de los turcos lo que revitalizó el adormecido espíritu de la yihad. Aparecieron en el horizonte bizantino en el siglo VI cuando enviaron embajadores a Constantinopla para buscar una alianza contra el Imperio persa. Para los bizantinos, los turcos eran solo uno más de la larga sucesión de pueblos que intentaban alcanzar la gran ciudad. Su hogar ancestral estaba más allá del mar Negro y se extendía hasta China. Eran habitantes paganos de las estepas, un pueblo de las inmensas llanuras de Asia Central, desde cuyo epicentro llegaban oleadas de saqueadores nómadas cada cierto tiempo para asolar a los pueblos sedentarios que vivían más allá de sus praderas. Nos han legado la palabra, *ordu* —«horda»— como recuerdo de este proceso, una desvanecida huella de cascos de caballo en la arena.

Bizancio sufrió repetidas incursiones de estos nómadas túrquicos mucho antes de saber cómo se llamaban. Los primeros turcos en conmocionar a los pueblos sedentarios de habla griega fueron probablemente los hunos, que tomaron al asalto el mundo cristiano en el siglo IV, después vinieron los búlgaros. Cada sucesiva oleada de pueblos nómadas resultaba para los que la sufrían tan inexplicable como una plaga de langostas que asolara su tierra. Los bizantinos atribuyeron estas visitas, como no podía ser de otro modo, a un castigo divino por sus pecados. Como sus primos, los mongoles, los pueblos túrquicos vivían sobre sus sillas de montar, entre la gran tierra y el todavía mayor cielo, y adoraban a ambos a través de chamanes. Inquietos, sumamente móviles y tribales, sobrevivían gracias a sus grandes rebaños y al comercio con sus vecinos. Para ellos el botín era su razón de ser y las ciudades, su enemigo. Su dominio del arco compuesto y sus tácticas de guerra móvil a caballo les confirieron una superioridad militar decisiva sobre los pueblos sedentarios, una superioridad que el historiador árabe Ibn Jaldún consideró clave. «Los pueblos sedentarios se han acostumbrado a la pereza y las comodidades», escribió. «Se encuentran seguros dentro de las murallas que los rodean y de las fortificaciones que los protegen. Los beduinos no tienen ni murallas ni puertas. Siempre llevan sus armas encima. Vigilan con cuidado ambos lados del camino. Duermen a ratos y apresuradamente solo […] mientras están en la silla. Prestan atención a cualquier ladrido o ruido lejano. La fortaleza se ha convertido en un rasgo de su carácter, y el coraje forma parte de su naturaleza».[2] Esta es una idea que pronto recorrería tanto el mundo cristiano como el islámico.

Repetidas convulsiones en el corazón de Asia continuaron empujando a estas tribus túrquicas hacia occidente. En el siglo IX ya lindaban con las poblaciones musulmanas de Irán e Iraq. El califa de Bagdad supo apreciar sus habilidades militares y los reclutó como mercenarios. Gracias a estos contactos, a finales del siglo X los turcos de las zonas fronterizas habían adoptado el islam, aunque mantuvieron su identidad étnica y su lengua. Pronto usurparían el poder a sus señores. A mediados del siglo XI, una dinastía túrquica, los selyúcidas, se hizo con el sultanato en Bagdad, y a finales de ese mismo siglo los turcos ya gobernaban la mayor parte del mundo islámico, desde Asia Central a Egipto.

La mayoría de musulmanes no contemplaron con resentimiento el rápido ascenso turco, sino que lo consideraron un milagro de la providencia divina, un don de Dios para «revivir el moribundo aliento del islam y restaurar la unidad de los musulmanes».[3] Su eclosión coincidió con la presencia de una dinastía chiita no ortodoxa en Egipto, de modo que los selyúcidas turcos, que seguían la tradición ortodoxa sunita, consiguieron legitimarse como auténticos *gazis*: guerreros de la fe que combatían en una yihad contra el infiel y los herejes islámicos. El espíritu del islam militante se adecuaba perfectamente al espíritu bélico turco; el deseo de botín quedaba legitimado por el devoto servicio a Alá. Bajo la influencia turca, el islam recuperó el celo de las primeras conquistas árabes y reabrió su guerra santa a gran escala contra los enemigos cristianos. Aunque Saladino era kurdo, él y sus sucesores condujeron ejércitos cuyo etos era turco. «Alabado sea Dios», escribió Al-Rawandi en el siglo XIII, «el apoyo al islam es fuerte… En las tierras de los árabes, los persas, los romanos y los rusos, los turcos han desenvainado la espada y el miedo a sus espadas ha echado raíces en el corazón de los hombres».[4]

Al poco tiempo, la guerra entre cristianos y musulmanes a lo largo de la frontera sur de Anatolia, cuyas brasas llevaban ardiendo discretamente durante siglos, estalló con renovado ímpetu. A los selyúcidas de Bagdad les incomodaba una tribu de nómadas revoltosa —los turcomanos—, cuyas ansias de botín carecían de sentido en el corazón de las tierras islámicas. Animaron a estos guerreros tribales a dirigir su energía hacia occidente, hacia Bizancio, hacia el reino de los *Rum*. A mediados del siglo XI bandas de saqueadores *gazi* arrasaban la Anatolia cristiana en nombre de la guerra santa tan a menudo que se hizo imprescindible una respuesta decisiva por parte del emperador de Constantinopla.

En marzo de 1071, el emperador Romano IV Diógenes partió personalmente hacia el este para reconducir la situación. En agosto se enfrentó, en Manzikert, en el este de Anatolia, no a los turcomanos, sino a un ejército selyúcida comandado brillantemente por el sultán Alp Arslan, «el león heroico». Fue un enfrentamiento curioso. El sultán no quería combatir. Su objetivo fundamental no era la guerra contra los cristianos, sino la destrucción del odiado régimen chiita de Egipto, por lo que lo primero que hizo fue ofrecer una tregua que Romano rechazó. La batalla que se libró a continuación concluyó con una aplastante victoria musulmana, decidida por las clásicas emboscadas nómadas y por la deserción de las tropas mercenarias del ejército bizantino. Romano sobrevivió para besar el suelo frente al sultán conquistador, que plantó uno de sus pies sobre el cuello humillado del emperador como símbolo de triunfo y de sumisión. Fue un instante trascendental en la historia del mundo... y un desastre para Constantinopla.

Para los bizantinos, la batalla de Manzikert fue «el Día Terrible», una derrota de proporciones sísmicas cuyas repercusiones les perseguirían en el futuro. Las consecuencias fueron catastróficas, aunque no se comprendieron de manera inmediata en la propia Constantinopla. Sin oposición, los turcomanos entraron en gran número en Anatolia; donde antes se habían limitado a saquear y a retirarse, ahora se asentaron, avanzando cada vez más hacia la cabeza del león de Anatolia. Tras los abrasadores desiertos de Irán e Iraq, aquel altiplano era un entorno perfecto para los nómadas de Asia Central, con sus yurtas y camellos. Trajeron con ellos tanto la religión ortodoxa sunita como algunas tendencias islámicas más fervorosas —sufíes, derviches y hombres santos vagabundos que predicaban la yihad— y una reverencia mística por los santos que resultaba atractiva a los cristianos de la región. En los veinte años siguientes a Manzikert, los turcos alcanzaron la costa del Mediterráneo. La diversa población cristiana, por lo general, no ofreció resistencia. Algunos se convirtieron al islam mientras que otros simplemente se alegraron de librarse del acoso y los impuestos de Constantinopla. El islam sostenía que los cristianos eran «gentes del Libro» y que, como tales, se les debía ofrecer la protección de la ley y permitir su culto. Las sectas cismáticas cristianas incluso dieron la bienvenida al gobierno turco: «Por su justicia y su buen gobierno, prefieren vivir bajo su administración», escribió Miguel el Sirio. «Los turcos, que no conocen nada de los misterios sagrados [...] no acostumbraban a preguntar sobre los detalles de la fe ni a perseguir a nadie por ellos, a diferencia de los griegos», que, continuó, eran «un pueblo malvado y herético».[5] Las disensiones internas del estado bizantino allanaron el camino a los turcos. Al poco tiempo, fueron invitados a participar como mercenarios en las guerras civiles que desgarraban Bizancio. La conquista de Asia Menor sucedió tan rápido y con tan poca resistencia que para cuando un segundo ejército bizantino plantó batalla y fue derrotado en 1176, la posibilidad de expulsar a los invasores ya había desaparecido para siempre. Manzikert era irreversible. En la década de 1220, los escritores occidentales ya se referían a Anatolia como Turquía. Bizancio había perdido el acceso a los alimentos y a la población de aquella gran península para siempre. Y, prácticamente a la vez, una catástrofe golpeó a Constantinopla desde el lugar que menos esperaba: el Occidente cristiano.

Las cruzadas habían sido concebidas para poner coto al avance militar del islam turco. Fue contra los selyúcidas, «una estirpe maldita, completamente ajena a Dios», contra los que el papa Urbano II predicó el célebre sermón de Clermont en 1095, llamando «a exterminar a esta vil raza de nuestras tierras»,[6] que supuso el inicio de 350 años de cruzadas. A pesar de que en teoría suponían un apoyo de sus hermanos cristianos de Occidente a los cristianos de Bizancio, las cruzadas se revelarían un tormento continuo para los bizantinos. De 1096 en adelante fueron visitados por sucesivas oleadas de caballeros en ruta a Tierra Santa que esperaban apoyo, sustento y agradecimiento de sus hermanos ortodoxos mientras atravesaban su imperio de camino a Jerusalén. Estos contactos generaron incomprensión y desconfianza mutuas. Tanto bizantinos como cruzados tuvieron la oportunidad de observar con detalle las diferencias en costumbres y en formas de rendir culto que les separaban. Los griegos acabaron por considerar a sus hermanos de fe occidentales, enfundados en sus cotas de malla, poco más que bárbaros zafios o aventureros oportunistas, y a su misión de recuperar Tierra Santa como un ejercicio hipócrita de conquista imperial disfrazado de piedad religiosa: «su orgullo es indomable, su carácter cruel [...] y están dominados por un odio inveterado hacia el Imperio»,[7] decía Nicetas Choniates. En realidad, por lo general los bizantinos preferían a sus vecinos musulmanes, con los que llevaban tiempo conviviendo y cuya proximidad había generado cierta familiaridad y respeto a lo largo de los siglos transcurridos desde el estallido inicial de la guerra santa: «debemos vivir en común como hermanos, aunque difiramos en costumbres, usos y religión»,[8] escribió en una ocasión un patriarca de Constantinopla a un califa de Bagdad. Los cruzados, por su parte, veían a los bizantinos como herejes depravados cuyo aspecto era peligrosamente oriental. Soldados selyúcidas y turcos combatían regularmente en los ejércitos bizantinos. Los cruzados se quedaron conmocionados al descubrir que en la ciudad consagrada a la virgen había una mezquita. «Constantinopla es arrogante en su riqueza, traidora en sus prácticas y corrupta en su fe»,[9] declaró el cruzado Odo de Deuil. Pero más peligroso todavía para el futuro de la ciudad fue que los cruzados quedaron boquiabiertos ante las fabulosas riquezas que contenía y ante la abundancia de reliquias sagradas ricamente ornamentadas. Los informes que se enviaban a las pequeñas ciudades de Normandía y el Rin destilaban envidia mal disimulada: «desde que el mundo es mundo», escribió el Mariscal de Champaña, «nunca se reunieron riquezas tales en una sola ciudad».[10] La tentación era demasiado grande.

La presión militar, política y comercial occidental sobre el Imperio bizantino llevaba incrementándose desde hacía mucho tiempo, pero a finales del siglo XII adoptó una forma visible en Constantinopla. Se estableció en la ciudad una gran comunidad de comerciantes italianos. A los venecianos y a los genoveses se les concedieron privilegios especiales, de los que obtuvieron pingües beneficios. Los italianos, materialistas y especuladores, no eran populares: los genoveses tenían su propia colonia en Gálata, una ciudad amurallada en la otra orilla del Cuerno de Oro; a los venecianos se los consideraba «tan insolentes en su riqueza y prosperidad que despreciaban el poder del Imperio».[11] Oleadas de xenofobia se extendían entre el populacho; en 1171 Gálata fue atacada y destruida por los griegos. En 1183 toda la población italiana de Constantinopla fue masacrada bajo la supervisión del general bizantino Andrónico «el Terrible».

En 1204 esta historia de desconfianza y violencia regresó para castigar a Constantinopla con una catástrofe por la que los griegos nunca han perdonado por completo al Occidente católico. En uno de los acontecimientos más estrambóticos de la historia de la cristiandad, la Cuarta Cruzada, que viajaba a bordo de barcos venecianos y cuyo destino era nominalmente Egipto, fue desviada para que atacara la capital bizantina. El arquitecto de esta operación fue Enrico Dandolo, el dogo de Venecia, un hombre de ochenta años, al parecer ciego, y con una astucia fuera de común, que dirigió personalmente la expedición. La flota embarcó a un oportuno pretendiente al trono imperial y entró en el mar de Mármara en junio de 1203; a los propios cruzados quizá les sorprendió ver Constantinopla, una ciudad de gran relevancia y significado cristiano, levantarse frente a las proas de sus barcos, en lugar de las costas de Egipto. Tras abrirse paso a través de la cadena que protegía el Cuerno de Oro, los barcos venecianos alcanzaron la costa e intentaron asaltar las murallas marítimas; cuando el ataque flaqueaba, el octogenario dogo saltó él mismo a

Toma de Constantinopla por la Cuarta Cruzada (1204),
pintada por Palma el Joven (1544-1628).

tierra enarbolando la bandera de San Marcos y exhortó a los venecianos a que demostraran su coraje. Alentados por su ejemplo, los cruzados tomaron las murallas costeras al asalto y coronaron emperador al pretendiente que habían traído, Alejo IV.

Al abril siguiente, tras un invierno de turbias intrigas palaciegas a lo largo del cual creció el desasosiego entre los cruzados, estos saquearon Constantinopla una semana entera. En la estela del pillaje se produjo una atroz masacre durante la cual se quemó gran parte de la ciudad: «Ardieron más casas que todas las que hay en las tres mayores ciudades del reino de Francia juntas», declaró el caballero francés Godofredo de Villehardouin. El gran patrimonio artístico de la ciudad fue vandalizado y Santa Sofía saqueada y profanada: «Entraron con caballos y mulas a la iglesia», escribió el cronista Nicetas Choniates, «para poder llevarse mejor los cálices y la plata y el oro labrados que habían arrancado del trono, del púlpito y de las puertas y de cualquier sitio en que se hallase; y cuando algunas de estas bestias resbalaban y se caían, las atravesaban con sus espadas, profanando la iglesia con su sangre y sus excrementos».[12] Los venecianos se marcharon cargados con un gran botín de estatuas, reliquias y otros objetos preciosos con los que adornaron su basílica de San Marcos, entre ellos los cuatro caballos de bronce que habían decorado el hipódromo de Constantinopla desde tiempos de Constantino. Constantinopla quedó convertida en un humeante montón de escombros. «Oh, ciudad, ciudad, ojo de todas las ciudades», se lamentó el cronista Nicetas, «has bebido hasta el poso de la copa de la ira del Señor».[13] Era una respuesta típicamente bizantina, pero fuera humano o divino el agente del desastre, las consecuencias fueron claras: Constantinopla quedó reducida a una sombra de su antigua grandeza. Durante casi sesenta años, la ciudad se convirtió en el «Imperio Latino de Constantinopla», gobernado por el conde de Flandes y sus sucesores. El Imperio bizantino se desmembró en una serie dispersa de estados francos y colonias italianas, y gran parte de su población huyó a Grecia. Los bizantinos establecieron un reino en el exilio en Nicea, en Anatolia, y consiguieron frenar desde allí ulteriores incursiones turcas. Cuando recobraron Constantinopla en 1261 se encontraron la infraestructura de la ciudad prácticamente en ruinas y los dominios del imperio reducidos a unos pocos territorios dispersos. Para intentar restaurar su antigua fortuna y para protegerse de futuras amenazas procedentes de Occidente, los bizantinos volvieron la espalda a la Anatolia musulmana, y pagaron un precio muy alto por ello.

Anatolia oriental seguía sacudida por violentos cambios de población. Dos años después del saqueo de Constantinopla, un líder tribal llamado Temuyín logró unificar a los belicosos nómadas del interior de Mongolia y convertirlos en una fuerza militar organizada. Tomó el título de Gengis Kan, Príncipe Universal. Los melenudos mongoles, adoradores del sol, cayeron sobre el mundo islámico con terrible ferocidad. A medida que el caos se adueñaba de Persia, una oleada de refugiados se desplazó hacia el oeste y llegó a Anatolia. La península se convirtió en un crisol de etnias: griegos, turcos, iraníes, armenios, afganos y georgianos convivían en ella. Cuando los mongoles derrotaron a su principado más coherente, el de los selyúcidas de Rum, en 1243, Anatolia se convirtió en un mosaico de reinos minúsculos. Las tribus nómadas turcas no podían emigrar más hacia el oeste, pues no quedaban vecinos infieles cuya conquista fuera legítima. Cuando alcanzaron el mar, algunas adquirieron barcos y se dedicaron a saquear las costas bizantinas. Otras lucharon entre ellas. Anatolia era un lugar caótico, estaba fragmentada y era muy peligrosa, una especie de Salvaje Oeste lleno de saqueadores, bandidos y visionarios religiosos inspirados por una incendiaria mezcla de misticismo sufí y ortodoxia sunita. Los turcomanos seguían cabalgando hacia el horizonte en sus sillas ricamente bordadas, buscando botín y movimiento continuo en la tradición de los *gazis*, pero solo las tierras de un reino insignificante, la tribu de Osmán, seguían en contacto con las tierras de los infieles bizantinos en el noroeste de Anatolia.

Nadie sabe con certeza los orígenes del pueblo al que hoy conocemos como otomanos. Emergieron de entre los anónimos nómadas turcomanos en algún momento hacia 1280 como una casta de guerreros analfabetos que vivían entre tiendas y hogueras, gobernaban desde la silla de montar, firmaban con su huella digital, y cuya historia fue más tarde reconstruida por la mitificación imperial. La leyenda dice que el destino de Osmán siempre fue la grandeza. Una noche tuvo un sueño en el que vio a Constantinopla: «situada en la conjunción de dos mares y dos continentes parecía un diamante montado entre dos zafiros y dos esmeraldas, y por lo tanto parecía formar la joya del anillo de un amplio imperio que abrazaba el mundo entero».[14] Osmán se envolvió en el manto de los *gazis*, que su tribu estaba en situación inmejorable para adoptar. Dosis de astucia y de suerte a partes iguales iban a hacer el reino de Osmán pasara de ser un pequeño principado a la potencia mundial con la que su dirigente había soñado.

Los dominios de Osmán en el noroeste de Anatolia lindaban directamente con el perímetro defensivo bizantino que protegía Constantinopla. Al estar frente a tierra infiel no conquistada, el reino de Osmán se convirtió en un imán para *gazis*, aventureros y refugiados necesitados de tierras, dispuestos a probar suerte bajo su mando. Osmán gobernaba como un líder tribal, en contacto directo con su gente. Al mismo tiempo, la cercanía con sus vecinos bizantinos ofreció a los otomanos una oportunidad única de estudiarlos e imitar la estructura de su estado. La tribu aprendió, literalmente, sobre la marcha, a medida que absorbía tecnologías, protocolos y tácticas a un ritmo extraordinario. En 1302, Osmán consiguió una primera victoria sobre los bizantinos que trajo prestigio y reclutas a su causa. Presionando las débiles defensas imperiales, consiguió aislar la ciudad de Bursa. Como carecía de la tecnología de asedio necesaria para tomarla, fueron necesarios siete años de paciente bloqueo hasta que su hijo, Orján, la capturó en 1326 y la convirtió en capital de su pequeño reino. En 1329 Orján derrotó al emperador Andrónico III en Pelekanos, poniendo con su victoria fin a los intentos bizantinos de defender las ciudades que les quedaban en Anatolia, que cayeron en rápida sucesión: Nicea en 1331, Nicomedia en 1337 y Scutari al año siguiente. Ahora los guerreros musulmanes podían cabalgar hasta la costa de sus dominios y contemplar Europa al otro lado del Bósforo. En la otra orilla distinguían Constantinopla: la imponente línea de sus murallas costeras, la enorme cúpula de Santa Sofía y las banderas imperiales ondeando sobre sus torres y palacios.

Según avanzaban, los conquistadores adecuaron los topónimos de las ciudades capturadas a las armonías vocales turcas: Esmira se convirtió en Izmir, Nicea —donde se había formulado el credo de Nicea— en Iznik; Brusa intercambió consonantes para convertirse en Bursa. Constantinopla, aunque los otomanos seguirían refiriéndose a ella oficialmente por su nombre árabe, *Kostantiniyye*, evolucionó en el turco hablado hasta convertirse en Estambul por una mutación que todavía no está clara. Puede que el nuevo topónimo sea una mera corrupción de Constantinopla o puede que tenga una etimología distinta. Los griegos se referían familiarmente a Constantinopla como la *polis*, la ciudad. Un hombre que fuera a visitarla diría que iba «*eis tin polin*», a la ciudad, unas palabras que el oído turco podía haber interpretado como *Istanbul*.

La velocidad del avance otomano pareció tan providencial como la expansión de los árabes siete siglos antes. Cuando el gran viajero árabe Ibn Batuta visitó el principado de Orján en 1331 le impresionó la energía que se percibía en aquel lugar: «Se dice que nunca ha permanecido un mes entero en ninguna ciudad. Lucha contra los infieles continuamente y los mantiene asediados».[15] Los primeros otomanos se denominaban a sí mismos *gazis* y se envolvieron en el título de guerreros de la fe y en la bandera verde del islam. Pronto fueron también sultanes. En 1337 Orján ordenó una inscripción en Bursa en la que se denominaba a sí

Las tumbas de Osmán y Orján en Bursa.

mismo «sultán, hijo del sultán de los *gazis*, *gazi* hijo de *gazi*, señor marcial del horizonte, héroe del mundo».[16] Era, desde luego, una nueva edad heroica de las conquistas musulmanas y aceleró el pulso del islam militante. «El *gazi* es la espada de Dios», escribió el cronista Ahmeti hacia 1400, «es el protector y el refugio de los creyentes. Si se convierte en un mártir de los caminos del señor, no creáis que ha muerto: vive en beatitud con Alá, pues ha alcanzado la vida eterna».[17] Las conquistas generaron grandes expectativas entre los jinetes nómadas y los derviches místicos que viajaban con ellos por los polvorientos caminos de Anatolia enfundados en sus ajadas capas. El aire estaba cargado de profecías y canciones épicas. Todos recordaban el hadiz sobre la conquista de Constantinopla y las leyendas sobre la Manzana Roja. Cuando el emperador Juan Cantacuceno invitó a la banda guerrera de Orján a que cruzara los Dardanelos en la década de 1350 para ayudarle en las interminables guerras civiles del estado bizantino, los musulmanes pusieron pie en Europa Oriental por primera vez desde 718. Quiso la casualidad que un terremoto demoliera las murallas de Galípoli en 1354, fenómeno que los otomanos interpretaron como una señal del favor de Dios por la causa musulmana, y ocuparon la ciudad. Un alud de guerreros y hombres santos los siguió a Europa. En 1359 un ejército islámico apareció frente a las murallas de Constantinopla por primera vez en 650 años. Una nota de profecía milenaria impregnaba el ambiente. «¿Por qué los *gazis* han aparecido al final?», se preguntaba Ahmeti. «Porque lo mejor siempre llega al final. Igual que el profeta definitivo, Mahoma, vino después de todos los demás, igual que el Corán vino del cielo después que la Torá, los Salmos y los Evangelios, los *gazis* han aparecido en el mundo los últimos».[18] Parecía que la captura de Constantinopla era un sueño a punto de hacerse realidad.

La velocidad del avance otomano pareció poco menos que milagrosa, como si fuera la voluntad de Dios. Por geografía, costumbres y suerte, los otomanos eran los mejor situados para aprovechar la desintegración del estado bizantino. Los primeros sultanes, que vivían cerca de sus hombres y de la naturaleza, estaban atentos a las circunstancias y a las posibilidades que les abría el cambiante entorno político. Mientras los bizantinos se empecinaban en sus tradiciones y ceremonias milenarias, los otomanos eran astutos, flexibles y abiertos. Las leyes del islam exigían mostrar generosidad con los pueblos conquistados, de modo que los otomanos gobernaban a sus súbditos con una gentileza que muchos preferían al feudalismo europeo. No intentaron convertir al islam a los cristianos, que constituían la mayoría de la población: de hecho, esa conversión estaba lejos de los deseos de una dinastía que tenía sus miras puestas en convertirse en un imperio universal. Bajo la *sharia* no es posible cobrar impuestos tan altos a los musulmanes como a los infieles, aunque en ningún caso la carga impositiva de estos últimos era elevada. Los campesinos de los Balcanes agradecieron verse libres del pesado yugo de la servidumbre feudal. Los otomanos, además, contaban con algunas ventajas dinásticas propias. A diferencia de otros principados turcos, los primeros sultanes nunca dividieron el reino entre sus sucesores, ni tampoco designaron nunca un heredero. Todos los hijos eran educados para reinar, pero solo uno podía acceder al trono, un método que parecía brutalmente diseñado para garantizar la supervivencia del más fuerte. Sorprendía todavía más a los occidentales la nula atención que prestaban a la sucesión a través del matrimonio. Mientras los emperadores bizantinos, como todas las casas reales europeas, realizaban exhaustivos esfuerzos para conseguir alianzas dinásticas y herederos legítimos del mejor linaje posible, los otomanos apenas prestaban atención al tema. El padre de un sultán era de forma natural el anterior sultán, pero su madre podía ser perfectamente una concubina o una esclava —quizá incluso una mujer que no había nacido musulmana— y proceder de cualquiera de una docena de pueblos gobernados. Esta capacidad de aceptar genes de procedencia muy diversa aportaría a los otomanos extraordinarios recursos.

De todas las innovaciones otomanas, quizá ninguna fue más importante que la creación de un ejército regular. Las bandas entusiastas de guerreros *gazis* eran demasiado indisciplinadas para hacer realidad las crecientes ambiciones de los sultanes otomanos; el asedio de ciudades bien defendidas requería paciencia, método y una serie de habilidades muy específicas. Hacia finales del siglo xiv el sultán Murat I fundó un nuevo cuerpo militar, formado por esclavos capturados en los Balcanes. A intervalos regulares se reclutaba una leva de jóvenes cristianos, se los convertía al islam y se les enseñaba turco. Apartados de sus familias, estos nuevos reclutas eran leales solo al sultán. Eran su ejército privado: los «esclavos de la Puerta». Se organizaban en unidades de infantería, los *Yeni Cheri* o jenízaros, y de caballería. Conjuntamente formaron el primer ejército profesional existente en Europa desde tiempos de los romanos. Jugarían un papel determinante en el desarrollo del estado otomano. Se trataba de una costumbre sacada directamente de la historia otomana: los propios turcos habían sido reclutados como soldados esclavos en las fronteras del mundo islámico. Ese había sido su pasaporte hacia el progreso. Pero los jenízaros aterrorizaban a los cristianos que contemplaban el proceso desde la distancia: junto a las imágenes que evocaban la esclavitud, la perspectiva de volver a los niños cristianos capturados contra los cristianos se les antojaba diabólica e inhumana y constituiría un ingrediente poderoso en el mito del Turco Salvaje.

Esta noción de «el Turco» prendió pronto en Occidente. Fue en gran medida una invención europea, un término hecho a medida de Occidente que los propios otomanos rara vez usaron, pues lo consideraban peyorativo. En su lugar, escogieron títulos que no eran étnicos ni territoriales y reflejaban tanto su herencia nómada, que por naturaleza no podía ser confinada a territorios concretos, como su composición multiétnica. Para ellos la identidad era primordialmente religiosa: los sultanes otomanos se describieron a sí mismos, en términos cada vez más elaborados, como Señores del islam, a su imperio como el Refugio de la Fe o las Tierras Defendidas, y a su gente como musulmanes u otomanos. Los otomanos estaban constituidos por una peculiar unión de distintos elementos y pueblos: tribalismo turco; islam sunita; costumbres cortesanas persas; administración, impuestos y ceremonial bizantinos; y un lenguaje cortesano rimbombante que combinaba estructura turca y vocabulario árabe y persa. Tenían una identidad marcadamente propia.

El ascenso de los otomanos tenía su reflejo en el correspondiente e ininterrumpido declive de la fortuna de Bizancio. Los factores que habían convertido los años siguientes a 1300 en el «siglo desastroso» en Europa también tuvieron su impacto en el Imperio de Oriente. Escisiones, guerra civil, descenso y empobrecimiento de la población se cebaron con Constantinopla. Hubo algunos significativos momentos simbólicos. En 1284 el emperador Andrónico II tomó la decisión suicida de abolir la armada imperial. Los marineros, súbitamente sin empleo, desertaron en masa a los otomanos y les ayudaron a construir una flota. En algún momento alrededor de 1325, los emperadores de la familia Paleólogo adoptaron como emblema el águila bicéfala; no representaba, como en ocasiones se ha supuesto, que gobernaban un poderoso imperio que miraba a la vez a oriente y occidente, sino que simbolizaba la división de la autoridad entre dos belicosos emperadores de la misma familia. El águila resultó profética. Entre 1341 y 1371 se produjo una ruinosa concatenación de guerras civiles, invasiones del territorio imperial por los otomanos y por el poderoso estado serbio, controversias religiosas y pestes. Constantinopla fue la primera ciudad europea en sufrir la Peste Negra: ratas que habían subido a los barcos en el puerto de Kaffa, en el mar Negro, bajaron en la ciudad bizantina en 1347. La población se redujo a poco más de 100 000 personas. Una serie de terremotos devastaron Constantinopla —la cúpula de Santa Sofía se hundió en 1346— y la ciudad «de oro puro» se volvió cada vez más pobre y desolada y sus habitantes más propensos a un pesimismo teñido de religión. Los viajeros a la ciudad subrayaban el aspecto melancólico del lugar. Ibn Batuta vio en ella no una ciudad, sino trece pueblos separados por campos. Cuando la visitó el español Pero Tafur encontró que hasta el palacio del emperador estaba «en tal estado que tanto él como la ciudad muestran bien los males que han sufrido y todavía sufren sus gentes […] la ciudad está escasamente poblada […] sus habitantes no van bien vestidos, sino de forma triste y pobre, mostrando lo duro de sus vidas», para a continuación añadir, con auténtica caridad cristiana, «que, sin embargo, no son todo lo malas que merecerían, pues son un

El águila bicéfala de los Paleólogo.

pueblo malvado que vive inmerso en el pecado».[19] La ciudad se encogía dentro de sus murallas como un anciano vestido con la ropa de su juventud, y sus emperadores eran indigentes en su propia casa. En la coronación del emperador Juan VI Cantacuceno, en 1347, los observadores se dieron cuenta de que las joyas de las diademas del emperador y la emperatriz estaban hechas de vidrio y la vajilla del banquete de arcilla y peltre. Los platos de oro se habían vendido para pagar los gastos de la guerra civil; las joyas se habían empeñado a los venecianos… y estaban en el tesoro de San Marcos.

En medio de esta confusión, el avance otomano en Europa continuó sin oposición. En 1362 prácticamente rodearon Constantinopla por su retaguardia al tomar la ciudad de Adrianópolis —Edirne, en turco—, 225 kilómetros al oeste, y trasladaron su capital imperial a Europa. Cuando aplastaron a los serbios en batalla en 1371, el emperador Juan quedó aislado de cualquier tipo de ayuda cristiana y no tuvo otra opción que convertirse en vasallo de los sultanes, aportándoles tropas cuando se lo pedían y sometiendo a su aprobación todos los nombramientos imperiales. El avance de los otomanos parecía imparable: a finales del siglo XIV sus territorios se extendían desde el Danubio hasta el Éufrates. «La expansión de los turcos o los infieles es como el mar», escribió el serbio Miguel «el Jenízaro», «no conoce la paz, sino que siempre se mueve [...] hasta que no aplastas la cabeza de una serpiente siempre va a peor».[20] El papa emitió una bula proclamando una cruzada contra los otomanos en 1366, y en vano amenazó con excomulgar a los estados comerciales de Italia y el Adriático por venderles armas. Los siguientes cincuenta años fueron testigos de tres cruzadas contra los infieles, todas dirigidas por los húngaros, que eran el estado para el que las incursiones islámicas en Europa Oriental suponía una mayor amenaza. Estas cruzadas serían el canto del cisne de la unidad cristiana. Todas ellas acabaron en terribles derrotas, cuyas causas no son difíciles de rastrear. Europa estaba dividida, era pobre y estaba debilitada por las disputas internas y por la Peste Negra. Sus ejércitos eran lentos, camorristas, indisciplinados y tácticamente ineptos en comparación con los ágiles y bien organizados otomanos, que combatían unidos por una causa común. Los pocos europeos que los vieron de cerca no pudieron evitar profesar furtiva admiración por el «orden otomano». El viajero francés Bertrandon de la Brocquière observó, en la década de 1430, que:

> Son diligentes, madrugan de buen grado y viven con poco [...] no les importa dónde duermen, y usualmente lo hacen sobre el suelo [...] sus caballos son buenos, consumen poca comida, galopan bien y durante mucho tiempo [...] obedecen a sus superiores sin dudar nunca [...] cuando reciben la señal, los que deben abrir el paso inician la marcha, seguidos por los demás con el mismo silencio [...] diez mil turcos en tal ocasión hacen menos ruido que cien hombres en un ejército cristiano [...] Debo confesar que en mis diversas experiencias he encontrado siempre que los turcos son sinceros y leales y siempre mostraron valor en las ocasiones en que era necesario mostrarlo.[21]

El panorama, pues, era sombrío para Constantinopla al despuntar el siglo XV. El asedio otomano se había convertido en un hecho recurrente y habitual. Cuando el emperador Manuel rompió su juramento de vasallaje en 1394, el sultán Bayaceto sometió a la ciudad a una serie de asaltos sucesivos que solo se interrumpieron cuando el propio Bayaceto fue derrotado en batalla por el mongol túrquico Timur —el Tamerlán de la obra de Marlowe— en 1402. A partir de ese momento los emperadores bizantinos buscaron cada vez más desesperadamente ayuda de Occidente —Manuel incluso viajó a Inglaterra en 1400— mientras adoptaban una política de intriga diplomática y apoyo a diversos pretendientes al trono otomano. El sultán Murat II asedió Constantinopla en 1422 como represalia por el apoyo bizantino a un pretendiente a su trono, pero la ciudad resistió. Los otomanos no tenían entonces ni la flota imprescindible para bloquear la ciudad por mar ni la tecnología necesaria para asaltar rápidamente sus gigantescas murallas terrestres y Manuel, que a estas alturas era ya un anciano pero seguía siendo uno de los diplomáticos más astutos de su época, consiguió encontrar aún a otro pretendiente al trono otomano que amenazara con desatar una guerra civil. Se levantó el asedio, pero Constantinopla se había salvado por los pelos. Parecía solo cuestión de tiempo que los otomanos volvieran otra vez a por la ciudad. Solo les contenía el miedo a una cruzada conjunta de las naciones europeas.

La tugra, la cifra imperial de Orján, el primer sultán
en tomar una ciudad al asedio.

3

Sultán y emperador
1432-1451

*Mehmed Chelebi —sultán— ¡que Dios sujete la
cuerda de su autoridad a la clavija de la eternidad
y refuerce los apoyos de su poder hasta el día
predestinado!*[1]
Inscripción en la tumba de la madre de Mehmed

*Constantino Paleólogo, en Cristo verdadero
emperador y autócrata de los romanos.*
Título ceremonial de Constantino XI,
octogésimo octavo emperador de Bizancio

El hombre destinado a estrechar el lazo musulmán sobre la ciudad nació diez años después del asedio de Murat. Las leyendas turcas dicen que 1432 fue un año de portentos. Los caballos tuvieron muchos partos de gemelos; los árboles dieron tanta fruta que sus ramas se doblaron; un cometa con una larga cola apareció sobre el cielo de mediodía en Constantinopla. La noche del 29 de marzo, el sultán Murat esperaba en el palacio real de Edirne noticias de un nacimiento. Como no podía dormir, empezó a leer el Corán. Acaba de llegar a las suras de la Victoria, los versos que prometen el triunfo sobre los no creyentes, cuando un mensajero le trajo la noticia de que había nacido su hijo. Lo llamó Mehmed, el nombre del padre de Murat, que es la forma turca del nombre de Mahoma.

Como muchas profecías, también esta historia huele a fabricación hecha en retrospectiva. Mehmed era el tercer hijo de Murat: sus dos hermanastros eran mucho mayores que él y nunca fue el favorito de su padre. Sus posibilidades de vivir y convertirse en sultán eran muy escasas. Quizá la considerable incertidumbre que rodea a su madre sea significativa de la forma en que Mehmed entró en este mundo. A pesar de los esfuerzos de algunos historiadores turcos por reivindicarla como perteneciente a la etnia turca y, por tanto, como musulmana, hay muchas posibilidades de que fuera una esclava occidental, capturada por los piratas o durante una incursión fronteriza, quizá serbia o macedonia, y muy probablemente nacida cristiana. Una madre así permite ver bajo una nueva luz las paradojas de la vida de Mehmed. Pero fuera cual fuera su cóctel genético, Mehmed estaba a punto de revelar un carácter muy distinto al de su padre, Murat.

A mediados del siglo xv los sultanes otomanos ya no eran caudillos tribales analfabetos que dirigían bandas de guerreros desde su caballo. La embriagadora mezcla de yihad y botín había dado paso a algo más mesurado. El sultán seguía poseyendo un inmenso prestigio como el principal líder de la guerra santa en las tierras del islam, pero este prestigio se utilizaba cada vez más como una herramienta de política dinástica. Los gobernantes otomanos ahora se hacían llamar «sultán de *Rum*» —un título que parecía sugerir que se afirmaban como herederos del antiguo imperio cristiano— o «*padisha*», una altisonante fórmula persa. Por influencia de los bizantinos, estaban desarrollando el gusto por el aparato ceremonial de la monarquía: sus príncipes eran educados para desempeñar altos cargos; sus palacios estaban rodeados de altos muros y el acceso al sultán empezó a estar cuidadosamente regulado. El miedo al veneno, a la intriga y al asesinato distanciaron progresivamente al dirigente de sus súbditos, un proceso que se inició tras el asesinato de Murat I por un enviado serbio tras la primera batalla de Kosovo en 1389. El reinado del segundo Murat fue el fulcro de este proceso. Todavía firmaba como «bey» —el antiguo título de la nobleza turca—, en lugar de utilizar el más grandilocuente título de «sultán», y era muy popular entre su pueblo. Al monje húngaro Jorge le sorprendió la falta de ceremonial que rodeaba al mandatario. «Ni en su ropa ni en su caballo hay ninguna marca especial que lo distinga. Le vi en el funeral de su madre y, si no me lo hubieran señalado, no lo habría reconocido».[2] Sin embargo, a pesar de las apariencias, en su reinado se empezó a poner distancia entre el sultán y el mundo que lo rodeaba. «Nunca cogía nada en público», escribió Bertrandon de la Brocquière, «y hay muy pocos que puedan jactarse de haberlo oído hablar, o visto comer o beber».[3] Fue un proceso que finalmente conduciría a los sultanes al hermético mundo del palacio de Topkapi, con sus desnudos muros externos y sus elaborados rituales.

Fue la fría atmósfera de la corte otomana la que enmarcó los primeros años de Mehmed. La sucesión al trono proyectaba su larga sombra sobre la educación de los hijos varones. La sucesión directa de padre a hijo era crítica para la supervivencia del imperio —el sistema del harén era fundamental para asegurar la existencia de una cantidad adecuada de hijos— pero también constituía su máxima debilidad. El trono se disputaba entre todos los hijos varones. No existía ninguna ley que priorizara al mayor, así que, tras la muerte del sultán, los príncipes simplemente luchaban todos contra todos. El resultado de esta lucha se consideraba la voluntad de Dios. «Si ha decretado que tengas el reino después de mí», escribió un sultán posterior a su hijo, «nadie podrá evitarlo».[4] En la práctica, cada sucesión se convertía en una carrera hacia el centro: el ganador era el heredero que se asegurara la capital, el tesoro y el apoyo del ejército. El método, si bien favorecía el acceso al trono de los más fuertes, fácilmente podía llevar a la guerra civil. El estado otomano casi se había desmoronado en los primeros años del siglo xv a causa de una guerra fratricida por el poder en la que los bizantinos estuvieron muy implicados. En Constantinopla se había convertido en política de estado explotar siempre que se podía la momentánea debilidad de la dinastía otomana apoyando a diversos pretendientes al trono.

Para defenderse de posibles ataques preventivos y para enseñar a sus hijos el arte de gobernar, los sultanes enviaban a sus herederos varones, cuando todavía eran muy jóvenes, a las provincias para que crecieran bajo el ojo vigilante de tutores cuidadosamente escogidos. Mehmed pasó los primeros meses de su vida en el palacio del harén en Edirne pero fue enviado a la capital regional de Amasya, en Anatolia, a la edad de dos años, para empezar allí su educación a edad muy temprana. Su hermanastro mayor, Ahmet, que tenía doce años, se convirtió en gobernador de esa ciudad al mismo tiempo. Oscuras fuerzas acosaron a los herederos al trono durante la década siguiente. En 1437 Ahmet murió inesperadamente en Amasya. Seis años después, cuando era gobernador de la ciudad su otro hermanastro mayor, Alí, se desarrolló en la ciudad una espantosa versión del misterio de los «Príncipes de la Torre».* Uno de los principales nobles, Kara Hizir Pachá, fue enviado a Amasya por personas desconocidas. Consiguió entrar en el palacio de noche y estrangular a Alí mientras dormía, y también a sus hijos pequeños. Toda una rama de la familia fue exterminada en una sola noche; Mehmed quedó como único heredero al trono. Impregnando como una negra sombra estos luctuosos hechos había una larga lucha de poder entre la clase dirigente otomana por el alma del estado. Durante su reinado Murat había reforzado su cuerpo de jenízaros con tropas reclutadas entre los esclavos y elevado a algunos de los conversos cristianos al cargo de visir, en un intento de establecer un contrapoder a la nobleza y el ejército turco tradicionales. Sería un enfrentamiento que se llevaría a sus últimas consecuencias frente a las murallas de Constantinopla nueve años después.

Alí había sido el hijo favorito de Murat: su muerte afectó profundamente al sultán, aunque al mismo tiempo no es del todo imposible que el propio Murat ordenara las ejecuciones al descubrir una conspiración del príncipe. En cualquier caso,

---

* Referencia al joven rey de Inglaterra, Eduardo V, de 12 años, y su hermano Ricardo de Shrewsbury, duque de York, de 9 años, ambos hijos de Eduardo IV y de Isabel Woodville y herederos del trono de Inglaterra. Fueron encerrados en la Torre de Londres por disputas intestinas sucesorias cuando el mayor ya era rey. Ricardo III hizo que fueran declarados ilegítimos, asumió el trono y los niños desaparecieron, supuestamente asesinados. (*N. del T.*)

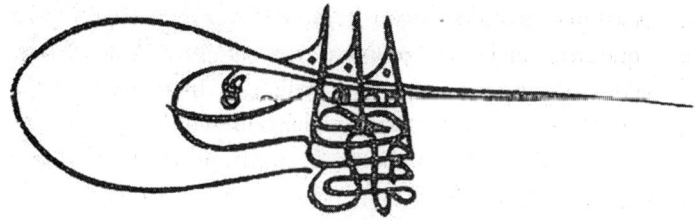

La tugra, la cifra imperial de Mehmet II.

comprendió que no tenía otra opción que llamar al joven Mehmed de vuelta a Edirne y educarlo personalmente. En ese
momento ese niño de once años representaba el único futuro
de la dinastía otomana. Murat se quedó horrorizado al volver
a ver al chico. Le pareció muy obstinado, negligente y casi
imposible de educar. Mehmed había desafiado abiertamente a
sus anteriores tutores, negándose a aceptar castigos y a aprender el Corán. Murat llamó al famoso mulá Ahmet Gurani y le
ordenó que sometiera por cualquier medio al joven príncipe.
Vara en mano, el mulá fue a ver al chico. «Vuestro padre»,
dijo, «me ha enviado para instruiros, pero también para cas-
tigaros en caso de que no obedezcáis».[5] Mehmed se rio a car-
cajadas de la amenaza, ante lo cual el mulá le dio tal somanta
de palos que el joven se puso rápidamente a estudiar. Bajo
este formidable tutor, Mehmed empezó a absorber el Corán
y luego conocimientos cada vez más amplios. El chico reveló poseer una inteligencia extraordinaria combinada con una
voluntad inquebrantable de triunfar. Aprendió varios idiomas
con fluidez —según las crónicas dominaba el turco, el persa
y el árabe, además del griego, un dialecto eslavo y algo de latín— y se entusiasmó por la historia y la geografía, la ciencia,
la ingeniería práctica y la literatura. Empezaba a manifestarse
una personalidad extraordinaria.

La década de 1440 señaló un nuevo periodo de crisis para
los otomanos. El imperio estaba amenazado en Anatolia por la
rebelión de uno de sus vasallos turcomanos, el bey de Karamán,
al tiempo que los húngaros preparaban una nueva cruzada en
Occidente. Murat creyó que había desactivado la amenaza hún-

gara pactando con ellos una tregua de diez años y partió hacia Anatolia para lidiar con el problemático bey. Antes de marcharse tomó la sorprendente decisión de abdicar el trono. Tenía miedo de que se produjera una guerra civil en el imperio y quiso confirmar a Mehmed en el poder antes de morir; puede también que cierto agotamiento vital pesara en su decisión. Las obligaciones del cargo eran pesadas para un sultán otomano y puede que Murat estuviera demasiado deprimido por el asesinato de su hijo favorito, Alí. A la edad de doce años Mehmed fue confirmado como sultán en Edirne bajo la guía del fiel gran visir Jalil. Se acuñaron monedas con su nombre y se le mencionó en las oraciones semanales, según mandaba la tradición.

El experimento se demostró un desastre. Tentado por la oportunidad que presentaba un inexperto y joven sultán, el papa inmediatamente absolvió al rey húngaro Ladislao de su juramento de tregua y el ejército cruzado se puso en marcha. En septiembre cruzó el Danubio; una flota veneciana fue enviada a los Dardanelos para impedir el regreso de Murat. La atmósfera en Edirne se volvió muy agitada. En 1444 apareció en la ciudad un fanático religioso de una secta herética chiita. Muchos siguieron a ese misionero persa, que predicaba la reconciliación entre el cristianismo y el islam, y el propio Mehmed, atraído por sus enseñanzas, lo recibió en palacio. Eso conmocionó a las autoridades religiosas y el propio Jalil se alarmó ante el entusiasmo popular por el hereje. Se intentó su arresto. Cuando el visionario buscó santuario en palacio, hubo que persuadir a Mehmed de que entregara al hombre. Finalmente, el religioso fue conducido al lugar de la plegaria colectiva y quemado vivo. Sus seguidores fueron masacrados. Los bizantinos también decidieron aprovecharse de esta confusión. Liberaron a un pretendiente al trono otomano, el príncipe Orján, a quien tenían retenido en Constantinopla, para que fomentara una revuelta. Siguieron rebeliones contra los otomanos en las provincias europeas del imperio. Cundió el pánico en Edirne, un incendio arrasó gran parte de la ciudad y los musulmanes turcos de la población empezaron a huir a Anatolia. El reino de Mehmed se estaba disolviendo en el caos.

Murat, mientras tanto, había negociado una tregua con el bey de Karamán y apresuraba su regreso para enfrentarse a las nuevas amenazas. Al encontrarse los Dardanelos bloqueados por barcos venecianos, consiguió que los máximos rivales de estos, los genoveses, le transportaran a él y a su ejército a través del Bósforo, al nada despreciable precio de un ducado por cabeza, y avanzó por tierra para enfrentarse al ejército cruzado en Varna, a orillas del mar Negro, el 10 de noviembre de 1444. El resultado fue una victoria aplastante de los musulmanes. Se clavó la cabeza de Ladislao en una lanza y se envió a la antigua ciudad musulmana de Bursa como muestra triunfal de la supremacía musulmana. Fue un momento significativo en la guerra santa entre la cristiandad y el islam. Tras 350 años, la derrota de Varna sació definitivamente el ansia occidental de cruzadas; nunca más volvería la cristiandad a unirse para intentar expulsar a los musulmanes de Europa. Esa batalla consolidó la presencia otomana en los Balcanes y dejó a Constantinopla superlativamente aislada, convertida en una isla rodeada de territorios musulmanes, dificultando, en consecuencia, las posibilidades de ayuda occidental si se producía un ataque otomano. Peor todavía, Murat consideró a los bizantinos responsables de buena parte del caos de 1444, una opinión que pronto influiría en la estrategia otomana.

Inmediatamente después de Varna, y a pesar de los fracasos iniciales del sultanato de Mehmed, Murat se volvió a retirar a Anatolia. Jalil Pachá continuó en su puesto como gran visir, pero tenían más influencia sobre Mehmed los dos hombres que actuaron como sus gobernadores: el gran eunuco Shihabettin Pachá, señor de las provincias europeas, y un enérgico renegado cristiano, Zaganos Pachá. Ambos estaban a favor de tomar Constantinopla, pues sabían que en la ciudad todavía se escondía el pretendiente Orján. Capturarla, además, estabilizaría el reinado de Mehmed y le aportaría al sultán un fabuloso prestigio personal. Está claro que incluso a una temprana edad Mehmed sentía una atracción magnética por el proyecto de conquistar la capital cristiana y convertirse en heredero del Imperio romano. En un poema escribió: «mi mayor deseo es aplastar a los infieles»,[6] pero el deseo de Mehmed por la ciudad era tanto imperial

Retrato del sultán Murat II (1404-1451).

como religioso, y derivaba en parte de una fuente sorprendentemente no islámica. Le interesaban profundamente las gestas de Alejandro Magno y Julio César. Alejandro había sido transformado en un héroe musulmán por narraciones épicas medievales persas y turcas. Mehmed conocía la figura de Alejandro desde muy pequeño, pues hacía que leyeran a diario en palacio la biografía de Alejandro escrita por Arriano. A partir de estas influencias concibió para sí mismo una identidad dual. Se veía como un Alejandro musulmán cuyas conquistas alcanzarían los límites de la tierra, y como un *gazi* guerrero que lideraría la guerra santa contra el infiel. Iba a cambiar el rumbo de la historia: Alejandro marchó hacia el este, él, a su vez, ganaría gloria para Oriente y para el islam conquistando Occidente. Era una visión embriagadora alimentada por sus consejeros, alentados por la posibilidad de hacer carrera aprovechando la ola de conquistas.

El precoz Mehmed, apoyado por sus tutores, empezó a planear un nuevo asalto a Constantinopla ya en 1445. Tenía solo

trece años. Su actitud alarmó a Jalil Pachá. No aprobaba el plan
del joven sultán. Tras la debacle de 1444, temía que un movimiento así acabara en otro desastre. A pesar de sus formidables
recursos, el Imperio otomano había estado a punto de desmoronarse bajo la presión de la guerra civil y no cientos de años
atrás, sino en un momento que todavía estaba en el recuerdo de
los vivos. Jalil temía que un intento organizado y serio de tomar
Constantinopla provocara una respuesta masiva del Occidente
cristiano. También tenía motivos personales para detener al joven sultán: le preocupaba la erosión de su propio poder y del de
la nobleza musulmana turca tradicional a expensas de los beli-
cistas conversos cristianos. Decidió promover el derrocamiento
de Mehmed instigando una revuelta de los jenízaros y convenció a Murat para que regresara a Edirne y retomara las riendas
del imperio. Murat fue recibido con entusiasmo desbocado: el
altivo y joven sultán no era popular ni entre el pueblo ni entre
los jenízaros. Mehmed se retiró a Manisa con sus consejeros.
Fue una humillación pública que no olvidaría ni perdonaría y
que un día acabaría por costarle la vida a Jalil.

Mehmed permaneció en un segundo plano durante el resto
de la vida de Murat, aunque siguió considerándose a sí mismo
sultán. Acompañó a su padre a la segunda batalla de Kosovo
en 1448, en la que los húngaros hicieron un último intento de
quebrar el poder otomano. Fue el bautismo de fuego de Mehmed. El resultado, a pesar de las pérdidas otomanas, fue una victoria tan decisiva como Varna y sirvió para cimentar la leyenda
de la invencibilidad otomana. Un lúgubre pesimismo se adueñó
de Occidente. «Los turcos, gracias a su superior organización,
están muy por delante», escribió Miguel el Jenízaro. «Si los per-
sigues, huirán; pero si te persiguen ellos, no escaparás [...] los
tártaros han vencido varias veces a los turcos, pero los cristianos no lo han hecho nunca, y especialmente en batalla campal,
principalmente porque los turcos los rodean y los atacan por el
flanco».[7]

Murat pasó sus últimos años en Edirne. Parece que el sultán
perdió el interés en las aventuras militares y prefería la estabilidad
de la paz a la incertidumbre de la guerra. Mientras vivió, Cons-

tantinopla respiró una paz inquieta; cuando murió, en febrero de 1451, fue llorado tanto por amigos como por enemigos. «Los tratados que selló con juramentos sagrados con los cristianos», declaró el cronista griego Ducas, «los respetó siempre. Su ira era breve. No le gustaba la guerra y le complacía la paz, y por esta razón el Padre de la Paz lo recompensó con una muerte pacífica y lo libró de perecer por la espada».[8] El cronista griego habría sido menos generoso si hubiera conocido la recomendación que Murat dejó a su sucesor. Las injerencias bizantinas en la década de 1440 lo convencieron de que el estado otomano nunca estaría del todo seguro mientras Constantinopla siguiera siendo un enclave cristiano. «Dejó a su ilustre sucesor el legado», informó el cronista otomano Sa'd-ud-din, «de alzar los estandartes de la yihad para la captura de esa ciudad, con la anexión de la cual […] protegería la prosperidad del pueblo del islam y partiría el espinazo a los desdichados infieles».[9]

La muerte de un sultán era siempre un momento delicado para el estado otomano. Para seguir la tradición, y evitar posibles revueltas armadas, la noticia se mantenía en secreto. Murat tenía otro hijo, un bebé llamado Ahmet, que no suponía una amenaza inmediata para la sucesión de Mehmed, pero el pretendiente Orján seguía en Constantinopla y Mehmed no era precisamente popular. La noticia de la muerte de su padre le llegó en una carta lacrada entregada por mensajero urgente. En ella Jalil aconsejaba a Mehmed que no se demorara; era necesario que llegara a Edirne lo antes posible y cualquier retraso podría provocar una insurrección. Según la leyenda, Mehmed hizo ensillar inmediatamente su caballo y llamó a sus criados. «Todo aquel que me ame, que me siga». Acompañado por su guardia personal cruzó el mar y llegó a Galípoli en dos días. Mientras cabalgaba por la llanura de Edirne fue recibido por una muchedumbre formada por altos funcionarios, visires, mulás, gobernadores y gente corriente, en un ritual que se remontaba al pasado otomano en las estepas de Asia. Cuando llegó a kilómetro y medio del nuevo sultán, la multitud desmontó y caminó hacia su nuevo dirigente en completo silencio. A unos setecientos metros, se detuvieron y empezaron a lanzar grandes alaridos por el sultán muerto. Mehmed y su séquito desmontaron también y se unieron a la lamentación comunitaria. Sobre los fríos campos invernales se oyeron los ecos de los dolientes. A continuación los altos cargos se postraron ante el nuevo sultán y todos volvieron a montar a caballo y avanzaron juntos hacia palacio.

Al día siguiente tuvo lugar la presentación oficial de los ministros. Fue un acto muy tenso, pues era entonces cuando los visires del difunto sultán conocían su destino. Mehmed estaba sentado en el trono, flanqueado por sus antiguos consejeros de confianza. Jalil Pachá se mantuvo en un segundo plano, esperando a ver qué hacía Mehmed. El sultán dijo: «¿Por qué los visires de mi padre están al fondo? Que vengan al frente, y decidle a Jalil que ocupe su antiguo puesto».[10] Jalil fue confirmado en su cargo de gran visir. Fue un gesto típico de Mehmed: mantener el estatus quo mientras guardaba en absoluto secreto sus verdaderos planes y aguardaba pacientemente.

El nuevo sultán solo tenía diecisiete años y poseía una mezcla de confianza, dudas, ambiciones y reservas. Obviamente, sus primeros años lo habían marcado profundamente. Lo habían separado de su madre siendo muy joven y había sobrevivido en el oscuro mundo de la corte otomana principalmente gracias a la suerte. Quizá por ello, incluso desde muy joven, se mostró profundamente secretista y muy suspicaz respecto a los demás: independiente, altivo, distante a los afectos humanos e intensamente ambicioso; su personalidad es paradójica y compleja. El hombre al que el Renacimiento presentó después como un monstruo cruel y perverso era una amalgama de contradicciones. Era astuto, valiente y muy impulsivo, capaz de traiciones terribles y de crueldades tiránicas, pero también de actos de súbita generosidad. Era temperamental e impredecible, un bisexual que huía de las relaciones demasiado íntimas, que nunca olvidaba un insulto pero que acabó siendo amado por su piedad religiosa. Los rasgos básicos de su carácter adulto ya estaban definidos: el tirano que era también un erudito; el obsesivo estratega militar que amaba la poesía persa y la jardinería; el experto en logística y planificación práctica que era tan supersticioso que hacía que el astrólogo de la corte para que confirmara sus decisiones militares; el guerrero islámico que podía mostrarse generoso con sus súbditos no musulmanes y disfrutaba de la compañía de extranjeros y de pensadores religiosos heterodoxos.

Un puñado de retratos pintados a lo largo de su vida aportan probablemente la primera imagen fiable de un sultán otomano. De todos ellos emerge un rostro razonablemente consistente: un perfil aquilino, con una nariz aguileña protuberante sobre unos labios sensuales e intensamente rojos —como «el pico de un loro comiendo cerezas maduras»,[11] en la memorable frase de un poeta otomano—, un retrato completado por una barba rojiza sobre un mentón prominente. En una estilizada miniatura se lo ve sujetando delicadamente entre sus dedos ensortijados una rosa y acercándosela a la nariz. Es la representación convencional del sultán como un esteta, amante de los jardines y autor de cuartetos en persa, pero se observa también una mirada fija, como si estuviera mirando hacia algún punto muy lejano en el que el mundo se desvanece. En otros retratos de adulto se le ve con un cuello más ancho y más corpulento, y en el famoso retrato tardío de Bellini, que ahora se expone en la National Gallery de Londres, simplemente parece un hombre serio y enfermo. En todos estos retratos se observa un aura de autoridad innegable, el natural ejercicio del poder por «la sombra de Dios en la tierra», que asume de forma tan natural que el mundo está en sus manos que no se puede decir que se trate de arrogancia. Sin embargo, desprenden también todos ellos cierta fría melancolía que hace pensar en los duros y peligrosos años de su niñez.

Las imágenes se completan con la vívida descripción del complejo y joven sultán Mehmed que dejó escrita el italiano Giacomo de Languschi:

> El soberano, el Gran Turco Mehmed Bey es un joven [...] bien proporcionado, más bien alto que de mediana estatura, experto en las armas, de aspecto más aterrador que venerable, risa escasa, muy circunspecto, dotado de gran generosidad, obstinado en seguir sus planes, atrevido en todas sus empresas y tan ávido de fama como

Alejandro de Macedonia. Diariamente hace que lean
crónicas romanas y otros textos históricos. Habla tres
idiomas: turco, griego y eslavo. Se toma muchas molestias para aprender la geografía de Italia [...] dónde está
la sede del papado y la del emperador y cuántos reinos
hay en Europa. Posee un mapa de Europa con sus países
y provincias. Nada le interesa más ni aprende con más
entusiasmo que la geografía del mundo y los asuntos
militares; arde en deseos de dominar y es un inteligente investigador de las situaciones. Es con un hombre
así con el que tienen que tratar los cristianos [...] Hoy,
dice, los tiempos han cambiado, y afirma que avanzará
de Oriente a Occidente como en otros tiempos los occidentales avanzaron hacia Oriente. Debe haber, dice,
un solo imperio, una sola fe y un solo soberano en el
mundo.[12]

Es un magnífico retrato de la ambición de Mehmed de revertir
el rumbo de la historia llevando las banderas islámicas a Europa,
pero cuando ascendió al trono esta obsesión y su inteligencia
quedaron casi por completo ocultas a Occidente, que solo vio
en el nuevo sultán a un joven imberbe e inexperto cuya anterior
experiencia en el poder había acabado de forma humillante.

Dos años antes de la accesión al trono de Mehmed, Constantinopla había dado la bienvenida a un nuevo emperador, aunque
en circunstancias muy distintas. El hombre destinado a batirse
con Mehmed en el enfrentamiento que se avecinaba llevaba el
nombre del fundador de la ciudad, un hecho que los supersticiosos bizantinos no tardaban en mencionar. Constantino XI
era el octavo miembro de la dinastía Paleólogo que se había
sentado en el trono desde 1261. La familia había usurpado el
poder y su dinastía había coincidido con la implacable espi-
ral de decadencia del imperio hacia la anarquía y la discordia.
El linaje del emperador era típicamente multirracial. Hablaba
griego, pero de ningún modo era griego: su madre era Serbia y
Constantino adoptó su apellido, Dragases, su padre era medio

italiano. Se describía a sí mismo, como todos los bizantinos, como romano, y firmaba con el orgulloso y antiguo título de sus predecesores: «Constantino Paleólogo, en Cristo verdadero emperador y autócrata de los romanos».

Firma de Constantino como emperador de los romanos.

Era una fórmula vacía, pero típica de los rituales y del ceremonial al que los bizantinos se aferraron durante su imparable decadencia. El imperio tenía un Alto Almirante, pero carecía de flota, un Comandante Supremo, pero pocos soldados. En el mundo liliputiense de la corte, la nobleza pugnaba por títulos como Gran Doméstico, Gran Canciller o Señor del Guardarropa Imperial. Constantino era, a todos los efectos, un emperador sin imperio. Su territorio se había reducido a la ciudad y su periferia y unas pocas islas y territorios en el Peloponeso que los griegos denominaban, de forma bastante poética, la Morea, la hoja de mora, pues la península era famosa por su producción de seda y su forma recordaba a la hoja de la morera, de la que se alimentan los gusanos de seda.

Es difícil envidiar a Constantino su corona. Heredó un estado en bancarrota, una familia con tendencia a la guerra civil, una ciudad divida por las pasiones religiosas y un proletariado empobrecido y volátil. El imperio era un nido de víboras de luchas intestinas. En 1442 su hermano Demetrio había marchado sobre la ciudad con tropas otomanas. Vivía una semivida como vasallo del emperador otomano, que podía sitiar la ciudad en cualquier momento. Tampoco la autoridad personal de Constantino estaba particularmente segura: un aroma de ilegitimidad impregnó su accesión al trono en 1449. Fue investido en Mistra, en el Peloponeso, algo muy inusual para un emperador, y no fue nunca coronado después en Santa Sofía. Los bizantinos tenían que solicitar a Murat la aprobación de su nuevo emperador, así que Constantino viajó a la corte del sultán para recibirla, pero Bizancio era demasiado pobre para pagarle el viaje de vuelta, así que el emperador tuvo que mendigar pasaje en un barco catalán para volver a su trono.

No hay ilustraciones contemporáneas de la ciudad a la que regresó en marzo de 1449. Un mapa italiano ligeramente anterior muestra que Constantinopla era un lugar lleno de espacios vacíos, mientras que, al otro lado del Cuerno de Oro, la colonia comercial genovesa conocida como Gálata o Pera era boyante y próspera: «una gran ciudad habitada por griegos, judíos y genoveses», según el viajero Bertrandon de la Brocquière, que declaró que era el puerto más bello que jamás había visto. El caballero francés, en cambio, encontró a la propia Constantinopla fascinante, pero muy decadente. Las iglesias eran impresionantes, especialmente Santa Sofía, donde vio «la parrilla en la que habían asado a San Lorenzo, y una gran piedra con forma de lavamanos en la que dicen que Abraham sirvió comida a los ángeles cuando iban a destruir Sodoma y Gomorra». La gran estatua ecuestre de Justiniano, que él confundió con Constantino el Grande, seguía en su sitio: «Sostiene un cetro en su mano izquierda y tiene su derecha extendida hacia Turquía, en Asia, y hacia la ruta de Jerusalén, como si quisiera implicar que todo aquel país estuvo bajo su dominio». Pero la realidad era obvia: el emperador apenas era amo de su propia casa.

> Hay mercaderes de todas las naciones en esta ciudad, pero ningunos tan poderosos como los venecianos, que tienen un bailío para regir sus asuntos de forma independiente del emperador y de sus ministros. Los turcos también tienen un oficial que supervisa su comercio que, como el alcaide veneciano, es independiente del emperador. Incluso tienen el privilegio de que, si uno de sus esclavos escapa y toma refugio en la ciudad, si ellos lo reclaman, el emperador está obligado a entregarlo. Este príncipe debe estar muy sometido al Turco, puesto que le paga, según me dicen, un tributo de diez mil ducados anuales.

De la Brocquière reparó por todas partes en los epitafios de la grandeza pasada, quizá ninguno más evidente que los tres pedestales de mármol vacíos en el hipódromo: «aquí hubo en otros tiempos tres caballos dorados, que ahora están en Venecia».[13] Parecía solo cuestión de tiempo que los otomanos volvieran a por la ciudad y que la gente simplemente les abriera las puertas. En 1430 habían recibido un terrible aviso de cuál era la alternativa cuando Tesalónica se había negado a someterse a Murat. Los otomanos habían tardado solo tres horas en tomar las murallas al asalto. Siguieron tres días enteros de saqueo y 7 000 mujeres y niños fueron hechos esclavos.

Un mapa italiano de Constantinopla de principios del siglo xv. Muestra un notable foso a la izquierda, más allá de las murallas terrestres. Gálata está arriba, bajo el nombre de Pera.

Tenemos muy poca información sobre el aspecto físico de Constantino; su rostro es casi un borrón en esta historia. Parece que heredó las facciones y el porte de su padre, Manuel II, pero el imperio estaba demasiado distraído como para encargar retratos del nuevo emperador y el sello de oro del estado muestra un rostro delgado y rapaz que resulta demasiado esquemático como para ser significativamente fiel a la realidad. Sin embargo, sí existe consenso sobre su personalidad. De todos los hijos de Manuel, Constantino era el más capaz y serio, «un filántropo desprovisto de malicia»,[14] imbuido de determinación, valentía y un profundo patriotismo. A diferencia de sus belicosos y amorales hermanos, Constantino era un hombre directo y sincero que parece que supo ganarse la lealtad de cuantos lo rodeaban. Era, según todas las crónicas, más un hombre de acción que un administrador habilidoso o un pensador profundo, excelente jinete y conocedor de las artes de la guerra, valiente y emprendedor. Y, sobre todo, no se dejaba vencer por la adversidad. Poseía un enraizado sentido de la responsabilidad por la herencia bizantina que había recibido; pasó toda una vida intentando apuntalarla.

Constantino tenía veintisiete años más que Mehmed; nació en Constantinopla en 1405 y desde su juventud más temprana se hizo pocas ilusiones sobre la situación de la ciudad. A los diecisiete años vivió el asedio de Murat de 1422; al año siguiente fue nombrado regente mientras su hermano Juan VIII hacía uno de sus múltiples e infructuosos viajes a los estados cristianos para pedir ayuda para la causa bizantina. Cuando accedió al trono, en 1449, tenía cuarenta y cuatro años y veinte de experiencia en combate. La mayoría de este tiempo lo había empleado en intentar recuperar el control total del Peloponeso, con éxito parcial. Hacia 1430 había conseguido acabar con la mayoría de los pequeños reinos extranjeros de la península y durante la década de 1440, como déspota de Morea, amplió las fronteras de la provincia hacia el norte de Grecia. Para Murat, Constantino era una irritación constante, un vasallo rebelde que había que poner a raya constantemente. El castigo definitivo llegó en 1446, después del fracaso de la cruzada de Varna. Un ejército otomano entró en Morea, arrasó los campos e hizo esclavos a 60 000 griegos. Constantino se vio obligado a concluir una humillante tregua, prestar juramento de vasallaje al sultán y pagar un enorme tributo. Los intentos bizantinos de reconstruir su imperio en Grecia habían fracasado otra vez, pero el carácter, habilidad militar y franqueza de Constantino contrastaban claramente con la actitud de sus tres hermanos, Demetrio, Tomás y Teodoro, que con su egoísmo, sus traiciones, sus disputas entre ellos y su falta de decisión perjudicaron claramente los intentos de mantener los restos del imperio. Su madre, Helena, tuvo que insistir en que fuera Constantino quien heredera el trono: solo a él se le podía confiar la herencia bizantina.

En las leyendas bizantinas creadas posteriormente la mala suerte se adhirió a Constantino como una maldición: su bienintencionada aventura imperial en Morea había sido valiente pero no le había acompañado la fortuna. Continuó combatiendo en solitario tras la catástrofe de Varna, después de que la flota veneciana volviera a casa y los genoveses no cumplieran su compromiso de enviar ayuda, pero su persistencia había causado considerables sufrimientos al pueblo griego. En su vida personal tampoco tuvo buena suerte. Su primera mujer murió sin hijos en 1429; la segunda en 1442. A finales de la década de 1440 intentó repetidamente forjar un matrimonio dinástico que garan-

Moneda de Constantino.

tizara la supervivencia de su corona y posibilitara el nacimiento de un heredero. Fracasó y la atmósfera política se tornó cada vez más tensa en vísperas del acceso al trono de Mehmed.

En febrero de 1451 Mehmed se instaló en el palacio imperial en Edirne. Su primera decisión fue sorprendente y decidida. Murat había dejado al morir un hijo muy pequeño de otra esposa, el pequeño Ahmet. Unos pocos días después, cuando la madre visitó oficialmente la sala del trono para expresarle sus condolencias por la muerte de su padre, Mehmed envió a un subordinado, Alí Bey, a los aposentos de la mujer para que ahogara al pequeño Ahmet en la bañera. Al día siguiente ejecutó a Alí Bey por el crimen y luego casó a la desolada madre con uno de sus nobles. Ese acto de despiadada inteligencia no hizo sino llevar la lucha por el poder en la corte otomana a sus últimas consecuencias: solo un hijo del sultán podía gobernar y para evitar la posibilidad de una desgarradora guerra civil, solo uno debía sobrevivir. Los otomanos preferían esta solución a las interminables luchas intestinas que lastraban constantemente a Bizancio. En un instante Mehmed había clarificado en la práctica el sistema de sucesión otomano, que luego sería conocido y codificado como la ley fratricida: «a cualquiera de mis hijos que herede el trono del sultán, le corresponde matar a su hermano en interés del orden mundial. La mayoría de los juristas aprueban este proceder. Que se actúe en consecuencia».[15] En adelante, las ejecuciones iban a caracterizar la sucesión otomana con implacable puntualidad. El sistema alcanzaría su apogeo en el sultanato de Mehmed III en 1595, cuando salieron de palacio diecinueve ataúdes con los cadáveres de sus hermanos. A pesar de todo, la ley fratricida no consiguió prevenir ulteriores guerras civiles, sino que provocó rebeliones preventivas de hijos asustados, una consecuencia que sufriría el propio Mehmed. En Constantinopla, las circunstancias que habían rodeado a la muerte del pequeño Ahmet deberían haber sido tomadas como un indicio del carácter de Mehmed: no lo fueron.

4

El degüello
Febrero de 1451 - noviembre 1452

El Bósforo con una llave abre y cierra
dos mundos, dos mares.[1]
Pierre Gilles, erudito francés del siglo XVI

Por todo Occidente las noticias de la muerte de Murat fueron recibidas con alivio. En Venecia, Roma, Génova y París todo el mundo estaba demasiado dispuesto a aceptar la opinión expresada en una carta del italiano Francesco Filelfo al rey Carlos de Francia un mes después del acceso al trono del nuevo sultán, una misiva en la que decía que Mehmed era joven, inexperto y poco inteligente. Es probable que en Europa interesara menos la conclusión a la que llegaba el italiano: que era el momento perfecto para emprender una operación militar decisiva contra los otomanos, «una banda de venales esclavos corruptos»,[2] y expulsarlos del continente para siempre. La sangrienta debacle de Varna en 1444 había saciado la sed de cruzadas y a los potentados de Europa les complacía la bisoñez de Mehmed, cuya experiencia de gobierno había sido hasta entonces desastrosa.

Los que conocían mejor al Gran Turco no eran tan optimistas. Jorge Frantzés, el embajador en el que más confiaba Constantino, estaba cruzando el mar Negro de regreso de ver al rey de Georgia y en camino a visitar al emperador de Trebisonda cuando falleció Murat. Frantzés andaba empeñado en una interminable ronda diplomática en busca de una esposa adecuada para el viudo Constantino, con miras a reforzar la delicada posición de Bizancio, favorecer la posibilidad de un heredero y llenar los cofres del tesoro con el dinero de la dote. En Trebisonda, el emperador Juan Comneno le recibió con cordialidad y le informó de la accesión al trono de Mehmed.: «Venid, señor embajador, tengo buenas noticias y debéis felicitarme», le dijo. La reacción de Frantzés fue sorprendente: «Sobrecogido por el dolor, como si me hubieran comunicado la muerte de alguien muy querido, enmudecí. Al fin, considerablemente desmoralizado, dije: "Señor, estas noticias no me alegran, al contrario, son causa de profundo dolor"».[3] Frantzés continuó explicando lo que sabía de Mehmed: que era «enemigo de los cristianos desde su infancia» y que deseaba marchar sobre Constantinopla. Y era el peor momento, pues Constantino carecía de fondos y necesitaba desesperadamente un periodo de paz y estabilidad para reparar las maltrechas arcas de la ciudad.

Desde Constantinopla se enviaron embajadores con premura a Edirne a presentar sus respetos al joven sultán y en busca de garantías de que habría paz. El recibimiento que tuvieron les sorprendió favorablemente. Mehmed exudó dulzura y se mostró muy razonable. Se dice que juró por el Profeta, el Corán y «por los ángeles y arcángeles que se dedicaría a mantener la paz con la Ciudad y el emperador Constantino durante toda su vida».[4] Incluso concedió a los bizantinos una suma anual de los impuestos recaudados en algunas ciudades griegas en el bajo valle del Estrimón que legalmente pertenecían al príncipe Orján, el pretendiente al trono otomano. El dinero se dedicaría al sostenimiento de Orján mientras estuviera detenido en la ciudad.

La serie de embajadas que vinieron después recibieron garantías similares. En septiembre los venecianos, que tenían intereses comerciales en Edirne, renovaron su tratado de paz con Mehmed, y el sultán apaciguó al déspota serbio, Jorge Brankovič, devolviéndole a su hija Mara, que había estado casada con Murat, así como también algunas ciudades. Mehmed, por su parte, pidió a Jorge ayuda para conseguir un acuerdo con los húngaros, cuyo brillante líder, el regente Juan Hunyadi, presentaba la mayor amenaza de la Europa cristiana. Hunyadi necesitaba aplastar unas rebeliones domésticas, así que accedió a una tregua de tres años. Emisarios de los genoveses de Gálata, de los señores de Quíos, Lesbos y Rodas, de Trebisonda, Valaquia y Ragusa (Dubrovnik) consiguieron garantías de paz en términos igualmente razonables. Hacia otoño de 1451 casi todo Occidente creía que Mehmed estaba firmemente controlado por su pacífico visir, Jalil Pachá, y no suponía una amenaza para nadie. Parece ser también que muchos en Constantinopla, menos precavidos o experimentados que Frantzés, cayeron en ese error. A los reyes y potentados del mundo cristiano les convenía pensar que todo iba bien. Mehmed mantuvo ocultas sus cartas.

Los cristianos no fueron los únicos en equivocarse al no calibrar correctamente la personalidad de Mehmed. En otoño de 1451, el problemático bey de Karamán intentó de nuevo reconquistar territorios de Anatolia oriental que estaban bajo control otomano. Ocupó fortalezas, restituyó en su puesto a antiguos caudillos tribales e invadió el territorio otomano. Mehmed envió a sus generales a sofocar la rebelión y, tras concluir toda la serie de tratados de paz que lo mantuvieron ocupado un tiempo en Edirne, acudió en persona a la región. Los efectos fueron inmediatos. La revuelta fue aplastada con celeridad y Mehmed regresó a casa. En Bursa tuvo que hacer otra demostración de fuerza, esta vez frente a un desafío procedente de su propio cuerpo de jenízaros. «En formación y armados en dos filas a cada lado del camino, le gritaron: "Esta ha sido la primera campaña de nuestro sultán, y debería recompensarnos con la gratificación acostumbrada"».[5] Lo obligaron a acceder allí mismo y Mehmed tuvo que distribuir diez sacos de monedas entre los amotinados, pero para el sultán se trataba de un pulso de voluntades que estaba decidido a ganar. Pocos días después convocó a su general, lo castigó y lo desposeyó de su cargo; varios oficiales recibieron el mismo tratamiento. Esta era la segunda revuelta que Mehmed sufría y le hizo comprender que era imprescindible asegurar la completa lealtad del cuerpo de jenízaros si quería triunfar en su proyecto de conquistar Constantinopla. A tal fin, reestructuró el regimiento, al que añadió 7 000 hombres de su propia guardia personal, y entregó el mando a un nuevo general.

Fue en ese momento cuando Constantino y sus consejeros impulsaron una iniciativa que demostró lo poco que comprendían a Mehmed. El príncipe Orján, el único pretendiente alternativo al trono otomano, residía en Constantinopla y su manutención se pagaba con los ingresos de los impuestos que el sultán había cedido ese mismo verano. Los bizantinos enviaron embajadores a reunirse con Jalil, en Bursa, con una perentoria exigencia:

> el emperador de los romanos no acepta la asignación anual de trescientos mil aspros, porque ahora Orján, que es igual a vuestro líder como descendiente de Osmán, ha alcanzado la mayoría de edad. Cada día muchos se unen a él. Le llaman señor y líder. Él mismo no tiene los medios de ser generoso con sus seguidores, así que se los pide al emperador, quien, debido a que no tiene fondos, no puede satisfacer estas peticiones. Por lo tanto pedimos una de dos cosas: o bien que se doble la asignación o bien liberaremos a Orján.[6]

Las implicaciones estaban muy claras: si el joven sultán no pagaba, se pondría en libertad a un pretendiente al trono para que instigara una guerra civil en el Imperio otomano.

Era una clásica táctica bizantina. A lo largo de su historia, la explotación de las rivalidades dinásticas en sus estados vecinos había sido la piedra angular de la diplomacia de Constantinopla. A menudo había compensado periodos de profunda debilidad militar y había valido a Bizancio la poco envidiable reputación de ser un estado de inigualable astucia. Los otomanos habían sufrido anteriormente estas tácticas durante el reinado del padre de Constantino, Manuel II, cuando la dinastía osmanlí casi se había desmoronado a consecuencia de una guerra civil provocada arteramente por el emperador. Mehmed era muy consciente de ese episodio de la historia reciente del estado otomano. Constantino, por su parte, consideraba a Orján una gran baza, quizá la única que le quedaba, y decidió jugarla. Dadas las circunstancias, fue un error grave, casi inexplicable dado el conoci miento que diplomáticos como Frantzés tenían sobre la política de la corte otomana. Quizá el estado desesperado de las finanzas imperiales forzó este intento desesperado de conseguir dinero y es posible que no hubiera tras él ninguna expectativa real de provocar una insurrección, pero el chantaje bizantino confirmó a la facción belicista de la corte otomana que había que tomar Constantinopla. Casi parece como si la propuesta hubiera sido diseñada para hacer saltar por los aires los denodados esfuerzos de Jalil por mantener la paz y para poner en peligro su posición en la corte. Al enterarse, el viejo gran visir estalló de ira:

Estúpidos griegos, estoy harto de vuestras intrigas. El difunto sultán fue vuestro generoso y esforzado amigo. El actual sultán no tiene las mismas intenciones. Si Constantino elude acabar aplastado por su imperioso puño será solo porque Dios ha decidido seguir ignorando vuestras conspiraciones y malévolas tramas. Sois unos insensatos si creéis que podéis asustarnos con vuestras fantasías, máxime cuando la tinta de nuestro reciente tratado apenas está seca. No somos niños desprovistos de fuerza y razón. Si creéis que podéis empezar algo, hacedlo. Si queréis proclamar Orján como sultán en Tracia, adelante. Si queréis hacer que los húngaros crucen el Danubio, que vengan. Si queréis recuperar todos los lugares que habéis perdido, intentadlo. Pero sabed una cosa: no conseguiréis nada en ninguna de esas empresas. Lo único que lograréis será perder lo poco que os queda.[7]

El propio Mehmed recibió las noticias impertérrito. Despidió a los embajadores con «palabras afables» y prometió estudiar el asunto cuando regresara a Edirne. Constantino le había dado un pretexto impagable para denunciar el acuerdo de paz cuando llegara el momento.

En su camino de vuelta a Edirne, Mehmed descubrió que no era posible cruzar hasta Galípoli, como pretendía, pues barcos italianos bloqueaban los Dardanelos. Decidió ascender por el estrecho del Bósforo hasta la fortaleza otomana de Anadolu Hisari —«el castillo de Anatolia»—, construida por su abuelo Bayaceto en 1395 cuando había asediado la ciudad. En este punto la distancia que separa Asia de Europa se reduce a unos meros 650 metros y resulta el mejor punto para cruzar aquellas traicioneras aguas de rápidas corrientes, algo que ya sabía el rey persa Darío, que dos mil años antes había hecho cruzar por ese punto a su ejército de 700 000 sobre un puente de pontones. Mientras la pequeña flota de Mehmed se esforzaba yendo y viniendo de una orilla a otra para transportar a los hombres a Europa, la fértil mente del sultán reflexionaba sobre el Bósforo y sacaba conclusiones. Los estrechos representaban una vulnerabilidad para los otomanos: no se podía ser el señor de dos continentes si no se podía garantizar el paso de uno a otro. Por otra parte, si hallaba la forma de dominar el Bósforo, Mehmed podría estrangular el suministro de grano y de ayuda que llegaba a Constantinopla desde las colonias del mar Muerto, además de acabar con los ingresos aduaneros que obtenía del tráfico marítimo. Con ese objetivo, el sultán dispuso que se construyera una segunda fortaleza en el lado europeo del Bósforo, en las tierras que pertenecían a los bizantinos, para asegurarse entre ambas el control del estrecho, de modo que «pueda bloquearse la ruta de los barcos de los infieles».[8] Fue probablemente entonces cuando también comprendió la acuciante necesidad de poseer una flota más poderosa con la que disputar la superioridad marítima a los cristianos.

En cuanto llegó a Edirne respondió al ultimátum bizantino. Confiscó los impuestos de las ciudades del valle del Estrimón cuyo pago había concedido para el mantenimiento de Orján y expulsó de ellas a todos los griegos. Es muy probable que Constantino sintiera aumentar la presión sobre su ciudad. Había enviado un emisario a Italia en el verano de 1451, primero a Venecia a pedir permiso para reclutar arqueros de la colonia veneciana de Creta y luego a Roma a entregar un mensaje al papa. Constantino confiaba todavía en que se emprendieran acciones ofensivas contra el nuevo sultán, pues no había ni rastro de urgencia en los mensajes que envió a los estados italianos.

Al acercarse el invierno de 1451, Mehmed estaba en Edirne, planificando de forma incansable. Se rodeó de un grupo de occidentales, en especial de italianos, con los que debatía sobre los grandes héroes de la antigüedad clásica, Alejandro y César, que eran los modelos en los que se inspiraba. Para evitar que se repitieran los problemas que había tenido con los jenízaros en Bursa en otoño, continuó las reformas en el ejército y en la administración. Nombró nuevos gobernadores para algunas provincias, aumentó la paga de los regimientos de palacio y empezó a acumular armamento y suministros. Es probable que también emprendiera un programa de construcción de buques de guerra. En paralelo, maduraba en su mente la idea de erigir la nueva fortaleza en la orilla europea frente a Anadolu Hisari. Envió anuncios a todas las provincias del imperio requiriendo los servicios de miles de albañiles, trabajadores y horneros para la primavera siguiente. También se dispuso lo necesario para la acumulación y transporte de materiales de construcción: «piedra y madera y hierro y todo lo demás que fuera necesario»[9] […] «para la construcción de un castillo en la Sagrada Boca sobre la ciudad»,[10] cerca de donde estaban las ruinas de la antigua iglesia de San Miguel.

Las noticias de este decreto no tardaron en llegar a Constantinopla y a las colonias griegas del mar Negro y de las islas del Egeo. Cundió el pesimismo entre la gente; se recordaron viejas profecías que vaticinaban el fin del mundo: «ahora podéis ver los portentos de destrucción inminente de nuestra nación. Los días del Anticristo han llegado. ¿Qué será de nosotros? ¿Qué podemos hacer?»[11] Se ofrecieron plegarias urgentes por la salvación en todas las iglesias de la ciudad. A finales de 1451 Constantino envió otro mensajero a Venecia, esta vez con noticias urgentes: el sultán aprestaba un ataque masivo contra la ciudad y a menos que se la socorriera, Constantinopla caería. El Senado veneciano deliberó a su ritmo y no contestó hasta el 14 de febrero de 1452. Fue una respuesta típicamente cautelosa; no tenían la menor intención de arriesgar las ventajas comerciales de que gozaban en el Imperio otomano. Sugirieron que los bizantinos buscaran la cooperación de otros estados en lugar de depender exclusivamente de los venecianos, aunque autorizaron el envío de pólvora y corazas que Constantino había pedido. Constantino, por su parte, no tenía otra opción que intentar apaciguar a Mehmed. Sus embajadores cruzaron de nuevo las colinas de Tracia y solicitaron audiencia. Señalaron que Mehmed estaba rompiendo un tratado al amenazar con construir su nuevo castillo en territorio bizantino sin haberlo negociado previamente; recordaron al sultán que cuando su abuelo había construido el castillo en Anadolu Hisari había solicitado permiso al emperador «como un hijo se lo pediría a su padre».[12] La respuesta de Mehmed fue corta y al grano: «Lo que la ciudad contiene es suyo, pero más allá de su foso no tiene ningún dominio ni posee nada. Si quiero construir una fortaleza en la sagrada boca, no puede prohibirlo».[13] Recordó a los griegos los múltiples intentos cristianos de impedir que los musulmanes pudieran cruzar libremente el estrecho y concluyó, en un estilo típicamente franco: «Id y decidle a vuestro emperador esto: "El sultán que ahora gobierna no es como sus predecesores. Lo que ellos no pudieron lograr, él lo alcanzará fácilmente y de golpe; las cosas que no deseaban hacer, él ciertamente las desea. El próximo hombre que venga aquí con una misión como la vuestra será desollado vivo"».[14] No lo pudo decir más claro.

A mediados de marzo Mehmed salió de Edirne para supervisar el inicio de las obras. Primero fue a Galípoli; desde allí envió seis galeras y algunos barcos de guerra más pequeños «bien pertrechados para una batalla naval, en caso de que fuera necesario»,[15] y dieciséis barcazas de transporte para que llevaran el equipo de construcción. Luego avanzó por tierra hasta el lugar designado al frente del ejército. Toda la operación fue típica de su estilo. El genio de Mehmed para la organización logística consiguió que los hombres y los materiales se movilizaran de forma coordinada en enormes cantidades, con el objetivo de completar la tarea en el menor tiempo posible. Los gobernadores de las provincias europeas y asiáticas reunieron a los hombres que habían reclutado y se encaminaron al lugar de la construcción. El enorme ejército de trabajadores —«albañiles, carpinteros, herreros y horneros, y también muchos otros artesanos necesarios para ello, sin que les faltase de nada, con hachas, palas, picos, azadas y otras herramientas de hierro» ,[16] llegó puntual para empezar las obras. Los materiales de construcción se transportaron a través del estrecho en barcaza —cal y hornos, piedra de Anatolia, madera de los bosques del mar Negro y de Izmit— mientras las galeras de guerra otomanas patrullaban los extremos del estrecho y protegían la operación. Mehmed supervisó personalmente las obras a caballo y, en conjunción con los arquitectos, que eran ambos conversos cristianos, diseñó los detalles de los edificios: «la distancia entre las torres exteriores y las torres principales y las puertas y todo lo demás lo ingenió y pensó cuidadosamente».[17] Es muy probable que imaginara los borradores de los planos del castillo durante el invierno en Edirne. Supervisó la colocación de las estacas que marcaban la planta del edificio y puso personalmente la primera piedra. No descuidó ordenar que se sacrificaran carneros y se mezclara su sangre con la tiza y el mortero de la primera hilera de ladrillos, para concitar la buena fortuna. Mehmed era profundamente supersticioso y creía en la astrología; hubo quien afirmó que la extraña forma del castillo era cabalística, que representaba las iniciales en árabe del Profeta y del propio Mehmed entrelazadas. Pero lo más probable es que la planta del castillo la dictara el empinado y difícil terreno de la orilla del Bósforo, que comprendía «enrevesadas curvas, promontorios densamente arbolados, y bahías y ensenadas que penetraban hacia el interior»,[18] y que tenía un desnivel de sesenta metros desde la orilla hasta el ápice.

Las obras empezaron el sábado 15 de abril y se organizaron cuidadosamente siguiendo un competitivo sistema de trabajo a destajo basado en la característica combinación de amenazas y recompensas típica de Mehmed, un sistema que se aplicó a todos los trabajadores implicados en el proyecto, desde el visir más importante hasta el más humilde cargador de espuertas. La estructura de la fortaleza era triangular, con tres grandes torres en los puntos cardinales unidas por enormes murallas y una cuarta torre más pequeña insertada en el lado suroeste. La responsabilidad de construir —y financiar la construcción— de las torres exteriores se dio a cuatro de los visires: Jalil, Zaganos, Shihabettin y Saruja. Se los animó a competir por ser los más rápidos en acabar su parte de las obras, lo que dadas las intensas luchas de poder de la corte y la vigilante mirada de su imperioso sultán, quien «abandonó cualquier intención de relajarse»[19] para supervisar personalmente el trabajo de sus visires, espoleó poderosamente su productividad. El propio Mehmed se reservó para sí mismo la construcción del edificio que conectaba las murallas y las torres menores. La fuerza laboral de más de seis mil personas (entre las que había dos mil albañiles y cuatro mil ayudantes, además de una completa plantilla de artesanos y obreros de todo tipo) fue cuidadosamente dividida siguiendo principios militares. A cada albañil se le asignaron dos ayudantes, que trabajaban uno a cada lado del albañil, que era responsable de la construcción de una cantidad fija de muralla cada día. La disciplina la impartía un grupo de *kadis* (jueces), venidos de todos los rincones del imperio, que tenían potestad para imponer la pena capital; la coerción y la protección militar la aportaba un substancioso destacamento de soldados. Además, Mehmed «ofreció públicamente grandes recompensas a todos lo que hicieran el trabajo rápido y bien».[20] En este intenso clima de competición y miedo, según Ducas, incluso a los nobles les resultaba útil de vez en cuando animar a sus trabajadores llevando ellos mismos piedra y cal a los sudorosos albañiles. La escena parecía un cruce entre una pequeña ciudad improvisada y unas obras a gran escala. Miles de tiendas se alzaron en las cercanías, sobre las ruinas de la ciudad griega de Asomaton; los barcos maniobraban de un lado a otro del estrecho cruzando sus imprevisibles corrientes; de los ardientes pozos de cal se elevaban columnas de humo y en el cálido aire resonaban los martillos y las voces de los obreros. Se trabajaba veinticuatro horas al día, con las antorchas encendidas durante la noche. Las murallas, envueltas en una celosía de andamios de madera, se levantaron a una velocidad asombrosa. Alrededor de las obras la primavera se adueñó del Bósforo: en las densamente arboladas colinas florecieron las glicinias y los ciclamores y las flores de los castaños puntuaron los campos como estrellas en el cielo. Cuando caía la noche y el reflejo de la luna brillaba escurridizo entre las corrientes de los estrechos, se escuchaba el canto de los ruiseñores entre los pinos.

En la ciudad se contemplaba la construcción de la fortaleza con creciente temor. La aparición en los estrechos de la armada otomana, cuya existencia desconocían hasta entonces, había conmocionado a los griegos. Desde la cúpula de Santa Sofía y desde la parte más alta del Sphendone (la sección elevada en el extremo sur de las gradas del hipódromo, que habían sobrevivido), podían ver el hervidero de actividad que tenía lugar diez kilómetros corriente arriba. Constantino y sus ministros no sabían cómo reaccionar, pero Mehmed se esmeró para que lo hicieran. Al principio del proyecto los obreros musulmanes minaron ciertos monasterios en ruinas de las cercanías para aprovechar sus materiales para construir el castillo. Los aldeanos griegos que vivían en la vecindad y los habitantes de Constantinopla todavía consideraban sagrados aquellos lugares. En paralelo, los soldados y obreros otomanos empezaron a saquear los campos. Según avanzaba el verano y maduraban las cosechas, esta doble ofensa llevó los ánimos al punto de ebullición. Unos griegos intentaron impedir que unos obreros otomanos se llevaran unas columnas de la iglesia del Arcángel Miguel, que estaba en ruinas, y fueron capturados y ejecutados por los soldados del sultán. Si Mehmed pretendía con ello provocar a Constantino para que saliera a plantar batalla a campo abierto, fracasó. Puede que el emperador sintiera tentaciones de efectuar una salida, pero se contuvo. Prefirió optar por no escalar el conflicto y se ofreció a enviar comida a los obreros para evitar que robaran las cosechas de los campesinos griegos. Mehmed respondió animando a sus hombres a que dejaran sueltos sus animales en los campos para que pastaran y ordenó a los campesinos griegos que no molestaran a las bestias. Al final, los granjeros, provocados más allá de su humana resistencia al ver cómo se destrozaban sus campos, echaron de ellos a los animales. Se produjo entonces una escaramuza en la que hubo bajas en ambos bandos. Mehmed ordenó a su comandante, Kara Bey, que castigara a los habitantes del pueblo en cuestión. Al día siguiente, un destacamento de caballería sorprendió a los granjeros mientras recogían la cosecha y los pasó a todos por la espada.

Cuando las noticias de la masacre llegaron a Constantino cerró las puertas de la ciudad y detuvo a todos los súbditos otomanos que había en el interior. Entre ellos había varios de los jóvenes eunucos de Mehmed, que estaban visitando la ciudad. Al tercer día de su cautividad pidieron al emperador que los liberara argumentando que su señor se enfadaría con ellos si no regresaban. Suplicaron que se los pusiera en libertad de inmediato o se los ejecutara, pues decían que si se los liberaba más tarde, igualmente perecerían a manos del sultán. Constantino cedió y los dejó marchar. Envió una embajada más al sultán con un mensaje de resignación y desafío:

> puesto que preferís la guerra a la paz y no atendéis a mis llamadas a la paz, sean juramentos o súplicas, seguid vuestra voluntad. Yo hallo refugio en Dios. Si Él ha decretado y decidido entregaros esta ciudad, ¿quién puede contradecirle? Si Él instiga en vuestra mente la idea de la paz, con placer la acordaremos. Por ahora, puesto que habéis roto todos los tratados a los que me obligan mis juramentos, considérense todos ellos abolidos. En adelante mantendré las puertas de la ciudad cerradas. Lucharé por sus habitantes con todas mis fuerzas. Vos podéis continuar con vuestro poder hasta que el Juez Supremo dicte sentencia sobre todos nosotros.[21]

Era una declaración muy clara de las intenciones de Constantino. Mehmed simplemente ejecutó a los mensajeros y mandó una lacónica respuesta: «Rendid la ciudad o disponeos a la batalla». Un destacamento otomano saqueó la zona más allá de las murallas, capturó el ganado que encontró e hizo cuantos prisioneros pudo, que no fueron muchos porque Constantino, prudentemente, ya había hecho que la población de los pueblos aledaños se refugiara dentro de las murallas de la ciudad, junto con sus cosechas, que ya habían recogido. Los cronistas otomanos cuentan que también envió sobornos a Jalil para que ayudara a que prosperasen sus propuestas de paz, pero esto parece propaganda de los enemigos del visir. Desde mediados de verano las puertas de las ciudad permanecerían cerradas y ambos bandos estarían efectivamente en guerra.

El 31 de agosto de 1452 se completó la nueva fortaleza de Mehmed, solo cuatro meses y medio después de poner la primera piedra. Era enorme, «no una fortaleza», en palabras de Critobulo, «sino más bien una pequeña ciudad»[22] y dominaba completamente el mar. Los otomanos la llamaron *Bogaz Kesen*, la Cuchilla de los Estrechos o la Degolladora, aunque con el tiempo se la conocería simplemente como Rumeli Hisari, el castillo europeo. La estructura triangular con sus cuatro torres grandes y trece pequeñas con techos de plomo y sus murallas de más de seis metros y medio de grosor representaron un prodigio de la arquitectura en su época. La habilidad de Mehmed de coordinar y completar proyectos extraordinarios a una velocidad sobrecogedora seguiría asombrando a sus oponentes en los meses venideros.

El 28 de agosto Mehmed cabalgó hasta el extremo del Cuerno de Oro al mando de su ejército y acampó frente a las puertas de la ciudad, ahora firmemente cerradas. Durante tres días es-

Una recreación de Rumeli Hisari, la Degolladora.

tudió las defensas y el terreno con atención casi forense, tomó apuntes, dibujó las fortificaciones y analizó sus potenciales debilidades. El 1 de septiembre, con el otoño al acecho, cabalgó de vuelta a Edirne, satisfecho con el trabajo realizado durante el verano, y ordenó que la flota retornara a su base de Galípoli. El sultán destinó a la Degolladora una guarnición de cuatrocientos hombres, bajo el mando del comandante Firuz Bey, a quien ordenó que detuviera a todos los barcos que cruzaban el estrecho y les cobrara peaje. Para reforzar con coerción ese cobro se habían construido e instalado en la fortaleza cierto número de cañones. En las almenas se colocaron piezas de pequeño calibre, pero una batería de grandes cañones «como dragones de fieras gargantas»[23] se ubicó en la costa justo al pie de la muralla del castillo. Los cañones, que apuntaban en ángulos distintos para conseguir un amplio radio de fuego, podían disparar grandes balas de piedra de 275 kilos en trayectoria casi rasante sobre la superficie del agua, para impactar directamente en los cascos de los barcos que cruzaban el estrecho como si fueran piedras arrojadas contra la superficie de un estanque. Estos cañones tenían sus homólogos en el castillo otomano de la otra orilla, de modo que «ni siquiera un pájaro podía volar desde el Mediterráneo al mar Negro».[24] En adelante ningún barco podría entrar o salir del mar Negro sin ser examinado, fuera de día o de noche. «De este modo», escribió el cronista otomano Sa'd-ud-din, «el *padisha*, el asilo del mundo, al cerrar el estrecho, cerró el paso a los barcos del enemigo y cauterizó el hígado del emperador, cuyo corazón estaba ciego».[25]

En la ciudad, Constantino reunió todos sus recursos para una guerra que parecía inevitable, y envió mensajeros a Occidente con mensajes cada vez más urgentes. Avisó a sus hermanos, Tomás y Demetrio, que estaban en Morea, y les pidió que regresaran de inmediato a la ciudad. Realizó extravagantes ofertas de tierras a cualquiera que enviara ayuda: a Hunyadi de Hungría le ofreció escoger entre Selimbria o Mesembria, en el mar Negro; a Alfonso de Aragón y Nápoles la isla de Lemnos. Pidió socorro a los genoveses de Quíos, a Dubrovnik, a Venecia y otra vez al papa. No consiguió que nadie enviara ayuda práctica, pero sí logró que las potencias cristianas de Europa empezaran a comprender que una ominosa sombra se cernía sobre Constantinopla. Se intercambiaron multitud de despachos diplomáticos. El papa Nicolás indujo en marzo al emperador del Sacro Imperio, Federico III, a enviar un duro —aunque vano— ultimátum al sultán, pues era por todos sabido que Federico no tenía la capacidad ni el deseo de cumplirlo. Alfonso de Nápoles envió una flotilla de diez barcos al Egeo y luego los retiró. A los genoveses les preocupaba el futuro de Gálata y de sus colonias en el mar Negro, pero no tenían la capacidad necesaria para aportar ayuda efectiva; en lugar de ello ordenaron al *podestà* (alcalde) de Gálata que negociara el mejor acuerdo que pudiera con Mehmed si caía la ciudad. El senado veneciano dio instrucciones similarmente equívocas a sus comandantes en el Mediterráneo oriental: debían proteger a los cristianos sin ofender a los turcos. Los venecianos, por su parte, ya consideraban a Mehmed una amenaza para su comercio en el mar Negro antes de que terminara de construir la Degolladora, así que sus espías no tardaron en enviar dibujos y mapas detallados de la amena-

Fotografía de Rumeli Hisari en la actualidad.

zadora fortaleza y de sus cañones. La Serenísima difícilmente podía ignorar la situación más tiempo y en agosto se planteó abiertamente en el senado si se debía ayudar a Constantinopla o abandonarla a su suerte. El senado votó abrumadoramente contra esa última idea, pero eso no se tradujo en ninguna medida más decisiva de apoyo a los bizantinos.

Mientras tanto, en Edirne, Mehmed o bien había imaginado que Constantino pediría ayuda a sus hermanos en Morea o bien descubrió que lo había hecho. En cualquier caso, se apresuró a cerrar esa posible vía de socorro. El 1 de octubre de 1452 ordenó a su anciano general Turaján Bey que marchara hacia el Peloponeso y atacara a Demetrio y Tomás. El general saqueó los campos de la península y avanzó hasta muy al sur, imposibilitando el envío de fuerzas desde Morea a Constantinopla. Poco a poco, el suministro de grano del mar Negro a la capital bizantina se redujo hasta extinguirse. La ciudad envió una nueva embajada a Venecia en otoño. El 16 de noviembre el senado respondió con la misma ambigüedad que había mantenido hasta entonces. Pronto, sin embargo, acontecimientos que tendrían lugar mucho más al este captarían toda la atención de los venecianos.

En noviembre los capitanes de barcos italianos que recorrían las rutas entre el mar Negro y el Mediterráneo se vieron en el dilema de si someterse al peaje que Mehmed quería cobrarles en la Degolladora o ignorarlo y atenerse a las consecuencias. La fuerza de la corriente hacía que los barcos que navegaban a favor de ella tuvieran posibilidades de pasar frente a las fortalezas lo bastante rápido como para evitar que los hundiesen a cañonazos. El 26 de noviembre, un capitán veneciano, Antonio Rizzo, llegó al Bósforo desde el mar Negro con un cargamento de comida para la ciudad. Al acercarse al castillo decidió arriesgarse. Ignorando los gritos de la orilla para que arriara las velas, Rizzo siguió adelante. Una andanada de cañonazos sobrevoló el agua a baja altura y una enorme bala de piedra golpeó el ligero casco de su galera, haciéndola pedazos. El capitán y veinte supervivientes lograron llegar a la orilla a bordo de un pequeño bote, donde fueron rápidamente capturados, cargados de cadenas y enviados a enfrentarse a la ira del sultán en la ciudad de Didi-motkon, cerca de Edirne. Mientras languidecían en prisión, el embajador veneciano en Constantinopla viajó con premura a la corte imperial para suplicar por las vidas de los marineros. Llegó demasiado tarde. Mehmed había decidido dar ejemplo con los venecianos. La mayoría de los hombres fueron decapitados; Rizzo fue empalado «en una estaca insertada por el ano».[26] Todos los cuerpos fueron tirados frente a las murallas de la ciudad para que se pudrieran a la vista de todos, como advertencia de las consecuencias de desobedecer al sultán. «Yo los vi unos días después, cuando llegué allí», escribió el cronista griego Ducas.[27] Unos pocos de los marineros fueron devueltos a Constantinopla, para garantizar que las noticias de lo sucedido llegaban a la ciudad. Hubo otro superviviente: Mehmed le cogió cariño al hijo del secretario de Rizzo y lo integró en su serrallo.

Esta salvaje demostración de fuerza tuvo el efecto deseado: cundió el pánico entre el pueblo constantinopolitano. Mientras tanto, a pesar de las constantes embajadas que enviaba Constantino, seguía sin haber señal de que Occidente fuera a enviar algún tipo de ayuda coordinada. Solo el papa podía elevarse por encima de los diversos intereses mercantiles y de las guerras dinásticas para pedir ayuda en nombre de la cristiandad, pero el propio papado estaba envuelto en una larguísima y enconada disputa con la iglesia ortodoxa que proyectaba su sombra sobre cualquier contacto con Constantinopla e iba a perjudicar severamente las posibilidades de Constantino de organizar una resistencia efectiva.

ραφ αποσπαδαι· ἐκωλύθδε· περὰ τὸ παΐδοσ συμβασιλεὺς ἀυτὴ καὶ γαὺ γαρὶ πι σι μέρου· δ̅
χηαμ ὅικ· καὶ ἀ θεοδώρα ἀπὸ τ᾿ οσῳ̈ αλιο βελφ· πε ἐκκλισάσ· ειο τὸ παλα τ᾿ην

Ὁ γλαδοναξ εἰσποθδὲ καὶ τοσ αγκι· τὸν Ἀμε ιγο ριο πολα· ὃ ζῶ· πρόγκοπι μετ᾿ω τηγ αγκι μ᾿ τηρ· ἐϊ γα

5

La iglesia oscura
Noviembre de 1452 - febrero de 1453

*Es mucho mejor para un país permanecer bajo
el gobierno del islam que estar gobernado por
cristianos que se niegan a reconocer los
derechos de la Iglesia católica.*[1]
Papa Gregorio VII, 1073

*Huid de los papistas como huiríais de
una serpiente y de las llamas del infierno.*[2]
San Marcos Eugénico, teólogo del siglo xv
de la Iglesia ortodoxa

La principal fuente de las dificultades de Constantino para conseguir ayuda de Occidente y organizar una defensa efectiva de su ciudad se remonta a un dramático incidente sucedido un día de verano casi cuatrocientos años antes, aunque sus causas eran todavía mucho más antiguas.

El 16 de julio de 1054, a aproximadamente las tres de la tarde, mientras el clero se preparaba para la liturgia vespertina en Santa Sofía, tres prelados, vestidos con indumentaria canónica completa, entraron en la iglesia por las grandes puertas occidentales y caminaron directamente hacia el altar ante la mirada de toda la congregación. Los hombres eran cardenales de la Iglesia católica que el papa había enviado para solucionar las disputas teológicas con sus hermanos de Oriente y estaban liderados por un tal Humberto de Silva Candida. Llevaban viviendo en la ciudad algún tiempo, pero esa tarde, tras largas y complejas negociaciones, habían perdido la paciencia y decidido tomar medidas drásticas. Humberto llevaba en sus manos un documento cuyo contenido se iba a demostrar explosivo para la unidad de la cristiandad. Cruzó el santuario y colocó una bula de excomunión sobre el gran altar, dio media vuelta y salió de la gran iglesia. Cuando el inflexible cardenal emergió a la brillante luz del sol veraniego, se sacudió el polvo de los pies y proclamó: «¡Que venga Dios y juzgue!».[3] Uno de los diáconos de la iglesia corrió a la calle tras Humberto agitando la bula y suplicándole que la retirara. Humberto se negó y se marchó, dejando el documento tirado en el suelo. Dos días después los cardenales embarcaron de vuelta a Roma. Tras su partida se produjeron violentos disturbios religiosos en las calles, que solo se pacificaron declarando un anatema sobre la delegación papal; el documento en cuestión fue quemado públicamente. Este incidente fue el inicio de un proceso que la historia conoce como el Gran Cisma de Oriente y que iba a infligir profundas heridas a la cristiandad. Los anatemas no se retiraron hasta 1965 y las cicatrices todavía son visibles. Y para Constantino, en invierno de 1452, este cisma iba a suponer un problema insoluble.

En realidad los acontecimientos de ese día fueron solo la culminación de un largo proceso de separación entre dos formas de culto que habían ido ganando fuerza a lo largo de cientos de años. Se basaban también en diferencias culturales, políticas y económicas. En Oriente rendían culto en griego, en Occidente en latín; en ambos lugares existían rituales distintos, diversas formas de abordar la organización de la iglesia y puntos de vista diferentes sobre la función del Papa. En general los bizantinos habían terminado por considerar a sus vecinos occidentales como bárbaros sin modales. Probablemente tenían más cosas en común con los musulmanes con los que lindaban que con los francos del otro extremo del Mediterráneo. Pero en el núcleo del desencuentro había dos aspectos fundamentales. Los ortodoxos estaban dispuestos a aceptar que el papa tuviera un papel preponderante entre los patriarcas, pero se resistían a la noción, formulada por el papa Nicolás I en 865, de que su cargo le confería autoridad «sobre toda la tierra, es decir, sobre todas las iglesias»,[4] pues consideraban esa idea arrogante y autocrática.

El segundo asunto era doctrinal. La bula de excomunión acusaba a la Iglesia Oriental de omitir una palabra del credo, una cuestión de importancia suprema para los ciudadanos de Bizancio, tan preocupados por la teología. La palabra, aparentemente inocua, en latín *filioque*, «y del Hijo», tenía una inmensa importancia. Mientras que el credo de Nicea original decía: «Creo [...] en el Espíritu Santo, el Señor, el Dador de Vida, que procede del Padre, quien con el Padre y el Hijo conjuntamente es adorado y glorificado», la Iglesia en occidente había añadido la palabra *filioque* para que el texto se leyera «que procede del Padre y *del hijo*». Con el tiempo la Iglesia católica llegó a acusar a la ortodoxa de haber sido ellos quienes habían omitido la palabra. Los ortodoxos, a su vez, afirmaban que la adición era teológicamente incorrecta, que el Espíritu Santo procede solo del Padre y que añadir el nombre del Hijo era herético. Por tales cuestiones se armaban disturbios en las calles de Constantinopla.

A pesar de los esfuerzos por solucionarlo, con el paso del tiempo, el conflicto creció. El saqueo de Constantinopla en 1204 por cruzados «cristianos», que el propio papa Inocencio III declaró «un ejemplo de perdición y de los trabajos de la oscuridad»,[5] hizo que cundiera en la ciudad un intenso odio cultural hacia todo lo que tuviera relación con Occidente; idéntico efecto tuvo el poder mercantil de las ciudades-estado italianas que crecieron a expensas de Bizancio como consecuencia directa de ese saqueo. En 1340 Barlaam de Calabria sugirió al papa Benedicto XII que no era tanto «una diferencia de dogma lo que vuelve contra Su Santidad los corazones de los griegos, sino el odio a los latinos que impregna el espíritu griego a consecuencia de los muchos y grandes males que los griegos han sufrido por causa de los latinos a lo largo del tiempo, y que siguen sufriendo hoy en día».[6] Hasta cierto punto era cierto, pero el dogma siempre fue fundamental en la forma en que la gente corriente de la ciudad vivía su fe, y la tenacidad con la que los constantinopolitanos mantuvieron sus creencias, a pesar de repetidos intentos a lo largo de los siglos por parte de muchos, incluidos sus propios emperadores, de imponer elementos contrarios a ellas, se demostró una constante en el mosaico de la historia bizantina.

Hacia el siglo xv, la implacable presión del estado otomano obligó a los sucesivos emperadores a realizar agotadoras giras por Occidente en busca de ayuda. Cuando el emperador Juan VIII viajó por Italia y Hungría en la década de 1420, el rey católico de Hungría le sugirió que la ayuda llegaría con mucha más facilidad si la Iglesia ortodoxa se unía a la de Roma y juraba lealtad al papa y a su credo. La unión se convirtió para las dinastías gobernantes en una posible herramienta política y dejó de ser solo una cuestión de fe: la amenaza de una cruzada cristiana conjunta se utilizó repetidamente para contener la agresividad otomana contra la ciudad. (El padre de Juan, Manuel, le había dado este consejo típicamente bizantino a sus hijos en su lecho de muerte: «Siempre que los turcos den problemas, enviad inmediatamente embajadas a Occidente, ofreced aceptar la unión y alargad las negociaciones mucho tiempo; los turcos tienen tanto miedo a esa unión que se avendrán a razones; ¡y aun así la unión no llegará a acontecer por la animosidad de las naciones latinas!»[7]) El consejo se había demostrado válido en el pasado, pero conforme los otomanos se hicieron más poderosos, tendieron a adoptar un rumbo completamente opuesto al anterior: la tendencia hacia la unión se convirtió cada vez más en un acicate para la intervención armada musulmana. Para Juan VIII, sin embargo, el miedo a provocar a los otomanos y granjearse la desconfianza de su propio pueblo pesaron menos que la frecuencia con la que el enemigo se presentaba a las puertas de la ciudad, de modo que cuando el papa Eugenio IV propuso un concilio en Italia para conseguir la unión de las dos iglesias, zarpó hacia él en 1437, dejando atrás a su hermano Constantino como regente de la ciudad.

El resultante Concilio de Florencia fue un acontecimiento dilatado y amargo que no concluyó hasta junio de 1439. Cuando finalmente el concilio proclamó que se había alcanzado la unión de las dos iglesias, las campanas tañeron en toda Europa.

Fresco de Genadio en el monasterio de Serres.

Solo uno de los delegados ortodoxos se había negado a firmar el documento, que había sido escrito con un leguaje muy cuidadoso para mantener la ambigüedad en algunos aspectos clave: la supremacía papal fue reconocida junto con el concepto de *filioque*, aunque no se exigió a los ortodoxos que lo insertaran en su credo. Pero para los griegos la aceptación del acuerdo empezó a disolverse antes de que secara la tinta de la firma. De vuelta en la ciudad, los fieles ortodoxos recibieron a su delegación con hostilidad; muchos de los que habían suscrito revocaron inmediatamente sus firmas. Los patriarcas orientales se negaron a aceptar la decisión de sus delegados; el siguiente patriarca de Constantinopla, Gregorio Mammas, que apoyaba la unión, fue muy impopular y no fue posible celebrar la unión en Santa Sofía. El tema dividió a la ciudad en dos bandos: Constantino y la mayoría de su círculo inmediato de nobles, oficiales y funcionarios apoyaban la unión; solo una fracción del clero y del pueblo lo hacía: los opositores creían que la unión había sido una imposición de los traicioneros francos y que con ella se habían puesto en peligro sus almas inmortales por motivos materialistas y rastreros. El pueblo era profundamente antipapista: estaban acostumbrados a considerar al papa como el Anticristo, «el lobo, el destructor»;[8] era común ponerle a los perros el nombre de «papa *rum*» —papa romano—. Los ciudadanos constituían un proletariado muy volátil, empobrecido, supersticioso y muy propenso a disturbios y desórdenes públicos.

El marasmo de problemas religiosos que había heredado Constantino junto con el título de emperador no era extraordinario en la dilatada historia de Bizancio: Constantino el Grande se había visto igualmente acosado por disputas doctrinales mil cien años antes. Constantino XI era un soldado más que un teólogo y su visión de la unión era estrictamente pragmática. Le obsesionaba solo una cosa: salvar a la ciudad cuya antigua trayectoria se había puesto bajo su cuidado. Si la unión era la única forma de conseguirlo, que así fuera, pero eso no le hizo querido entre sus ciudadanos. Su legitimación constitucional también era precaria: no había sido formalmente coronado en Mistra. La ceremonia tendría que haberse celebrado en Santa Sofía, pero existía la convicción de que la coronación de un emperador unionista por un patriarca unionista podría provocar gravísimos desórdenes públicos. La coronación fue discretamente obviada. Muchos en la ciudad se negaron a incluir al emperador en sus plegarias, y uno de los que más dudaron en el concilio, Jorge Escolario, ingresó en un monasterio bajo el nombre monástico de Genadio y empezó a organizar desde allí la resistencia en forma de un sínodo de clero antiunionista. En 1451 el patriarca Gregorio, se hartó de esta constante hostilidad y se marchó a Roma, donde mantuvo al papa Nicolás permanentemente informado de las actividades de los contrarios a la unión. Fue imposible encontrar a un candidato adecuado para reemplazarlo. Constantinopla no tuvo a partir de ese momento ni emperador ni patriarca legítimos.

LA IGLESIA OSCURA 101

Según aumentaba la amenaza de la guerra contra Mehmed, Constantino envió una serie de súplicas cada vez más desesperadas al papa: quizá de forma imprudente incluyó también una declaración de los antiunionistas ofreciendo celebrar un nuevo sínodo. Los informes de Gregorio sobre el estado de la unión en Constantinopla habían endurecido el corazón de Nicolás, que no estaba de humor para más tretas de los reincidentes griegos. La respuesta fue gélida: «Si vos, con vuestros nobles y el pueblo de Constantinopla aceptáis el decreto de unión, os encontraréis a Nos y a nuestros venerables hermanos, los cardenales de la Santa Iglesia Romana, más dispuestos que nunca a defender vuestro honor y vuestro Imperio. Pero si vos y vuestro pueblo os negáis a aceptar el decreto, nos obligaréis a tomar cuantas medidas sean necesarias para vuestra salvación y por Nuestro honor».[9] Esta amenaza solo valió para reforzar la determinación de los antiunionistas, que siguieron trabajando para minar el poder de Constantino en la ciudad. En septiembre de 1452 uno de ellos escribió: «Constantino Paleólogo [...] sigue sin haber sido coronado porque la iglesia no tiene líder y está, de hecho, en completo desorden y confusión como consecuencia de la agitación que ha provocado la falsamente llamada unión [...] Esta unión fue malvada y desagradable a ojos de Dios y solo ha servido para dividir la iglesia, dispersar a sus hijos y destruirnos por completo. A decir verdad, es la fuente de la que manan todas nuestras demás desgracias».[10]

En Roma, el papa Nicolás empezó a dar pasos para obligar al cumplimiento de los acuerdos alcanzados en Florencia. Decidió enviar un legado papal a Constantinopla para asegurarse de que se celebrara la unión en Santa Sofía. El hombre escogido fue el cardenal Isidoro, anteriormente obispo de Kiev. Isidoro era un bizantino que conocía de primera mano las intrincadas complejidades del problema y había aceptado la unión en Florencia. A su regreso a Kiev, su rebaño ortodoxo había rechazado el acuerdo del concilio y encarcelado a Isidoro. Partió hacia Constantinopla en mayo de 1452 con un cuerpo de doscientos arqueros, financiado por el papa como un gesto de apoyo militar a su misión, que era primordialmente de orden teológico.

De camino se le unió Leonardo de Quíos, el arzobispo genovés de Lesbos, un hombre que nos dejó una crónica implicada y tendenciosa de lo que sucedería a continuación. A los antiunionistas les llegó aviso de que estos hombres estaban de camino y atizaron las emociones del pueblo contra la unión, provocando disturbios todavía más graves. Genadio pronunció una violenta diatriba pública contra la unión que duró desde el mediodía hasta el anochecer. Suplicó a la gente que se aferrara a su fe y no la abandonara por una ayuda material que les sería muy poco útil. Es cierto, sin embargo, que cuando el cardenal Isidoro desembarcó en Constantinopla el 26 de octubre de 1452, su pequeño cuerpo de arqueros causó una impresión muy favorable entre los ciudadanos. Esta pequeña compañía fue vista como la avanzadilla de una fuerza mucho mayor y provocó un perceptible cambio en la opinión pública en favor de la unión. Durante un tiempo esta opinión zigzagueó en uno u otro sentido en la volátil ciudad. Se pasó a considerar a los antiunionistas poco patriotas, pues sostenían una postura que impedía la llegada de ayuda militar, pero cuando no arribaron más barcos, el pueblo volvió a apoyar a Genadio y estallaron disturbios de nuevo. Leonardo exigió con estridencia que se encarcelara a los líderes de la violencia callejera. Se quejó amargamente de que «aparte de [...] unos pocos monjes y laicos, el orgullo se había enseñoreado de casi todos los griegos, de modo que no había ninguno que, movido por el celo de la verdadera Fe o por el deseo de alcanzar la salvación, se atreviera a ser el primero de hablar con desprecio de las obstinadas opiniones de los demás».[11] Constantino se negó a seguir sus consejos. Temía que, de hacerlo, la ciudad se sumiera en el caos. En lugar de eso, convocó a palacio al sínodo antiunionista para que explicara sus objeciones.

Diez días después, el sonido de los cañonazos en la Degolladora se escuchó en la ciudad. Cuando se supo el fin de Rizzo y sus marineros, un nuevo espasmo de terror sacudió a la población. El apoyo del pueblo se deslizó de nuevo hacia los unionistas. Genadio lanzó otra andanada contra los que dudaban: que la ayuda de Occidente llevaría a la extinción de su fe, que su utilidad era dudosa y que él, al menos, no quería saber nada de ella. A Genadio había cosas que le preocupaban mucho más que la pérdida de la ciudad: creía sinceramente que se acercaba el fin del mundo. Quería que los ortodoxos hicieran frente al apocalipsis con el alma inmaculada. Hubo más desórdenes en las calles. Monjes, monjas y laicos se manifestaban gritando: «No queremos ni ayuda latina ni la unión latina, librémonos del culto del pan ácimo».[12] A pesar de Genadio, parece que el asustado populacho consintió a regañadientes aceptar el Concilio de Florencia, al menos temporalmente. (Como auténticos herederos de los sofistas, los bizantinos tenían una antigua cláusula que les permitiría escapar de su compromiso: la Doctrina de la Economía, que permitía el avance temporal de una posición teológica no ortodoxa si con eso se aseguraba la supervivencia, una forma de actuar que siempre había irritado a la Iglesia católica.) El cardenal Isidoro, por su parte, juzgó que era el momento adecuado para imponer el acto de unión… y salvar las almas en peligro de los griegos.

En esta atmósfera saturada de miedo e histeria religiosa, se celebró una liturgia para celebrar la unión el 12 de diciembre de 1452, durante los fríos días de invierno. Tuvo lugar en Santa Sofía «con la mayor solemnidad por parte del clero, y también asistió el reverendo cardenal de Rusia, que fue enviado por el papa, y el serenísimo emperador, con todos sus señores y la población entera de Constantinopla».[13] Los decretos de unión fueron leídos en voz alta y se recordó al papa en las plegarias, junto con el ausente patriarca Gregorio, pero los detalles de la misa resultaron ajenos y extraños para muchos de los griegos que asistieron: el lenguaje y el ritual de la misa eran católicos en lugar de ortodoxos, la hostia sagrada estaba hecha de pan ácimo, una herejía para los ortodoxos, y en el cáliz se mezcló el vino con agua fría. Isidoro escribió al papa anunciándole el éxito de su misión.

Toda la ciudad de Constantinopla se unió con la Iglesia católica; su Santidad fue recordada en la liturgia, así como el reverendísimo patriarca Gregorio, quien durante su estancia en Constantinopla no fue recordado en

ninguna iglesia, ni siquiera en su propio monasterio, y
después se anunció la unión ante toda la ciudad. Allí estaban todos, de los más grandes a los más humildes, junto con el emperador, gracias a Dios, unidos y católicos.[14]

Según Isidoro, solo Genadio y otros ocho monjes se habían negado a participar en el acto. Quizá esa descripción respondía
más a sus deseos que a la realidad. Un testigo italiano afirmó
que el día se caracterizó por grandes lamentaciones por toda
la ciudad. Evidentemente no hubo disturbios durante la misa.
Lo más probable es que los fieles ortodoxos participaran en la
ceremonia apretando los dientes y luego fueran al monasterio
del Pantocrátor a consultar a Genadio, que se había convertido
de facto en el líder espiritual de los ortodoxos y en patriarca in
péctore. Él, sin embargo, se había retirado en silencio a su celda
y se negaba a salir de ella.

En adelante, los ortodoxos dejaron de acudir a Santa Sofía
y la consideraron «en nada mejor que una sinagoga judía o
un templo pagano».[15] Acudían a rendir culto solamente en las
iglesias ortodoxas seguras de la ciudad. Sin patriarca ni congregación, el silencio y la oscuridad se apoderaron de la gran
iglesia. Se acalló el continuo rumor de oraciones y las miles de
lámparas que iluminaban su cúpula, «como si fueran un cielo
salpicado de brillantes estrellas»,[16] se agotaron y apagaron. La
poca gente que acudía a las misas de los unionistas se agrupaba
frente al altar. En el interior de la nave volaban melancólicos
pájaros. Los ortodoxos llegaron a la conclusión de que Genadio decía la verdad en sus fulminaciones: no había llegado por
el mar de Mármara ninguna poderosa flota para defender la
cristiandad. A partir de ese momento la división entre unionistas y ortodoxos, entre griegos y latinos, fue mayor que nunca y así quedó reflejado en todas las crónicas del asedio. Ese
cisma iba a perjudicar seriamente los intentos de Constantino
de defender la ciudad.

El 1 de noviembre de 1452, poco después de haberse retirado a su autoimpuesto aislamiento, Genadio había publicado
un manifiesto en la puerta del monasterio del Pantocrátor. Su

escrito tenía un tono profético y estaba preñado de pesimismo apocalíptico y autojustificación:

> ¡Desgraciados romanos, cómo os han apartado del buen camino! Os habéis alejado de la esperanza, que solo reside en Dios, confiando en el poder de los francos. Además de la propia ciudad, que pronto será destruida, habéis perdido la auténtica religión. ¡Oh, Señor, apiádate de mí! Ante ti presto testimonio de que soy puro y estoy libre de culpa en este asunto. Sed conscientes, desventurados ciudadanos, de lo que estáis haciendo. Con la esclavitud pendiendo como una espada sobre vuestras cabezas, os habéis negado la auténtica fe que os habían enseñado vuestros antepasados. Habéis confesado vuestra impiedad. ¡Os compadezco por lo que os pasará cuando seáis juzgados![17]

A menos de doscientos cincuenta kilómetros de allí, en Edirne, Mehmed seguía estos acontecimientos con mucho interés. El miedo a la unidad de la cristiandad siempre había sido uno de los principios que habían informado la política exterior otomana; para Jalil Pachá justificaba la continuación de una política de paz: cualquier intento de tomar la ciudad podría provocar la unión de la cristiandad y convertir Constantinopla en la causa de una nueva cruzada. Sin embargo, para Mehmed las noticias que llegaban de la ciudad parecían prometedoras. Le animaban a actuar de forma rápida y decidida.

El sultán pasaba los cortos días y largas noches de invierno reflexionando sobre sus sueños de conquista. Estaba obsesionado, pero dudaba. Intentó desplegar algunos de los elementos del poder imperial en su nuevo palacio de Edirne y siguió reformando sus tropas personales y jugando con el contenido en plata de la moneda para poder pagarlo todo. Mehmed reunió a su alrededor a un grupo de asesores italianos que le informaban sobre los acontecimientos en Occidente y sobre tecnología militar. Pasaba los días leyendo tratados ilustrados sobre fortificaciones y guerra de asedio. Se mostraba inquieto, febril, irresoluto.

Consultaba a astrólogos y daba vueltas en su cabeza a un método para desmontar las defensas de la ciudad, enfrentándose a los consejos conservadores de los viejos visires, que afirmaban que era imposible. Al mismo tiempo, estudiaba historia otomana y las crónicas de los asaltos previos a la ciudad, examinando con meticulosa atención los motivos de su fracaso. Incapaz de dormir, pasaba las noches dibujando esbozos de las fortificaciones que había inspeccionado personalmente en verano y diseñando estrategias para asaltarlas.

El cronista Ducas dejó una vívida crónica de estos días oscuros y obsesivos. Dibuja el retrato de un sultán secretista y desconfiado, devorado por la ambición, y aunque su descripción es verosímil, probablemente exagere un poco para consumo de sus lectores cristianos. Según Ducas, Mehmed acostumbraba a recorrer las calles al anochecer disfrazado de soldado común para escuchar los chismorreos que corrían sobre él en los mercados y caravasares. Si alguien era tan insensato como para reconocer y saludar al sultán con la aclamación tradicional, Mehmed lo pasaba por la espada inmediatamente. Era el tipo de historia, repetida con infinitas variantes, que se compadecía con la imagen occidental que se tenía de él como tirano sediento de sangre. Una noche, de madrugada, envió a los guardias de palacio a que trajeran a su presencia a Jalil, a quien quizá consideraba el mayor obstáculo para sus planes. El anciano visir se echó a temblar ante aquella citación: ser llamado a comparecer ante «la sombra de Dios en la tierra» a una hora tan intempestiva era muy mala señal. Abrazó a su esposa e hijos como si fuera la última vez y siguió a los soldados, llevando consigo una bandeja llena de monedas de oro. Ducas sugiere que su miedo estaba justificado porque el visir había aceptado muchos sobornos de los griegos para disuadir a Mehmed de ir a la guerra, aunque no se sabe si esas acusaciones eran ciertas o no. Jalil, después de todo, era tan rico que había llegado a prestar dinero al viejo sultán, el padre de Mehmed. Cuando Jalil alcanzó el dormitorio real, encontró a Mehmed levantado y vestido. El anciano se postró ante él y le ofreció la bandeja. «¿Qué es eso?», preguntó Mehmed. «Señor», replicó

Jalil, «es costumbre cuando a un noble lo convoca su señor a horas inusuales que no aparezca con las manos vacías». «No necesito regalos», dijo Mehmed, «solo quiero que me des la Ciudad». Completamente aterrorizado por lo extraño de la convocatoria y el comportamiento febril del sultán —como había pretendido el sultán—, Jalil dio su apoyo incondicional al proyecto. Mehmed concluyó la reunión diciendo: «poniendo nuestra confianza en la voluntad de Dios y en las oraciones del Profeta, tomaremos la ciudad», y ordenó al acongojado visir que se volviera a retirar en la noche.

Sea cual sea la veracidad de esta escena, en algún momento alrededor de enero de 1453, Mehmed convocó a todos sus ministros y defendió la necesidad de ir a la guerra en un discurso que nos ha llegado a través del cronistas griego Critobulo. En él integró el asunto de Constantinopla en la larga historia del ascenso de los otomanos. Mehmed comprendía claramente el daño que la ciudad había infligido al naciente estado otomano durante las ruinosas guerras civiles de cincuenta años antes, como «no ha dejado de marchar contra nosotros, armando constantemente a nuestra gente unos contra otros, promoviendo desórdenes y guerras civiles y dañando a nuestro reino».[18] Temía, además, que pudiera convertirse en una causa de guerra interminable con las potencias cristianas en el futuro. Si se la capturaba, se convertiría en la piedra angular del imperio, «sin ella, o mientras siga en el estado presente, nada de lo que tenemos está seguro y no podemos esperar ganar nada más». La reciente iniciativa de Constantino de explotar la causa de Orján en su favor debía figurar en el pensamiento de todos los presentes. Mehmed intentó también desterrar una creencia firmemente asentada en la mente islámica que se remontaba a los asedios que habían realizado los árabes: que la ciudad era simplemente imposible de conquistar. Estaba bien informado de los recientes acontecimientos en la ciudad; sabía que mientras hablaba los constantinopolitanos «luchan entre ellos como enemigos por causa de sus distintas creencias religiosas, y su organización interna está por todas partes llena de sediciosos y plagada de disturbios»,[19] y que, a diferencia del pasado, los cristianos ya no controlaban las rutas marítimas. También apeló a la tradición de los *gazis*: era su deber como musulmanes, al igual que lo había sido el de sus antepasados, hacer la guerra santa. Mehmed insistió particularmente en que era necesario actuar con velocidad: todos los recursos disponibles debían concentrarse en un golpe devastador: «Debemos dedicar todo a la guerra, sin reservar nada, ni personas ni armas ni ninguna otra cosa, ni debemos considerar nada más importante que tomar la ciudad o destruirla».[20] Era una llamada a las armas para un ataque masivo, y pareció convencer a todos. Se aceleraron los preparativos para la guerra.

El invierno en el Bósforo puede ser sorprendentemente duro, como los árabes habían descubierto durante el asedio de 717. El emplazamiento de la ciudad, emergiendo en el estrecho, la deja expuesta a las fuertes borrascas que bajan del mar Negro impulsadas por el viento del norte. Un frío especialmente húmedo penetra hasta el tuétano de los huesos; semanas de lluvia sombría pueden convertir las calles en barrizales y provocar repentinas riadas en las empinadas cuestas; súbitas tormentas de nieve aparecen de la nada, alcanzan la costa asiática en media hora y luego desaparecen tan rápido como han llegado; hay largos días de sofocante niebla en los que un silencio extraño parece adueñarse de la ciudad y aferrarla con puño de acero, ahogando los badajos de las campanas de las iglesias y amortiguando el sonido de los cascos de los caballos sobre las plazas públicas como si calzaran botas de fieltro. El invierno de 1452-53 parece que castigó a los constantinopolitanos con un tiempo particularmente desolado y cambiante. La gente observó «terremotos y temblores inusuales y extraños, y de los cielos truenos y relámpagos y horribles rayos cortando el aire, vientos fuertes, inundaciones, granizadas y lluvias torrenciales».[21] Eso no hizo que mejorara el ánimo general. No llegó ninguna flota cristiana que cumpliera las promesas hechas en la unión. Las puertas de la ciudad permanecieron firmemente cerradas y el suministro de comida desde el mar Negro se agotó por el bloqueo de los estrechos que mantenía el sultán. La gente común pasaba los días escuchando a los sacerdotes ortodoxos, bebiendo vino sin aguar en las tabernas y rezando al icono de la virgen para que protegiera la ciudad, como había hecho en los asedios de los árabes. Una preocupación histérica por la pureza de sus almas poseyó al pueblo, sin duda alimentada por las diatribas de Genadio. Se consideraba pecaminoso haber asistido a una ceremonia celebrada por un unionista o haber recibido comunión de manos de un sacerdote que hubiera estado presente en la misa de unión, aunque no hubiera participado directamente en los ritos. Constantino era abucheado cuando cabalgaba por la calle.

A pesar de esta atmósfera tan poco prometedora, el emperador hizo cuanto pudo por mejorar la defensa de la ciudad. Envió delegados para que compraran comida a las islas del Egeo y más allá: «trigo, vino, aceite de oliva, higos secos, garbanzos, cebada y otras legumbres».[22] Se empezó a trabajar inmediatamente en las secciones más descuidadas de las defensas, tanto en las murallas marítimas como en las terrestres. Escaseaba la piedra de calidad y no había posibilidades de obtener más de fuera de las canteras fuera de la ciudad. Se aprovecharon materiales de edificios en ruinas e iglesias abandonadas; incluso las tumbas antiguas fueron reutilizadas en la defensa. Se limpió el foso frente a la muralla terrestre y parece que, a pesar de sus reservas, Constantino convenció al populacho de que trabajara en las obras. Se recaudó dinero en colectas públicas de individuos, iglesias y monasterios

Sello con la imagen de la virgen protectora.

para pagar comida y armas. Todas las armas disponibles en la ciudad —que eran lamentablemente pocas— fueron confiscadas y redistribuidas. Se enviaron guarniciones armadas a las pocas fortalezas que todavía mantenía Bizancio fuera de sus murallas: a Selimbria y Epibatos, en la orilla norte del Mármara; a Therapia en el Bósforo, más allá de la Degolladora, y a la mayor de las islas Príncipe. En un gesto final de impotente desafío, Constantino envió galeras para que saquearan los pueblos costeros otomanos del mar de Mármara. Se hicieron prisioneros que fueron vendidos como esclavos en la ciudad, «y con ello los turcos fueron impelidos a una enorme ira contra los griegos, y juraron que les causarían la desgracia».[23]

El único motivo de optimismo para Constantino durante este periodo fue la llegada de un goteo de barcos italiano a los que pudo convencer —o retuvo a la fuerza— para que tomaran parte en la defensa de la ciudad. El 2 de diciembre una gran galera de transporte procedente de Kaffa, en el mar Negro, bajo el mando de un tal Giacomo Coco, consiguió pasar bajo los cañones de la Degolladora fingiendo que ya había pagado el peaje corriente arriba. Al acercarse al castillo, los marineros a bordo empezaron a saludar a los artilleros otomanos «como amigos, tocando trompetas y haciendo todo tipo de sonidos alegres. Y al tercer saludo que hicieron nuestros hombres, ya se habían escapado del castillo y el agua los llevaba hacia Constantinopla».[24] Al mismo tiempo, noticias del auténtico estado de la situación llegaron a venecianos y genoveses a través de sus representantes en la ciudad y las repúblicas, aunque tarde, por fin se pusieron en marcha. Después del hundimiento del barco de Rizzo, el senado veneciano ordenó a su vicecapitán del golfo, Gabriel Trevisano, que fuera a Constantinopla a acompañar a los convoyes mercantes que regresaban del mar Negro. Entre los venecianos que llegaron en estos momentos estaba un tal Niccolò Barbaro, médico de un barco, que iba a escribir el diario más lúcido de los meses venideros.

Dentro de la colonia veneciana en la ciudad la preocupación era cada vez mayor. El alcaide veneciano, Minotto, un hombre emprendedor y resuelto, estaba desesperado por que se queda-

ran tres galeras mercantes y las dos galeras ligeras de Trevisano
para defender la ciudad. En una reunión con el emperador el
14 de diciembre, Trevisano y los demás capitanes les suplicaron
que se quedaran «primero por amor a Dios, luego por el honor
de la cristiandad y por el de nuestra Señoría de Venecia».[25] Tras
largas negociaciones hay que decir en honor de los capitanes de
los barcos que escogieron quedarse, aunque no sin antes discutir
muchísimo si podían mantener su cargamento a bordo o debían
almacenarlo en la ciudad como garantía de su buena fe. Constantino sospechaba que en cuanto se cargara la mercancía, los
capitanes partirían; solo después de jurar personalmente ante el
emperador que no lo harían, se les permitió cargar sus balas de
seda, cobre, cera y otros productos. El miedo de Constantino
no era infundado: la noche del 26 de febrero, uno de los barcos
venecianos y seis de la ciudad de Candida, en Creta, levantaron

Una galera mercante, según una reproducción de un manuscrito del
siglo XV. Barcos como este convirtieron a los venecianos en los
grandes transportistas del Mediterráneo.

anclas y huyeron aprovechando un fuerte viento del noreste. «Con esos barcos escaparon muchas personas importantes, unas setecientas en total, y estos barcos llegaron sanos y salvos a Tenedos, sin ser capturados por la armada turca».[26]

Este descorazonador acontecimiento fue compensado por otra contribución positiva. Las súplicas del *podestà* genovés de Gálata sí se tradujeron en una oferta concreta de ayuda. Sobre el 26 de enero dos grandes galeones llegaron cargados «con muchos excelentes aparatos y máquinas de guerra, y de excelentes soldados, valientes y confiados».[27] El espectáculo de estos barcos entrando en el puerto imperial con «cuatrocientos hombres con armadura completa»[28] en cubierta hizo una impresión inmediata en el populacho y el emperador. Su líder era un soldado profesional procedente de una de las grandes familias de la república, Giovanni Giustiniani Longo, un comandante con mucha experiencia que había preparado la expedición por iniciativa propia y la había sufragado él mismo. Trajo en total 700 hombres bien armados, 400 de ellos reclutados en Génova y otros 300 de Rodas y las isla genovesa de Quíos, sede del poder de la familia Giustiniani. Constantino comprendió inmediatamente el valor de este hombre y le ofreció la isla de Lemnos si se rechazaba la amenaza otomana. Giustiniani iba a jugar un papel decisivo en la defensa de la ciudad en las semanas siguientes. Siguió llegando un reguero de soldados rezagados. Tres hermanos genoveses, Antonio, Paolo y Troilo Bocchiardo, trajeron consigo una pequeña banda de hombres. Los catalanes enviaron un contingente armado y un noble castellano, Don Francisco de Toledo, respondió a la llamada de auxilio. Por lo demás, la apelación a la cristiandad no había traído otra cosa que discordia. Una sensación de traición recorría la ciudad. «Habíamos recibido tanta ayuda de Roma como la que nos había enviado el sultán de El Cairo»,[29] escribió amargamente Jorge Frantzés.

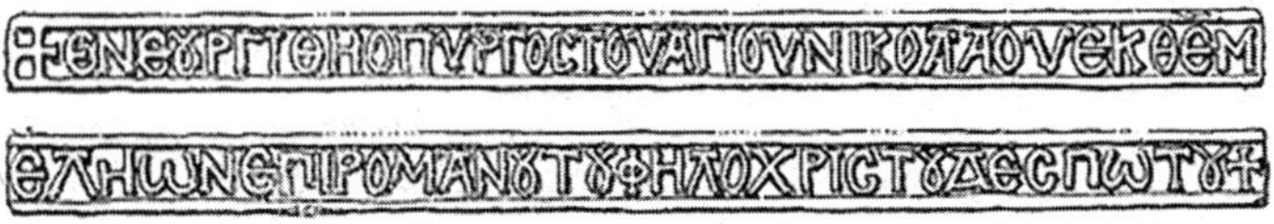
ΕΝΕΥΡΓΙΘΗΟΠΥΡΓΟΣΤΟΥΑΓΙΟΥΝΙΚΟΛΑΟΥΕΚΘΕΜ
ΕΛΗΩΝΕΠΙΡΟΜΑΝΟΥΤΟΥΦΗΛΟΧΡΙΣΤΟΥΔΕΣΠΩΤΟΥ +

6

La muralla y el cañón
Enero - febrero 1453

*De las llamas y el resplandor de ciertas mezclas
ígneas, y del terror inspirado por su estruendo, se
siguen maravillosas consecuencias contra las que
nadie puede protegerse ni resistir [...] cuando cierta
cantidad de esta pólvora, no mayor que el dedo de
un hombre, se envuelve en un trozo de pergamino
y se le prende fuego, explota con un brillo cegador
y un ruido asombroso. Si se utilizara una cantidad mayor, o si el envoltorio estuviera hecho de un
material más rígido, la explosión sería mucho más
violenta y el resplandor y el ruido completamente
insoportables.[1]*

Roger Bacon, monje inglés del siglo XIII,
sobre los efectos de la pólvora

Con la llegada del contingente genovés los preparativos para el
asedio fueron completados con mayor urgencia. Giustiniani, que
era «experto en el arte de la lucha en las murallas»,[2] estudió las
defensas de la ciudad con frialdad y tomó las medidas adecuadas.
Bajo su dirección, durante febrero y marzo, «se drenó el foso y
se repararon y aumentaron las murallas, restaurando las almenas,
reforzando las torres interiores y exteriores y fortaleciendo toda
la muralla, tanto en los sectores terrestres como marítimos».[3]

A pesar de su deteriorado estado, la ciudad todavía poseía
unas fortificaciones impresionables. Entre las muchas explica-

ciones para la longevidad de Bizancio, las impenetrables defensas de su capital son un factor clave. Ninguna ciudad del mundo debía tanto a su emplazamiento como Constantinopla. De los poco más de diecinueve kilómetros de perímetro de la ciudad, prácticamente trece estaban rodeados por el mar. Al sur la ciudad bordeaba con el mar de Mármara, cuyas fuertes corrientes e inesperadas tormentas hacían que cualquier desembarco anfibio fuera muy arriesgado. En mil años ningún agresor había intentado seriamente atacar la ciudad por este punto. La orilla estaba guardada por una muralla ininterrumpida que se elevaba al menos quince metros sobre la costa y tenía una cadena de 188 torres y varios puertos pequeños y bien defendidos. La principal amenaza a esta muralla no procedía de los barcos enemigos, sino de la incesante actividad de las olas, que erosionaban sus cimientos. En ocasiones la naturaleza actuaba de forma más brutal todavía: en el duro invierno de 764 las murallas marítimas fueron aplastadas por grandes témpanos de hielo, tan altos que pasaron por encima del parapeto. Toda la longitud del Mármara estaba salpicada con inscripciones de mármol que conmemoraban las reparaciones hechas por los sucesivos emperadores. El mar corría rápido por toda esta costa hasta el cabo de la Acrópolis, antes de doblar al norte hacia las aguas más plácidas del Cuerno de Oro. El propio Cuerno de Oro aportaba un excelente fondeadero seguro para la flota imperial; 110 torres dominaban la muralla continua que protegía este lado, con numerosas compuertas y dos importantes puertos, pero las defensas de este sector siempre se habían considerado vulnerables. Fue allí adonde los venecianos llevaron sus barcos durante la Cuarta Cruzada, superaron las murallas y tomaron al asalto la ciudad. Para bloquear la boca del Cuerno de Oro en tiempos de guerra, los defensores habían adoptado el hábito, desde el asedio árabe de 717, de pasar una cadena por la entrada de la ensenada. Se trataba de una enorme cadena de 275 metros formada por gigantescos eslabones de hierro forjado de medio metro cada uno, sostenidos sobre sólidos flotadores de madera. Con la buena voluntad de los genoveses, la cadena podía fijarse en una torre en las murallas marítimas de Gálata, al otro lado del Cuerno de Oro. Durante los meses de invierno tanto la cadena como los flotadores que la sostenían sobre las aguas, se preparaban para la posibilidad de un ataque naval.

La base del triángulo que dibujaba la planta de la ciudad daba al oeste y estaba protegida por una muralla terrestre de seis kilómetros y medio, la llamada muralla de Teodosio, que discurría sobre el terreno desde el mar de Mármara al Cuerno de Oro y blindaba Constantinopla contra cualquier asalto tradicional terrestre. Muchos de los acontecimientos históricos más importantes de la historia de la ciudad habían ocurrido a lo largo de esta extraordinaria estructura. Era casi tan antigua como la propia urbe y proyectaba sobre el mundo Mediterráneo una sensación de legendaria inmutabilidad. Para muchos de los que se acercaban a Constantinopla por las llanuras de Tracia como peregrinos o comerciantes, para un embajador de una corte balcánica o para un ejército con pretensiones de conquista y pilllaje, la primera imagen que verían de Constantinopla en su apogeo sería la amenazadora panorámica de sus murallas terrestres elevándose sobre

La gran cadena, con sus enormes eslabones de cuarenta y cinco centímetros, se colgaba a lo ancho del Cuerno de Oro. Se conservan numerosos fragmentos, como el que aparece en esta fotografía, expuesto en el Museo Militar de Estambul.

las suaves ondulaciones del paisaje, de horizonte a horizonte, en una sucesión regular e ininterrumpida de muros y torres. A la luz del sol, las murallas de piedra caliza creaban una fachada de un blanco brillante, recorrida por costuras horizontales de ladrillos romanos color rojo rubí y aspilleras hechas con arcos del mismo ladrillo; las torres —cuadradas, hexagonales, octogonales y, de vez en cuando, circulares— estaban tan juntas que, en palabras de un cruzado: «un niño de siete años podría lanzar una manzana desde una torre a la siguiente».[4] Se elevan en varios niveles hasta su punto más alto, en la muralla interior, donde el águila del emperador ondeaba orgullosamente al viento. A intervalos, el ojo podía observar la oscuridad de una entrada fuertemente guardada a la ciudad por la que hombres y animales desaparecían en tiempos de paz y, en el extremo occidental, cerca del mar de Mármara, una gran entrada decorada con paneles de oro y estatuas de bronce y mármol que relucían al sol. Esa era la Puerta Áurea, el gran arco de entrada ceremonial flanqueado por dos gigantescas torres de mármol pulido a través del cual, en el apogeo de Bizancio, los emperadores regresaban triunfantes tras sus victorias: por esa puerta pasaron reyes conquistados cargados de cadenas, reliquias sagradas recobradas, elefantes, esclavos bárbaros con extraños atuendos, carros cargados de botín y el ejército imperial en todo su poder y gloria. Hacia 1453 el oro y muchos de sus adornos habían desaparecido, pero la estructura de la puerta seguía siendo un impresionante monumento a la gloria de Roma.

El hombre responsable de la muralla terrestre, construida para definir los límites maduros de la ciudad, no fue el niño emperador Teodosio, por cuyo nombre se conoce, sino uno de los grandes estadistas de principios del siglo v, Antemio, «uno de los hombres más sabios de su época»,[5] a cuya clarividencia y previsión la ciudad debe una impagable deuda de gratitud. La primera línea de las murallas, construidas en 413, detuvieron a Atila el Huno, «el azote de Dios»[6] e impidieron que asaltara la ciudad en 447. Cuando se hundieron debido a un fuerte terremoto ese mismo año mientras Atila estaba asolando la cercana Tracia, la población entera de la ciudad se volcó para solucionar la crisis. Dieciséis mil ciudadanos reconstruyeron las murallas

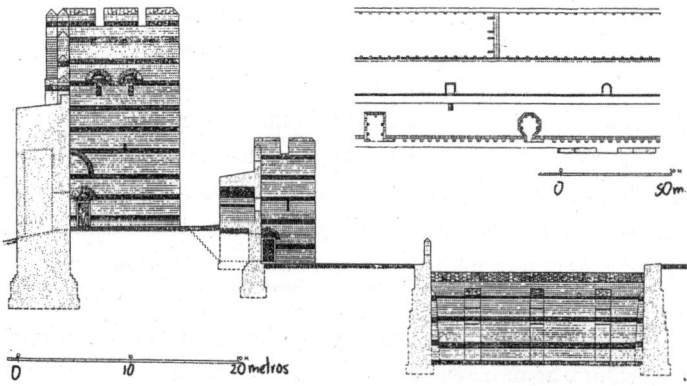

Reconstrucción de una sección de las murallas de Teodosio (arriba) que muestra los tres niveles defensivos: foso, murallas exteriores y murallas interiores. En la actualidad se conservan muchos tramos de las murallas originales y puede apreciarse perfectamente su estructura triple, con la excepción del foso, que ha sido cegado (abajo).

totalmente en unos asombrosos dos meses y, además, no se limitaron a reconstruir la estructura original de Antemio, sino que le añadieron una muralla interior con toda otra serie de torres intercaladas, un parapeto protector y un foso con paredes de ladrillo, creando así una formidable barrera de extraordinaria complejidad. La ciudad estaba ahora protegida por su lado terrestre por una cadena de 192 torres en un sistema defensivo que contaba con cinco zonas diferenciadas, de sesenta metros de ancho y treinta metros de alto desde el fondo del foso hasta la cima de la torre. El logro se conmemoró con una inscripción adecuadamente orgullosa: «En menos de dos meses Constantino elevó triunfalmente estas fuertes murallas. Difícilmente una ciudadela tan fuerte podría haber sido construida tan rápido ni por la propia Palas».[7]

En su forma madura, la muralla de Teodosio resumía toda la sabiduría acumulada de la ingeniería militar grecorromana en lo relativo a defender una ciudad antes de la era de la pólvora. El corazón del sistema seguía siendo la muralla interior construida por Antemio: un núcleo de hormigón cubierto por ambos lados con bloques de piedra caliza extraídos de las canteras cercanas, con franjas de ladrillo insertadas para que la estructura quedase más sólidamente fijada. Sus murallas estaban protegidas con almenas y se subía a ella mediante escaleras. Según la práctica romana, las torres no estaban unidas a las murallas, asegurando que ambas estructuras pudieran asentarse a su ritmo sin romperse. Las torres ascendían a dieciocho metros de altura y consistían en dos cámaras con un techo plano en el que podían colocarse ingenios para lanzar rocas o fuego griego. Desde allí los centinelas rastreaban incansablemente el horizonte y se mantenían despiertos de noche llamándose unos a otros a lo largo de la línea de torres. La muralla interior tenía doce metros de altura, la exterior era más baja, de poco más de ocho metros. Las dos murallas estaban separadas por una explanada de dieciocho metros de anchura, donde podían agruparse las tropas que defendían la muralla exterior, listas para enfrentarse cuerpo a cuerpo al enemigo en aquel reducido espacio. Bajo la muralla exterior, otra explanada de dieciocho metros se constituía en una zona de la muerte para cualquier agresor que superara el foso. El propio foso de paredes de ladrillo era en sí mismo otro formidable obstáculo de dieciocho metros de anchura, rematado además con un muro en su parte interior; no está claro si el foso tenía partes llenas de agua en 1453 o simplemente era una trinchera seca. La profundidad y complejidad del sistema, la solidez de sus murallas y la altura desde la que comandaba el campo de fuego hacían que la muralla de Teodosio fuera prácticamente inexpugnable para un ejército equipado con la tradicional maquinaria de asedio medieval.

A lo largo de la muralla terrestre había una serie de puertas públicas. Algunas daban acceso a los campos aledaños a través de unos puentes sobre el foso que podían destruirse en vísperas de un asedio; otras, las puertas militares, permitían conectar las distintas capas de las murallas y se utilizaban para mover tropas dentro del sistema defensivo. La muralla también tenía cierto número de poternas —pequeñas puertas secundarias— pero los bizantinos siempre fueron conscientes del peligro que estas puertas, pensadas para efectuar salidas durante un asedio, suponían para la seguridad de su ciudad, así que las controlaban rigurosamente. En general los dos tipos de puertas se alternaban a lo largo de la longitud de la muralla: las puertas militares estaban numeradas mientras que las puertas públicas tenían nombre propio. Estaba la Puerta del Manantial, bautizada así por un manantial sagrado que había en la ciudad, la puerta del Circo de Madera, la Puerta de los Zapateros Militares o la Puerta del Lago de Plata. Algunas tenían diversos nombres, conforme las antiguas asociaciones se olvidaban y surgían otras nuevas. La Tercera Puerta Militar se conocía también como la Puerta de los Rojos, en recuerdo de una facción circense de los primeros tiempos de la ciudad, mientras que la puerta de Carisio, un líder de la facción azul, se conocía también como Puerta del Cementerio. Y en la estructura se construyeron algunos notables monumentos que expresaban las contradicciones de Bizancio. Hacia el Cuerno de Oro, el palacio imperial de Blanquernas se anidaba contra la muralla, un edificio del que en una ocasión se dijo que era tan bello que los visitantes extranjeros no encontraban palabras para describirlo; junto a él, la húmeda y lóbrega prisión de Anemas, unas mazmorras de siniestra reputación que habían contemplado algunos de los momentos más horripilantes de la historia bizantina. Aquí Juan V cegó a su hijo y a su nieto de tres años, y desde aquí uno de los más notorios emperadores, Anrónico el Terrible, ya horriblemente mutilado, fue llevado a lomos de un escuálido camello y sufriendo el escarnio de la plebe hasta el hipódromo, donde fue colgado boca abajo entre dos columnas y asesinado entre burlas.

Las murallas tenían una existencia ininterrumpida tan dilatada que sus diversos tramos habían acumulado una larga serie de mitos y asociaciones medio olvidadas. Apenas había un lugar que no hubiera sido testigo de algún momento dramático de la historia de la ciudad: escenas de terrible traición, de salvaciones milagrosas y de muerte. A través de la Puerta Áurea, Heraclio trajo la Vera Cruz en 628; la Puerta del Manantial presenció cómo una masa enfurecida lapidaba al impopular emperador Nicéforo Focas y también la restauración de los emperadores ortodoxos después del gobierno latino en 1261, cuando simpatizantes griegos la abrieron desde dentro para que los bizantinos recobrasen su capital. El agonizante emperador Teodosio II fue conducido a través de la Quinta Puerta Militar en 450 después de haber caído de su caballo en el valle que había fuera, mientras que la puerta del Circo de Madera fue bloqueada en el siglo XII después de que una profecía afirmase que el emperador Federico Barbarroja la utilizaría para capturar la ciudad.

Junto a la propia Santa Sofía ninguna estructura expresaba la vida mental de la gente de la ciudad de forma más poderosa que las murallas. Si la iglesia era su visión del cielo, la muralla era su escudo contra las acometidas de las fuerzas hostiles y estaba bajo la protección personal de la propia virgen. Durante los asedios los fieles consideraban que las constantes oraciones y procesiones de reliquias sagradas por las murallas eran por lo general más importantes que los meros preparativos militares. Un poderoso campo de fuerza espiritual rodeaba esos actos. Se consideraba que la túnica de la virgen, guardada en una iglesia cercana, había sido más importante que la ingeniería militar para que la ciudad consiguiera resistir a los avaros en 626 y a los rusos en 860 que la ingeniería militar. La gente veía apariciones de ángeles guardianes en los baluartes y los emperadores insertaban cruces de mármol y plegarias en la cara exterior de los muros. Cerca del punto central de la muralla hay un sencillo talismán que expresa el mayor temor de Constantinopla. Dice: «Oh, Cristo Dios, mantén a nuestra ciudad segura y libre de guerra. Conquista la furia de sus enemigos».

Al mismo tiempo, el mantenimiento práctico de las murallas era la principal y más esencial obra pública de la ciudad, en la que se requería la colaboración de todos los ciudadanos, sin excepciones. Fuera cual fuera el estado de la economía bizantina, siempre se encontraba dinero para reparar la muralla. Era tan importante que tenía sus propios altos cargos, bajo la dirección de una persona con el impresionante título de «Conde de las Murallas». A medida que el tiempo y los terremotos derribaban torres o hundían paredes, se insertaban en los tramos reparados una serie de inscripciones conmemorativas de mármol para celebrar la reconstrucción. Estas inscripciones recorren los siglos desde la primera reconstrucción en 447 a una renovación total de la muralla exterior en 1433. Una de las últimas reparaciones fechadas antes del asedio expresa la cooperación de agentes divinos y humanos en el mantenimiento del escudo de la ciudad. Dice: «Esta puerta del manantial de la vida, protegida por Dios, fue restaurada con la cooperación de Manuel Brienio Leontari, que sufragó las obras, en el reinado de los píos soberanos Juan y María Paleólogo en el mes de mayo de 1438».[8]

Quizá ninguna estructura defensiva resume mejor la esencia de la guerra de asedio en el mundo antiguo y medieval que las murallas de Constantinopla. La ciudad vivió bajo asedio durante casi toda su vida; sus defensas reflejaban el carácter profundo y la historia del lugar, con su mezcla de confianza y fatalismo, de inspiración divina y habilidad práctica, de longevidad y conservadurismo. Como la propia ciudad, las murallas siempre estaban allí, y todo el mundo en el Mediterráneo Oriental suponía que siempre lo seguirían estando. La estructura de las defensas alcanzó su madurez en el siglo v y cambió poco desde entonces; las técnicas de construcción eran conservadoras y se remontaban a las prácticas de griegos y romanos. No existió ningún motivo en particular para evolucionar porque la guerra de asedio tampoco lo había hecho. Las técnicas básicas y el equipo —bloqueo, minas y escalada, el uso de arietes, catapultas, torres, túneles y escaleras— no habían cambiado desde que se tenía memoria. El defensor siempre tenía ventaja; en el caso de Constantinopla su posición en la costa aumentaba esa ventaja. Ninguno de los ejércitos que habían acampado ante las murallas terrestres habían conseguido abrir una brecha efectiva a través de las múltiples capas defensivas, y la ciudad siempre había tomado medidas prudentes, como tema de política de estado, para mantener sus cisternas y sus graneros llenos. Los avaros se presentaron con un impresionante arsenal de maquinaria capaz de lanzar enormes rocas, pero la trayectoria en parábola de los disparos hacía que no fueran lo bastante potentes como para dañar seriamente las murallas. Los árabes se habían congelado con el frío. El búlgaro Khan Krum había intentado utilizar la magia —había celebrado sacrificios humanos y rociado a sus tropas con agua de mar— y tampoco había conseguido nada. Incluso los enemigos de los bizantinos acabaron por creer que Constantinopla estaba bajo protección divina. Solo los propios bizantinos habían conseguido tomar su ciudad desde tierra, siempre gracias a la traición de alguien en el interior: los caóticos últimos siglos de guerras civiles habían ofrecido una serie de casos en los que las puertas se habían abierto de noche, usualmente con ayuda desde el interior.

Solo había dos lugares en los que la muralla terrestre se podía considerar potencialmente débil. En la sección central, el terreno se hundía en un alargado valle por el que discurría el río Lico y luego ascendía en la otra orilla. Como la muralla seguía la trayectoria descendente del terreno, sus torres ya no dominaban desde lo alto, sino que, de hecho, estaban a un nivel más bajo que el ejército atacante que ocupaba la colina junto al valle. Más aún, el propio río, que se internaba en la ciudad a través de una canalización bajo la muralla, hacía imposible cavar un foso profundo en ese punto. Casi todos los ejércitos asaltantes habían identificado esta zona como vulnerable, y aunque ninguno había conseguido abrir una brecha, aportaba a los atacantes un vestigio de esperanza. Una segunda anomalía en las defensas existía en el extremo norte. La progresión regular de la triple muralla se interrumpía de repente al acercarse al Cuerno de Oro. La línea daba un abrupto giro hacia el exterior para incluir un trozo más de terreno; durante 350 metros, hasta que llegaba al agua, la muralla se convertía en un conjunto de parches hecho de bastiones y sectores de distinta forma que, aunque asentados sobre un afloramiento de roca, tenían una única línea de profundidad, una única muralla, y en buena parte de ese tramo carecían de foso. Este trozo de la muralla había sido una adición posterior, realizada para proteger el sagrado santuario de la virgen en Blanquernas. Originalmente la iglesia había estado fuera de las murallas. Siguiendo una lógica típicamente bizantina se había considerado que la protección de la virgen bastaba para salvaguardar la iglesia. Después de que los avaros casi la incendiasen en 626 —el santuario fue salvado por la propia virgen— se alteró la línea de las murallas para abarcar la iglesia y sobre ese nuevo terreno intramuros se construyó también el palacio de Blanquernas. Estos dos puntos débiles fueron inmediatamente identificados por Mehmed durante su reconocimiento de la muralla durante el verano de 1452. El giro en ángulo recto en que las dos murallas (la triple y la muralla única) se unían iba a recibir particular atención.

A la luz de la historia, se podía perdonar a los ciudadanos su confianza ciega en el poder protector de las murallas, cuyas últimas reparaciones se afanaban por acabar bajo la atenta dirección de Giustiniani mientras sacaban en procesión por ellas a sus iconos más sagrados. Inmutables, imponentes e indestructibles, habían demostrado una y otra vez que un número reducido de defensores podían mantener a raya a un gran ejército hasta que la fuerza de voluntad de los atacantes se hundía, quebrada por el peso logístico del asedio, o por la disentería o la desafección de los hombres. Aunque podía haber algunos tramos de las murallas un poco deteriorados, en general seguían en buen estado. A Brocquière, cuando inspeccionó los baluartes en la década de 1430, le pareció que hasta el vulnerable ángulo recto estaba protegido por un «muro bueno y alto».[9] Los defensores, sin embargo, no eran conscientes de que el conflicto para el que estaban preparándose coronaría una revolución tecnológica que cambiaría para siempre las reglas de la guerra.

Nadie sabe exactamente cuándo los otomanos adquirieron cañones. Las armas de pólvora probablemente llegaron al imperio a través de los Balcanes en algún momento alrededor de 1400. Para lo habitual en la Edad Media, esta tecnología se difundió a una velocidad asombrosa. Aunque la primera mención escrita de un cañón no se produce hasta 1313 y la primera representación pictórica data de 1326, a finales del siglo XIV se fabricaban por toda Europa. Pequeños talleres que producían cañones de hierro y bronce surgieron como setas en Francia, Alemania e Italia, y toda una serie de industrias secundarias se desarrollaron a su alrededor. Aparecieron múltiples «fábricas» de salitre; intermediarios importaron cobre y estaño; técnicos mercenarios vendían sus habilidades en la fundición de metal al mejor postor. En términos prácticos, los beneficios de las primeras armas de fuego eran dudosos: la artillería de campo presente en la batalla de Agincourt junto al arco largo inglés apenas tuvo impacto en el resultado del combate. Los cañones en sí eran engorrosos, difíciles de preparar, era imposible apuntar con precisión con ellos y eran tan peligrosos para los que los operaban como para el enemigo. No obstante, el fuego de artillería sin duda tuvo un efecto psicológico. El rey Eduardo III en Creçy «sembró el terror en el ejército francés con cinco o seis piezas de artillería, pues era la primera vez que veían esas atronadoras máquinas»[10] y el cañón holandés gigante de Philip van Artevelde en 1382 «hacía tanto ruido al disparar como si todos los demonios del infierno estuvieran allí».[11] Las metáforas del infierno son comunes en estas primeras crónicas. Había algo infernal sobre el atronador rugido de «el diabólico instrumento de guerra»:[12] ponía patas arriba en el orden natural de las cosas y erradicaba el espíritu caballeresco del combate. La iglesia prohibió el uso de armas de fuego para propósitos militares ya en 1137 y, por si acaso, lanzó además un anatema contra la ballesta, pero no importó. El genio había hecho explotar la botella.

Con la excepción de los asedios, la contribución de la artillería a la guerra seguía siendo mínima entorno a 1420, el momento en que los otomanos empezaron a interesarse seriamente por las nuevas armas. Al adentrarse en los Balcanes, capturaron los recursos y a los artesanos necesarios para empezar a fabricar sus propias versiones. Entre estos recursos se contaban fundiciones y fundidores expertos, talladores de balas de piedra, fabricantes de salitre y fábricas de pólvora. Los otomanos aprendieron rápido. Eran extraordinariamente receptivos a las nuevas técnicas y se les daba bien integrar a los cristianos en sus ejércitos y entrenar a sus soldados en nuevas estrategias. Murat, el padre de Mehmed, creó la infraestructura necesaria para la existencia de artillería en sus ejércitos, creando un cuerpo de artilleros y cuerpos de transporte de cañones en el ejército de palacio. Al mismo tiempo, a pesar de un edicto papal que prohibía la venta de cañones al infiel, los mercaderes venecianos y genoveses enviaron cañones a los otomanos a través del Mediterráneo Oriental, y no tardaron en llegar a la corte musulmana técnicos mercenarios, dispuestos a vender sus conocimientos al pujante sultanato.

Constantinopla experimentó por primera vez esta nueva capacidad militar en el verano de 1422, cuando Murat asedió la ciudad. Las crónicas griegas dicen que trajo grandes «bombardas» a las murallas bajo la dirección de artilleros alemanes, y que fueron en su mayor parte inútiles: setenta balas impactaron contra una torre sin infligir daños significativos. Cuando Murat trajo sus cañones frente a otra muralla, veinticuatro años después, la historia resultó completamente diferente. En la década de 1440 Constantino intentaba proteger una de las pocas provincias que le quedaban a la ciudad, el Peloponeso, de las incursiones otomanas y reconstruyó una muralla de seis millas, casi diez kilómetros, el Hexamilion, a lo largo del istmo de Corinto, de mar a mar, para defenderla. Era un notable ejemplo de ingeniería militar que se creía capaz de resistir un asalto prolongado. A principios de diciembre de 1446, Murat atacó la muralla con cañones largos y abrió una brecha en cinco días. Constantino tuvo suerte de escapar con vida.

Entre ambos acontecimientos los otomanos habían afinado sus conocimientos de artillería, y lo habían hecho en un momento crítico de la fabricación de cañones y explosivos. En algún punto de la década de 1420 se produjo un avance en la fabricación de pólvora en Europa que aumentó substancialmente su potencia y su estabilidad. Hasta entonces la costumbre había sido llevar sus ingredientes constitutivos —sulfuro, salitre y carbón de leña— en diferentes barriles y mezclarlos en el lugar en que iban a usarse. La pólvora resultante quemaba muy lenta, era muy vulnerable a la humedad y tenía tendencia a separarse. A principios del siglo xv, la experimentación reveló que producía mejores resultados mezclar los ingredientes hasta formar una pasta y luego secarlos en moldes con forma de tartas que podían romperse en granos cuando era necesario. La llamada pólvora «en conserva» quemaba más rápido, era un 30 por ciento más potente y resistía mejor la humedad atmosférica. Con ella podía dispararse una bala pesada contra una ciudad a una velocidad impresionante. Para entonces habían empezado a aparecer gigantescos cañones de asedio, de hasta cinco metros de longitud y capaces de disparar bolas de más de 340 kilogramos. Dulle Griete, la Gran Bombarda de Gante, rugía con un ruido «hecho por las furias del Infierno» y destruyó las murallas de Bourges en 1412. Al mismo tiempo, la nueva pólvora aumentó el peligro para los artilleros e hizo evolucionar la fundición de cañones: se construyeron cañones más fuertes y largos, y se pasó a construirlos de una sola pieza, que debía ser de bronce fundido, lo que supuso un enorme aumento de los costes. Un cañón de bronce costaba tres veces más que uno de hierro fundido, pero los beneficios que comportaba justificaban el gasto. Por primera vez desde que las trompetas habían demolido las murallas de Jericó, los atacantes de una fortificación contaban con una ventaja significativa. En la Europa del siglo xv resonaba el rugido de los grandes cañones de asedio, el estruendo de las enormes bolas de piedra haciéndose pedazos contra las murallas y el atronador desmoronamiento de bastiones hasta entonces considerados inexpugnables.

Los otomanos estaban en una situación óptima para beneficiarse de estos avances. El imperio, que se expandía, era autosuficiente en cobre y en yacimientos naturales de salitre; adquirió la experiencia técnica que necesitaba o bien por conquista o bien pagándola, y luego creó las estructuras necesarias para diseminarla entre los cuerpos de su propio ejército. Pronto el Imperio otomano se convirtió en un experto en fabricar, transportar y disparar cañones, y nadie asumió mejor que esta nación las exigencias logísticas del uso bélico de la artillería. Colocar en el campo de batalla una batería de cañones en un momento dado requería un esfuerzo excepcional de las cadenas de suministros medievales: se necesitaba una cantidad adecuada de balas de piedra, que debían tener el calibre exacto para encajar en los cañones, y además era necesario tener lista en ese mismo punto y hora pólvora en buen estado, y que todo ello coincidiera con la llegada de los cañones en sí, cuyo transporte era siempre penosamente lento. Los otomanos recabaron hombres y materiales de todo el imperio —balas de cañón del mar Negro, salitre de Belgrado, sulfuro de Van, cobre de Kastamonu, estaño procedente del comercio marítimo internacional, bronce reciclado de las campanas de las iglesias de los Balcanes— y los distribuyeron a través de un sistema de transporte terrestre en carros y camellos que no tenía rival en cuanto a eficiencia. La planificación exquisita era una característica de la máquina militar otomana, que aplicó este talento de forma natural a los requisitos de la era de la pólvora.

Dos artilleros cargando la pólvora de un cañón.

Tan rápido asimilaron los otomanos la tecnología de los cañones que hacia la década de 1440 ya habían adquirido la habilidad única, muy comentada por quienes la presenciaron, de fabricar cañones de tamaño medio en el mismo campo de batalla, en ingeniosas fundiciones portátiles. Murat transportó metal para cañones hasta el Hexamilion Murat y fabricó muchos de sus cañones largos allí mismo. Esta técnica permitía una enorme flexibilidad durante los asedios: en lugar de tener que llevar el cañón acabado al emplazamiento de la batería, podía transportarse mucho más rápidamente a trozos y después de utilizarlo se podía volver a romper si era necesario volver a transportarlo con facilidad. Los cañones que se rompían durante su uso, cosa que sucedía a menudo, podían repararse y volverse a poner en servicio, y en una edad en la que el encaje entre el calibre del arma y la munición disponible era incierto, la fabricación en el lugar permitía ajustar el cañón a la medida de la munición que se tuviera en ese momento. (Esta facilidad alcanzó su conclusión lógica durante el épico asedio de la ciudad veneciana de Candía, en Creta, en el siglo xvi. Tras veintiún años de guerra, los otomanos habían acumulado 30 000 balas de cañón venecianas que no podían utilizar en sus propios cañones, así que fabricaron tres nuevos cañones a medida de los calibres enemigos y les devolvieron las balas.)

Para los otomanos el cañón de asedio parecía responder a un anhelo profundo del alma tribal nómada: alimentaba su enraizado odio hacia los asentamientos fortificados. Los descendientes de los nómadas de la estepa habían demostrado una y otra vez su superioridad en campo abierto; fue solo cuando se enfrentaron a las murallas de las ciudades de los pueblos sedentarios cuando los temas militares se volvieron insuperables para ellos. La artillería brindaba la posibilidad de una solución rápida a los peligros de los asedios que se prolongaban en el tiempo. Atrajo inmediatamente el interés científico de Mehmed mientras reflexionaba sobre las aparentemente impenetrables murallas de la ciudad. Desde muy temprano en su reinado, empezó a experimentar con la fabricación de grandes cañones.

Los bizantinos también eran conscientes del potencial de las armas de pólvora. Dentro de la ciudad tenían algunas armas de fuego y algunos cañones de tamaño medio, para los cuales Constantino se esforzó por conseguir suministros. Logró obtener pólvora de los venecianos, pero su imperio era pobre y no podía invertir mucho en armas nuevas y caras. En algún momento, probablemente antes de 1452, llegó a la ciudad un fundidor de cañones llamado Urban, buscando hacer fortuna en la corte imperial. Formaba parte del creciente grupo de técnicos mercenarios que buscaban trabajo a lo largo y ancho de los Balcanes; ofreció a los bizantinos su habilidad para fabricar grandes cañones de bronce de una sola pieza. Al emperador le interesó ese hombre, pero el tesoro imperial estaba vacío y, por lo tanto, carecía de los recursos necesarios para aprovechar sus habilidades; autorizó un pequeño estipendio para retener a Urban en la ciudad, pero ni siquiera esta modesta suma se pagó con regularidad. El desventurado maestro artesano se vio abocado a la miseria; en algún momento durante 1452 abandonó la ciudad y viajó a Edirne para pedir audiencia a Mehmed. El sultán dio la bienvenida al húngaro, le dio comida y ropa y lo interrogó personalmente. La entrevista que mantuvieron fue vivamente recreada por el cronista griego Ducas. Mehmed le preguntó si podría fabricar un cañón capaz de proyectar una piedra lo bastante grande como para destruir las murallas de la ciudad, e indicó con un gesto el tamaño de la piedra que tenía en mente. La respuesta de Urban fue enfática: «Si lo deseáis, puedo fabricar un cañón de bronce con capacidad para disparar la piedra que queréis. He examinado las murallas de la ciudad con gran detalle. Puedo demoler y convertir en polvo con las balas de mi cañón no solo esas murallas sino también las de la propia Babilonia. Puedo llevar a cabo todo lo necesario para fabricar el cañón, «pero», añadió, ansioso por limitar su garantía, «no sé cómo dispararlo y no puedo garantizar que pueda hacerlo».[13] Mehmed le ordenó que fabricara el cañón y le dijo que ya se preocuparían de cómo dispararlo después.

Fueran cuales fueran los detalles exactos de la entrevista, parece que Urban se puso a trabajar en la creación de su primer gran cañón en algún momento durante la construcción de la Degolladora, en el verano de 1452. Más o menos simultáneamente,

Mehmed debió empezar a acumular cantidades importantes de materiales para fabricar cañones y pólvora: cobre y estaño, salitre, sulfuro y carbón de leña. Parece ser que también envió orden a obreros para que fabricaran balas de granito en las canteras del mar Negro. En tres meses Urban ya había creado su primer gran cañón, que fue arrastrado hasta la Degolladora para proteger el Bósforo. Fue un disparo de ese cañón el que destrozó la galera de Rizzo en noviembre de 1452, e hizo que, por primera vez, ondas de miedo al poder artillero otomano recorrieran la ciudad. Satisfecho con los resultados, Mehmed ordenó a Urban que construyera un cañón verdaderamente monstruoso, el doble de grande, el arquetipo del supercañón.

A estas alturas los otomanos probablemente ya fabricaban cañones en Edirne; lo que Urban les aportó fue una habilidad superior en la construcción de moldes y en el control de ciertas variables críticas del proceso de fundición. Durante el invierno de 1452 emprendió la labor de fabricar el mayor cañón jamás construido. Este proceso minucioso y extraordinario fue descrito con detalle por el cronista griego Critobulo. Primero se construyó un molde en forma de cañón con arcilla mezclada con lino finalmente cortado y cáñamo. El molde, que medía algo más de ocho metros, tenía dos anchuras: el compartimento delantero para la bola de piedra tenía un diámetro de 75 centímetros, con una recámara más pequeña en la que se metía la pólvora. Tuvo que excavarse una enorme trinchera de fundición en la que se metió el núcleo de arcilla con la boca hacia abajo. Una funda de arcilla «como una vaina»[14] se fabricó para que encajara sobre él y lo mantuviera firme, dejando espacio entre los dos moldes de arcilla para recibir el metal fundido. Todo estaba envuelto firmemente con «hierro, maderos, tierra y piedras, construidas por fuera»[15] para soportar el enorme peso del bronce. En el último momento se echaba arena húmeda alrededor del molde y todo se volvía a cubrir de nuevo, dejando solo un agujero a través del cual verter el metal fundido. Mientras tanto, Urban construyó dos hornos de ladrillo con el interior y el exterior recubiertos de arcilla y reforzados con grandes piedras —suficientes para resistir una temperatura de 1 000 grados centígrados— y rodeó el exterior con una montaña de carbón de leña «tan grande que ocultaba completamente los hornos con excepción de su boca».[16]

El trabajo en una fundición medieval era muy peligroso. Una visita de un viajero otomano posterior, Evliya Chelebi, a una fábrica de cañones capta perfectamente el punto de miedo y riesgo que rodeaba al proceso:

> El día en que se van a forjar los cañones, los maestros, los capataces y los fundidores junto con el Gran Maestro de Artillería, el Supervisor en Jefe, el imán, el muecín y el cronometrador se reúnen y mientras todo el mundo grita «¡Alá! ¡Alá!», se echa la leña a los hornos. Los fuegos se calientan durante veinticuatro horas. Los fundidores y los fogoneros van totalmente desnudos a excepción de sus zapatillas, un extraño gorro que no deja visible nada más que sus ojos y gruesas mangas para protegerse los brazos ya que, después de que el fuego lleve veinticuatro horas encendido en los hornos nadie puede acercarse a ellos por el calor que desprenden salvo con el atuendo descrito. Quien desee ver una imagen de los fuegos del infierno, debería presenciar esta escena.[17]

Cuando se consideraba que el horno había llegado a la temperatura correcta, los obreros de la fundición empezaban a echar cobre al crisol junto con restos de objetos de bronce, quizá saqueados, irónicamente para los cristianos, de campanas de iglesias. El trabajo era increíblemente peligroso: era extremadamente difícil tirar el metal, pieza a pieza, en el burbujeante caldero, o retirar los deshechos de la superficie con palas de metal o evitar intoxicarse con los humos tóxicos que emitían las aleaciones de estaño. Además, existía el riesgo de que, si los restos de metal estaban húmedos, el agua se evaporase, provocando una fisura en el horno y matando a todos los que estuvieran cerca. Estos peligros, en suma, investían a la operación de una reverencia supersticiosa. Según Evliya, cuando llegaba el momento de arrojar el estaño:

se convoca a los visires, al muftí y a los jeques; solo se permite que cuarenta personas, además del personal de la fundición, presencien el momento. El resto de los asistentes son expulsados, porque el metal, cuando está fundido, no soporta que lo miren ojos malvados. Los maestros entonces piden a los visires y jefes que están sentados en sofás a gran distancia que repitan incesantemente las palabras «¡No hay poder ni fuerza salvo en Alá!». A continuación los obreros maestros con palas de madera tiran un gran cantidad de estaño en el mar de latón fundido, y el fundidor en jefe les dice al gran visir, visires y jeques: «Lanzad algunas monedas de oro y plata al ígneo mar como limosna, en nombre de la verdadera religión!». Pértigas tan largas como la verga de un barco se utilizan para mezclar el oro y la plata con el metal y son reemplazadas tan pronto como se consumen.[18]

Durante tres días y tres noches el carbón de leña encendido se mantiene a la máxima temperatura por la acción de fuelles continuamente accionados por equipos de fundidores hasta que el experto ojo del maestro fundidor juzga que el metal ha llegado al punto adecuado de rojo fundido. Este era otro momento fundamental, la culminación de semanas de trabajo, que requería un juicio preciso: «Habiendo expirado el período máximo […] el maestro fundidor y los maestros obreros, ataviados con sus extraños vestidos de fieltro, abren la boca del horno con tenazas de acero mientras gritan "¡Alá! ¡Alá!". El metal, al empezar a fluir, ilumina los rostros de los hombres a treinta metros de distancia».[19] El metal fundido fluía por el canal de arcilla como un lento río de lava al rojo vivo y alcanzaba la boca del molde del cañón. Sudorosos obreros pinchaban la masa con larguísimas pértigas de madera para evitar que se formaran en ella bolsas de aire que pudieran hacer que el metal del cañón se rompiera al disparar. «El bronce fluía por el canal hasta el molde hasta llenarlo por completo y cubrirlo entero, y luego se derramaba hasta un codo por encima. Y de este modo el cañón estaba

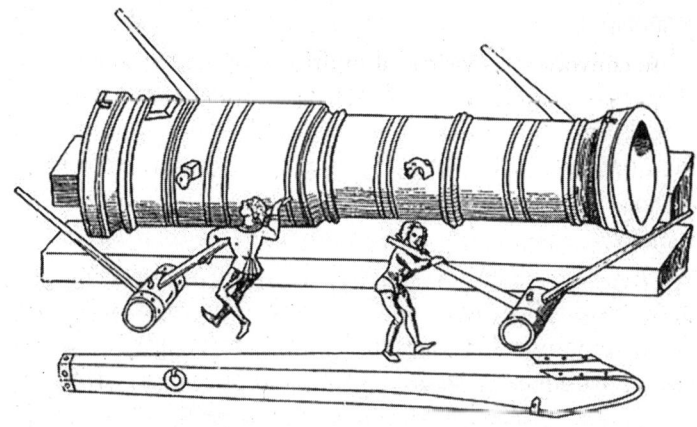

Cañón de hierro fundido del siglo XV.

acabado».[20] Se esperaba que la arena húmeda vertida alrededor
del molde ralentizara el enfriamiento y evitara que el bronce se
agrietase en el proceso. Una vez el metal estaba frío, el cañón era
laboriosamente excavado del suelo como si fuera una inmensa
larva en su capullo de arcilla, y arrastrado por recuas de bueyes.
Era un proceso que invocaba una alquimia poderosa.

Lo que finalmente emergió de la fundición de Urban, después de que se rompieran los moldes y se rascara y puliera el
metal, fue «un monstruo horrible y extraordinario».[21] El primitivo tubo relucía reflejando el sol invernal. Medía ocho metros y
veinte centímetros de largo. El propio cañón en sí, con paredes
de bronce sólido de veinte centímetros de espesor, era lo bastante grande como para que un hombre entrara a gatas en él, y
estaba diseñado para albergar monstruosos proyectiles de doscientos cuarenta centímetros de circunferencia que pesaban más
de media tonelada. En enero de 1453 Mehmed ordenó que se
probara el gran cañón frente a su nuevo palacio real en Edirne.
La poderosa bombarda fue colocada en posición junto a la puerta y se previno a la ciudad que al día siguiente «la explosión y el
rugido sería como el de un trueno, para que nadie se quedara
atontado por la inesperada conmoción o alguna mujer embara-
zada perdiera el niño».[22] Por la mañana se cargó la pólvora en el
cañón. Un equipo de obreros arrastró la bala de piedra gigante

hasta la boca del cañón y la empujó hasta que quedó asentada sobre la cámara de la pólvora. Se acercó una mecha encendida al agujero de la cámara. Con un rugido atronador y desprendiendo una nube de humo que ocultó el cielo, la enorme bala fue proyectada sobre los campos mil seiscientos metros antes de hundirse ciento ochenta centímetros en el blando suelo. La explosión se pudo oír a quince kilómetros de distancia: «así de potente es esta pólvora»,[23] afirmó Ducas, que probablemente presenció este disparo de prueba. El propio Mehmed se aseguró de que ominosos informes de su nueva arma llegaran a Constantinopla: aquel cañón iba a ser un arma psicológica además de militar. En Edirne la fundición de Urban continuó produciendo más cañones de distintos tamaños; ninguno fue tan grande como el primer supercañón, pero varios de ellos superaron los cuatro metros.

A principios de febrero, la cuestión se centraba en las dificultades prácticas de transportar el cañón de Urban los 225 kilómetros que separaban Edirne de Constantinopla. Un gran destacamento de hombres y animales fue destinado a la tarea. Laboriosamente, el inmenso tubo se cargó en varios carros encadenados unos a otros, y fue enyuntado a una recua de sesenta bueyes. Se desplegaron doscientos hombres para sostener el cañón conforme crujía y se bamboleaba por los oscilantes campos de Tracia mientras otro equipo de carpinteros y obreros trabajaban por delante de ellos allanando el camino y construyendo puentes de madera sobre ríos y hondonadas. El gran cañón se movía lentamente hacia las murallas de la ciudad a una velocidad de cuatro kilómetros al día.

7

Numerosos como las estrellas
Marzo - abril 1453

Cuando marchaba, el aire parecía un bosque
por sus lanzas, y cuando se detenía, la tierra
no podía verse debido a sus tiendas.[1]
Tursun Bey, cronista de Mehmed,
sobre el ejército otomano

Mehmed necesitaba tanto artillería como superioridad numérica para llevar a cabo sus planes. Su intención, al llevar una fuerza abrumadora a Constantinopla, era propinar un golpe letal antes de que la cristiandad tuviera tiempo para responder. Los otomanos siempre habían sabido que la velocidad era clave en el asalto de una fortaleza. Era un principio que entendían perfectamente observadores extranjeros como Miguel el Jenízaro, un prisionero de guerra que luchaba en estos momentos en el bando otomano: «El emperador turco asalta y captura ciudades y también fortalezas con grandes costas para no tener que permanecer frente a ellas mucho tiempo con el ejército».[2] El éxito dependía de la habilidad para movilizar hombres y equipo rápidamente y a una escala impresionante.

En consecuencia, Mehmed lanzó la tradicional llamada a las armas a principios de año. Según un antiguo ritual tribal, el sultán alzó su estandarte de cola de caballo en el patio de palacio para anunciar la campaña. Como mandaba la tradición, a continuación se enviaron «heraldos a todas las provincias, ordenando a todo el mundo que acudiera a la campaña contra la Ciudad».[3]

La estructura de mando de los dos ejércitos otomanos —el europeo y el anatolio— aseguraba una respuesta rápida. Un complejo sistema de obligaciones contractuales y reclutamientos alistaba a hombres por todo el imperio. La caballería provincial, los espahíes, que aportaban el grueso de las tropas, estaban obligados a responder a la llamada del sultán por sus vínculos con él como terratenientes. Cada espahí debía acudir con su propio casco, cota de malla y armadura para su caballo, y acompañado de cierto número de sirvientes, según el tamaño de sus tierras. Junto a estos, una fuerza de infantería musulmana estacional, los *azaps*, eran reclutados «entre los artesanos y campesinos»[4] y pagados por los ciudadanos en prorrata. Estas tropas eran la carne de cañón de la campaña: «Cuando llega un enfrentamiento», comentó un cínico italiano, «se los lanza al ataque como a cerdos, sin piedad ninguna, y mueren en enorme número».[5] Mehmed también requirió tropas auxiliares cristianas de los Balcanes, sobre todo eslavos y valacos, obligados a acudir por las leyes del vasallaje, y preparó a sus regimientos personales profesionales: la infantería —los famosos jenízaros—, la caballería y todos los cuerpos auxiliares de artilleros, armeros, guardaespaldas y policía militar. Estas tropas de élite, que recibían un salario regular cada tres meses y estaban armadas a expensas del sultán, eran todos cristianos en su mayor parte de los Balcanes, hechos prisioneros de niños y convertidos al islam. Debían lealtad total al sultán. Aunque pocos en número —probablemente no más de 5000 soldados de infantería— eran el duradero núcleo del ejército otomano.

La movilización para la campaña de aquella temporada fue extraordinariamente eficiente. En el corazón de las tierras musulmanas el reclutamiento no fue forzoso. Los hombres acudieron a la llamada a las armas con una predisposición que asombró a testigos europeos como Jorge de Hungría, otro prisionero del imperio en aquellos tiempos:

> En cuanto empieza el reclutamiento para el ejército, se reúnen con tantas ganas y velocidad que uno diría que los han invitado a una boda y no a ir a la guerra. En el

plazo de un mes acuden todos, en el orden en que son convocados, la infantería separada de la caballería, y todos ellos con sus jefes designados, en el mismo orden que usan en los campamentos y cuando están preparándose para la batalla [...] con tal entusiasmo que los hombres se ofrecen a acudir en lugar de sus vecinos, y los que se tienen que quedar en casa sienten que se les ha tratado injustamente. Afirman que serán más felices si mueren en el campo de batalla entre las lanzas y las flechas del enemigo que en casa [...] Los que mueren de esta manera en una guerra no son llorados, sino alabados como santos y héroes, se los considera un ejemplo y se trata su recuerdo con el mayor respeto.[6]

«Todo el mundo que había oído que el ataque iba a ser contra la Ciudad vino corriendo», añadió Ducas, «tanto niños demasiado jóvenes como para alistarse como ancianos doblados por

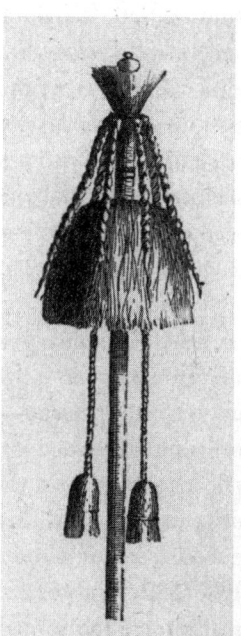

La bandera con cola de caballo: símbolo de autoridad otomana.

la edad».[7] Les animaban las perspectivas de botín, de ascenso personal y de guerra santa, temas que estaban entrelazados en el propio Corán: por la ley sagrada islámica, una ciudad tomada por la fuerza podía ser legítimamente sometida a tres días de saqueo. Ese entusiasmo se vio amplificado al conocer el objetivo: se creía popularmente, aunque quizá de forma equivocada, que la Manzana Roja de Constantinopla contenía tesoros fabulosos de oro y gemas. Muchos acudieron que no habían sido convocados: voluntarios y saqueadores, aprovechados, derviches y santones inspirados por las antiguas profecías que agitaban al populacho con las palabras del Profeta y las glorias del martirio. Anatolia hervía de excitación y recordaba «la promesa del Profeta que precedía que la vasta ciudad [...] se convertiría en la residencia de la gente de la Fe».[8] Llegaron hombres de las cuatro esquinas de Anatolia —«de Tokat, Sivas, Kemach, Erzurum, Ganga, Bayburt y Trebisonda»—[9] a los puntos de reunión en Bursa; en Europa se dirigieron a Edirne. Se estaba amasando una enorme fuerza: «caballería e infantería, infantería pesada y arqueros y honderos y lanceros».[10] Al mismo tiempo, la máquina logística otomana se puso en marcha, recopilando, reparando y fabricando armaduras, equipo de asedio, cañones, tiendas, barcos, herramientas, armas y comida. Caravanas de camellos recorrían el gran altiplano. En Galípoli se reparaban barcos. Las tropas atravesaban el Bósforo en transbordadores que cruzaban el estrecho a la altura de la Degolladora. Se recopilaron informaciones procedentes de espías venecianos. Ningún ejército en el mundo podía igualar a los otomanos en la organización de una campaña militar.

En febrero, tropas del ejército europeo bajo el mando de su líder, Karaja Bey, empezaron a peinar el *hinterland* de la ciudad. Constantinopla seguía teniendo algunos puestos avanzados en el mar Negro, en la orilla norte del mar de Mármara y a lo largo del Bósforo. Griegos de los campos vecinos se refugiaron en esos bastiones. Todos y cada uno de ellos fueron sistemáticamente cercados. Los que se rindieron pudieron marcharse indemnes; otros, como los defensores de una torre cerca de Epibatos, en Mármara, resistieron. La torre fue tomada al asalto y toda su guarnición masacrada. Algunas de estas plazas no pudieron tomarse rápidamente, así que fueron rodeadas y bloqueadas. Las noticias de estos acontecimientos llegaron a Constantinopla y aumentaron la aflicción del pueblo, dividido además por las disputas religiosas. La propia ciudad estaba vigilada cuidadosamente por tres regimientos de Anatolia, por si Constantino intentaba hacer una salida para perturbar los preparativos. Mientras tanto, el cuerpo de zapadores trabajaba reforzando los puentes y allanado los caminos para los convoyes de cañones y equipo pesado que se empezaron a desplazar por el paisaje de Tracia en febrero. Hacia marzo un destacamento de barcos de Galípoli navegó frente a la ciudad y procedió a transportar al grueso de las tropas del ejército de Anatolia a Europa. Empezaba a converger un gran ejército.

Finalmente, el 23 de marzo Mehmed partió de Edirne con toda la pompa y el boato, «acompañado de sus tropas, caballería e infantería, viajando a través de los campos, devastando y demoliéndolo todo, esparciendo miedo y agonía y el máximo horror por donde pasaba».[11] Era un viernes, el día más sagrado de la semana musulmana, escogido cuidadosamente para enfatizar la dimensión espiritual de la campaña. Le acompañaba una notable cantidad de religiosos: «el ulema, los jeques y los descendientes del Profeta [...] repitiendo plegarias [...] avanzaron con el ejército, y cabalgaron junto a las riendas del sultán».[12] En la cabalgata probablemente también estaba un funcionario del estado llamado Tursun Bey, que iba a escribir una de las poco habituales crónicas otomanas de un testigo del asedio. A principios de abril esta formidable fuerza confluyó sobre la ciudad. El primero de abril era el Domingo de Resurrección, el día más sagrado del calendario ortodoxo, y celebró por toda la ciudad con una mezcla de piedad y aprensión. A medianoche la luz de los cirios y el incienso proclamaron el misterio del Cristo resucitado en las iglesias de la ciudad. La sencilla y hechizante línea de la letanía pascual ascendía y descendía sobre la oscura ciudad en misteriosos cuartos de tono. Tañeron las campanas. Solo Santa Sofía permaneció en silencio, ignorada por los ortodoxos. Durante las semanas anteriores la gente había «rogado a Dios que no permitiera que la Ciudad fuera atacada durante la Semana Santa»,[13] y había buscado socorro espiritual en sus iconos. El más reverenciado de todos ellos, la Odighitria, la milagrosa imagen de la Madre de Dios, fue llevada al palacio imperial de Blanquernas durante la semana de Pascua según marcaban las costumbres y la tradición.

Al día siguiente se vieron los primeros jinetes otomanos fuera de las murallas. Constantino ordenó que se hiciera una salida para ahuyentarlos y en la escaramuza que se produjo murieron algunos de los atacantes. Según avanzó el día, sin embargo, cada vez más tropas otomanas asomaron por el horizonte y Constantino decidió retirar a sus hombres al interior de la ciudad. Todos los puentes sobre el foso fueron sistemáticamente destruidos y se cerraron las puertas. La ciudad estaba sellada contra cualquier cosa que se presentara ante ella. El ejército del sultán empezó a formar en una secuencia de maniobras bien ensayadas que combinaban cautela y profunda planificación. El 2 de abril la fuerza principal se detuvo a ocho kilómetros de distancia. Estaba organizado en unidades constituyentes y cada regimiento tenía asignada una posición. A lo largo de los siguientes días ejecutó una serie de avances planificados que recordaron a los que los observaron la forma implacable en que avanza «un río que se transforma a sí mismo en un ancho mar»,[14] una imagen recurrente en las crónicas para reflejar el increíble poder e incesante movimiento del ejército.

Los preparativos progresaron con gran rapidez. Los zapadores empezaron a talar los huertos y viñedos fuera de las murallas para despejar el campo de tiro de los cañones. Se cavó una trinchera que recorría toda la longitud de la muralla terrestre a 230 metros de distancia, con un terraplén delante para protegerse de los disparos. La trinchera se cubrió con celosías de madera para escudarla más. Detrás de esta línea de protección Mehmed apostó al grueso de su ejército, a unos cuatrocientos metros de las murallas terrestres: «Siguiendo la costumbre, el día en que se iba a acampar cerca de Estambul, el ejército se ordenó por regimientos en fila. Colocó a su alrededor de su persona, en el centro del ejército, a los arqueros jenízaros con sus gorros blancos, a los ballesteros europeos y turcos y a los mosqueteros y artilleros. Los *azaps* de gorro rojo se colocaron a su derecha e izquierda, y tras ellos venía la caballería. Así organizado, el ejército marchó en formación sobre Estambul».[15] Cada regimiento tenía su lugar predeterminado: las tropas de Anatolia a la derecha, en la posición de honor, bajo su comandante turco Ishak Pachá, asistido por Mahmut Pachá, otro renegado cristiano; las tropas cristianas de los Balcanes a la izquierda bajo Karaja Pachá. Otro gran destacamento bajo el mando del converso griego Zaganos Pachá fue enviado a construir una carretera sobre el suelo pantanoso en el extremo del Cuerno de Oro y a cubrir las colinas que llegaban a Bósforo, desde las que debían vigilar las actividades del asentamiento genovés de Gálata. La noche del 6 de abril, otro viernes, Mehmed llegó a ocupar la posición que había elegido cuidadosamente en la prominente colina de Maltepe, en el centro de sus tropas y frente a la porción de las murallas que consideraba la más vulnerable. Había sido desde allí desde donde su padre Murat había dirigido el asedio de 1422.

Ante la conmocionada mirada de los defensores de la muralla, una ciudad de tiendas se alzó en la llanura. Según un escritor

Dibujo de un jenízaro.

«su ejército parecía tan incontable como los granos de arena, se extendía [...] sobre la tierra de orilla a orilla».[16] Todo en la campaña otomana se conducía con una sensación de orden y tranquilo propósito que era todavía más amenazador por su sosiego. «No hay ningún príncipe», concedió el cronista bizantino Calcocondilas, «que tenga sus ejércitos y campamentos mejor organizados, tanto en abundancia de vituallas como en el bello orden que siguen para acampar sin ninguna confusión ni turbación».[17] Las tiendas cónicas se colocaban en grupos ordenados, cada uno de ellos con la tienda de su oficial en el centro y su bandera ondeando en el mástil principal. El pabellón rojo y oro de Mehmed, ricamente bordado, se había levantado siguiendo el correspondiente ritual. La tienda del sultán era el símbolo de su majestad, la imagen de su poder, y traía ecos de los orígenes del kanato y de los sultanes como líderes de un pueblo nómada. Cada sultán tenía una tienda ceremonial que se construía en el momento de su accesión; expresaba su particular reinado. La de Mehmed estaba situada más allá de donde alcanzaba el fuego de ballesta y estaba, como era costumbre, protegida por una empalizada, foso y escudos, y rodeada, en círculos concéntricos cuidadosamente formados «como el halo envuelve a la luna»[18] por sus tropas más leales: «los mejores de la infantería, arqueros y tropas auxiliares y el resto de sus cuerpos personales, que eran los mejores del ejército».[19] Sus órdenes, de las que dependía la seguridad del imperio, eran proteger al sultán como la niña de sus ojos.

El campamento estaba cuidadosamente organizado. Los estandartes y enseñas ondeaban sobre el mar de tiendas: el *ak sancak*, la suprema bandera blanca y dorada del sultán, la bandera roja de la caballería de su casa, las banderas de la infantería de jenízaros —verdes y rojas, rojas y doradas—, eran visibles para todos, como correspondía a los emblemas estructurales del poder y el orden en un ejército medieval. Por todas partes los vigías de las murallas podían distinguir las tiendas de vivos colores de los visires y de los principales comandantes, y los característicos sombreros y uniformes de los distintos cuerpos del ejército: los jenízaros, con sus inconfundibles sombreros blancos de la orden

Bektashi; los *azaps*, con sus turbantes rojos; los jinetes, con sus cascos puntiagudos con turbante y sus cotas de malla largas; o los eslavos, con sus atuendos balcánicos. Los europeos que contemplaron la escena comentaron la diversidad de hombres y equipo. «Un cuarto de ellos», declaró el comerciante florentino Giacomo Tetaldi, «llevaban cotas de malla o túnicas de cuero, y de los demás muchos iban armados al estilo francés, otros al húngaro y aun otros lucían cascos de hierro, arcos turcos y ballestas. El resto de los soldados no tenían otro equipo aparte del hecho de que tenían escudos y cimitarras, que son un tipo de espada turca».[20] Lo que también dejó anonadados a los observadores que había en las murallas fue el grandísimo número de animales. «Incluso concediendo que estos se encuentran en número mayor al de los hombres en los campamentos militares, para llevar suministros y comida», subrayó Calcocondilas, «este pueblo es el único que [...] no solo trae consigo suficientes mulas y camellos para cubrir sus necesidades sino también como fuente de diversión, pues cada uno de ellos está ansioso por mostrar las mejores mulas o caballos o camellos».[21]

Lo único que podían hacer los defensores era contemplar este encrespado mar de actividad con inquietud. Cuando se acercó el crepúsculo la llamada a la oración, los muecines convocaron a los hombres a rezar y sinuosos hilos de sonido se elevaron sobre las tiendas desde docenas de puntos. Se encendían las hogueras del campamento para la única comida del día —pues el ejército otomano en campaña era frugal— y el viento esparcía el humo. A apenas 230 metros de su ciudadela, podían escuchar los sonidos cotidianos de la actividad del campamento: los murmullos de voces, el martilleo de los mazos, las espadas siendo afiladas, los bufidos y relinchos de caballos, mulas y camellos. Y, mucho peor, probablemente les llegaba también el sonido más débil de las oraciones cristianas del ala europea del ejército. Para ser un imperio implicado en una guerra santa, los otomanos gobernaban a sus vasallos con notable tolerancia: «aunque eran súbditos del sultán, no habían sido obligados a abandonar su fe cristiana, y podían rendir culto y orar como prefirieran», subrayó Tetaldi. Los cronistas europeos se lamentaban a menudo de la ayuda que los otomanos recibían de sus súbditos cristianos, o de mercenarios y conversos también cristianos. «Puedo testificar», aulló el arzobispo Leonardo, «que griegos, latinos, alemanes, húngaros, bohemios y hombres de todos los países de la cristiandad lucharon en el bando de los turcos [...] ¡Oh, qué maldad es negar a Cristo de este modo!»[22] Este vituperio no estaba del todo justificado; muchos de los soldados cristianos habían acudido bajo coerción como vasallos del sultán. «Tuvimos que cabalgar hasta *Stambol* y ayudar a los turcos»,[23] se lamentaba Miguel el Jenízaro, recordando que la alternativa a hacerlo era la muerte. Entre los que fueron llevados contra su voluntad al asedio había un joven ortodoxo ruso, Néstor Iskánder. Había sido capturado por un destacamento otomano cerca de Moldavia, en las estribaciones del sur de Rusia, y circuncidado para convertirlo al islam. Evidentemente, en cuanto su tropa llegó al asedio escapó a la ciudad y escribió una interesante crónica de los acontecimientos que siguieron.

Nadie sabe cuántos hombres llevó Mehmed al asedio. El genio otomano para movilizar tanto tropas regulares como voluntarios a enorme escala asombraba tanto a sus oponentes que los impelía a proyecciones exageradas. Para los elogiosos cronistas otomanos eran simplemente «un río de acero»[24] o «tan numerosos como las estrellas».[25] Los testigos europeos fueron mucho más matemáticos en sus cálculos, pero eran propensos a dar grandes números redondos. Sus cálculos oscilaron desde 160 000 hombres a más de 400 000. Fue necesaria la intervención de Miguel el Jenízaro, que había visto los ejércitos otomanos muy de cerca, para poner un poco de sentido común en esos «datos»: «Sabed, pues, que el emperador turco no puede reunir para una batalla a campo abierto un ejército tan grande como la gente cree por su gran poder. Pues algunos dicen que son innumerables, pero eso es un disparate, pues un ejército no puede estar sin número, pues todo dirigente quiere conocer el número de sus soldados y organizar su ejército».[26] La estimación más realista parece ser la de Tetaldi, que sobriamente calculó que «en el asedio hubo en total unos doscientos mil hombres, de los cuales quizá sesenta mil eran soldados y entre treinta y cuarenta mil jinetes».[27] Teniendo en cuenta que en el siglo XV, cuando los franceses e ingleses combatieron en la batalla de Agincourt, ambos ejércitos juntos sumaban 35 000 hombres, el ejército reunido frente a Constantinopla era asombroso. Si la estimación de Tetaldi era mínimamente correcta, hasta el número de caballos traídos para el asedio debía de ser espectacular. El resto de la hueste otomana eran auxiliares o parásitos: encargados de suministros, carpinteros, armeros, fundidores, herreros, ordenanzas, así como «sastres, pasteleros, artesanos, comerciantes y otros hombres que seguían al ejército con la esperanza de lucrarse o participar del botín».[28]

Constantino no tuvo tantas dificultades para estimar el tamaño de su ejército. Simplemente lo contó. A finales de marzo, ordenó un censo de los distritos para saber «cuántos hombres capaces de portar armas había, incluyendo a los monjes, así como las armas que cada uno poseía para la defensa».[29] Después de recopilar las respuestas confió el recuento a su fiel canciller y viejo amigo Jorge Frantzés. Como este recordaba: «El emperador me convocó y me dijo: "Esta tarea pertenece a la esfera de tus responsabilidades y a nadie más, pues tú eres competente para hacer los cálculos necesarios y para observar que se adopten las medidas necesarias para la defensa y que se guarde un completo secreto. Toma estas listas y estúdialas en casa. Haz un cálculo preciso de cuántas armas, escudos, arcos y cañones tenemos». Frantzés realizó diligentemente las sumas. «Ejecuté las órdenes del emperador y le presenté una estimación detallada de nuestros recursos con considerable pesar».[30] La razón para su humor estaba clara: «A pesar del gran tamaño de nuestra ciudad, el número de nuestros defensores ascendía a 4773 griegos, además de solo 200 extranjeros».[31] Además estaban los auténticos forasteros, los «genoveses, venecianos y aquellos que han venido secretamente desde Gálata para ayudar en la defensa», que en total sumaban «difícilmente tres mil»,[32] lo que significaba que había un total de 8000 hombres para defender un perímetro de muralla de más de diecinueve kilómetros. Para colmo, incluso de estos, «la mayor parte de los griegos carecían de experiencia militar y luchaban con escudos, lanzas y arcos por instinto natural en lugar de por habilidad».[33] Había una carencia desesperada de gente «hábil en el uso del arco y la ballesta».[34] Tampoco estaba claro si ayudaría a la causa la desafecta población ortodoxa. Constantino temía los efectos que pudiera tener esta información sobre la moral, y decidió censurarla. «La auténtica cifra permaneció en secreto, solo conocida por el emperador y por mí mismo»,[35] escribió Frantzés. Estaba claro que el asedio iba a ser un conflicto entre dos fuerzas muy desiguales.

Constantino guardó en secreto el número de sus tropas y se apresuró a realizar los últimos preparativos. El 2 de abril, el día en que se cerraron las puertas por última vez, ordenó que se transportara en barco la cadena del Cuerno de Oro, desde la puerta de Eugenio, la más cercana al cabo Acrópolis, en la ciudad, a una torre de las murallas marítimas de Gálata. El transporte lo realizó un ingeniero genovés, Bartolomeo Soligo, escogido probablemente por su habilidad para persuadir a sus compatriotas genoveses en Gálata que permitieran fijar la cadena en sus murallas. Esta era una cuestión muy seria. Al permitir la fijación de la cadena, podría decirse que los ciudadanos de Gálata estaban comprometiendo su estricta neutralidad. Sin duda, aquello provocaría la ira de Mehmed si el asedio iba mal, pero aun así accedieron. Para Constantino quería decir que los seis kilómetros y medio de murallas que protegían la costa del Cuerno de Oro podían dejarse prácticamente sin guarnición mientras se dedicasen los recursos necesarios para la protección de la propia cadena.

Mientras Mehmed desplegaba su ejército alrededor de la ciudad, Constantino convocó un concilio de guerra con Giustiniani y sus otros comandantes para distribuir su pequeña fuerza a lo largo del frente de 19 kilómetros. Sabía que el Cuerno de Oro estaría a salvo mientras resistiera la cadena; las otras murallas marítimas tampoco eran motivo de preocupación. Las corrientes del Bósforo eran demasiado fuertes como para que pudiera producirse un desembarco en la punta de la ciudad y las murallas del mar de Mármara eran igual de poco prometedoras para los atacantes por las corrientes y los movedizos bancos de arena de la orilla. Eran las murallas terrestres, a pesar de su aparente invulnerabilidad, las que requerían mayor atención.

Ambos bandos eran muy conscientes de los dos puntos débiles. El primero era la sección central de la muralla, que los griegos llamaban Mesoteiquion, la «muralla media» que estaba entre dos puertas estratégicas, la de San Romano y la de Carisio, con terreno elevado en el exterior a ambos lados. Entre las puertas el terreno descendía aproximadamente unos treinta metros hasta el fondo del valle del Lico, donde el río era canalizado dentro de la ciudad por una compuerta bajo la muralla. En esta sección se había centrado el asedio otomano de 1422 y ahora, en una clara declaración de intenciones, Mehmed había establecido su cuartel general en la colina de Maltepe, que estaba justo enfrente. El segundo punto vulnerable era el corto tramo cubierto por una muralla única cerca del Cuerno de Oro, que carecía de foso, y en particular el punto en el que las dos murallas, la triple y la simple, se encontraban en ángulo recto. A finales de marzo, Constantino había convencido a la tripulación de las galeras venecianas de que cavaran un foso a lo largo de parte de este sector, pero aun así continuaba siendo una fuente de preocupación.

Constantino decidió disponer sus fuerzas teniendo en cuenta estos factores. Dividió las catorce zonas de la ciudad en doce divisiones militares y asignó sus recursos. Decidió establecer su cuartel general en el valle del Lico, de modo que el emperador y el sultán estaban casi uno frente a otro a ambos lados de las murallas. Allí destinó la mayor parte de sus mejores tropas, unos 2 000 soldados en total. Giustiniani fue originalmente destinado a la puerta de Carisio, en el promontorio que había a uno de los lados, pero después movió a sus soldados genoveses para unirse al emperador en la sección central y tomar de forma efectiva y muy directa el mando de este sector crítico.

Se repartieron los sectores de la muralla terrestre y se encargó su defensa a «las principales personas de Constantinopla».[36] A la derecha del emperador, la puerta de Carisio probablemente estaba bajo el mando de Teodoro Caristeno, «un griego anciano pero robusto, muy hábil con el arco».[37] La siguiente sección de la muralla al norte, hasta el giro de noventa grados, se confió a los hermanos Bocchiardi, genoveses que habían acudido «a su propia costa y traído su propio equipo»,[38] que incluía armas cortas de fuego y poderosas ballestas montadas sobre soportes. Por último, el vulnerable tramo de muralla simple que rodeaba el palacio de Blanquernas fue también confiado en su mayor parte a los italianos. El bailío veneciano, Minotto, trasladó su residencia al propio palacio, en cuya torre la bandera de San Marcos ondeaba junto a la del emperador. Una de sus puertas, la Caligaria, estaba bajo el mando de «Juan de Alemania», un soldado profesional y «un capaz ingeniero militar»[39] que era, en realidad, escocés. También se le encomendó a él la supervisión de las existencias de fuego griego de la ciudad.

Las tropas de Constantino eran verdaderamente multinacionales pero estaban igualmente divididas siguiendo las fallas sísmicas de la religión, la nacionalidad y la rivalidad comercial. Para minimizar las posibilidades de conflicto entre los genoveses y los venecianos, los ortodoxos y los católicos o los griegos y los italianos, parece que el emperador decidió deliberadamente mezclar sus fuerzas con la esperanza de aumentar así su interdependencia. A su inmediata izquierda una sección de la muralla estaba bajo el mando de uno de sus parientes, «el griego Teófilo, un noble de la familia Paleólogo, gran conocedor de la literatura griega y experto geómetra»,[40] un hombre que probablemente sabía más sobre la *Ilíada* que sobre la defensa real de unas murallas como las de Troya. Hacia la Puerta Áurea la muralla estaba supervisada por una sucesión de soldados griegos, venecianos y genoveses, con un noble de la gran familia bizantina Cantacuceno, Demetrio, en la esquina en la que las murallas terrestres se unían con las marítimas a orillas del Mármara.

Las defensas a lo largo de la orilla del Mármara estaban todavía más mezcladas. Otro veneciano, Jacopo Contarini, estaba apostado en el pueblo de Studion, mientras que monjes ortodoxos defendían una sección de muralla adyacente en la que se esperaban pocos ataques. Constantino había colocado a su contingente de turcos renegados, bajo el mando del pretendiente, el príncipe Orján, en el puerto Eleuterio, muy lejos de las murallas terrestres, aunque su lealtad difícilmente podía estar en duda, dado la certeza del destino que les esperaba si caía la ciudad. Hacia el ápice de la ciudad, la costa estaba defendida por un contingente catalán, bajo el mando de Pere Julià, y el cabo de la Acrópolis en sí mismo se confió al cardenal Isidoro al mando de 200 soldados. Dice mucho sobre la capacidad de lucha de los hombres en estas secciones que a pesar de la protección natural que les ofrecía el mar, Constantino decidiera reforzar cada torre con dos francotiradores expertos —un arquero y un ballestero o mosquetero—. El Cuerno de Oro en sí mismo estaba protegido por marineros venecianos y genoveses bajo el mando de Trevisano, capitán de la marina veneciana, mientras que las tripulaciones de dos barcos cretenses del puerto protegían una puerta cercana a la cadena, la Horaia. La protección de la cadena en sí misma y de los barcos del puerto estaba a cargo de Alviso Diedo.

Para apoyar mejor a su excesivamente disperso «ejército», Constantino decidió mantener una fuerza de reacción rápida en la reserva. Dos tropas se mantenían listas en la retaguardia de las murallas. Una, bajo el megaduque Lucas Notarás, un hábil soldado y «el hombre más importante de Constantinopla después del emperador»,[41] estaba desplegada en el barrio de Petra con cien caballos y algunos cañones móviles; otra, bajo Nicéforo Paleólogo estaba situada en la elevación central cerca de las ruinas de la iglesia de los Santos Apóstoles. Estas reservas comprendían unos mil hombres.

Constantino aplicó toda una vida de experiencia en el arte de la guerra y el mando de ejércitos a esta disposición, pero probablemente no sabía cómo sus democráticos contingentes funcionarían juntos en los días que estaban por venir. Muchos de los puestos clave habían sido entregados a extranjeros porque no estaba seguro de cómo su postura favorable a la unión de las iglesias lo dejaba en relación a los afectos de los fieles ortodoxos de la ciudad. Entregó las llaves de cuatro de las principales puertas de la ciudad a líderes venecianos y se aseguró de que los comandantes griegos en las murallas fueran de creencia unionista. A Lucas Notarás, que probablemente estaba en contra de la unión, se le ahorró tener que cooperar con católicos en la defensa de las murallas.

Al mismo tiempo que se esforzaba por distribuir sus recursos a lo largo de los seis kilómetros y medio de murallas terrestres, Constantino debía tomar otra decisión crucial. La triple muralla había sido diseñada para ser defendida por una guarnición mucho mayor, que pudiera ocupar tanto la alta muralla interior como la más baja muralla exterior. Constantino carecía de los recursos necesarios para defender de forma efectiva ambos niveles, así que se vio obligado a escoger dónde plantar batalla. La muralla había sido bombardeada en el asedio de 1422 y mientras que la exterior había sido reparada casi en su totalidad, la interior estaba en peor estado. Los defensores del anterior asedio se habían enfrentado a la misma elección y habían optado, con éxito, por defender la muralla exterior. Constantino y su experto en asedios, Giustiniani, adoptaron la misma estrategia. Para algunos fue una decisión errónea. «Yo nunca apoyé esa idea», escribió el siempre crítico arzobispo Leonardo. «Yo sostuve que no abandonáramos la protección de nuestras altas murallas interiores»,[42] pero, a pesar de la opinión del arzobispo, lo más probable es que fuera quijotesco intentar defender la muralla interior.

El emperador hizo cuanto pudo por levantar la moral de sus tropas. Consciente de que Mehmed temía la posibilidad de que llegara ayuda católica a la ciudad ortodoxa, decidió hacer su propia pequeña demostración de fuerza. A petición suya, el 6 de abril, hombres de las galeras venecianas desembarcaron y desfilaron a lo largo de todas la longitud de las murallas terrestres vestidos con su característica armadura europea, «con sus banderas al frente [...] para animar a la gente de la ciudad»,[43] en una visible afirmación de que había francos entre los defensores del asedio. El mismo día las propias galeras fueron puestas en zafarrancho de combate.

Mehmed, por su parte, envió un pequeño destacamento de caballería a las puertas de la ciudad, bajo bandera blanca y con los pendones ondeando al viento, indicando que acudían a parlamentar. Trajeron consigo la tradicional invitación a rendir la ciudad, obligatoria según la ley coránica: «Tampoco castigamos», dice el Corán, «hasta haber enviado un mensajero. Cuando hemos resuelto tomar una ciudad, primero avisamos a aquellas de sus gentes que viven cómodamente. Si persisten en el pecado, el juicio es inevitable y los destruimos por completo».[44] Bajo esta fórmula, los defensores cristianos podían convertirse al islam, rendirse y pagar el impuesto de capitación, o resistir y arriesgarse a tres días de saqueo continuado si su ciudad era tomada. Los bizantinos habían oído esta fórmula por primera vez en 674, y muchas veces más desde entonces. La respuesta siempre había sido la misma: «No aceptamos ni el impuesto ni el islam ni la capitulación de nuestra fortaleza».[45] Con esta negativa los otomanos consideraban que el asedio estaba sancionado por la Ley Sagrada y heraldos anunciaban por todo su campamento el inicio formal del sitio. Mehmed procedió a aprestar sus cañones.

Constantino optó por una política de máxima visibilidad. Instaló su cuartel en una gran tienda detrás de la puerta de San Romano, desde la que cabalgaba en su pequeña yegua árabe cada día con Jorge Frantzés y el español Don Francisco de Toledo, «para animar a los soldados, inspeccionar las guardias y buscar a aquellos que faltaban de su puestos».[46] Escuchaba misa en la iglesia que le cayera más cerca en cada momento y se aseguró de adjuntar un grupo de monjes y sacerdotes a cada cuerpo de soldados para que pudieran oír confesión y dar la extremaunción en batalla. También dio orden de que se celebran misas por la salvación de la ciudad día y noche, y las liturgias matutinas se cerraban con una procesión de iconos por las calles de la ciudad y por las murallas para animar a las tropas. Los musulmanes que contemplaban el espectáculo distinguían las largas barbas de los cristianos y oían sus cantos a través del aire primaveral.

El tiempo no contribuyó a mejorar la moral de los defensores. Se sucedieron una serie de pequeños terremotos y lluvias torrenciales. En la tensa atmósfera del asedio, estos fenómenos naturales se interpretaron como malos augurios y provocaron que se recordaran viejas profecías. «Los iconos sudaban en las iglesias», dejó escrito el cronista Critobulo. «Hombres y mujeres estaban poseídos e inspirados por visiones y malos augurios, y los adivinos predecían muchas desgracias».[47] Probablemente lo que más perturbó al propio Constantino fue la llegada de los cañones. Debía saber a qué atenerse gracias a sus anteriores experiencias con el fuego de artillería otomano en el Hexamilion en 1446, cuando su cuidadosamente construida muralla se hundió en cinco días y se produjo una masacre.

Gracias a sus habilidades logísticas para coordinar equipo, materiales y un gran número de hombres, Mehmed ya estaba listo para actuar. Sus suministros de balas de cañón y salitre, de equipo para los zapadores, de máquinas de asedio y de comida ya habían llegado y sido inventariados, ordenados y colocados en su lugar; las armas estaban limpias, los cañones en posición y los hombres —caballería, infantería, arqueros y lanceros, armeros, artilleros, exploradores y zapadores— habían sido reunidos y llevados a un frenesí de expectación. Los sultanes otomanos estaban todavía cerca del pasado tribal común, comprendían las motivaciones de sus hombres y sabían cómo suscitar su entusiasmo por una causa común. Mehmed sabía perfectamente cómo azuzar el fervor por la guerra santa. El ulema se paseó entre las tropas, recitando las viejas profecías del hadiz sobre la caída de la ciudad y su significado para el islam. Diariamente Mehmed rezaba en público en una alfombra frente a su tienda roja y oro, en dirección a La Meca, pero también a Santa Sofía. Esto iba de la mano de la promesa de un botín sin límites si la ciudad tenía que ser tomada por la fuerza. La seductora Manzana Roja fue puesta ante la expectante y codiciosa mirada de los fieles. Con esa promesa dual, tan atractiva para el saqueador tribal, de conseguir botín mientras se hacía la voluntad de Dios, Mehmed preparó su ataque.

El sultán sabía, y su viejo visir Jalil Pachá lo sabía todavía mejor, que la rapidez era esencial. Capturar ciudades requería sacrificios humanos. El entusiasmo y la expectación fomentados para el asalto —y la disposición a rellenar los fosos con cadáveres sobre los que pasar— tenían fecha de caducidad. Reveses inesperados podían hacer caer rápidamente la moral y, entre un grupo de hombres tan hacinado, los rumores, las disensiones y la desafección podían correr entre las tiendas como el viento sobre la pradera. Además, incluso los bien organizados campamentos otomanos eran propensos a caer víctima del tifus si avanzaba demasiado el verano. Mehmed se percataba, además, de que se había embarcado en una aventura muy peligrosa. Era consciente, a través de su red de espías venecianos, que al final llegaría ayuda de Occidente por tierra o por mar, no importaba lo divididas y enfrentadas que estuvieran las potencias cristianas. Al mirar desde la colina de Maltepe las ondulaciones de las murallas terrestres, con sus torres tan próximas, su triple sistema defensivo y su historia de tozuda resistencia, puede que públicamente expresara su fe en el coraje de sus tropas, pero en lo que confiaba en último término era probablemente en la potencia de sus cañones.

El tiempo era también la coordenada fundamental para Constantino. El cálculo para los defensores era deprimentemente sencillo. Era imposible romper el asedio mediante un contraataque. La única esperanza radicaba en resistir lo bastante como para que llegara algún tipo de socorro de Occidente que pudiera abrirse paso a través del bloqueo. Habían resistido a los árabes en 678. Ahora también debían resistir.

Si Constantino tenía algún as en la manga, esa era la persona de Giovanni Giustiniani. El genovés había llegado a la ciudad precedido por su reputación de «hombre experimentado en la guerra».[48] Comprendía cómo evaluar y rectificar las debilidades obvias de las fortificaciones, cómo hacer el mejor uso posible de armas defensivas como las catapultas y las armas cortas de fuego, y cómo desplegar el limitado número de hombres para conseguir los mejores resultados. Adiestró a los defensores en técnicas eficientes de guerra de asedio y contempló las oportunidades de un contraataque desde las portezuelas de la ciudad. Las crueles guerras entre las ciudades-estado italianas habían criado a generaciones de especialistas experimentados como él, mercenarios técnicos que estudiaban la defensa de una ciudad como ciencia y como arte. Sin embargo, era imposible que Giustiniani se hubiera encontrado antes con un bombardeo masivo de artillería. Los acontecimientos que estaban a punto de desencadenarse pondrían a prueba de forma extrema sus habilidades.

8

El horrible estruendo de Resurrección
6 - 19 de abril de 1453

¿Qué lengua puede profesar o
hablar de estas desgracias y terrores?[1]
Néstor Iskánder

Los grandes cañones tardaron tiempo en llegar. Avanzaron lentamente desde Edirne por caminos enfangados, bamboleándose sobre sus carros de sólidas ruedas bajo la lluvia de primavera. Se los oía mucho antes de verlos. Las recuas de bueyes se trastabillaban y mugían; los hombres gritaban; los exigidos ejes de los carros emitían una continua nota sostenida, como si fuera una extraña transmisión procedente de las estrellas.

Cuando llegaron al frente, se tardó una eternidad en descargar cada cañón con poleas y cabrestantes, colocarlo en posición y apuntarlo correctamente. El 6 de abril algunos de los cañones ligeros ya estaban en posición. Sus primeros disparos a las murallas causaron, al parecer, pocos daños. Poco después del inicio del asedio, tropas irregulares realizaron un entusiasta pero desorganizado asalto contra la sección débil de las murallas en el valle del Lico. Los hombres de Giustiniani hicieron una salida y pusieron a los atacantes en fuga, «matando a algunos e hiriendo a unos pocos».[2] Solo se pudo restaurar el orden en el bando otomano mediante un substancial contraataque que obligó a los defensores a regresar tras las murallas. Este fracaso inicial probablemente convenció al sultán a esperar a que la artillería se desplegase por completo y no arriesgarse de nuevo a que bajase la moral de su ejército.

Mientras tanto instigó toda otra serie de procedimientos típicos de un asedio otomano. Ocultos en búnkeres tras los terraplenes, los zapadores comenzaron sus discretas operaciones de minado en el sector central; su objetivo era hacer un túnel que recorriera los 230 metros hasta la muralla, que luego podía hundirse desde abajo. Se dieron también órdenes de que empezara a colmarse el gran foso en los puntos escogidos «llevando piedras y madera y montones de tierra y usando cualquier otro tipo de materiales»[3] para que no fuera un obstáculo el día en que se llevara a cabo un asalto general de la muralla. Rellenar el foso era un trabajo peligroso, incluso letal, para las tropas. Estaba a solo treinta y cinco metros de la muralla, en terreno desprotegido que podía ser barrido por los disparos procedentes de las murallas a menos que se evitara con un contundente fuego de cobertura. Como es lógico, toda operación de avance de las líneas enemigas iba a encontrar una oposición durísima. Giustiniani estudió el terreno y se dispuso a entorpecer los esfuerzos del enemigo. Se realizaron salidas y tendieron emboscadas en la oscuridad, cuando los defensores «salían en tromba de las puertas de la ciudad para atacar a los que estaban fuera de las murallas. Saltando el foso, a veces eran rechazados y obligados a volver, otras tomaban prisioneros turcos»[4] que luego podían torturar para conseguir información. Estas violentas escaramuzas por el foso fueron efectivas, pero pronto quedó claro para los defensores que la proporción de pérdidas era inaceptable para ellos. La muerte de cada combatiente experimentado era significativa para los defensores, sin importar cuántos turcos murieran en el proceso, así que pronto se decidió luchar primordialmente desde las murallas, «algunos disparaban ballestas, otros simples flechas».[5] La guerra por el foso iba a ser uno de los combates más duros de todo el asedio.

En los días posteriores al 7 de abril, mientras esperaba la llegada de sus cañones más pesados, el impaciente sultán volvió su atención a otros asuntos. En su avance por Tracia, el ejército otomano había tomado las aldeas griegas a su paso, pero unos cuantos bastiones aislados resistían todavía. Mehmed los había rodeado, dejando guarniciones que los vigilaban. Probablemente el 8 de abril partió con una fuerza de tamaño considerable y algunos cañones a destruir la fortaleza de Therapia, que estaba en una colina que dominaba el Bósforo más allá de la Degolladora. Resistió durante dos días hasta que los cañones destruyeron sus fortificaciones y mataron a la mayoría de los defensores. El resto, «cuando vieron que era imposible resistir más, se rindieron y dijeron que podían hacer con ellos lo que quisieran. Y empaló a esos cuarenta hombres».[6] Un castillo parecido en Studius, en el mar de Mármara, fue rápidamente demolido a cañonazos. Esta vez los treinta y seis desventurados supervivientes fueron empalados frente a las murallas de la ciudad.

Unos pocos días después, Baltaoglu, el almirante de Mehmed, tomó una parte de la flota para ocupar las islas Príncipe en el Mármara, el lugar tradicional de retiro de la familia imperial en tiempos de peligro. En la isla más grande, Prinkipo, una poderosa fortaleza, defendida por «treinta hombres fuertemente armados y algunos habitantes locales»,[7] se negó a capitular. Cuando la artillería no bastó para forzar su rendición, los marineros de Baltaoglu apilaron grandes cantidades de maleza contra las murallas y le prendieron fuego. Los asaltantes avivaron el incendio con alquitrán y azufre y, gracias al fuerte viento, las llamas se alzaron hasta las torres y pronto todo el castillo se convirtió en una gran pira. Los que no ardieron vivos se rindieron incondicionalmente. Los soldados fueron ejecutados de inmediato y los campesinos vendidos como esclavos.

Hacia el 11 de abril, Mehmed estaba de vuelta en su tienda roja y oro y toda la artillería estaba ya preparada. Mehmed agrupó los cañones en catorce o quince baterías frente a las murallas en puntos clave que consideraba vulnerables. Uno de los grandes cañones de Urban, «un cañón terrible»,[8] fue dispuesto frente a la muralla simple de Blanquernas, cerca del Cuerno de Oro, «que no estaba protegida ni por el foso ni por una muralla exterior».[9] Otro se colocó cerca del ángulo recto entre las dos murallas, y un tercero en la Puerta del Manantial, más al sur. Otros fueron apuntados a puntos críticos a lo largo del vulnerable valle del Lico. El supercañón de Urban, que los griegos llamaban la Basílica —el arma del rey— se colocó frente a la tienda del sultán, desde dónde Mehmed podría evaluar personalmente sus efectos, para disparar contra la puerta de San Romano, «la puerta más débil de toda la ciudad».[10] Cada gran cañón estaba apoyado por una serie de otros más pequeños, en una batería que los artilleros otomanos llamaban afectuosamente «el oso con sus cachorros». Disparaban balas de piedra que oscilaban entre los 90 kilos y unos colosales 700 kilos, en el caso del monstruoso cañón de Urban. Según estimó un observador, los dos cañones más grandes disparaban «una bala que llegaba a la rodilla y una bala que llegaba a la cintura»,[11] respectivamente. Otro declaró que la bala más grande medía «once de mis palmos de circunferencia».[12] Aunque testigos hablaron de «innumerables ingenios de guerra», Mehmed probablemente tenía unos sesenta y nueve cañones en total, una fuerza de artillería descomunal para lo habitual en la época, que además estaba reforzada en varios sectores por otras máquinas que utilizaban tecnologías más tradicionales para lanzar piedras, como el fundíbulo, una catapulta contrapesada que había sido clave en la conquista musulmana de los castillos cruzados trescientos años antes. Ahora simplemente parecía un instrumento de otra época.

Instalar y preparar los cañones para la acción era un proceso laborioso. Los cañones propiamente dichos estaban exentos y no integrados en una cureña ni en ningún tipo de estructura que permitiera su fácil transporte. Para moverlos, simplemente se ataban a carros resistentes que soportaran su peso. Al llegar a su lugar de destino, un enorme sistema de aparejos era necesario para descargar el cañón y disponerlo sobre una plataforma inclinada construida en la parte resguardada de la línea del frente otomana y protegida del fuego enemigo por una empalizada de madera con una puerta que podía abrirse en el momento del disparo.

Las exigencias logísticas de esta operación eran inmensas. Grandes cantidades de balas de piedra negra habían sido extraídas y talladas hasta darles la forma adecuada en la costa norte del mar Negro, desde donde eran traídas en barcos mercantes.

El 12 de abril llegó a las Dobles Columnas uno de esos envíos con «balas de piedra para cañón, vallas y madera, y otras municiones para el campamento».[13] Si los cañones iban a disparar durante un período prolongado de tiempo, eran necesarias grandes cantidades de salitre. La carretera que Mehmed había ordenado construir a su general Zaganos Pachá alrededor del extremo del Cuerno de Oro hasta el puerto fue, presumiblemente, para facilitar el transporte de estos suministros. Mover las armas en sí requería grandes carros de madera y un gran número de personas y bueyes. Los fundidores que habían trabajado con Urban en Edirne eran también sus artilleros. Transportaron, posicionaron y cargaron (y luego dispararon) sus cañones artesanales, y los reparaban sobre el terreno cuando se rompían. Pues aunque los supercañones de Urban habían sido fundidos a 240 kilómetros de allí, los otomanos habían traído los suficientes materiales al asedio como para reparar los cañones que tenían operativos o incluso para forjar y fabricar otros nuevos, lo que suponía toda una nueva esfera de actividades en el cam-

La bombarda de los Dardanelos, un cañón de asedio forjado por los otomanos poco después de asedio de Constantinopla e inspirado en los que se utilizaron en 1453. Está hecho de bronce y consta de dos partes: el cañón en el que se aloja la bala y la cámara en la que se cargaba la pólvora. Las dos partes se enroscaban juntas. La longitud de este cañón es de 5,2 metros y pesa 16,8 toneladas. Disparaba una bala de piedra de 300 kilos a una distancia de unos 1600 metros. Las dimensiones del supercañón de Mehmed eran todavía mayores.

pamento. Grandes cantidades de hierro, cobre y estaño se trajeron al sitio, se excavaron fosos para guardar el carbón y se construyeron fundiciones con paredes de ladrillo. Una parte separada del campamento militar debió convertirse en una especie de taller industrial *ad hoc*, desde el que se elevaban al cielo primaveral columnas de humo y desde el que sonaba martilleo de los herreros.

Preparar el gran cañón requería tiempo y precisión. Se cargaba la pólvora en el ánima del cañón, respaldada por una cuña de madera que se sujetaba con barras de hierro, o una piel de carnero, para asegurar que «pasara lo que pasara, no podría extraerse por ningún otro medio que mediante la explosión de la pólvora».[14] Las balas de piedra eran entonces metidas a mano por la boca del cañón y bajadas cuidadosamente a lo largo del ánima. Estaban diseñadas para encajar perfectamente en la cámara, pero muchas veces no se conseguía que el calibre de la bala fuera exactamente el preciso. Se apuntaba mediante «ciertas técnicas y cálculos sobre el objetivo», lo que en la práctica quería decir que mediante prueba y error, ajustando el ángulo del cañón a la altura adecuada metiendo bajo su plataforma cuñas de madera. Las armas eran fijadas en su posición por grandes vigas de madera lastradas con piedras que actuaban también como amortiguadores «por si la fuerza de su carga y el violento retroceso hacían que se desplazase y fallara el objetivo».[15] Se echaba pólvora de ignición en el agujero y todo estaba ya listo. El 12 de abril se aplicaron las mechas encendidas a los agujeros de los cañones del sultán a lo largo de un frente de seis kilómetros y medio, y el primer bombardeo concertado de artillería de la historia se inició con un terrible rugido.

Si hay un solo momento en la historia de la guerra en el que se produjo una auténtica sensación de asombro ante el poder de la pólvora fue este, como se aprecia en las crónicas de los disparos de los grandes cañones en 1453. La mecha encendió la pólvora y:

Y cuando se prendió fuego, más rápido de lo que se tarda en decirlo, hubo al principio un rugido aterrador y una violenta sacudida del suelo y, en mucha distancia a la redonda, un estruendo como no se había oído nunca. Entonces, con un trueno monstruoso, una horrible explosión y una llama que iluminó todo lo que había alrededor y lo quemó, la cuña de madera fue empujada por la explosión de aire caliente y seco e impulsó a la bola con fuerza hacia fuera. Proyectada con increíble fuerza y potencia, la piedra golpeó la muralla, que inmediatamente tembló y fue demolida, y quedó ella misma hecha muchos pedazos que se dispersaron por todas partes, causando mortandad entre quien estaba cerca.[16]

Cuando las grandes bolas de piedra golpeaban las murallas, los efectos eran devastadores: «A veces, destruían completamente una porción de la muralla, otras una parte mayor o menor de una torre, o torreta, o de un parapeto, y en ningún punto la muralla era lo bastante fuerte o lo bastante resistente como para aguantar el impacto de una bala de piedra a esa velocidad».[17] Al principio, a los defensores les pareció que la historia entera de la guerra de asedio se venía abajo ante sus ojos: la muralla terrestre de Teodosio, el producto definitivo de dos mil años de evolución de las defensas, un milagro de ingeniería diseñado por el ingenio humano y protegido por la bendición divina, empezó a venirse abajo donde recibía los impactos de una andanada de cañonazos bien dirigida. El arzobispo Leonardo contempló los efectos de la artillería en la muralla simple que rodeaba el palacio: «Pulverizaron la muralla con ella y, aunque era extremadamente gruesa y fuerte, se hundió bajo el bombardeo de ese horrible artefacto».[18]

Las balas de los supercañones que rebasaban las murallas podían avanzar más de kilómetro y medio hasta el corazón de Constantinopla y estrellarse con efectos devastadores contra casas o iglesias, aplastar civiles o, como era más probable, hundirse en el suelo de los huertos y campos de la encogida ciudad. Un testigo se quedó atónito al ver cómo una de esas balas golpeaba la pared de una iglesia y se hacía pedazos como si fuera polvo. Según otros, el suelo temblaba en tres kilómetros a la redonda e incluso las galeras, amarradas en la seguridad de los puertos del Cuerno de Oro vibraban por las explosiones, que se transmitían a través de sus cascos de madera. El sonido de los cañones se oía en Asia, a ocho kilómetros de distancia, al otro lado del Bósforo. Al mismo tiempo, los fundíbulos, cuyo arco de fuego formaba una parábola más elevada, lanzaban piedras sobre los tejados de las casas más allá de las murallas y sobre partes del palacio imperial.

Los efectos fisiológicos de los bombardeos de artillería sobre los defensores fueron inicialmente más severos que sus consecuencias materiales. El ruido y la vibración de los cañones, las nubes de humo, el crujido del impacto de piedra contra piedra hicieron vacilar el ánimo incluso de los defensores más veteranos. Para la población civil fue como un anticipo del apocalipsis, el día en que deberían pagar por todos sus pecados. Los cañones, según un cronista otomano, sonaban «como el horrible estruendo de la Resurrección».[19] La gente salía corriendo de sus casas golpeándose el pecho, santiguándose y gritando «¡Kyrie Eleison! ¿Qué va a suceder ahora?». Las mujeres se desmayaban en la calle. Las iglesias estaban llenas de fieles «haciendo peticiones y rezando, gimiendo y exclamando: "¡Señor! ¡Señor! Nos hemos apartado de Ti. Todo lo que nos sucede y le sucede a Tu santa Ciudad no es más que el castigo correcto y justo de nuestros pecados"».[20] A la temblorosa luz de sus más sagrados iconos sus labios se movían en la misma perpetua plegaria: «No nos entregues al final a Tus enemigos; no destruyas a tu pueblo; y no apartes de nosotros Tu amor y gracia y no dejes que seamos débiles en este momento».

Constantino trabajaba incansablemente para mantener la moral de la ciudad tanto a nivel práctico como religioso. Pasaba revista a las murallas cada hora, reforzando la moral de sus comandantes y soldados. Las campanas de las iglesias tocaban de forma incesante y exhortó «a todos a que no renunciaran a la esperanza ni disminuyeran su resistencia al enemigo, y les dijo que confiaran en Dios Todopoderoso».[21]

Los defensores probaron distintas estrategias para mitigar los efectos de las balas de piedra. Se echó un mortero de tiza y

polvo de ladrillo en la pared exterior de las murallas para aña-
dirles una capa de refuerzo; en otros lugares se colocaron balas
de lana junto a las vigas de madera o se suspendieron telas de
cuero o preciosos tapices para amortiguar la velocidad de los
proyectiles. Estas medidas tuvieron poco efecto contra la extraordinaria fuerza de propulsión de la pólvora. Los defensores
hicieron cuanto pudieron para intentar destruir los grandes cañones otomanos con su propia y escasa artillería, pero les faltaba
salitre y los cañones otomanos estaban protegidos por empalizadas. Peor aún fue descubrir que las murallas y torres no podían
utilizarse de forma efectiva como plataforma para colocar cañones. No eran lo bastante amplias para acomodar el retroceso
de grandes cargas explosivas, ni lo bastante fuertes para resistir
sus vibraciones, que «hacían temblar las murallas y les causaban
más estragos que los disparos enemigos».[22] Su cañón más grande
explotó rápidamente, lo que enfureció tanto a los defensores
que quisieron ejecutar al maestro artillero responsable de la pieza tras acusarle de estar a sueldo del sultán, «pero puesto que no
había ninguna prueba de que mereciera este destino, dejaron
que se marchara».[23] Ante todo, quedó pronto muy claro que las
murallas de Teodosio resultaban estructuralmente inadecuadas
para la nueva era que se abría en el arte de la guerra.

Los cronistas griegos se esforzaron para transmitir lo que
veían e incluso para encontrar vocabulario con el que describir
las nuevas armas. «No existe ningún nombre antiguo para este
artefacto», declaró Critobulo, un hombre de mentalidad clásica, «a menos que uno se refiera a él como un ariete o como un
impulsor. Pero en lenguaje coloquial todo el mundo se refiere a
él como un aparato».[24] Proliferaron otros nombres: bombardas,
potes de hierro, *helépolas* —«conquistadora de ciudades»—, tor-
mentos y *telébolas*. Bajo la presión del momento, una realidad
nueva y terrorífica —la experiencia infernal de un bombardeo
de artillería— estaba forjando un nuevo lenguaje.

Mehmed había optado por una estrategia de desgaste, pero era
impaciente. Decidió bombardear las murallas día y noche y lanzar impredecibles ataques para cansar a los defensores y abrir

una brecha a través de la cual lanzar una ataque final. «El asalto continuó día y noche sin que se produjera ningún alivio a los golpes y las explosiones del impacto de las piedras y de las balas de cañón contra las murallas», escribió Melisseno, «pues el sultán esperaba de esta manera tomar la ciudad con facilidad, pues nosotros éramos pocos y ellos muchos, golpeándonos hasta que estuviéramos muertos o exhaustos, y por eso no permitió que el ataque flaquease ni un instante que nos permitiera descansar».[25] El bombardeo y la lucha por el foso continuaron de forma ininterrumpida entre el 12 y el 18 de abril.

A pesar del impacto psicológico inicial, manejar el gran cañón era extremadamente difícil. Cargarlo y apuntarlo eran operaciones tan laboriosas que la Basílica solo podía disparar siete veces al día, con un disparo preliminar antes del amanecer para avisar del inicio del bombardeo del día. Los cañones podían ser impredecibles, tenían muy mal carácter y eran letales para los equipos que los manejaban. Se demostraron muy difíciles de mantener en posición bajo la lluvia de primavera, pues su retroceso era como un rinoceronte a la carga y hacía que a menudo se salieran de sus soportes y se hundieran en el fango. Lo único todavía más probable que verse aplastado por uno de los cañones era ser hecho pedazos por la metralla resultante de la desintegración del cañón al estallar. La Basílica pronto se convirtió en motivo de preocupación para Urban; el intenso calor de las explosiones había creado microfracturas en el impuro metal. Evidentemente, la fundición a este nivel era extremadamente delicada. El cronista griego Ducas, que tenía mucho interés en los aspectos técnicos del problema, recordaba cómo, para intentar mitigar este problema, el cañón era regado con aceite caliente tan pronto como disparaba para intentar impedir que el aire frío penetrara en las fisuras y las ensanchase.

Sin embargo, la posibilidad de que el cañón explotase como si fuera de cristal seguía preocupando a Urban y, según la leyenda, némesis pronto se cebó con el mercenario cristiano. Un examen detallado reveló que las fisuras eran, de hecho, graves. Urban deseaba retirar el cañón del frente y refundirlo. Mehmed, siempre presente para estudiar el desempeño de sus grandes cañones e impaciente por conseguir el éxito, ordenó que se continuara disparando. Sopesando los riesgos de que el arma explotase contra los de disgustar al sultán, Urban volvió a cargar el cañón y le pidió a Mehmed que se apartase. En cuanto encendió la pólvora, la Basílica «explotó al disparar y se rompió en pedazos, matando e hiriendo a muchos de los que estaban cerca»,[26] entre ellos al propio Urban. Hay, sin embargo, pruebas convincentes que señalan que su muerte —muy deseada por los cronistas cristianos— no sucedió de esta forma, aunque sí que parece establecido que el gran cañón reventó temprano durante el asedio. Al poco tiempo se reforzó el cilindro con aros de hierro y se puso la pieza de nuevo en servicio… aunque no tardó el volver a reventar, para enojo de Mehmed. El supercañón evidentemente estaba más allá de las capacidades de la metalurgia de la época. Su principal efecto fue psicológico y recayó en el resto de bombardas, ligeramente más pequeñas, pero aun así formidables, la continuación del bombardeo.

La necesidad de Mehmed de tomar la ciudad rápidamente se acrecentó por la llegada de una diputación del húngaro Juan Hunyadi. La política de Mehmed había sido garantizar que sus enemigos estuvieran divididos; a este fin había firmado un tratado de paz de tres años con Hunyadi, entonces regente de Hungría, para asegurar que no habría ningún ataque terrestre desde el oeste mientras intentaba tomar Constantinopla. La embajada de Hunyadi había venido ahora a la corte otomana para anunciar que, puesto que su señor había renunciado a su regencia y entregado el poder de nuevo a su tutelado, el rey Ladislao, el tratado ya no era vinculante. En consecuencia deseaba devolver su documento de tregua y recibir devuelto el suyo. El astuto húngaro había concebido este gesto diplomático como una amenaza para presionar a los otomanos, y probablemente había sido instigado a ello por agentes del vaticano. La perspectiva de un ejército húngaro cruzando el Danubio para levantar el asedio provocó que se extendiera la incertidumbre en el campamento y las noticias debieron reforzar de forma pareja el ánimo de los defensores.

Por desgracia la visita también provocó rumores sin fundamento que decían que los húngaros estaban ayudando a la causa otomana. Uno de los embajadores húngaros en el campamento se interesó por cómo disparaban los grandes cañones. Cuando vio que una bala impactaba contra la muralla en un punto determinado y que los artilleros preparaban un segundo disparo a aquel mismo lugar, se rio en voz alta de su ingenuidad. Les aconsejó que apuntaran el segundo disparo a «entre treinta y treinta y seis pies del primero, pero a la misma altura», y que posicionaran el tercer disparo entre los dos primeros «de modo que los impactos formen un triángulo. Entonces veréis cómo se hunde esa parte de la muralla».[27] El efecto inmediato de esta estrategia de fuego fue acelerar el ritmo al que se podían demoler tramos de la muralla. Pronto el «oso y sus cachorros» empezaron a trabajar como equipos coordinados. Las armas más pequeñas hacían los dos disparos exteriores del triángulo, y luego uno de los grandes cañones de Urban completaba el triángulo disparando a la ya debilitada sección central: «el disparo poseía una fuerza tan diabólica y un ímpetu tan irresistible que causaba daños irreparables».[28] Los cronistas añadieron una explicación muy extraña para este extraño consejo al enemigo: un profeta serbio había declarado que las desgracias de los cristianos no terminarían hasta que Constantinopla cayera en manos de los turcos. La historia de la visita de los húngaros agrupó todos los temores de los cristianos en una única narrativa: el convencimiento de que los otomanos solo podían prosperar gracias a los superiores conocimientos técnicos de los europeos, que el declive de la cristiandad era responsable de la caída y que las profecías religiosas tenían un papel fundamental en los acontecimientos.

A pesar de las dificultades para apuntar bien los cañones y de su lento ritmo de fuego, el bombardeo continuó sin cesar durante los seis días siguientes al 12 de abril. Ahora la mayor cantidad de los disparos se centraban en el valle del Lico y en la puerta de Romano. Se podían hacer unos 120 disparos al día contra la ciudad. Inexorablemente, las murallas empezaron a desmoronarse. Antes de que terminase la semana una sección de la muralla exterior había caído y también dos torres y una torreta en la muralla interior tras ella. Sin embargo, después del terror inicial que había producido el bombardeo, los defensores recuperaron el ánimo: «al experimentar la fuerza de las máquinas de guerra del sultán diariamente, nuestros soldados se acostumbraron a ellas y no mostraron ni miedo ni cobardía».[29] Giustiniani trabajó incansablemente para reparar los daños y pronto dio con una solución improvisada pero muy efectiva para la castigada muralla exterior. Se construyó una muralla con estacas y en sus cimientos los defensores volcaron todos los materiales que tenían a mano. Piedra, madera, maleza, arbustos y grandes cantidades de tierra fueron depositadas sobre la brecha. Se extendieron pantallas de pieles sobre la empalizada exterior como protección contra las flechas incendiarias y cuando el terraplén fue lo bastante alto, se colocaron sobre él barriles llenos de tierra a intervalos regulares para que actuaran a modo de almenas que protegieran a los defensores de las voleas de flechas y balas con las que los otomanos intentaban barrer las murallas. Se dedicó un inmenso esfuerzo a esta empresa; después de que anocheciera, hombres y mujeres acudían desde la ciudad a las murallas para trabajar hasta el amanecer, llevando madera, piedras y tierra para reconstruir las defensas allí dónde habían sido destruidas durante el día. Este sostenido trabajo nocturno se cobró su precio sobre la energía de la cada vez más exhausta población, pero los muros de tierra resultantes demostraron ser una solución sorprendentemente efectiva al devastador impacto de las balas de piedra. Igual que cuando se lanzan piedras contra el barro, las balas quedaban amortiguadas y detenidas por la improvisada empalizada: se «hundían en la blanda y absorbente tierra, y no abrían brecha como cuando golpeaban contra materiales duros y sin flexibilidad».[30]

Al mismo tiempo continuó la lucha salvaje por el control del foso. Durante el día las tropas otomanas intentaban llenarlo con cualquier material que tuvieran a mano: tierra, madera, escombros e incluso —según un testigo— sus propias tiendas, que arrastraban hasta la tierra de nadie bajo una volea de fuego de cobertura y lanzaban al foso. Por la noche los defensores armaban contraofensivas desde sus poternas para limpiar de nuevo el foso y restaurar su profundidad original. Las escaramuzas frente a las murallas eran enconadas, y a corta distancia. A veces, los atacantes utilizaban redes para intentar recuperar algunas de las valiosas balas de cañón que habían caído al foso; en otras ocasiones los soldados avanzaban para poner a prueba secciones debilitadas de la muralla y para asegurarse que los agobiados defensores no podían descansar. Con pértigas acabadas en ganchos intentaban derribar los barriles llenos de tierra que coronaban el terraplén.

A corta distancia estos enfrentamientos favorecían defensores, que estaban más protegidos y llevaban mejores armaduras, pero incluso los testigos griegos e italianos se quedaron impresionados con el valor de sus enemigos cuando estaban bajo el fuego. «Los turcos lucharon con valentía en la distancia corta», recordó Leonardo, «así que murieron todos».[31] Barridos por los disparos de ballestas, arcos largos y arcabuces desde las murallas, la carnicería fue terrible. Después de ver que sus piezas de artillería no servían para disparar balas pesadas, los defensores habían reinventado sus piezas de artillería como enormes escopetas. Cargaban un cañón con cinco o diez balas de plomo, del tamaño de nueces. Disparado a corta distancia, el efecto de estas balas era sobrecogedor: tenían «inmensa capacidad de penetración y perforación, de modo que si una golpeaba a un soldado vestido con armadura, atravesaba por completo tanto su protección como su cuerpo, y luego atravesaba al que hubiera detrás, y a otro, hasta que la fuerza de la pólvora se disipaba. Con un solo disparo se podía matar a dos o tres hombres a la vez».[32]

Barridos por estos devastadores disparos, las bajas entre los otomanos fueron terribles y su deseo de retirar a sus muertos ofrecía a los defensores otra oportunidad para hacer tiro al blanco. El cirujano veneciano Niccolò Barbaro se asombró ante lo que vio:

Y cuando uno o dos de ellos eran matados, en seguida otros turcos acudían a llevarse a los muertos, cargándolos sobre los hombros como uno llevaría un cerdo, sin importarles lo mucho que se tuvieran que acercar para ello a las murallas de la ciudad. Pero nuestros hombres, que estaban en las murallas les disparaban con armas de fuego y ballestas, apuntando al turco que se llevaba el cuerpo de su camarada, y ambos caían al suelo muertos, y entonces otros turcos acudían a llevárselos, sin temer lo más mínimo la muerte, prefiriendo dejar que matasen a diez de ellos que sufrir la vergüenza de dejar un solo cadáver turco yaciendo frente a las murallas de la ciudad.[33]

A pesar de los mejores esfuerzos de los defensores, el inmisericorde bombardeo ofreció la cobertura necesaria para que se rellenase una sección del foso en el valle del Lico. El 18 de abril Mehmed juzgó que el daño a las murallas y las escaramuzas de desgaste bastaban para lanzar el primer asalto general. Había sido un día agradable de primavera; al caer la tarde la llamada a la oración se elevó con pacífica certeza sobre el campo otomano y dentro de las murallas los ortodoxos se retiraron a sus iglesias a celebrar vigilias, encender velas y rezar a la Madre de Dios. Dos horas después de la puesta de sol, bajo una tersa luna de primavera, Mehmed ordenó

Diorama sobre el asedio de Constantinopla en el Museo Militar de Estambul. En esa recreación los cañones y los soldados en primer plano están a tamaño real, mientras que el fondo es un enorme mural pintado de veinticinco metros de longitud.

que avanzara un importante destacamento de sus mejores tropas. Al son del rítmico golpeteo de los tambores de piel de camello, el roznido de las gaitas y el entrechocar de címbalos —toda la guerra psicológica de la banda militar otomana— amplificados por resplandores, aullidos y gritos de batalla, Mehmed desplegó «a la infantería pesada y a los arqueros y a los lanzadores de jabalinas y a todos los miembros de la guardia imperial».[34] Los dirigió hacia un punto vulnerable en el valle del Lico en el que una sección de la muralla se había hundido. Los ciudadanos fueron presa del pánico al experimentar por primera vez el espeluznante sonido de un asalto otomano. «No puedo describir los gritos con los que vinieron a las murallas»,[35] recordaría Barbaro más adelante con un estremecimiento.

Constantino se alarmó profundamente. Temía un asalto general a lo largo de toda la línea de murallas y sabía que sus hombres no estaban preparados para repelerlo. Ordenó que se tocaran las campanas de las iglesias; la gente, aterrorizada, salió a la calle y los soldados volvieron a sus puestos. Bajo un intenso fuego de cobertura de cañones, arcabuces, ballestas y arcos, los otomanos cruzaron el foso. Fulminantes andanadas y ráfagas de fuego hacían imposible ponerse de pie sobre las disminuidas murallas de tierra, así que los jenízaros pudieron alcanzar las murallas con escaleras y arietes. Empezaron a desposeer a las murallas de sus improvisadas almenas para así exponer todavía más a los defensores al manto de fuego. Al mismo tiempo intentaron quemar la empalizada de madera, pero fracasaron, y lo estrecho de la brecha en la muralla y lo empinado del terreno impidieron que los atacantes penetraran en masa. En la oscuridad reinó el caos, un alboroto de ruidos, según Néstor Iskánder:

> El estrépito de cañones y arcabuces, el rugido de las campanas, el entrechocar de las armas —como si saltaran relámpagos de ambas espadas— y el llanto y los sollozos de la gente (las mujeres y los niños de la ciudad) hacían a uno pensar que el cielo se había unido a la tierra y ambos temblaban; nadie podía oír lo que otro decía. Los aullidos y gritos, los sollozos y los chillidos,

el rugido de los cañones y el tañido de las campanas se combinaban en un escándalo constante que parecía un gran trueno. De nuevo, elevándose desde muchos fuegos y de las explosiones de los cañones y arcabuces, el humo se espesó a ambos lados y cubrió la ciudad. Los ejércitos no podían verse los unos a los otros y no sabían contra quién luchaban.[36]

Golpeando y dando tajos con la espada unos contra otros en el estrecho espacio de la brecha bajo la brillante luna, toda la ventaja recaía del lado de los defensores, que estaban bien acorazados y bajo el sólido mando de Giustiniani. Poco a poco el impulso de los atacantes se fue debilitando: «hechos pedazos, acabaron agotándose contra las murallas». Tras cuatro horas, una abrupta quietud descendió sobre los baluartes, interrumpida solamente por los gemidos de los hombres que agonizaban en el foso. Los otomanos se retiraron a su campamento, «sin ni siquiera preocuparse por sus muertos», y los defensores, tras seis días de defensa ininterrumpida, «se desmoronaron agotados, como si estuvieran muertos».

En la fría luz de la mañana Constantino y su séquito acudieron a inspeccionar las consecuencias de la batalla. El foso y sus orillas estaban repletos de «cadáveres completamente rotos».[37] Frente a las murallas había arietes abandonados y algunos fuegos seguían ardiendo por la mañana. Constantino no pudo animar ni al ejército ni a la exhausta ciudadanía a que enterraran a los muertos cristianos, y tuvo que asignar este trabajo a los monjes. Como siempre, las cifras de bajas variaban salvajemente: Néstor Iskánder fijó el número de muertos otomanos en 18 000; Barbaro en unos mucho más realistas 200. Constantino ordenó que no se impidiera al enemigo retirar a sus muertos, pero ordenó que se prendiera fuego a los arietes. Luego puso rumbo a Santa Sofía, con el clero y los nobles, para dar gracias «a Dios Todopoderoso a la purísima Madre de Dios, con la esperanza de que ahora los infieles se retirasen, después de haber visto caer a tantos de los suyos».[38] Fue un momento de respiro para la ciudad. La respuesta de Mehmed fue intensificar el bombardeo.

9

Un viento divino
1 - 20 de abril de 1453

*Las batallas en el mar son más peligrosas y duras
que las batallas en tierra, porque en el mar no hay
forma de replegarse ni de huir, no hay otro remedio
que luchar y enfrentarse al destino, y todos los
hombres muestran coraje.*[1]
Jean Froissart, cronista francés del siglo XIV

A principios de abril, mientras los grandes cañones estaban ocupados castigando las murallas terrestres, Mehmed inició el despliegue de su flota, su otra nueva arma, por primera vez. Había comprendido rápidamente un hecho obvio para todos los que habían puesto sitio a la ciudad desde tiempo de los árabes en adelante: que si no se controlaba firmemente el mar, cualquier intento de conquista estaba condenado al fracaso. Su padre, Murat, acudió al asedio de 1422 sin capacidad para estrangular las líneas de comunicación marítima bizantinas, pues la flota otomana había sido atrapada y destruida en Galípoli por los venecianos seis años antes. Sin un bloqueo efectivo del Bósforo y los Dardanelos, la ciudad podía ser reabastecida fácilmente desde las ciudades griegas del mar Negro o por simpatizantes cristianos desde el Mediterráneo. Precisamente para evitar que se reprodujera esta situación es por lo que se construyó la Degolladora, con sus cañones pesados en el verano de 1452. Desde entonces ningún barco podía pasar hasta el Bósforo desde el mar Negro sin ser inspeccionado.

Al mismo tiempo, Mehmed había emprendido reformas para reforzar la armada. Durante el invierno de 1452 inició un ambicioso programa de construcción de barcos en la base naval otomana en Galípoli y probablemente también en Sínope, en el mar Negro y en otros astilleros de la costa del Egeo. Según Critobulo, Mehmed «creía que la flota sería más influyente en el asedio y en la lucha venidera que el ejército»[2] y por ello prestó mucha atención personal a estos trabajos. El imperio había adquirido una saludable cantidad de carpinteros de ribera, marineros y pilotos, de origen griego o italiano, al extenderse por las costas del mar Negro y del Mediterráneo, y esta mano de obra experimentada podía utilizarse en la reconstrucción de la flota. Mehmed también tenía acceso a los substanciosos recursos naturales necesarios para su empresa naval: madera y cáñamo, lona para las velas, hierro fundido para las anclas y los clavos, brea y sebo para calafatear y engrasar los cascos. Estos materiales se extrajeron del interior del imperio o se importaron de fuera. La capacidad logística de Mehmed se encargó de que todos estos recursos estuvieran disponibles a la vez y se pudieran utilizar en el esfuerzo bélico.

Igual que habían hecho con los cañones, los otomanos adoptaron muy rápidamente los barcos de sus enemigos cristianos. El barco fundamental del combate naval en el Mediterráneo en la Edad Media fue la galera a remos, la heredera natural de las galeras romanas y griegas de la antigüedad clásica, un buque que dominó el Mediterráneo, en las diversas formas que adoptó en su evolución, desde principios de la Edad de Bronce hasta el siglo XVII, y cuya forma básica, que ya se aprecia en los sellos minoicos, en los papiros egipcios y en la alfarería de la antigua Grecia, iba a ser tan importante para la historia de ese mar como el olivo. A finales de la Edad Media la galera de guerra era larga, rápida y muy ligera, típicamente de unos treinta metros de eslora, menos de tres metros y setenta y cinco centímetros de manga y con una proa o espolón elevado al frente que servía de plataforma para abordar los barcos enemigos. Las tácticas de la guerra naval eran muy parecidas a las de la guerra terrestre. Las galeras se dotaban de una guarnición de soldados que, tras un intercambio inicial de proyectiles, intentaban asaltar la galera enemiga en un violento combate cuerpo a cuerpo.

La galera en sí misma tenía una línea de flotación sorprendentemente baja. Para maximizar la ventaja mecánica de los remos, una galera de guerra cargada debía tener una obra muerta (parte de casco por encima de la superficie del agua) de solo sesenta centímetros. Podía tener velas, pero eran los remos los que dotaban a la galera de pegada y flexibilidad en la batalla. Los remeros estaban dispuestos en una sola fila, sobre la cubierta —lo que los dejaba horriblemente expuestos en combate— y habitualmente había dos o tres en cada banco; cada hombre utilizaba un remo individual cuya distancia estaba determinada por su lugar en el banco. Todo el mundo estaba hacinado; remar en una galera conllevaba operar un remo en el mismo espacio que tiene un pasajero de una aerolínea moderna, de modo que el movimiento básico de remado, puesto que había muy poco espacio a los lados, implicaba que el remero empujara el remo directamente hacia delante con los codos pegados al cuerpo, levantándose de su banco en el proceso y luego volviéndose a sentar. Como es lógico, una galera a remos necesitaba remeros experimentados capaces de trabajar perfectamente al unísono, y con notable de fuerza bruta, pues debían mover un remo de hasta nueve metros de longitud que pesaba unos 45 kilos. La galera de guerra había sido creada para ser rápida y maniobrable en batalla; una galera con una quilla bien engrasada podía mantener una velocidad de siete nudos y medio durante veinte minutos impulsada por sus remeros. Si se exigía a estos que remaran durante más de una hora, se los agotaba.

Pero por rápida que fuera en un mar en calma, la galera tenía extraordinarias desventajas. El bajo francobordo hacía a la embarcación sorprendentemente poco marinera, incluso en las marejadas mediterráneas, así que las flotas de galeras solían navegar solo durante los meses de verano y preferían costear a hacer largos viajes a través de mar abierto. No era infrecuente que una tormenta fuera de temporada hundiera a toda una flota de galeras. Las velas solo eran útiles si el viento soplaba directamente de popa, y los propios remos eran inútiles contra un viento fuerte en contra. Además, la necesidad de conseguir la máxima velocidad había creado un casco débil y que flotaba tan bajo sobre el agua que estaba en grave desventaja si tenía que atacar un barco con bordas altas como un mercante o una de las más altas grandes galeras venecianas. Las ventajas y desventajas de las galeras iban a ponerse seriamente a prueba en el combate por la ciudad.

Mehmed había reunido una flota importante. Había reparado y vuelto a calafetear barcos más antiguos y había construido una serie de nuevas trirremes —galeras con remos agrupados en tríos—, además otras galeras de asalto más pequeñas, «barcos largos, rápidos y de cubierta completa, con entre treinta y cincuenta remeros»,[3] que los europeos llamaban fustas. Parece que supervisó buena parte de las obras él mismo, escogiendo «marineros experimentados de todas las costas de Asia y Europa: remeros con habilidades especiales, marineros, timoneles, comandantes de trirremes, capitanes y almirantes y las tripulaciones de los demás barcos».[4] Parte de esta flota ya estaba en el Bósforo en marzo, transportando soldados por el estrecho, pero no fue hasta principios de abril cuando el grueso de las naves se reunió en Galípoli bajo el mando del almirante Baltaoglu, «un gran hombre, un almirante muy hábil con mucha experiencia en guerra naval».[5] Era la primera vez en siete asedios que los otomanos habían traído una flota a la ciudad. Fue una novedad crucial.

Galípoli, «hogar de los defensores de la fe»,[6] era una ciudad talismán para los otomanos y un punto de partida auspicioso. Fue allí donde ganaron su primera cabeza de puente en Europa Oriental en 1354, ayudados por un afortunado —para ellos— terremoto. La flota, animada por el celo de la guerra santa y las perspectivas de conquista, zarpó de los Dardanelos y empezó a ascender por el mar de Mármara. Las tripulaciones, parece ser, se pusieron en ruta «con gritos de júbilo y cantando canciones de remeros, animándose unas a otras a gritos».[7] De hecho, sin embargo, el entusiasmo debió ser más moderado, pues una proporción substancial de los remeros eran reos cristianos. Según un cronista posterior, «los impulsó el viento de la divina providencia»,[8] pero la realidad debió ser otra. En esos momentos los vientos dominantes eran del norte, de modo que el trayecto por el mar de Mármara forzosamente tuvo que hacerse contra el viento y la corriente. Las 120 millas a Constantinopla representaban un duro esfuerzo para las galeras. Las noticias de su avance las precedieron por la ruta marítima acompañadas de una mezcla de asombro y pánico. Igual que con su ejército, Mehmed comprendía el valor psicológico de la superioridad numérica. Ver el mar cubierto de remos y mástiles conmocionó a los habitantes de los pueblos costeros griegos. Las estimaciones más fiables de la armada otomana las hicieron marineros cristianos experimentados, como Giacomo Tetaldi y Niccolò Barbaro, y no los muy impresionables marineros de agua dulce. Entre ambos calcularon que la flota tenía entre doce y dieciocho galeras de guerra completas, compuestas de una mezcla de trirremes y birremes, y luego setenta u ochenta fustas más pequeñas, unas veinticinco *parandaria* —barcazas de transporte pesado— y varios bergantines ligeros y otros pequeños barcos correo, que completaban una flota de unos ciento cuarenta buques en total. Dibujaban una estampa asombrosa recortada contra el horizonte.

Las noticias del impresionante despliegue naval de Mehmed llegaron a la ciudad mucho antes que sus barcos, así que los defensores tuvieron tiempo de diseñar sus contramedidas navales cuidadosamente. El 2 de abril, cerraron el Cuerno de Oro con la gran cadena para crear un fondeadero seguro para sus barcos y para proteger las débiles murallas marítimas de un ataque. Era una práctica que se remontaba muchos siglos en la historia de la ciudad. Ya en 717 se había cruzado una cadena por el estrecho para entorpecer las actividades de las flotas musulmanas que intentaban bloquear la ciudad. El 6 de abril, según Barbaro, «aprestamos para la batalla las tres galeras de Tana y las dos galeras estrechas»,[9] y sus tripulaciones desfilaron por toda la longitud de las murallas terrestres como demostración de fuerza militar. El día 9 todos los recursos navales disponibles para los defensores en el puerto se organizaron y dejaron preparados. Era una serie diversa de embarcaciones, unidas por una serie de motivos. Había barcos de las ciudades-estado italianas y de sus colonias —Venecia, Génova, Ancona y Creta— además de un barco catalán, uno de Provenza y diez embarcaciones bizantinas. Había galeras de diverso tamaño, incluyendo las tres «grandes galeras», los principales barcos de transporte del comercio marítimo italiano, más lentas que las galeras de guerra convencionales pero de construcción más sólida y con bordas más altas, y dos «galeras estrechas», de casco estilizado y escasa obra muerta. La mayoría de los buques anclados en el Cuerno de Oro a principios de 1453 eran barcos mercantes a vela —de alta borda, impulsados por el viento y de casco redondo—, carracas con altas cubiertas de popa, construidas con pesados maderos y mástiles. En teoría, ninguno de estos barcos eran buques de guerra, pero en las peligrosas aguas del Mediterráneo, infestadas de piratas, la distinción entre un mercante y un barco militar no estaba tan clara. Su altura y la vista privilegiada que aportaban sus cubiertas y puestos de vigía les ofrecían ventajas naturales sobre las bajas galeras de guerra si se las dotaba de una tripulación de tropas experimentadas y bien armadas. En este momento preciso de la historia de la guerra naval el barco de vela podía a menudo batirse bien contra los ataques más agresivos de las galeras. Los cañones montados en estas todavía estaban en su infancia; eran demasiado pequeños y estaban montados demasiado bajos como para suponer una amenaza para una carraca. Tendrían que pasar otros cincuenta años hasta que los venecianos diseñaran un cañón capaz de hundir barcos que pudiera montarse en una galera. Más aun, los marineros de Venecia y Génova en particular, que dependían totalmente de su habilidad en el mar para su supervivencia y prosperidad, abordaban cualquier cuestión marítima con una suprema confianza en sus posibilidades. E hicieron sus planes en consecuencia.

El 9 de abril, pues, sacaron sus diez mayores mercantes frente a la cadena, «en formación muy cerrada y con las proas hacia fuera».[10] Barbaro anotó fielmente el nombre de sus capitanes y el tamaño de cada barco, que iba desde el de Zorzi Doria de Génova, «2 500 barriles», a uno de «600 barriles»; tres de los barcos los citó por su nombre: el *Filomati* y el *Guro*, de Candía, y el *Gataloxa*, de Génova. Junto a ellos se dispusieron las galeras más fuertes. Los barcos, que estaban «bien armados y en excelente orden, como si quisieran entrar en batalla, y eran todos igual de buenos»,[11] ocupaban toda la longitud de la cadena desde la ciudad a Gálata, al otro lado del Cuerno de Oro. En el puerto interior, otros diecisiete mercantes de vela cuadrada se mantuvieron en la reserva, junto con más galeras, entre ellas las cinco del emperador, que probablemente fueron desarmadas para concentrar todos los recursos en las embarcaciones que defendían la cadena. Unos pocos barcos extra fueron desmantelados para disminuir el riesgo de que fueran alcanzados por un cañonazo y se incendiaran, la peor pesadilla de los marineros en una flota tan compacta. Seguros tanto de sus defensas como de sus habilidades náuticas, con cañones colocados en la orilla junto a las murallas como refuerzo adicional, los capitanes se sentaron a esperar la llegada de la flota otomana. Quizá tenían un total de treinta y siete barcos contra una armada de ciento cuarenta, sobre el papel una diferencia tremenda, pero los marineros italianos entendían perfectamente los fundamentos de una batalla en el mar. El manejo de un barco era un arte que necesitaba marineros muy bien adiestrados, de modo que el resultado de los enfrentamientos navales dependía menos del número que de la experiencia y determinación de las tripulaciones y de la pura suerte de los cambios del viento y las corrientes. «Al ver nuestra impresionante flota, nos sentimos confiados y seguros contra la flota de los infieles turcos»,[12] escribió Barbaro con suficiencia, traicionando una constante tendencia veneciana a subestimar la capacidad marítima de los otomanos.

La flota otomana fue avistada finalmente el 12 de abril cerca de la una de la tarde, navegando contra el viento del norte. Sin duda las murallas marítimas debieron llenarse de ciudadanos conforme el horizonte se llenaba de mástiles. La flota se acercó remando «con determinación»,[13] pero al ver a los barcos cristianos formando una línea de batalla frente a la cadena, fue al otro lado del estrecho, costeando la orilla opuesta. Causó una profunda impresión en los que la vieron e hizo que el ambiente en la ciudad se tornara más sombrío al oír «los animosos gritos y el sonido de las castañuelas y las panderetas, que infundieron miedo en nuestra flota y en los que estaban en la ciudad».[14] Más adelante esa tarde, toda la flota otomana se movió dos millas más arriba en el Bósforo, a un puerto en la orilla europea que los griegos llamaban las Dobles Columnas y donde ahora se levanta el palacio Dolmabache. El tamaño y la potencia de la flota de guerra enemiga debió hacer mella en la moral de los italianos, que mantuvieron a sus barcos en zafarrancho de combate todo el día, e incluso después del ocaso, «esperando hora tras hora por si venían a atacar nuestra flota».[15] Sin embargo, no sucedió nada. Iba a ser el principio de un juego del gato y el ratón con el objetivo de desgastar a los defensores. Para protegerse de un posible ataque sorpresa, los italianos dispusieron que dos hombres patrullaran siempre las murallas de la neutral Gálata, desde las cuales se podía vigilar la flota estacionada en las Dobles Columnas, más arriba en el Bósforo. A la menor señal de movimiento en el estrecho, aunque fuera de un solo barco, un hombre echaba a correr por las calles de Gálata hasta el Cuerno de Oro para avisar a Alviso Diedo, el comandante del puerto. Se hacía sonar la trompeta de batalla y aquellos en los barcos se alzaban en armas. Y en este estado de aprensión nerviosa esperaban día y noche, meciéndose gentilmente fondeados en las tranquilas aguas del Cuerno de Oro.

Mehmed tenía tres objetivos muy claros para su nueva flota: establecer un bloqueo a la ciudad, intentar abrirse paso hasta el Cuerno de Oro y enfrentarse a cualquier flota de ayuda que pudiera aparecer en el mar de Mármara. Al principio Baltaoglu no hizo nada más que enviar patrullas a las aguas que rodeaban la ciudad para impedir que entraran o salieran barcos de los dos pequeños puertos en el lado de Mármara. Más o menos a la vez, un destacamento adicional de barcos llegó del mar Negro cargado con balas de cañón y otras municiones para el ejército. La llegada de estos suministros pareció provocar un nuevo ciclo de actividad en el campo otomano.

Impaciente por estrechar su cerco a la ciudad, Mehmed ordenó a Baltaoglu que atacara la cadena del Cuerno de Oro. Si los otomanos se abrían paso al interior de la ensenada, Constantino se vería obligado a apartar de la muralla terrestre a muchos soldados para defender la costa norte de la ciudad. Ambos bandos habían realizado cuidadosos preparativos para este momento. Sin duda a instancias de Mehmed, cuyo interés por las innovaciones en el campo de la artillería no conocía límites, los otomanos cargaron cañones pequeños en sus galeras. El sultán dispuso que las puntiagudas proas de los barcos estuvieran ocupadas por infantería pesada y aprovisionó los barcos con un buen arsenal de armas: balas de cañón de piedra, flechas, jabalinas y materiales inflamables. Los vigías observaron cuidadosamente desde Gálata todos los preparativos, de modo que Lucas Notaras, comandante de los barcos bizantinos, tuvo mucho tiempo para preparar las grandes carracas y galeras mercantes con hombres y munición.

Probablemente el 18 de abril, al mismo tiempo en que se lanzaba el primer gran asalto terrestre contra las murallas en la puerta de San Romano, Baltaoglu lanzó el primer ataque de la nueva marina de guerra otomana. Zarpando con el grueso de sus naves desde las Dobles Columnas, la flota rodeó el cabo y avanzó a máxima velocidad contra la cadena. Remaron con brío hacia la línea de barcos de bordas altas anclados frente a la cadena, mientras las tripulaciones se animaban las unas a las otras dando gritos guerreros. Se acercaron a distancia de tiro, redujeron la velocidad y descargaron una andanada de cañonazos y disparos de arco; balas de metal, tornillos de metal y flechas encendidas volaron sobre las aguas y barrieron las cubiertas cristianas. Tras estas salvas iniciales, volvieron a remar hacia los barcos anclados. Al chocar con ellos, los otomanos intentaron poner en práctica los procedimientos de abordaje habituales en un combate a corta distancia. Lanzaron ganchos de abordaje y escalas e intentaron ascender por los cascos más altos de los barcos enemigos mientras, al mismo tiempo, trataban de cortar los cables que los anclaban. Una granizada de jabalinas, picas y lanzas llovió sobre los defensores. La ferocidad del asalto fue incuestionable, pero la ventaja en esta batalla la tenían las carracas, que eran más altas y de construcción más sólida. Las balas de piedra de los cañones montados en las galeras otomanas eran demasiado pequeñas para infligir ningún daño en los gruesos cascos de madera, y los soldados otomanos atacaban desde abajo, como tropas que intentaran asaltar una muralla desde el fondo del foso. Los soldados y marineros a bordo de los barcos cristianos les disparaban desde las plataformas de proa y popa y desde los nidos de cuervos de sus barcos. Nubes de lanzas —jabalinas de hierro con estabilizadores—, flechas y piedras cayeron sobre los indefensos atacantes que intentaban ascender los costados de los barcos, «hiriendo a muchos y matando también a un considerable número».[16] Los buques mercantes tenían experiencia en combate naval y estaban preparados para él; había tinajas de agua a mano listas para extinguir cualquier fuego provocado por un artefacto incendiario, y sencillas poleas colgadas de los mástiles listas para levantar grandes rocas, transportarlas más allá de la borda del barco y dejarlas caer sobre las frágiles falúas que se arracimaban alrededor de los costados de los buques, «e infligirles de este modo considerables daños».[17] La lucha por capturar o defender la cadena fue intensa, pero al final los cristianos prevalecieron. Consiguieron hacer retroceder a un flanco de la flota de galeras. Temiendo una completa humillación, Baltaoglu retiró sus barcos y regresó a las Dobles Columnas.

El primer asalto de la batalla naval se había decantado hacia los defensores. Comprendían bien los barcos y un hecho básico del combate naval: que un mercante bien preparado podía resistir contra un enjambre de galeras bajas si su tripulación estaba bien armada y mantenía la disciplina. Las esperanzas que Mehmed había depositado en el fuego de artillería no se habían visto confirmadas en el mar. Los cañones que podían montarse sobre la ligera estructura de las galeras eran demasiado pequeños como para ser efectivos contra los gruesos cascos de los barcos de vela, y las condiciones de aquella operación en concreto —la dificultad de impedir que la pólvora absorbiera la humedad atmosférica en el mar y de apuntar con precisión en una cubierta que oscilaba— disminuyeron todavía más las posibilidades de éxito. Al llegar la mañana del 19 de abril, las tropas de Mehmed habían sido rechazadas tanto por tierra como por mar y el ánimo de los defensores seguía exultante. La prolongación del asedio aumentaba la impaciencia de Mehmed... así como las posibilidades de que llegara ayuda occidental.

Para Constantino, el éxito de la defensa de la ciudad dependía de recibir ayuda de la Europa cristiana. La interminable ronda de misiones diplomáticas que había precedido al asedio había tenido como objetivo suplicar o pedir prestados hombres y recursos para la causa de la cristiandad. Todos los días, la población oteaba el horizonte hacia poniente esperando la llegada de una nueva flota —un escuadrón de galeras de guerra venecianas o genovesas, con sus puntiagudas proas cortando el mar de Mármara al ritmo de sus tambores, acompañadas por el sonido de las trompetas de batalla y con el león de San Marcos o los confalones de Génova ondeando al salado viento. Pero el mar permanecía ominosamente vacío.

En efecto, el destino de la ciudad dependía completamente de la compleja política interna de las ciudades-estado italianas. Ya a finales de 1451, Constantino había enviado mensajeros a Venecia a informar de que la ciudad estaba condenada a caer si no recibía ayuda. El senado veneciano había debatido el tema; la cuestión fue objeto de discusión en Génova; en Roma, el papa estaba preocupado, pero exigía pruebas de que la unión de las iglesias se había llevado a cabo por completo antes de tomar ninguna medida. En cualquier caso, además, el pontífice carecía de los recursos necesarios para intervenir sin ayuda de los venecianos. Génova y Venecia se observaron la una a la otra con fría rivalidad comercial y no hicieron nada.

La llamada de Constantino a recibir ayuda de Occidente se basaba en nociones que eran religiosas y medievales, pero se dirigía a estados cuyas motivaciones eran económicas y sorprendentemente modernas. A los venecianos les era prácticamente indiferente si los bizantinos eran unionistas o no y les apetecía bastante poco arrogarse el papel de defensores de la fe. Eran comerciantes muy agresivos y lo que les preocupaba eran los acuerdos comerciales, la seguridad de sus rutas marítimas y la defensa de sus intereses económicos. Les inquietaban mucho más los piratas que las disputas teológicas y los productos más que los credos. Sus comerciantes estudiaban el precio de lo que podía comprarse y venderse —trigo, pieles, esclavos, vino y oro—, la disponibilidad de tripulaciones para las flotas de galeras y el comportamiento de los vientos en el Mediterráneo. Vivían por el comercio y el mar, por el descuento, los márgenes de beneficio y la moneda contante y sonante. El dogo tenía una relación magnífica con el sultán y el comercio con Edirne era muy rentable; y, peor todavía, Constantino había perjudicado gravemente los intereses venecianos en el Peloponeso en los veinte años anteriores.

Fue en este espíritu en el que, en agosto de 1452, una minoría de senadores votó abandonar a Constantinopla a su suerte. Esta falta de interés se modificó a lo largo de la primavera siguiente según fueron llegando informes del estrangulamiento de las rutas comerciales hacia el mar Negro y del hundimiento de barcos venecianos. El 19 de febrero, el senado decidió preparar una flota de dos transportes armados y quince galeras, que zarparía el 8 de abril. La organización de la expedición se confió a Alviso Longo, con cuidadosas instrucciones que incluían un útil decreto que le prohibía buscar el combate con los otomanos en el estrecho. Finalmente partió el 19 de abril, un día después del primer gran asalto contra las murallas. Otros emprendieron esfuerzos similares sin coordinación entre ellos. El 13 de abril, el gobierno de la república de Génova invitó a sus ciudadanos, comerciantes y funcionarios «en Oriente, en el mar Negro y en Siria»[18] a que ayudaran por todos los medios al emperador de Constantinopla y a Demetrio, déspota de Morea. Cinco días antes se habían aprobado préstamos para armar barcos contra los venecianos. Más o menos simultáneamente, el papa había escrito al senado veneciano informándoles de que deseaba cinco galeras, prestadas por los venecianos, para acudir en socorro de la ciudad. Los venecianos, siempre tan rigurosos con las deudas, aceptaron en principio el encargo, pero escribieron al papa informando que todavía les debía el coste de las galeras para la cruzada fallida de Varna en 1444.

El papa Nicolás, sin embargo, ya había emprendido una rápida iniciativa, pagada de su bolsillo. Temiendo por el futuro de Constantinopla, en marzo había alquilado tres mercantes genoveses, los había pertrechado con comida, hombres y armas, y los había enviado a la ciudad. A principios de abril habían llegado a la isla genovesa de Quíos, frente a la costa de Anatolia, pero no pudieron avanzar más. El mismo viento del norte que había ralentizado el avance de la flota otomana mantuvo a los barcos genoveses en Quíos durante dos semanas. El 15 de abril el viento cambió, empezó a soplar del sur y los barcos zarparon inmediatamente. El 19 ya habían llegado a los Dardanelos, donde se unieron a un transporte imperial pesado, que llevaba un cargamento de maíz que el emperador había comprado en Sicilia y cuyo capitán era un italiano, Francesco Lecanella. Superaron los Dardanelos y pasaron frente a la base naval otomana de Galípoli sin encontrar oposición, pues toda la flota otomana había partido hacia las Dobles Columnas. Los barcos eran probablemente similares a los que habían rechazado a los otomanos frente a la cadena unos días antes: barcos de vela de borda alta, casi con toda seguridad carracas, descritos por el cronista otomano Tursun Bey como «cocas». Gracias al propicio viento del sur surcaron rápidamente el Mármara y la mañana del 20 de abril sus tripulaciones ya podían distinguir la gran cúpula de Santa Sofía elevándose sobre el horizonte oriental.

La vigilancia por si llegaba una flota de socorro era una obsesión constante en la ciudad. Se divisó a los barcos alrededor de las diez de la mañana y se identificaron las banderas genovesas —una cruz roja sobre un fondo blanco—. La noticia causó sensación entre la gente. Los barcos fueron descubiertos prácticamente a la vez por las patrullas navales otomanas, que alertaron a Mehmed, que estaba en su campamento en Maltepe. El sultán galopó personalmente hasta las Dobles Columnas para emitir órdenes perentorias a Baltaoglu. Sin duda molesto por el fracaso de su flota en la cadena y por el revés frente a las murallas terrestres, el mensaje de Mehmed al comandante de su flota fue inequívoco: «capturar a los veleros y traérselos o no volver con vida».[19] La flota de galeras fue preparada a toda prisa con su tripulación completa de remeros y abarrotada con tropas de élite: infantería pesada, arqueros y jenízaros de la guardia personal del sultán. Se subieron también a bordo cañones ligeros, materiales incendiarios y «muchas otras armas: escudos redondos y rectangulares, cascos, petos, proyectiles y jabalinas y lanzas largas y otras cosas útiles en este tipo de batallas».[20] La flota emprendió camino hacia el sur por el Bósforo para enfrentarse a los intrusos. El éxito de la misión era imperativo para la moral de las tropas, pero esta segunda batalla naval iba a librarse en el estrecho, donde las caprichosas corrientes y vientos del Bósforo eran menos previsibles y podían exigir mucho a los barcos. Los mercantes genoveses ascendían por el estrecho viento en popa. La flota otomana, que no podía utilizar sus velas contra el viento, las bajó y remó con la corriente sobre un mar encrespado.

Al principio de la tarde, los cuatro barcos aparecieron al sureste de la ciudad, manteniendo un curso constante hacia la torre de Demetrio el Grande, un punto de referencia destacado de la acrópolis de la ciudad, alejados de la orilla y preparados para el viraje que les llevaría a doblar el cabo y entrar en la boca del Cuerno de Oro. La enorme disparidad de número infundió a los hombres de Baltaoglu «ambición y esperanzas de éxito».[21] Avanzaban a ritmo constante, «con gran estruendo de castañuelas y gritos hacia los cuatro barcos, remando rápido, como hombres que ansían la victoria».[22] El sonido de los tambores y el bramido de las *zornas* se extendió sobre el agua al aproximarse la flota de galeras. Con los mástiles y remos de cien buques confluyendo sobre los cuatro mercantes, el desenlace parecía inevitable. La población entera de la ciudad se agolpó en las murallas, o subió a los tejados de las casas o al Sphendone del hipódromo: a cualquier sitio que les permitiera ver bien el mar de Mármara y la entrada del Bósforo. Al otro lado del Cuerno de Oro, más allá de las murallas de Gálata, Mehmed y su séquito miraban desde un punto elevado en una colina opuesta. Ambos bandos estaban expectantes, con una mezcla de ansiedad y esperanza que fue creciendo a medida que la trirreme de Baltaoglu se acercaba al primero de los mercantes. Desde la toldilla les ordenó perentoriamente que arriaran las velas. Los genoveses mantuvieron su rumbo y Baltaoglu ordenó a su flota que abriera fuego contra las carracas. Balas de piedra atravesaron el aire; dardos, jabalinas y flechas incendiarias se derramaron sobre los barcos desde todas direcciones, pero los genoveses no titubearon. De nuevo, la ventaja estaba del lado de los barcos más altos: «luchaban desde lo alto, desde los penoles y las torretas de madera arrojaban flechas, jabalinas y piedras».[23] La fuerza del mar hacía que las galeras tuvieran dificultades para apuntar bien y para maniobrar con precisión alrededor de las carracas, que seguían avanzando con el viento a favor. El combate se convirtió en una escaramuza a la carrera en la que las tropas otomanas intentaban acercarse lo suficiente sobre el encrespado mar como para abordar a los barcos cristianos o prender fuego a sus velas mientras los genoveses descargaban sobre ellos una tormenta de proyectiles desde sus castillos de popa.

El pequeño convoy de barcos mercantes llegó al cabo de la Acrópolis sin haber sufrido daños y estaba a punto de doblarlo y entrar en el refugio del Cuerno de Oro cuando sucedió el desastre. El viento cesó de pronto. Las velas quedaron colgando flácidas de los mástiles, y los barcos, que estaban casi a tocar de las murallas de la ciudad, perdieron todo impulso y empezaron a moverse a la deriva empujados por una perversa contracorriente que los apartó de la boca abierta del Cuerno de Oro y los empujó hacia Mehmed y su ejército,

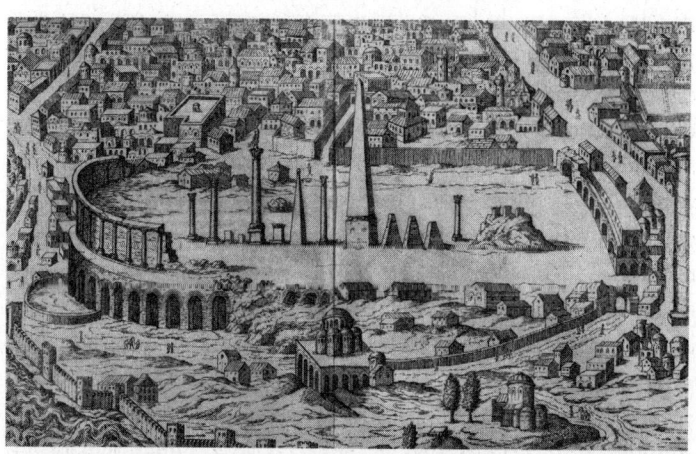

Grabado de Onofrio Panavinio en su *Ludi et Circences* (1600) que muestra los restos que permanecían todavía en pie del hipódromo. El Sphendone, al que subieron los constantinopolitanos para contemplar la batalla marítima son las gradas semicirculares que se observan a la izquierda de la imagen.

que los miraba desde la orilla de Gálata. De súbito, la ventaja había pasado de los barcos de vela a las galeras a remo. Baltaoglu reunió sus mayores buques alrededor de los mercantes y, desde una distancia prudente, los roció de proyectiles, sin conseguir causarles más daños que la vez anterior. Los cañones eran demasiado ligeros y estaban demasiado cerca del nivel del agua como para infligir daños graves a los cascos o desarbolar los mercantes. Las tripulaciones cristianas pudieron apagar los incendios a bordo con barriles de agua. Al ver que el fuego no funcionaba, el almirante «gritó con voz imperiosa»[24] y ordenó a la flota que se acercara para el abordaje.

El enjambre de galeras y falúas convergió sobre las incapaces carracas a la deriva. El mar se solidificó en una masa pugnante de mástiles y cascos entrelazados que parecía, según el cronista Ducas, «como tierra firme».[25] Baltaoglu empotró la proa de su trirreme en la popa de la galera imperial, el mayor y mejor armado de los buques cristianos. La infantería otomana emergió de los rampas de abordaje, intentando subir a los barcos con ganchos de abordaje y escaleras, perforar sus cascos con hachas o prenderles fuego con antorchas encendidas. Algunos treparon por las cadenas de las anclas o cabos; otros lanzaron lanzas y jabalinas por encima de la borda. De cerca, la lucha se convirtió en una serie de enfrentamientos cara a cara. Desde arriba, los defensores, protegidos por buenas armaduras, aplastaban la cabeza de los asaltantes con mazas en cuanto asomaban por la borda, les cortaban las manos con alfanjes, lanzaban jabalinas, disparaban flechas, clavaban picas o tiraban piedras desde arriba a la furiosa masa. Desde los penoles y los nidos de cuervo, «disparaban proyectiles y una lluvia de piedras sobre la compacta flota turca desde sus terribles catapultas».[26] Los ballesteros escogían objetivos para sus precisos dardos y los marineros utilizaban las poleas, grúas y cabestrantes del barco para dejar caer grandes rocas sobre las débiles cubiertas de las falúas, dañando y hundiendo a muchas. El aire era una masa confusa de sonidos: gritos y aullidos, el rugido de los cañones, el salpicar de hombres con armadura cayendo de espaldas al agua, el chasquido de los remos al romperse, el crujido de la piedra al quebrarse contra la madera, el entrechocar de acero, el silbido de flechas cayendo tan rápido «que no se podían bajar los remos al agua»,[27] el sonido de la carne al recibir la hoja de la espada, de los disparos y del dolor. «Hubo grandes gritos y confusión en ambos bandos mientras se jaleaban a sí mismos», escribió Critobulo, «atacando y siendo atacados, matando y muriendo, empujando y siendo empujados, jurando, maldiciendo, amenazando, gimiendo... el estruendo era espantoso».[28]

Durante dos horas, la flota otomana luchó contra su intratable enemigo y la batalla fue terrible. Sus soldados y marineros combatieron con arrojo y extraordinaria pasión, «como demonios», según reconoció a regañadientes el arzobispo Leonardo.[29] Gradualmente, y a pesar de sufrir graves bajas, el peso de los números empezó a inclinar la balanza a favor de los otomanos. Un barco estaba rodeado por cinco trirremes, otro por treinta falúas, y un tercero por cuarenta barcazas llenas de soldados, como una marabunta que intentara devorar a un gran escarabajo. Cuando una falúa se retiraba agotada o se hundía y sus soldados acorazados se hundían en las corrientes o eran arrastrados agarrados a algún madero, otro barco se apresuraba a ocupar su lugar para seguir acosando a su presa. La trirreme de Baltaoglu se aferró con tenacidad al pesado y menos bien armado transporte imperial, que «se defendió brillantemente y cuyo capitán, Francesco Lecanella, se apresuró a ayudar».[30] A medida que avanzaba la batalla, sin embargo, se hizo patente para los capitanes genoveses que el transporte acabaría por caer si no intervenían. De algún modo, consiguieron alinear todos los barcos en una maniobra ensayada y compleja, y atarlos juntos, así que parecían moverse, según un observador, como cuatro torres que se levantaban entre el enjambre de ira y confusión de la agresiva flota otomana, que cubría el mar formando una superficie de madera tan uniforme y densa que «apenas se veía el agua».[31]

Los espectadores que abarrotaban las murallas de la ciudad y los barcos que estaban dentro de la cadena contemplaron impotentes cómo la gran balsa improvisada que formaban los mercantes derivaba lentamente frente al cabo de la Acrópolis

Galeras otomanas atacando los veleros cristianos.

hacia la orilla de Gálata. Cuando la batalla se acercó a donde
él estaba, Mehmed cabalgó hasta la orilla, gritando impacientes instrucciones y amenazas, y animando a sus hombres, que
luchaban con gallardía. Llegó a hacer entrar a su caballo en
el agua, tal era su deseo de dirigir la batalla. Baltaoglu estaba
ahora lo bastante cerca como para oír las instrucciones que

bramaba su sultán. El sol se ponía. La batalla duraba ya tres horas. La victoria otomana parecía segura, «porque se turnaban para combatir, relevándose unos a otros, y haciendo que hombres frescos ocuparan el lugar de los muertos o heridos».[32] Tarde o temprano a los cristianos se les acabarían los proyectiles o las fuerzas. Y entonces sucedió algo tan inesperado y repentino que los cristianos que lo vieron no pudieron atribuirlo a otra cosa que a una intervención divina. Se levantó el viento, que sopló otra vez del sur. Lentamente, las grandes velas cuadradas de las cuatro altas carracas se agitaron e hincharon y los barcos empezaron a moverse otra vez hacia delante, en bloque, impelidos por la irresistible fuerza del ostro. Al ganar velocidad, arrollaron a la frágil muralla de galeras que los rodeaba y avanzaron hacia la boca del Cuerno de Oro. Mehmed maldijo a gritos a su comandante y a sus barcos «y se desgarró las vestiduras de pura ira»,[33] pero anochecía y era demasiado tarde para perseguir a los mercantes cristianos. Fuera de sí de furia por la humillación pública que había sufrido, Mehmed ordenó a la flota que se retirase a las Dobles Columnas.

En la oscuridad de la noche sin luna, dos galeras venecianas se enviaron desde detrás de la cadena, haciendo sonar dos o tres trompetas en cada galera y con los marineros gritando desaforadamente para convencer a sus enemigos de que una fuerza de «al menos veinte galeras»[34] se había hecho a la mar para disuadir a los turcos de seguir persiguiendo a los mercantes. Las galeras remolcaron a los veleros al puerto al son de las campanas de las iglesias y entre los vítores de los ciudadanos. Mehmed estaba «conmocionado. En silencio, espoleó a su caballo y se marchó».[35]

10

Espirales de sangre
20 - 28 de abril de 1453

La guerra es engaño.[1]
Dicho atribuido al Profeta

Las consecuencias inmediatas del enfrentamiento naval en el
Bósforo fueron profundas. Unas pocas horas bastaron para
cambiar el equilibrio psicológico del asedio y decantarlo decidida e inesperadamente a favor de los defensores. El mar de primavera había ofrecido el espectáculo de la humillación pública
de la flota otomana, que había sido vista por la población griega
desde las murallas y, desde la otra orilla, por el flanco derecho
del ejército otomano con Mehmed en persona a la cabeza.

Para ambos bandos resultó evidente que la enorme nueva
armada otomana, que tanto había asombrado a los cristianos al
aparecer por vez primera en el estrecho, no podía competir con
la mayor experiencia marinera de los occidentales. Su derrota se
debió a la superioridad cristiana en habilidad marinera y equipo, a las limitaciones consustanciales de las galeras de guerra y,
en no poca medida, a la suerte. Sin un control férreo del mar,
la pugna por someter a la ciudad sería mucho más dura, por
muchos daños que los cañones del sultán consiguieran causar
en las murallas terrestres.

Dentro de la ciudad, los ánimos se levantaron de nuevo:
«las ambiciones del sultán fueron confundidas y su supuesto
poder disminuido, porque muchos de sus trirremes no pudie-

ron de ninguna forma capturar ni a uno de nuestros barcos».[2] Los mercantes no solo trajeron grano, armas y soldados, que tanta falta hacían, sino que dieron a los defensores algo todavía más valioso: esperanza. Esta pequeña flotilla podría ser la avanzadilla de una flota de rescate mayor. Y si solo cuatro barcos se habían enfrentado con éxito a toda la armada musulmana, ¿qué no harían una docena de galeras bien armadas de las repúblicas italianas? «Este inesperado resultado revivió la esperanza de la gente y le dio ánimo, y le infundió expectativas muy favorables, no solo sobre lo que había pasado, sino también sobre lo que podría pasar en el futuro».[3] En la febril atmósfera religiosa del conflicto, acontecimientos como este no se consideraban nunca el resultado práctico de un enfrentamiento de hombres con sus medios, ni resultado del azar de los vientos, sino que se estimaban prueba evidente de la mano de Dios. «En vano rezaron a su profeta Mahoma», escribió el cirujano Niccolò Barbaro, «mientras que nuestro Dios Eterno escuchó las plegarias de nosotros, los cristianos, y nos concedió la victoria en la batalla».[4]

En algún momento cerca de este punto parece que Constantino, animado por la victoria naval y el fracaso del anterior ataque terrestre otomano, consideró que era el momento de hacer una oferta de paz. Probablemente propuso algún pago que le permitiera a Mehmed salvar la cara con honor, y puede que comunicara su oferta a través de Jalil Pachá. Un asedio produce una compleja simbiosis entre sitiador y sitiado, y era completamente consciente de que, más allá de las murallas de la ciudad, el campamento musulmán se había precipitado en una crisis, pues la moral de los otomanos bajaba en la misma medida que subía la de los cristianos. Por primera vez desde que había empezado el asedio, los atacantes empezaron a dudar. Constantino seguía empecinado en resistir —«un hueso en la garganta de Alá»—, como los castillos cruzados. Para los guerreros de la fe, la ciudad era un problema tanto militar como psicológico. La confianza cultural y tecnológica necesarias para derrotar al infiel y cambiar la pauta de la Historia se había debilitado de repente y la muerte del portaestandarte del Profeta, Ayyub ante esas mismas murallas ocho siglos atrás volvió a la mente de todos. «Este suceso», escribió el cronista otomano Tursun Bey, «causó desesperación y desorden en las filas de los musulmanes [...] el ejército se dividió en facciones».[5]

Fue un momento decisivo para la confianza en la causa. En términos prácticos, la posibilidad de un asedio largo, con todos sus problemas logísticos y de moral, las frecuentes enfermedades —el flagelo de los ejércitos medievales en un asedio— y el consiguiente aumento de las deserciones, debió pesar mucho la noche del 20 de abril. La prolongación de la batalla suponía, además, un peligro directo para la autoridad personal de Mehmed. Una revuelta abierta de los jenízaros empezó a parecer una idea en los márgenes de lo posible. Mehmed nunca concitó el amor de su ejército regular del modo en que lo había hecho su padre. Los soldados ya se habían rebelado contra el petulante joven sultán dos veces, un recuerdo que todos tenían presente, especialmente Jalil Pachá, el gran visir.

Estos sentimientos pasaron a un primer plano cuando Mehmed recibió una carta del jeque Akshemsettin, su asesor espiritual y uno de los principales líderes religiosos del campo otomano. En la misiva le explicaba el humor del ejército y le prevenía:

> Este acontecimiento [...] nos ha causado un gran dolor y detrimento en la moral. No haber aprovechado esta oportunidad ha provocado que ciertos acontecimientos adversos hayan tenido lugar: el primero es[...] que los infieles se han alegrado y han celebrado una tumultuosa procesión; el segundo es la afirmación que vuestra noble majestad ha demostrado poco juicio y habilidad al ver ejecutadas sus órdenes [...] se requerirán severos castigos [...] si este castigo no se ejecuta ahora [...] las tropas no darán su completo apoyo cuando se deban abandonar las trincheras y se dé la orden del asalto final.[6]

El jeque también subrayó que la derrota amenazaba con minar la fe religiosa de los hombres. «Se me ha acusado de fracasar en mis plegarias», continuó, «y de que mis profecías son infundadas [...] debéis solucionar esto ahora para que al final no debamos retirarnos avergonzados y decepcionados».[7]

Espoleado por este texto, Mehmed partió temprano en la mañana del 21 de abril con «unos diez mil jinetes»[8] y cabalgó desde su campamento en Maltepe hasta el puerto en las Dobles Columnas, donde estaba fondeada la flota. Baltaoglu fue llamado a la orilla para responder por la debacle naval. El desventurado almirante había sido herido de gravedad en un ojo por una piedra lanzada por uno de sus propios hombres en el calor de la batalla; debía tener un aspecto miserable al postrarse ante su sultán. En las coloridas palabras de un cronista cristiano, Mehmed «gimió desde lo más hondo de su corazón y estaba tan furioso que de su airada boca salía humo».[9] Colérico, exigió saber por qué Baltaoglu no había conseguido capturar los barcos con el mar en calma: «si no pudiste tomarlos, ¿cómo esperas tomar la flota que está en el puerto de Constantinopla?».[10] El almirante replicó que había hecho cuanto estaba en su poder para apoderarse de los barcos cristianos: «Sabéis», suplicó, «y todos lo vieron, que el espolón de mi galera no se separó de la popa del barco del emperador… Luché valientemente toda la batalla… Lo sucedido está a la vista de todos, que mis hombres están muertos y que hay muchos muertos también en las otras galeras».[11] Mehmed estaba tan rabioso que ordenó que empalaran a su almirante. Consternados, los propios consejeros y cortesanos del sultán se lanzaron a sus pies y suplicaron por la vida del militar, argumentando que había luchado con valor hasta el final y que la pérdida de su ojo era prueba tangible de sus esfuerzos. Mehmed cedió. Conmutó la pena de muerte. Frente a la flota y al círculo de jinetes, Baltaoglu recibió cien golpes. Le despojaron de su rango y de todas sus propiedades, que fueron distribuidas entre los jenízaros. Mehmed comprendía el valor propagandístico positivo y negativo de sus acciones. Baltaoglu se retiró a la zona oscura de la historia y el cáliz ponzoñoso del mando naval pasó a Hamza Bey, que había sido almirante bajo el padre de Mehmed. Las lecciones de este episodio no pasarían desapercibidas entre el círculo interno de visires y asesores. Quedó muy claro lo peligroso que era disgustar al sultán.

Hay otra versión de este episodio, que explica el cronista griego Ducas, que escribió una narración del asedio apasionante, aunque a menudo poco plausible. En su versión Mehmed hizo que Baltaoglu se tendiera en el suelo y dispensó los cien golpes él mismo, «con una vara de oro que pesaba cinco libras, que el tirano había ordenado fabricar para poder maltratar a la gente con ella».[12] Entonces uno de los jenízaros, deseando ganarse el favor del sultán, golpeó la cabeza del almirante con una piedra y le sacó un ojo. La historia es pintoresca y casi con toda seguridad falsa, pero reflejaba la visión que popularmente se tenía en Occidente de Mehmed como déspota oriental, bárbaro en su opulencia, proclive a los placeres sádicos y obedecido ciegamente por su ejército de esclavos.

Después de haber dado ejemplo con su almirante, Mehmed convocó inmediatamente una reunión de su consejo supremo para debatir la oferta de paz que Constantino había hecho el día anterior. Los acontecimientos se sucedían tan rápido que las iniciativas se empezaban a solapar unas con otras sin ningún orden. Enfrentado a un revés significativo y a unas primeras brasas de disensión, la cuestión era simplemente si continuar con el asedio o buscar términos favorables en un acuerdo de paz.

Había dos facciones en el alto mando otomano que llevaban tiempo enfrentadas en una larga lucha por la supervivencia y el poder bajo el altamente volátil reinado del sultán. A un lado estaba el gran visir, Jalil Pachá, de etnia turca y perteneciente a la antigua clase dirigente otomana, que había sido visir con Murat, el padre de Mehmed, y que había guiado al joven sultán durante los turbulentos años de su juventud. Jalil había vivido los años de crisis de la década de 1440 y la revuelta de los jenízaros contra Mehmed en Edirne. Estaba muy preocupado porque creía que Mehmed tendría pocas posibilidades de sobrevivir si era humillado frente a las murallas bizantinas. Durante todo el asedio la estrategia de Jalil se vio perjudicada por los ataques de sus oponentes, que le pusieron el apodo de «amigo de los infieles» y lo consideraban el amante del oro griego.

Su oposición eran hombres nuevos en el poder otomano: un grupo de ambiciosos líderes militares compuesto en su mayoría por personas ajenas al poder: renegados convertidos del cada vez mayor imperio del sultán. Siempre habían repudiado cualquier política de paz y animaban a Mehmed en sus sueños de conquista mundial. Habían vinculado sus fortunas a la captura de esta ciudad. El más destacado de ellos era el vicevisir, Zaganos Pachá, un converso griego, «el que era más temido y cuya voz tenía la mayor autoridad»,[13] que era además uno de los principales comandantes militares. Su facción contaba con el fuerte apoyo de los líderes religiosos, partidarios de la guerra santa, entre ellos el ulema Ahmet Gurani, el formidable tutor de Mehmed, un auténtico erudito islámico, y el jeque Akshemsettin, que representaba el ancestral fervor islámico por tomar la ciudad cristiana.

Jalil defendía que había que aprovechar la oportunidad de retirarse del asedio honorablemente y con un tratado favorable: afirmaba que la derrota naval era una muestra de la dificultad de capturar la ciudad y que la posibilidad de que llegase un ejército de socorro húngaro o una flota italiana aumentaba a medida que el sitio se alargaba. Proclamó su convencimiento de que, algún día, la manzana caería sobre el regazo del sultán «como la fruta madura cae del árbol»,[14] pero que esta fruta de oro todavía no estaba madura. Si se llegaba a un acuerdo de paz con términos punitivos para los bizantinos, ese día estaría más cerca. Propuso exigir que el emperador pagase la gigantesca suma de 70 000 ducados como tributo anual del emperador para aceptar levantar el asedio.

La facción belicista se oponía radicalmente a esta línea. Zaganos replicó que la campaña debía continuar con renovado vigor, que la llegada de los barcos genoveses solo hacía más evidente la necesidad de lanzar un ataque decisivo cuanto antes. Fue un momento clave. El mando otomano sabía que se había llegado a un punto crítico, pero la intensidad del debate reflejó también que los principales visires eran conscientes de que estaba en juego su influencia sobre el sultán, y en último término su propia supervivencia. Mehmed se sentó en el estrado por encima de la discusión mientras los rivales pugnaban por imponer sus tesis, pero por su temperamento e inclinación, siempre estuvo más cerca del partido belicista. Una mayoría clara del consejo votó continuar la campaña. Se envió respuesta a Constantinopla de que la única paz posible era la resultante de la rendición incondicional de la ciudad. El sultán cedería el Peloponeso a Constantino y compensaría a sus hermanos, que lo gobernaban actualmente. Era un oferta diseñada para que el emperador la rechazara, y así fue. Constantino también era consciente de las obligaciones que le imponía la historia y recordaba bien lo que le había sucedido a su padre. Cuando los otomanos se plantaron a las puertas de la ciudad en 1397 se había oído murmurar a Manuel II: «Jesucristo, Señor, no permitas que pase que la gran multitud de los cristianos oiga que fue en tiempos del emperador Manuel cuando la Ciudad, con todos sus sagrados y venerables monumentos de la fe, fue entregada al infiel».[15] Con ese mismo espíritu, el emperador estaba dispuesto a luchar hasta el final. El asedio continuó, y el partido belicista, sintiendo la presión del paso del tiempo, decidió intensificar el conflicto.

A cinco kilómetros de allí continuaba el asalto a la ciudad, siguiendo un plan integral de ataque secreto que solo conocían Mehmed y sus generales. Un intenso bombardeo de las murallas terrestres, que había comenzado el día anterior, continuó sin cesar durante la noche y durante el día del consejo militar. El fuego otomano se concentró en la muralla cerca de la puerta de San Romano en el valle del Lico, la sección de las defensas que ambos bandos sabían que era la más vulnerable.

Bajo el incesante fuego de artillería, una de las torres grandes, la Bactatiniana, se hundió y varios metros de la muralla exterior cayeron con ella. Se había abierto una brecha de tamaño considerable y los defensores se vieron expuestos de repente. «Entonces empezaron a tener miedo los que estaban en la flota y en la ciudad», registró Niccolò Barbaro. «No teníamos dudas de que querían atacar inmediatamente; todo el mundo creyó que pronto se verían turbantes turcos en el interior de la ciudad».[16] Lo que desmoralizó a los defensores fue la velocidad a la que los cañones otomanos podían demoler defensas aparentemente sólidas cuando concentraban su fuego en un solo punto. «El bombardeo había derribado una parte tan grande de la muralla que todo el mundo se consideró perdido, considerando cómo en solo unos pocos días habían destruido tanto trozo de las defensas».[17] A los defensores les parecía obvio, al mirar a través del boquete, que un ataque concertado sobre ese punto «con solo diez mil hombres»[18] provocaría con toda seguridad la caída de la ciudad. Esperaron el inevitable asalto, pero Mehmed y todos los mandos militares estaban en las Dobles Columnas debatiendo el futuro de la campaña y nadie dio la orden. A diferencia de la naturaleza fragmentaria y voluntaria de la defensa cristiana, que se basaba fundamentalmente en la iniciativa individual, parecía que las tropas otomanas solo respondían a órdenes emitidas desde el mando central. No sucedió nada que capitalizara la ventaja que habían conseguido los cañones, y los defensores tuvieron tiempo de reagruparse.

Bajo la protección de la oscuridad, Giustiniani y sus hombres trabajaron para reparar la muralla dañada. «Estas reparaciones se hicieron con barriles llenos de piedras y tierra, y tras ellos se cavó un foso muy amplio con un muro al final, que se cubrió con ramas de vid y otras capas de ramas empapadas de agua para hacerlas más sólidas y que esta muralla fuera tan resistente como lo había sido la otra».[19] Esta empalizada de madera, tierra y piedra siguió siendo efectiva, y pudo mitigar la fuerza de las grandes balas de piedra. De algún modo, además, estas reparaciones fueron llevadas a cabo bajo el fuego constante «de su enorme cañón y de sus otros cañones, y de muchísimas más piezas de artillería, incontables arcos y muchas escopetas».[20] La crónica del día que nos dejó Barbaro se cierra con una imagen terrible del enemigo, multitudinario y extraño, un panorama del horror que contempló el médico de a bordo: el suelo frente a la muralla «no podía verse, porque estaba cubierto de turcos, en particular de jenízaros, que eran los soldados más valientes del Gran Turco, y también de muchos de los esclavos del sultán, que se reconocían por sus turbantes blancos, mientras que los turcos llevaban turbantes rojos».[21] Aun así, no se produjo ningún ataque. Era obvio que la buena suerte —y «nuestro misericordioso señor Jesucristo, que está lleno de compasión»—[22] habían decidido salvar a la ciudad ese día.

Los acontecimientos del 21 de abril parecen acelerar súbitamente y superponerse unos a otros, como si ambos bandos hubieran reconocido que se trataba de un momento decisivo. Para los defensores fue un proceso de continua reacción. Carecían de los recursos necesarios para hacer salidas, así que no podían hacer otra cosa que esperar tras el triángulo que formaban sus antiguas murallas, confiando en la resistencia de sus fortificaciones, apresurándose a solucionar cada crisis particular cuando se presentaba, tapando brechas… y peleándose entre ellos. Empujados de un lado a otro por los vientos de la esperanza y la desesperación, por los rumores de nuevos ataques y de ejércitos de socorro, trabajaban incesantemente en la defensa de la ciudad y miraban hacia el horizonte occidental en busca de velas de barcos aproximándose.

Parece que los hechos de esos días provocaron que Mehmed se lanzara a una actividad frenética. El día 21 estaba preocupado por el fracaso de su armada, el miedo a que llegara ayuda a los defensores y el pesimismo de sus tropas. Se movía inquieto por el perímetro de la ciudad, yendo desde su tienda roja y oro a las Dobles Columnas y visitando a sus tropas sobre Gálata, analizando el problema en tres dimensiones, contemplando la «fruta dorada» desde ángulos diferentes, dándole vueltas en su cabeza. Deseaba Constantinopla desde su niñez. Desde las primera vez que la vio a lo lejos siendo niño hasta sus paseos nocturnos por las calles de Adrianópolis en 1452, la ciudad había sido una obsesión omnipresente que había alimentado su intenso interés por los tratados europeos sobre asedio, sus estudios preliminares del terreno y sus detallados bocetos de las murallas. Mehmed no cejaba en su empeño: hacía preguntas, acumulaba recursos y habilidades técnicas, interrogaba a sus espías y reunía información. Su obsesión estaba hermanada con su secretismo, aprendido de joven en el peligroso mundo de la corte otomana, lo que hacía que siempre guardara para sí sus planes hasta que estaban maduros. En una ocasión en que le preguntaron sobre una futura campaña, se dice que Mehmed evitó dar una respuesta directa y contestó: «Puedes estar seguro de que si supiera que uno de los pelos de mi barba conoce mi secreto, me lo arrancaría y lo tiraría al fuego».[23] Su siguiente movimiento iba a ser igual de precavido.

El problema, razonó, era la cadena que protegía la entrada al Cuerno de Oro. La cadena impedía que su armada presionara a la ciudad desde el norte y permitía a los defensores concentrar sus escasas fuerzas en defender las murallas terrestres, diluyendo el impacto de la enorme superioridad numérica otomana. Sus cañones habían destruido la muralla defensiva de Constantino en el istmo de Corinto en una semana, pero aquí, aunque el gran cañón ciertamente había perforado la antigua estructura de Teodosio, el progreso era más lento de lo que había esperado. Visto desde fuera, el sistema defensivo era demasiado complejo: las murallas tenían demasiadas capas y el foso era demasiado profundo como para obtener resultados rápidos. A mayor abundamiento, Giustiniani había demostrado ser un gran estratega. Su gestión de sus limitados recursos humanos y materiales había sido extremadamente efectiva: la empalizada de tierra había conseguido resistir allí donde se había hundido la piedra y los defensores habían mantenido la línea… aunque a duras penas.

Mientras estuviera cerrado, el Cuerno de Oro ofrecía un fondeadero seguro a cualquier flota de relevo y constituía una base naval desde la que lanzar un contraataque. También alargaba la línea de comunicación entre las distintas partes del ejército de Mehmed y entre su ejército y su marina, pues las tropas se veían obligadas a dar un gran rodeo hasta el extremo interior de la ensenada para pasar de las murallas terrestres a las Dobles Columnas. Había que solucionar el problema de la cadena.

Nadie sabe con seguridad cómo se le ocurrió a Mehmed la idea, o cuánto tiempo llevaba pensando en ella, pero el 21 de abril aceleró los trabajos para una solución extraordinaria al obstáculo que planteaba la cadena. Si no podía romperse ni forzarse, razonó, habría que evitarla, y la única manera de evitarla era transportar toda la flota por tierra hasta el interior del Cuerno de Oro y desplegarla detrás de la línea defensiva de los cristianos. Los cronistas contemporáneos cristianos tenían su propia idea del origen de esta estrategia. El arzobispo Leonardo fue muy claro: otra vez se trataba de la sabiduría y el consejo de pérfidos europeos; la inspiración de Mehmed fueron «los recuerdos de un cristiano sin fe. Creo que el hombre que le reveló este truco a los turcos lo aprendió de la estrategia veneciana en el lago Garda».[24] Ciertamente los venecianos habían llevado galeras desde el río Adigio al lago Garda en fechas tan recientes como 1439, pero en las campañas medievales hay muchos otros precedentes de esta táctica y Mehmed era un aplicado estudiante de la historia militar. El propio Saladino había transportado sus galeras desde el Nilo hasta el mar Rojo en el siglo XII; en 1424 los mamelucos habían transportado galeras de El Cairo a Suez. Fueran cuales fueran sus orígenes, lo cierto es que el plan estaba en marcha antes del 21; los acontecimientos simplemente aceleraron su aplicación.

Mehmed tenía otra razón para intentar esta maniobra. Deseaba presionar la colonia genovesa de Gálata, al otro lado del Cuerno de Oro, cuya ambigua neutralidad en este conflicto era fuente de quejas para ambos bandos. Gálata comerciaba con grandes beneficios tanto con la ciudad como con sus sitiadores. Y al hacerlo, actuaba como una membrana a través de la cual pasaban de un lado a otro materiales e información. Corrían rumores de que ciudadanos de Gálata circulaban abiertamente por el campamento otomano durante el día y vendían aceite para enfriar los grandes cañones y todos los productos que podían colocar a los musulmanes, y que luego cruzaban el Cuerno de Oro por la noche a ocupar su lugar en las murallas. La cadena estaba fijada dentro de las murallas de Gálata, y no podía ser atacada directamente, pues lo último que deseaba Mehmed era una guerra abierta con los genoveses. Era consciente que si abría hostilidades directas con ellos se arriesgaba a que la metrópolis enviara una poderosa flota. Al mismo tiempo no se le escapaba que las simpatías naturales de los habitantes de Gálata estaban con sus correligionarios cristianos: el propio Giustiniani era genovés. La llegada de los barcos de socorro genoveses también debía haber inclinado la balanza de las simpatías, como reconoció Leonardo de Quíos: «La gente de Gálata se ha comportado con mucha cautela

[...], pero ahora arden en deseos de aportar tanto armas como hombres, pero solo en secreto, no sea que el enemigo, que solo finge tener intenciones pacíficas hacia ellos, lo descubra».[25] La doble vida de la comunidad genovesa implicaba, sin embargo, que la información podía circular en ambas direcciones, y esto pronto tendría trágicas consecuencias.

Toda la tierra detrás de Gálata, que originalmente había estado cubierta de viñedos y matorrales silvestres, estaba ahora en manos de los otomanos bajo el mando de Zaganos Pachá. Es probable que en las etapas iniciales del asedio se decidiera construir una carretera desde el Bósforo, partiendo de cerca de las Dobles Columnas, subiendo un empinado valle hasta una pequeña cordillera detrás de Gálata y que luego descendía por otro valle hasta el Cuerno de Oro más allá del asentamiento genovés, en un lugar llamado el valle de los Manantiales, donde había un cementerio genovés extramuros. Mehmed decidió que esta debía ser la ruta que seguir en su plan. En su punto más alto, la carretera se elevaba unos 60 metros por encima del nivel del mar, lo que planteaba graves dificultades para transportar barcos por tierra. Sin embargo, Mehmed disponía de mano de obra en abundancia. Con su habitual secretismo y anticipación, había reunido los materiales necesarios para esta empresa: madera para hacer una primitiva vía, rodillos y andamios para transportar los barcos, barriles de grasa, recuas de bueyes y hombres. Primero se desbrozó el terreno y se allanó todo lo posible. El 21 de abril se aceleraron los trabajos visiblemente. Equipos de trabajadores dispusieron la vía de madera que ascendía desde el Bósforo, prepararon y engrasaron los rodillos, y construyeron plataformas y andamios para sacar a los barcos del agua. Para ocultar estos preparativos, Mehmed llevó una batería de cañones a una colina justo al norte de Gálata y ordenó Zaganos que bombardeara a los barcos que defendían el Cuerno de Oro.

Sigue siendo sorprendente que a los cristianos no les llegara ninguna información de unos trabajos de ingeniería tan importantes ni a través del portal de inteligencia que era Gálata ni a través de los soldados cristianos en el campamento otomano. Los primeros días, los genoveses probablemente pensaron que los trabajos preliminares que veían eran simplemente un proyecto de construcción de una carretera. Quién sabe si luego el bombardeo de artillería que sufrieron desde más allá de su ciudad hacia el Cuerno de Oro les impidió ver lo que sucedía, o quizá, como creían los venecianos, lo que sucedió fue que los genoveses colaboraron con el proyecto. Fuera cual fuera la verdad, el hecho es que nadie en la ciudad se enteró de lo que estaba sucediendo.

Temprano la mañana del domingo 22 de abril, mientras continuaban los cañonazos y los cristianos que podían hacerlo se dirigían a la iglesia, se entró en las aguas del Bósforo la primera plataforma. Se colocó sobre ella una pequeña fusta y luego se transportó a los rodillos engrasados del camino mediante poleas. El omnipresente sultán estaba allí para dar ánimos y comprobar los resultados del intento. «Y después de atarlos bien, se fijaron largos cables en las esquinas y se entregaron a los soldados para que tiraran de ellos, algunos a mano, otros mediante ciertos cabestrantes y poleas».[26] El barco fue remolcado cuesta arriba por recuas de bueyes y equipos de hombres, apoyados a cada uno de

Cuadro de Fausto Zonaro (1854-1929) que muestra el traslado de la flota otomana por tierra hasta el interior del Cuerno de Oro.

los costados del buque por más grupos de obreros y soldados. A medida que el buque se movía por la vía fueron colocando más rodillos a su paso; gracias a los grandes recursos de animales y mano de obra movilizados para el intento, el barco empezó a avanzar lentamente por la empinada colina hacia la cima de la cordillera sesenta metros más arriba.

Soplaba una brisa agradable procedente del mar y en un momento de inspiración Mehmed ordenó a unos tripulantes que subieran al barco y ocuparan sus puestos en los remos y jarcias. «Algunos desplegaron las velas con grandes gritos, como si estuvieran zarpando, y el viento llenó las velas y las hinchó. Otros se sentaron en los bancos de los remeros, tomaron los remos y los movieron atrás y adelante como si estuvieran de verdad remando. Y los comandantes, paseando junto a la base de los mástiles, con silbidos y gritos y latigazos ordenaban a los que estaban en los bancos que remasen».[27] Los barcos se decoraron con pendones de colores, sonaron los tambores y pequeñas bandas de músicos tocaron trompetas desde las proas. Fue un momento surrealista de improvisado carnaval: las banderas al viento, la música de las bandas, el movimiento de los remos, las velas hinchadas por la brisa de la mañana, los bueyes tirando y mugiendo... fue un gesto psicológico brillante en medio de la guerra que se iba a convertir en un ingrediente importante del mito del Conquistador para el pueblo turco. «Fue una visión extraordinaria», dejó escrito Critobulo, «y, por mucho que se cuente, increíble excepto para aquellos que contemplaron con sus propios ojos cómo los barcos se transportaron por tierra como si navegasen por el mar, con sus tripulaciones y sus velas y todos sus pertrechos».[28] Desde el cercano altiplano, Zaganos Pachá seguía bombardeando el puerto del Cuerno de Oro y tres kilómetros más allá los grandes cañones golpeaban las murallas terrestres a la altura de la puerta de San Romano.

Desde la cima de la cordillera el primer barco inició su pesado descenso por el valle de los Manantiales. Con meticulosa atención al detalle, Mehmed había trasladado una segunda batería de cañones a la costa para prevenir que el enemigo atacara a los barcos cuando se botaran en el interior de la ensenada. Bas-

tante antes de mediodía, este primer barco entró en las aguas del
Cuerno de Oro, con su tripulación lista para repeler cualquier
ataque sorpresa, y rápidamente lo siguieron muchos otros buques. En el curso del día unos setenta barcos fueron botados de
uno en uno en las aguas frente al valle de los Manantiales. Estos
barcos eran fustas, birremes más pequeñas y rápidas «de quince
bancos de remos hasta veinte o incluso veintidós bancos»,[29] y
probablemente de hasta 21 metros de eslora. Las galeras otomanas más grandes permanecieron en el puerto exterior en las
Dobles Columnas.

Los detalles de esta operación —la coordinación, la ruta
exacta, la tecnología empleada— siguen siendo un misterio. En
la práctica es muy improbable que pudiera completarse en solo
veinticuatro horas. La ingeniería necesaria para levantar un total
de setenta barcos un mínimo de un kilómetro seiscientos metros
a lo largo de un desnivel de un 8 por ciento y luego conseguir
que realicen un descenso controlado, incluso con la ayuda de un
gran número de hombres y animales y empleando cabestrantes,
sugiere que se empleó bastante más tiempo. Es posible que los
barcos más grandes fueran desmantelados y vueltos a armar cer-

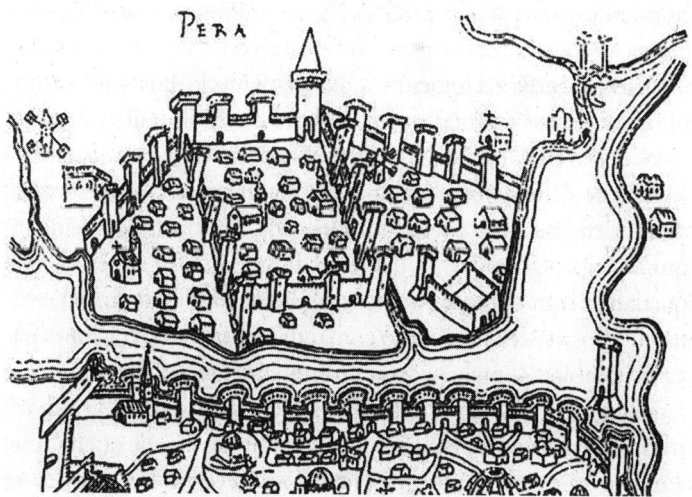

Gálata (Pera) y el Cuerno de Oro: las Dobles Columnas están arriba a la
derecha, el valle de los Manantiales está bajo el molino de la izquierda.

ca de la orilla del Cuerno de Oro bastante antes del 22 de abril, y que el transporte de los demás llevara ya tiempo en marcha. Es típico del secretismo de Mehmed y de su profunda capacidad de planificación que no se vaya a saber nunca la verdad, pero todos los cronistas coinciden que, de repente, la mañana del 22 de abril, los barcos se deslizaron uno a uno en la ensenada de Gálata. Toda la operación constituyó un golpe magistral estratégico y psicológico, concebido y ejecutado con brillantez. Incluso los cronistas griegos posteriores se vieron en la obligación de alabarlo a regañadientes: «Fue una gesta maravillosa y una estratagema sublime de táctica naval»,[30] escribió Melisseno. Tendría consecuencias desastrosas para los defensores.

Debido a su posición protegida tras la cadena y a la inmensa presión que se estaba aplicando sobre las murallas terrestres, las murallas marítimas a lo largo del Cuerno de Oro apenas estaban defendidas. Habría en ellas pocos soldados, pero cuando los pocos que había vieron emerger el primer barco en la cima de la colina en la orilla opuesta, el pánico se extendió rápido como la pólvora. La gente acudió corriendo por las empinadas calles y contempló horrorizada desde las murallas cómo un barco tras otro la flota otomana entraban en el Cuerno de Oro. Fue una respuesta estratégica y psicológica impresionante a la victoria cristiana en el combate naval del Bósforo.

Constantino reconoció inmediatamente lo que aquello implicaba para sus exigidas tropas: «Ahora que la muralla, a lo largo del Cuerno de Oro, estaba abierta al asalto, nos vimos en la obligación de defenderla y tuvimos que desguarnecer otros sectores de las defensas para enviar hombres allí. Era un riesgo evidente quitar soldados del frente del resto de las murallas, pues los que quedaban eran demasiado pocos para defenderlas de forma efectiva».[31] Los venecianos, como comandantes de las operaciones navales, también se preocuparon profundamente. La flota otomana estaba a menos de un kilómetro y medio de distancia, en un estrecho cerrado de a penas unos cientos de metros de anchura; el Cuerno, que había sido un santuario a salvo de los ataques, se había convertido en una claustrofóbica cabina en la que no había espacio para respirar.

Cuando los de nuestra flota vieron las fustas, sin duda se asustaron, pues estaban seguros de que una noche atacarían nuestra flota en conjunción con la flota que estaba en las Columnas. Nuestra flota estaba dentro de la cadena, la flota turca estaba tanto dentro como fuera de la cadena, y de esta descripción puede comprenderse lo grande que era el peligro. Y los nuestros también estaban preocupados por el fuego, que vinieran a incendiar los barcos que estaban en la cadena, y por tanto nos vimos forzados a permanecer listos para el combate en el mar, noche y día, con gran temor a los turcos.[32]

Era obvio para los defensores que era esencial y urgente intentar destruir esa flota interior. Al día siguiente, un consejo de guerra se reunió en la iglesia veneciana de Santa María, convocado por el alcaide veneciano y por el emperador con el objetivo expreso de «quemar la flota enemiga».[33] Solo fueron llamados doce hombres, que se reunieron en el mayor de los secretos. Aparte de Constantino, casi todos eran comandantes y capitanes de barco venecianos. Solo había un extraño en este asunto que los venecianos consideraban suyo: el genovés Giovanni Giustiniani, «un hombre en quién siempre se podía confiar», cuya opinión respetaban todos. Se produjo un debate intenso y largo en el que se defendieron con pasión ideas contrapuestas. Algunos querían lanzar un ataque a gran escala a plena luz del día con toda la flota, incluyendo los barcos genoveses. Esto se rechazó porque las negociaciones con Gálata serían complejas y era importante actuar con rapidez. Otros querían desplegar una fuerza terrestre para que destruyera los cañones que protegían la flota enemiga y luego quemar los barcos; esto se consideró demasiado arriesgado dado el exiguo número de soldados disponible. Por último, Giacomo Coco, al capitán de galera que había venido de Trebisonda, «un hombre de acción, no de palabras»,[34] habló con firmeza en defensa de una tercera opción: organizar una pequeña expedición naval nocturna para tomar a la flota turca por sorpresa y quemarla. Esa expedición debía prepararse totalmente en secreto, sin consultar a los genoveses, y ser ejecutada de inmediato: la rapidez era fundamental. Se ofreció a liderar la expedición él mismo. Esta estrategia se sometió a votación y ganó.

El 24 de abril Coco se puso manos a la obra para implementar su plan. Escogió dos mercantes resistentes y de altas bordas y forró los costados con balas de lana y de algodón para protegerlos de las balas de piedra de los cañones otomanos. Dos grandes galeras debían acompañar a los mercantes para repeler cualquier contraataque, mientras que los daños al enemigo los debían infligir dos pequeñas y ligeras fustas impulsadas por setenta y dos remeros cada una y armadas con fuego griego y otros materiales inflamables para incendiar la flota enemiga. A cada uno de estos dos barcos lo acompañaría otro más pequeño con más materiales. El plan era sencillo: los barcos de vela «acorazados» protegerían a los barcos más pequeños del fuego de artillería hasta que estuvieran cerca del enemigo, entonces estos emergerían de la pantalla protectora de los mercantes e intentarían incendiar los barcos otomanos, que estaban fondeados unos muy cerca de otros. Los barcos de la expedición debían congregarse una hora después del crepúsculo y el ataque se realizaría a medianoche. Todo estaba preparado; los comandantes se reunieron en la galera de Alviso Diedo, el capitán del puerto, para una última revisión cuando hubo que paralizar las operaciones. De algún modo los genoveses de la ciudad se habían enterado de lo que iba a pasar y querían tomar parte en el ataque. Insistieron con rotundidad en que se retrasara la partida para poder preparar sus barcos. Los venecianos accedieron. El ataque se pospuso.

Los genoveses tardaron cuatro días en poner a punto sus buques. Mientras tanto, el bombardeo de las murallas terrestres no se detuvo. Los venecianos estaban impacientes: «Desde el veinticuatro hasta el veintiocho de este mes hemos esperado», escribió Barbaro. «El veintiocho de abril, en nombre de nuestro señor Jesucristo, se decidió intentar quemar la flota de los pérfidos turcos».[35] La flota de ataque había sido modificada ligeramente para acomodar a los susceptibles genoveses: los venecianos y los genoveses aportaban sendos mercantes debidamente acolchados; había dos galeras venecianas, comandadas por Gabriel Trevisano y Zacaria Grioni, tres de las fustas más rápidas con el material combustible, bajo el mando de Coco, y cierto número de barcos más pequeños con más suministros de brea, matojos y pólvora.

Dos horas antes del amanecer el 28 de abril, la fuerza atacante zarpó en silencio desde el pie de las murallas costeras de Gálata, en el extremo noreste del Cuerno de Oro, y rodeó la curva de la oscura orilla hacia el valle de los Manantiales, a menos de kilómetro y medio de distancia. Los barcos mercantes, con Giustiniani a bordo del barco genovés, iban al frente. Los barcos de ataque los seguían, bajo su cobertura. Nada se movía en las tranquilas aguas. La única señal de vida era una llama que oscilaba en la cima de la torre genovesa de Gálata. No se oía absolutamente nada conforme se acercaban a la flota otomana.

Los grandes veleros se movían muy lentamente impulsados a remo en comparación con las rápidas fustas con gran dotación de remeros a las que debían proteger, y no está claro si fue por el silencio y el suspense del lento acercamiento al enemigo, por la tensión acumulada por el retraso del ataque o por un deseo de «ganar honor en el mundo»,[36] pero Giacomo Coco abandonó de repente el plan que tan cuidadosamente se había diseñado. Por iniciativa propia, adelantó su barco al convoy y empezó a remar a toda velocidad hacia la flota enemiga. Durante un instante todo fue silencio. Entonces, desde la oscuridad, una andanada de cañonazos se disparó contra el barco desprotegido. El primer disparo falló por muy poco. El segundo cañonazo golpeó a la fusta directamente en la mitad y la atravesó entera. «Y esta fusta no pudo mantenerse a flote más de lo que se tarda en decir diez padrenuestros»,[37] escribió Barbaro. En un instante los soldados con sus armaduras y los remeros se hundieron en el mar oscuro como la noche y desaparecieron.

En las tinieblas los barcos que lo seguían no vieron lo que había sucedido y siguieron avanzando. Más cañones abrieron fuego contra ellos, casi a bocajarro. «Había tanto humo de cañones y escopetas que nadie podía ver nada, y ambos bandos proferían gritos furiosos».[38] Mientras los barcos avanzaban, la galera mayor de Trevisano entró en la línea de fuego y fue inmediatamente alcanzada por dos cañonazos que atravesaron completamente el casco. Empezó a entrar agua en el barco pero dos hombres heridos que estaban bajo cubierta actuaron con enorme presencia de ánimo para evitar que se hundiera. Bloqueando los agujeros con unas capas que había en un almacén consiguieron detener las vías de agua. La dañada galera, aunque medio sumergida, consiguió de algún modo mantenerse a flote y retroceder remando con gran dificultad hasta un lugar seguro. Los demás barcos intentaron continuar con el ataque, pero ante la intensidad de la cortina de fuego formada por piedras, balas y otros proyectiles, y ante el hecho de que la galera dañada abandonaba el combate, decidieron retirarse.

Empezaba a amanecer pero en la confusión los dos grandes mercantes permanecían anclados en posición defensiva, según el plan, pues ignoraban que el resto de la flota de ataque se había retirado. Viendo a estos barcos inesperadamente aislados, la flota otomana levó anclas para rodearlos y tomarlos. «Tuvo lugar una batalla terrible y feroz […] parecía verdaderamente el mismo infierno; descargaron infinitas balas y flechas, y muchos cañonazos y disparos».[39] Los marineros musulmanes gritaban el nombre de Alá mientras sus setenta barcos más pequeños se apresuraban a rodear al enemigo, pero los dos transportes acolchados con sus altas bordas y sus experimentadas tripulaciones los mantuvieron a raya. La lucha cuerpo a cuerpo continuó durante hora y media sin que ninguna de las dos partes ganara una ventaja significativa, hasta que, al final, ambos bandos desistieron y regresaron a sus fondeaderos. Los otomanos habían perdido una fusta, pero estaba claro qué bando había ganado el día. «Por todo el campamento turco hubo grandes celebraciones, porque habían enviado la fusta del señor Giacomo Coco al fondo», dijo Barbaro, «y nosotros estábamos llorando de miedo por si los turcos conseguían arrancarnos la victoria con su flota».[40] Los italianos hicieron un recuento de sus bajas: una fusta hundida con su tripulación y los hombres que había en ella —unos noventa marineros y soldados

veteranos— una galera gravemente dañada y un duro golpe a la
noción de la supremacía naval italiana. La lista de bajas fue larga y contenía nombres conocidos para sus camaradas: «Giacomo
Coco, capitán; Antonio de Corfú, socio; Andrea Steco, marinero,
Zuan Marangon, ballestero; Troilo de Grezi, ballestero…» y así
seguía. «Todos estos hombres se hundieron con la fusta y todos se
ahogaron, que Dios se apiade de ellos».[41]

Al avanzar la mañana del 29 de abril, sin embargo, la naturaleza de la derrota iba a asumir un cariz más horrendo. Se
filtró que no todos los hombres desaparecidos se habían ahogado. Unos cuarenta habían podido salir nadando del barco
que naufragaba, y en la oscuridad y la confusión de la batalla
habían llegado a la orilla enemiga y sido capturados. Mehmed
ordenó que los empalaran frente a la ciudad como castigo y
advertencia. Los supervivientes contemplaron los preparativos
horrorizados desde las murallas. Lo que vieron fue gráfica-
mente capturado por Jacopo de Campi, un mercader genovés
que llevaba veinticinco años comerciando con el imperio otomano:

> El Gran Turco [hace] que el hombre al que quiere cas-
> tigar se tienda sobre el suelo; una larga y afilada estaca
> se le introduce por el recto; con un gran mazo sujetado
> con ambas manos, el verdugo la golpea con todas sus
> fuerzas, de modo que la estaca, que se conoce como
> *palo*, entra en el cuerpo humano y, según el camino que
> toma, el desventurado agoniza un rato o muere al ins-
> tante; entonces el verdugo levanta la estaca y la planta
> en el suelo; así el desventurado es dejado *in extremis*; no
> vive mucho.[42]

Así «se plantaron las estacas y se les dejó morir ante los ojos de
los guardas de las murallas».[43]

Los escritores europeos de la época sacaron mucho jugo
a la barbarie de este método de ejecución y lo consideraron
peculiarmente turco. El empalamiento, especialmente como
medio de desmoralizar a una ciudad asediada, era una práctica

generalizada en la época que los otomanos, de hecho, habían aprendido de los cristianos en los Balcanes. Ellos mismos sufrieron más adelante una de las atrocidades más tristemente célebres de la historia: según se dice, 25 000 hombres fueron empalados por Vlad Dracul en las llanuras del Danubio en 1461. Incluso Mehmed quedaría consternado por los testimonios que le darían testigos oculares, que hablaban de «infinitas estacas plantadas en el suelo, cargadas no con fruta, sino con cadáveres»,[44] y en el centro de todas ellas, en una estaca más alta para señalar su estatus, el cuerpo del que había sido su almirante, Hamza Bey, todavía vestido con los ropajes rojo y púrpura de su cargo.

La tarde del 28 de abril, los cuerpos de los marineros italianos empalados frente a las murallas surtieron el efecto deseado: «las lamentaciones de la ciudad por estos hombres fueron infinitas»,[45] escribió Melisseno, pero el dolor rápidamente se trocó en ira y, presa de la frustración y para resarcirse de su pérdida, respondieron a la atrocidad con otra atrocidad. Desde el principio del asedio había en la ciudad 260 prisioneros otomanos. Al día siguiente, presumiblemente por orden de Constantino, los defensores pagaron con la misma moneda. «Nuestros hombres estaban furiosos, y asesinaron salvajemente a los turcos que tenían prisioneros en las murallas, a la vista de sus camaradas».[46] Uno por uno fueron conducidos a las murallas y colgados «en círculos» frente al ejército otomano, que contempló la escena sin poder hacer nada. «De este modo», se lamentó el arzobispo Leonardo, «por una combinación de impiedad y crueldad, la guerra se volvió más brutal».[47]

Los prisioneros ahorcados y los marineros empalados se contemplaban unos a otros en una burla macabra en el frente, pero el resultado de este ciclo de violencia fue claramente que la iniciativa pasara de nuevo a los sitiadores. La flota interior otomana no había sido hundida y para los defensores era obvio que habían perdido el control del Cuerno de Oro. El chapucero ataque nocturno había decantado la balanza drásticamente contra la ciudad. Al reflexionar sobre esto los defensores buscaron los motivos de su fracaso y se repartieron responsabilidades, especialmente entre los propios italianos. Estaba claro que el retraso del ataque propuesto por Coco había resultado fatal. De algún modo el enemigo se había enterado de sus planes y les estaba esperando: Mehmed había trasladado más cañones al puerto interior, listos para interceptar a la flota atacante y la luz que se había encendido en la torre de Gálata había sido una señal de alguien desde dentro de la colonia genovesa. Las recriminaciones entre las facciones italianas estaban a punto de empezar a regirse por una peculiar lógica propia.

11

Terribles ingenios
28 de abril - 25 de mayo de 1453

*Es necesario disponer de máquinas para llevar a
cabo un asedio: diferentes tipos y formas de tortugas
… torres de madera portátiles … diferentes tipos de
escaleras … diferentes herramientas para excavar a
través de distintos tipos de murallas … máquinas
para ascender las murallas sin escaleras.[1]*
Manual de asedio del siglo x

«¡Ay, Padre santísimo, qué terrible desastre, que la furia de Nep-
tuno les haya hundido de un solo golpe!».[2] Recriminaciones por
el fracaso del ataque nocturno fueron amargas e inmediatas. Los
venecianos habían perdido ochenta o noventa de sus compañeros en el desastre, y tenían muy claro a quién considerar responsables: «Esta traición ha sido cometida por los malditos genoveses de Pera, rebeldes contra la fe cristiana», declaró Niccolò
Barbaro, «para granjearse la buena voluntad del sultán turco».[3]
Los venecianos afirmaron que alguien de Gálata había ido al
campamento del sultán y le había informado del plan. Y pusieron nombre y apellido al traidor: había sido el propio *podestà* el
que había ido a ver al sultán, o un hombre llamado Faiuxo. Los
genoveses replicaron que la responsabilidad de la debacle era
enteramente de los venecianos; Coco estaba «tan ansioso por
conseguir honor y gloria»[4] que había ignorado las instrucciones
y llevado el desastre a toda la expedición. Peor todavía, acusaron

a los marineros venecianos de estar cargando en secreto sus barcos y aprestándose para abandonar la ciudad.

Estalló una bronca tremenda «en la que cada bando acusaba al otro de intentar escapar».[5] Las enemistades más profundas entre italianos emergieron a la superficie. Los venecianos declararon que habían descargado sus barcos siguiendo las órdenes del emperador y sugirieron que los genoveses hicieran también «pusieran los timones y las velas de sus barcos en algún lugar seguro de Constantinopla». Los genoveses replicaron que no tenían la menor intención de abandonar la ciudad pues, a diferencia de los venecianos, tenían en Gálata esposas, familia y propiedades «que estamos dispuestos a defender hasta la última gota de sangre», y se negaban a poner «nuestra noble ciudad, la joya de Génova, en vuestro poder».[6] La profunda ambigüedad de la posición de los genoveses en Gálata les exponía a acusaciones de engaños y traición por parte de ambos bandos. Aunque comerciaban con todo el mundo, sus simpatías estaban de forma natural con sus compañeros cristianos, y ya habían comprometido su supuesta neutralidad permitiendo que se fijara la cadena a sus murallas.

Es probable que Constantino interviniera personalmente para calmar los ánimos en la disputa entre los suspicaces italianos, pero la tensión en el Cuerno de Oro no terminó de resolverse. Preocupada por posibles ataques nocturnos o a un movimiento de pinza realizado por las dos alas de la flota otomana, la que estaba dentro del Cuerno de Oro, en el valle de los Manantiales, y la que estaba fuera, en las Dobles Columnas, la flota cristiana no podía relajarse ni un instante. Día y noche, sus marineros permanecían en armas, aguzando el oído por si captaban el sonido de brulotes acercándose sigilosamente. En los Manantiales, los cañones otomanos permanecieron apuntados para prevenir un segundo ataque, pero los barcos cristianos no regresaron. Los venecianos se reorganizaron después de la pérdida de Coco. Un nuevo comandante, Dolfin Dolfin, fue nombrado para su galera y se consideraron otras estrategias para destruir los barcos otomanos en el Cuerno de Oro. Evidentemente, otro asalto marítimo se consideraba demasiado arriesgado después del fracaso del 28 de abril, así que decidió utilizar medios a distancia para hostigar al enemigo.

El 3 de mayo dos cañones de gran tamaño fueron colocados en una de las poternas que daban al Cuerno de Oro, directamente frente a la flota otomana, a una distancia de unos 640 metros y empezaron a bombardear a los barcos. Los resultados iniciales fueron prometedores. Se hundieron algunas fustas y «nuestro bombardeo mató a muchos de sus hombres», según Barbaro; pero los otomanos tomaron medidas rápidamente para contrarrestar esta amenaza. Trasladaron los barcos fuera del alcance de los cañones y respondieron al fuego con tres de sus grandes cañones «y causaron considerables daños». Las dos baterías de artillería se dispararon la una a la otra día y noche durante diez días sobre el estrecho, pero ninguna pudo eliminar a la otra, «porque nuestros cañones estaban detrás de las murallas y los suyos estaban protegidos por buenos terraplenes y el bombardeo se realizaba a una distancia de casi media milla».[7] El enfrentamiento acabó en tablas, pero la presión sobre el Cuerno de Oro no se alivió y, el día 5, Mehmed respondió con una iniciativa artillera propia.

Era obvio que su inquieta mente llevaba tiempo dándole vueltas a cómo bombardear a los barcos que guardaban la cadena, puesto que las murallas de Gálata se interponían en la línea de fuego. La solución fue crear un cañón con una trayectoria más parabólica que pudiera disparar desde detrás de la ciudad genovesa. En consecuencia, puso a sus fundidores a trabajar en lo que sería el diseño de un primitivo mortero «que pudiera disparar piedras muy altas, de modo que cuando cayeran dieran a los barcos directamente en el centro y los hundieran».[8] Los nuevos cañones habían sido diligentemente fabricados y todo estaba listo. Desde una colina detrás de Gálata abrió fuego sobre los barcos de la cadena. La trayectoria del disparo era compleja porque debía dibujar una parábola que salvara la ciudad entera, pero es probable que este inconveniente se convirtiera en una ventaja para Mehmed, pues le permitió presionar psicológicamente a los poco fiables genoveses. En cuanto los primeros disparos del mortero silbaron sobre los tejados de sus casas, los ciudadanos de Gálata debieron sentir que se apretaba el nudo otomano sobre su enclave. El tercer disparo del día «llegó desde la cima de la colina con estruendo»[9] y no golpeó a un barco enemigo, sino la cubierta de un barco mercante genovés neutral «de trescientos barriles, cargado de seda, cera y otros productos por valor de doce mil ducados, que inmediatamente se fue directo al fondo, de modo que ni el tope del mástil ni el casco quedaron visibles, y varios hombres que había a bordo se ahogaron».[10] Inmediatamente todos los barcos que vigilaban la cadena se pusieron a cubierto arrimándose a las murallas de Gálata. El bombardeo continuó, se recortó la distancia de disparo y algunas balas empezaron a golpear las murallas y casas dentro de la propia ciudad. Las balas de piedra seguían matando a hombres en las galeras y barcos, «algunos cañonazos mataron a cuatro hombres»,[11] pero las murallas aportaban protección suficiente como para impedir que se hundieran más barcos. Por primera vez, los genoveses se vieron bajo bombardeo directo, y aunque solo murió una persona, «una mujer de excelente reputación que estaba entre un grupo de treinta personas»,[12] la declaración de intenciones del sultán no podía ser más clara.

Una delegación de la ciudad fue al campamento del sultán a quejarse de este ataque. El visir adujo, sin mudar el gesto, que habían creído que el barco pertenecía al enemigo y les aseguró que «se les pagaría lo que se les debiera»[13] cuando la ciudad fuera finalmente capturada. «Con este acto de agresión los turcos pagaron la amistad que los pueblos de Gálata les habían mostrado»,[14] proclamó Ducas sarcásticamente, refiriéndose a la información que había hecho fracasar el ataque de Coco. Mientras tanto, las balas de piedra continuaban lloviendo sobre el Cuerno trazando altas parábolas. Hacia el 14 de mayo, según Barbaro, los otomanos habían disparado «doscientas doce balas de piedra, todas de al menos noventa kilos de peso cada una».[15] La flota cristiana seguía arrinconada e inútil. Bastante antes de esa fecha estaba claro que los cristianos habían cedido el control efectivo del Cuerno de Oro, y la necesidad acuciante de llevar más hombres y materiales a las murallas terrestres aumentó las divisiones entre los marineros. Al ver que aflojaba la presión cristiana, Mehmed ordenó que se construyera un puente de pontones sobre el Cuerno de Oro, justo más allá de las murallas terrestres, para así facilitar las líneas de comunicación entre las alas de sus ejércitos y poder mover a voluntad hombres y cañones.

En las murallas terrestres Mehmed también se dispuso a apretar el nudo a los cristianos. Sus tácticas pasaron a ser de atrición y cada vez más psicológicas. Ahora que los defensores tenían que repartirse entre todavía más zonas, decidió agotarlos con incesantes bombardeos. A finales de abril trasladó algunos de los grandes cañones a la sección central de la muralla cerca de la puerta de San Romano «porque en ese lugar la muralla era más baja y más débil»,[16] aunque siguió manteniendo también la presión sobre la zona de muralla simple en el área del palacio de Blanquernas. Día y noche, los cañones disparaban sin cesar; los otomanos lanzaban ataques ocasionales a intervalos no regulares para probar la determinación de los defensores, y luego los suspendían durante días seguidos, para infundir a los defensores una falsa sensación de seguridad.

A finales de abril, un bombardeo substancial derrumbó unos nueve metros de la parte superior de la murallas. Al anochecer, los hombres de Giustiniani se pusieron, otra vez, a tapar la brecha con un terraplén, pero a la mañana siguiente los cañones reemprendieron su ataque sobre la misma zona. Sin embargo, hacia mediodía, la cámara de uno de los cañones se agrietó, probablemente por defectos en el cuerpo del cañón, aunque el ruso Néstor Iskánder afirma que lo que sucedió es que fue alcanzado por un cañonazo de los defensores. Enfurecido por este contratiempo, Mehmed exigió que se lanzara inmediatamente un ataque. Se lanzó una carga contra la muralla que tomó a los defensores por sorpresa. Siguió un tremendo tiroteo. Se tocaron las campanas en toda la ciudad y todo el mundo se apresuró a acudir a las murallas. Con el «entrechocar y relucir de armas, parecía que toda la ciudad hubiera sido arrancada de sus cimientos».[17] Las tropas otomanas que habían liderado la carga

eran aplastadas y pisoteadas por las que venían tras ellas, tal era
la ansiedad que tenían por llegar a las murallas. Para el ruso
Néstor Iskánder fue una escena macabra: «como si estuvieran
en la estepa, los turcos caminaban sobre montañas de cadáveres
rotos y seguían luchando, pues sus muertos parecían construir
bajo ellos un puente o escalera hasta la ciudad».[18] El ataque fue
rechazado con enormes dificultades, aunque el combate prosiguió hasta el anochecer. Los cadáveres se dejaron amontonados
en las trincheras que «desde cerca de la brecha hasta los valles,
estaban llenas de sangre». Agotados por el esfuerzo, los soldados
y los ciudadanos se retiraron a dormir, y dejaron a los heridos
gimiendo al pie de las murallas. Al día siguiente, los monjes
iniciaron su lúgubre tarea de enterrar a los muertos cristianos
y contar el número de bajas enemigas. Constantino, agotado
por los constantes combates, quedó visiblemente afectado por
el número de muertos.

En efecto, el agotamiento, el hambre y la desesperación
empezaban a cobrarse su precio en los defensores. A principios
de mayo empezó a escasear la comida; ahora resultaba más difícil comerciar con los genoveses de Gálata y era peligroso salir
a pescar al Cuerno de Oro. Durante los momentos tranquilos
los soldados desertaban de sus puestos en la muralla para buscar comida para sus familias. Los otomanos se dieron cuenta
y lanzaron ataques sorpresa para derribar los barriles de tierra
que coronaban las murallas con palos terminados en ganchos;
incluso se acercaban a las murallas para recuperar sus balas de
cañón con redes. Las recriminaciones aumentaron. El arzobispo genovés, Leonardo, acusó a los griegos que habían abandonado sus puestos de huir por miedo. Le contestaron: «¿Qué
me importa la defensa, si mi familia pasa necesidad?»[19] Otros,
consideraba, «odiaban visceralmente a los latinos».[20] Hubo
acusaciones de ocultar comida, de cobardía, de aprovechar la
situación para lucrarse y de obstruccionismo. Empezaron a
surgir disputas a lo largo de fallas definidas por la nacionalidad, el idioma y el credo. Giustiniani y Notarás competían
por los recursos militares. Leonardo protestaba contra «lo que
algunos hacían —bebedores de sangre humana— que acumu-

laban comida o aumentaban su precio».[21] Bajo la presión del asedio, la frágil coalición cristiana estaba viniéndose abajo. Leonardo culpaba a Constantino, a quien consideraba incapaz de controlar la situación: «Al emperador le faltaba severidad, y aquellos que no le obedecían no eran castigados ni con palabras ni con la espada».[22] Es muy probable que la existencia de estas desavenencias llegara a conocimiento de Mehmed fuera de las murallas. «Las fuerzas que defendían la ciudad fueron presa de la desunión»,[23] dijo de esos días el cronista otomano Tursun Bey.

Para asegurar que no se descuidaba la defensa de las murallas por buscar comida, Constantino ordenó que los suministros fueran distribuidos de forma equitativa entre los dependientes de los soldados. Tan grave era la situación que, siguiendo el consejo de sus ministros, empezó a requisar los objetos preciosos de las iglesias y a fundirlos para acuñar moneda con la que pagar a los hombres, de modo que pudiera comprar la poca comida que hubiera disponible. Debió ser una medida muy polémica, y no es probable que contribuyera a ganarle el favor de los piadosos ortodoxos, que consideraban que los sufrimientos de la ciudad eran consecuencia de sus pecados y errores.

Las deliberaciones entre los comandantes se intensificaron. La presencia de la flota enemiga en el Cuerno de Oro había causado mucha confusión en la defensa y había obligado a modificar la disposición de las tropas y de los mandos. Desde las murallas, se vigilaba el mar las veinticuatro horas del día, pero nada se movía en el horizonte occidental. Probablemente el 3 de mayo se celebró un consejo importante para debatir la situación al que se convocó a los comandantes militares, a los principales dignatarios civiles y a los hombres de iglesia. Los cañones seguían golpeando las murallas, la moral se hundía y cundía la sensación de que era inminente un asalto general. En una atmósfera cargada de malos presagios se intentó convencer a Constantino de que abandonara la ciudad y huyera al Peloponeso, donde podría reagruparse, recuperar fuerzas y contraatacar en el futuro.

Giustiniani ofreció sus galeras al emperador para que escapase. Los cronistas nos dan una emotiva descripción de la respuesta de Constantino. Se «quedó en silencio durante mucho tiempo y después rompió a llorar. Habló con ellos de la forma siguiente: "Os agradezco vuestro consejo, que os honra, pues lo ofrecéis buscando mi bien, y solo puede ser así. Pero ¿cómo podría hacer tal cosa y abandonar al clero, a las iglesias de Dios, al Imperio y a todo el pueblo? Os ruego que me digáis qué pensaría el mundo de mí. No, señores míos, no: moriré aquí con vosotros". Les hizo una reverencia y lloró de dolor. El patriarca y todos los presentes se echaron a llorar en silencio».[24]

Tras recuperarse de la emoción de ese momento, Constantino hizo la sugerencia práctica de que los venecianos despacharan inmediatamente un barco a rastrear el Egeo oriental en busca de signos de la flota de rescate. Doce hombres se ofrecieron voluntarios para esta peligrosa misión que implicaba romper el bloqueo otomano y se aprestó un bergantín para la tarea. Hacia medianoche del 3 de mayo, la tripulación, con vestimenta turca, subió al pequeño barco, que fue remolcado hasta la cadena. Luciendo bandera otomana, desplegaron las velas, pasaron sin ser vistos frente a la patrulla enemiga y pusieron rumbo al oeste por el mar de Mármara amparándose en la oscuridad.

Mehmed siguió bombardeando las murallas a pesar de las dificultades técnicas que sufrieron sus grandes cañones. El 6 de mayo, decidió que había llegado el momento de dispensar el golpe fatal: «ordenó a todo el ejército que marchara otra vez contra la ciudad y que mantuviera el asalto todo el día».[25] Las noticias que emanaban del interior de las murallas le habían convencido de que la moral de los defensores estaba hundiéndose y puede que tuviera informes que indicaran que lentamente se aprestaba una fuerza de auxilio italiana. Notó que la debilidad de la sección central de la muralla había llegado a un punto crítico. Decidió intentar otro asalto general.

Los grandes cañones abrieron fuego el 6 de mayo, apoyados por cañones más pequeños utilizando el patrón de fuego que ahora ya se había hecho habitual, y acompañados de «gritos y el sonido de las castañuelas para asustar a la gente de la ciudad».[26] Pronto otra sección de la muralla se derrumbó. Los defensores esperaron al anochecer para empezar las reparaciones, pero en esta ocasión los cañones continuaron disparando en la oscuridad. Resultó imposible reparar la brecha. A la mañana siguiente los cañones siguieron golpeando la base de la muralla e hicieron caer otro tramo grande. Los otomanos mantuvieron el bombardeo durante todo el día. Aproximadamente a las siete de la tarde, con el tradicional estruendo, se lanzó un asalto general masivo contra la brecha. Lejos, en el puerto, los marineros cristianos oyeron los gritos de los atacantes y tomaron las armas, temiendo que habría un ataque coordinado de la flota otomana. Miles de hombres cruzaron el foso y corrieron hacia la brecha, pero su número no suponía una ventaja en un espacio limitado y se atropellaron unos a otros en su intento de abrirse paso. Giustiniani se apresuró a enfrentarse a los intrusos y se produjo un combate desesperado cuerpo a cuerpo en la misma brecha.

En la primera oleada, un jenízaro llamado Murat lideró el asalto y se abalanzó con fiereza sobre Giustiniani, que solo salvó la vida porque un griego saltó desde la muralla y le cortó la pierna a su atacante de un hachazo. Omar Bey, el portaestandarte del ejército europeo, encabezó una segunda oleada, que fue recibida por un numeroso contingente de griegos bajo el mando de su oficial, Rhangabe. En la confusión de golpes y tajos, los dos líderes se enfrentaron personalmente en combate singular frente a sus hombres. Omar «desenvainó su espada y atacó con furia e intercambiaron golpes. Rhangabe subió a una roca, cogió su espada con ambas manos, le descargó un tajo en el hombro y lo partió en dos, pues tenía mucha fuerza en los brazos».[27] Furiosos por la muerte de su comandante, las tropas otomanas rodearon a Rhangabe y acabaron con él. Como en una escena de la *Ilíada*, ambos bandos pugnaron por hacerse con el cadáver. Los griegos estaban desesperados por recuperar el cuerpo y llegaron incluso a salir de las puertas, «pero no lo lograron y sufrieron muchas bajas».[28] Los otomanos mutilaron el cuerpo cortándolo en pedazos y obligaron a los soldados griegos a regresar al interior de las murallas. Durante tres horas la batalla se sostuvo con intensidad, pero los defensores lograron mantener la posición. Al apagarse el combate, los cañones empezaron a disparar de nuevo para impedir que se reparara la brecha y los otomanos lanzaron un segundo ataque de diversión en el que intentaron prender fuego a la puerta cerca del palacio. También fueron derrotados allí. En la oscuridad, Giustiniani y los exhaustos defensores trabajaron duro para reconstruir las improvisadas defensas. Debido al constante bombardeo de la muralla, se vieron obligados a construir su barrera protectora de tierra y madera ligeramente dentro de su línea de defensa original. La muralla resistía, pero por los pelos. Y dentro de la ciudad «hubo grandes lamentaciones y temor entre los griegos por la muerte de Rhangabe, pues era un gran guerrero, era valiente y era amado por el emperador».[29]

Para los defensores, los continuos ciclos de bombardeo, ataque y reparaciones empezaron a difuminarse. Como si fueran diarios de una guerra de trincheras, las crónicas de la época se vuelven repetitivas y monótonas. «El once de mayo», dice Barbaro, «no pasó nada ni por tierra ni por mar excepto un considerable bombardeo de las murallas del lado de tierra, y nada más sucedió que merezca mención... el trece de mayo acudieron algunos turcos a las murallas y hubo escaramuzas, pero nada significante sucedió en todo el día excepto por el continuo bombardeo de las desdichadas murallas».[30] Néstor Iskánder empieza a perder la noción del tiempo; los acontecimientos empiezan a narrarse de forma desordenada, convergen y se repiten. Tanto soldados como civiles se estaban cansando de los combates, reparaciones, entierros y recuentos de los muertos enemigos. Los otomanos, con su escrupulosa preocupación por la higiene de su campamento, se llevaban los cadáveres y los quemaban cada día, pero aun así las trincheras seguían repletas de cuerpos en diverso grado de putrefacción. Existía el riesgo de que la carnicería de las murallas acabara contaminando el suministro de agua: «la sangre permanecía en los ríos y se pudría en las corrientes, que desprendían un terrible hedor».[31] Dentro de la ciudad, la gente se reunió en las iglesias y se confió al poder para obrar milagros de los iconos, ansiosos por si el asedio respondía teológicamente a un castigo por sus pecados. «Así, se podía ver por toda la ciudad a multitudes y a todas las mujeres en milagrosa procesión a las iglesias de Dios con lágrimas en los ojos, alabando y dando gracias a Dios y a la purísima Madre de Dios».[32] En el campamento otomano las horas del día estaban marcadas por la llamada a la oración; los derviches se unían a las tropas animando a los fieles a resistir y a recordar las profecías del hadiz: «En la yihad contra Constantinopla, un tercio de los musulmanes permitirán que se les derrote, cosa que Alá no perdonará; un tercio morirá en combate, convirtiéndose en asombrosos mártires; y un tercio conseguirá la victoria».[33]

A medida que las bajas crecían, Constantino y sus comandantes buscaron ansiosamente reclutas con los que cubrir los huecos en la defensa, pero las reticencias de los diversos grupos de defensores a cooperar entre ellos frustraron una y otra vez sus esfuerzos. El megaduque Lucas Notarás se peleó con Giustinianni, y los venecianos operaban a efectos prácticos como una fuerza independiente. La única fuente de hombres y armas a la que todavía no se había recurrido estaba en las galeras, y se pidió a la comunidad veneciana poder acceder a ella. El 8 de mayo, el Consejo de los Doce de Venecia se reunió y votó descargar las armas almacenadas en tres grandes galeras venecianas, transferir los hombres a las murallas y luego hundir las galeras en el arsenal. Fue una medida desesperada diseñada para asegurar que los marineros se implicaran completamente en el destino de la ciudad, pero provocó otra erupción de furia. Mientras las galeras estaban siendo descargadas, las tripulaciones se lanzaron sobre las pasarelas con las espadas desenvainadas declarando: «¡Vamos a ver quién se lleva el cargamento de estas galeras! [...] sabemos que una vez hayamos descargado estas galeras y las hayamos hundido en el arsenal, al momento los griegos nos retendrán en su ciudad por la fuerza como sus esclavos, mientras que ahora somos libres de irnos o quedarnos».[34] Temiendo la destrucción de los barcos que garantizaban su seguridad, los capitanes y sus tripulaciones sellaron los barcos y se atrincheraron dentro. Durante todo el día el bombardeo de las murallas continuó con irrefrenable ferocidad. La urgencia de la situación obligó al consejo a reunirse de nuevo al día siguiente para rectificar sus planes. Esta vez el capitán de las dos galeras largas, Gabriel Trevisano, aceptó desarmar sus barcos y llevar a sus cuatrocientos hombres a que se sumaran a la defensa de la puerta de San Romano. Fueron necesarios cuatro días para convencer a los hombres de que cooperasen y movieran el equipo. Cuando llegaron, el 13 de mayo, era casi demasiado tarde.

Aunque Mehmed había concentrado el fuego en la zona de la puerta de San Romano, algunos cañones seguían castigando el punto próximo al palacio en el que la muralla de Teodosio formaba un ángulo extraño con la muralla simple. Hacia el 12 de mayo, los cañones habían demolido una sección de la muralla exterior y Mehmed decidió realizar un ataque nocturno concentrado sobre este punto. Hacia medianoche, un enorme contingente de soldados se lanzó contra esta brecha. Los defensores fueron tomados por sorpresa y obligados a retirarse de la muralla por una fuerza comandada por Mustafá, el portaestandarte del ejército de Anatolia. Rápidamente llegaron refuerzos de otras secciones de la muralla, pero los otomanos siguieron avanzando y empezaron a apoyar escaleras de asalto contra la propia muralla. Cundió el pánico en las estrechas calles que rodeaban el palacio. Los ciudadanos huyeron corriendo de la muralla y muchos «creyeron esa noche que la ciudad estaba perdida».[35]

En esos mismos momentos, según Néstor Iskánder, un desalentador consejo de guerra estaba teniendo lugar a cinco kilómetros de allí, en el pórtico de Santa Sofía. Era ya inevitable abordar la gravedad de la situación. Las bajas de los defensores se acumulaban implacables días tras día: «si todo continúa así, todos moriremos y tomarán la ciudad».[36] Ante esta situación, Constantino planteó una serie de contundentes opciones a sus comandantes: podían hacer una salida de la ciudad por la noche e intentar derrotar a los otomanos en un ataque sorpresa o podían quedarse quietos y aguardar lo inevitable, esperando que vinieran a rescatarlos los húngaros o los italianos. Lucas Notarás sugería que debían continuar resistiendo y otros, en cambio, insistían a Constantino para que abandonase la ciudad cuando llegó noticia de que «los turcos estaban ascendiendo la muralla y subyugando a los ciudadanos».[37]

Constantino galopó hacia el palacio. En la oscuridad se cruzó con ciudadanos y soldados que huían de la brecha. En vano intentó que dieran la vuelta y defendieran la ciudad. La situación empeoraba a cada minuto. La caballería otomana había empezado a penetrar en la ciudad y la lucha tenía lugar ahora dentro de las murallas. La llegada de Constantino y su guardia personal consiguió reagrupar a los soldados griegos: «el emperador llegó, gritó a sus hombres y los hizo más fuertes».[38] Con la ayuda de Giustiniani obligó a los invasores a retroceder, los atrapó en el laberinto de estrechas calles y dividió sus fuerzas en dos. Entre la espada y la pared, los otomanos se defendieron fieramente e intentaron llegar hasta el emperador. Ileso y excitado por la persecución, Constantino hizo retroceder a algunos hasta la misma brecha, y los hubiera perseguido más allá «si los nobles de su séquito imperial y sus guardias alemanes no se lo hubieran impedido y convencido de que debía retirarse».[39] Las tropas otomanas que no lograron escapar fueron masacradas en las oscuras calles. A la mañana siguiente, los vecinos de la ciudad llevaron sus cadáveres a la muralla y los lanzaron al foso para que se los llevaran sus camaradas. La ciudad había sobrevivido, con cada ataque se acercaba más el fin.

Este sería el último gran asalto de Mehmed contra la sección de las murallas frente al palacio. A pesar del fracaso debió sentir que tenía la victoria al alcance de la mano. Parece que a continuación optó por concentrar toda su potencia de fuego a la sección más frágil de todas: la puerta de San Romano. El 14 de mayo, cuando se enteró de que los cristianos habían desarmado algunas de sus galeras y retirado a la mayor parte de su flota a un pequeño puerto protegido tras la cadena, concluyó que sus barcos en el Cuerno de Oro estaban relativamente a salvo de ataques. Movió entonces sus cañones de la colina de Gálata a las murallas terrestres. Al principio los ubicó para que bombardearan la muralla frente al palacio; cuando esta estrategia se demostró poco efectiva los trasladó de nuevo hasta la puerta de San Romano. Cada vez más los cañones se concentraban contra un solo punto en lugar de repartirse a lo largo de un frente demasiado amplio. La intensidad del bombardeo aumentó: «Día y noche estos cañones no cesaban de disparar contra nuestras pobres murallas, derrumbando grandes secciones de ellas, y la ciudad trabajaba día y noche para reparar bien los tramos destruidos con barriles, matorrales y tierra y todo lo que fuera necesario para este fin».[40] Fue allí donde se desplegaron los hombres frescos procedentes de las galeras largas de Trevisano, con «buenos cañones y buenas escopetas y un gran número de ballestas y demás equipo».[41] Al mismo tiempo, Mehmed se aseguró de que los barcos que defendían la cadena se vieran bajo constante presión. El 16 de mayo, en la vigésimo segunda hora, algunos bergantines se separaron de la flota otomana principal en los estrechos y avanzaron a toda velocidad hacia la cadena. Los marineros que los vieron asumieron que eran reos cristianos que escapaban de la flota «y los cristianos que estábamos en la cadena los esperamos con gran regocijo».[42] Cuando se acercaron más, no obstante, dispararon a los defensores. Inmediatamente los italianos lanzaron a sus propios bergantines para ahuyentarlos y los atacantes dieron media vuelta e iniciaron la huida. Los barcos cristianos casi los atraparon antes de que «empezaran a remar a toda prisa y escaparan de vuelta a su flota».[43] Al día siguiente los otomanos pusieron de nuevo a prueba la cadena con cinco fustas rápidas. Fueron ahuyentadas con una andanada de «más de setenta disparos».[44]

Se organizó un tercer y último asalto contra la cadena antes de que rompiera el alba el 21 de mayo, en esta ocasión con la participación de toda la flota. Llegaron remando hasta la cadena «con gran estrépito de panderetas y castañuelas para asustarnos»,[45] luego se detuvieron y contemplaron la fuerza de sus enemigos. Los barcos de la cadena estaban armados y dispuestos, y parecía que iba a librarse una gran batalla naval cuando se oyó que sonaba la alarma dentro de la ciudad, lo que indicaba que estaba teniendo lugar un ataque general. Ante esto, todos los barcos del Cuerno de Oro entraron en acción y pareció que la flota otomana dudaba. Finalmente, dio media vuelta y regresó de las Dobles Columnas, así que «dos horas después de amanecer había una calma completa en ambos bandos, como si no hubiera tenido lugar ningún ataque por mar».[46] Sería el último intento de superar la cadena. Es muy probable que la moral en la flota otomana, impulsada en gran medida por remeros cristianos, fuera ahora demasiado baja como para plantear una amenaza real a los barcos cristianos, pero estas constantes maniobras garantizaban que los defensores no pudieran relajarse nunca.

En todos los demás lugares los musulmanes estaban ominosamente ocupados. El 19 de mayo, los ingenieros otomanos finalizaron la construcción de un puente de pontones listo para ser colocado sobre el Cuerno de Oro, justo más allá de donde terminaban las murallas. Fue otra hazaña extraordinaria de ingeniería improvisada. Los pontones estaban hechos con mil barriles grandes, sin duda obtenidos de los bebedores de vino cristianos de Gálata, atados de dos en dos a lo largo y con maderos clavados sobre ellos que creaban un camino tan ancho que cinco hombres podían desfilar por él hombro con hombro y tan resistente que podía soportar el peso de un carro. El objetivo del puente flotante era facilitar las comunicaciones entre las dos alas del ejército musulmán, pues hasta entonces para pasar de un lado a otro del Cuerno de Oro había que remontarse hasta el principio de la ensenada. Barbaro sugiere que Mehmed estaba preparando el puente de pontones para utilizarlo en un ataque general, en el que necesitaría mover rápidamente a sus hombres, pero que solo fue colocado en su posición sobre el agua al final del asedio, pues «si el puente se hubiera colocado sobre el Cuerno de Oro antes del asalto final, un solo cañonazo podría haberlo destruido».[47] Todos estos preparativos podían verse desde las murallas de la ciudad. Ofrecieron a los defensores un aterrador ejemplo de los enormes recursos humanos y materiales que Mehmed podía desplegar para el asedio, pero fue otra obra de ingeniería, que los cristianos no podían ver todavía, la que iba a hacer cundir el pánico entre los defensores.

A mediados de mayo, Mehmed había puesto a prueba las defensas de la ciudad hasta el límite, pero no había conseguido quebrarlas. Había empleado a fondo los recursos de su ejército y de su armada, en asaltos, bombardeos y bloqueos, tres de las técnicas clave de la guerra de asedio medieval. Quedaba todavía una estrategia clásica que prácticamente no había utilizado: las minas.

Entre los vasallos de los otomanos en Serbia estaba Novo Brdo, la ciudad más importante del interior de los Balcanes, célebre en toda Europa por sus ricas minas de plata. Entre las tropas eslavas reclutadas para la campaña había un grupo de mineros expertos de esa ciudad, probablemente inmigrantes sajones, «maestros en el arte de excavar en las montañas, para cuyas herramientas el mármol era como cera y las negras montañas, montones de polvo».[48] Habían excavado un primer túnel frente a la sección central de las murallas, pero lo habían abandonado porque el suelo no era practicable. A mediados de mayo, cuando fracasaron otros medios de asedio y el sitio entraba en su segundo mes, realizaron otro intento, esta vez cerca de la muralla simple del palacio. El minado, aunque laborioso, era una de las técnicas más efectivas para derribar una muralla, y había sido utilizado con éxito por los ejércitos musulmanes durante cientos de años. A finales del siglo XII, los sucesores de Saladino habían aprendido a tomar los grandes castillos cruzados en seis semanas como máximo mediante una combinación de bombardeo y minas.

En algún momento a mediados de mayo, los mineros anglosajones, ocultos tras empalizadas y búnkeres, empezaron a excavar un túnel de 230 metros hasta la muralla desde detrás de las trincheras otomanas. Era un trabajo arduo que requería muchísima habilidad y resultaba agotadoramente difícil. Alumbrados por antorchas, los zapadores excavaban estrechos túneles subterráneos que apuntalaban con vigas de madera. Los intentos de minar las murallas en asedios otomanos anteriores no habían culminado con el éxito, así que los ancianos en la ciudad estaban convencidos de que los trabajos de zapa fracasarían porque el suelo bajo las murallas estaba hecho fundamentalmente de roca sólida. En la tranquila noche del 16 de mayo los defensores se quedaron sobrecogidos al descubrir que esa noción era errónea. Por casualidad los soldados de las murallas oyeron ruido de picos y voces procedentes de debajo del suelo, ya en el interior de la muralla. Era evidente que la mina había pasado bajo los baluartes con la intención de crear una entrada secreta a la ciudad. Se informó de inmediato a Notarás y a Constantino. Se convocó un apresurado consejo y se inició la búsqueda en la ciudad de hombres con experiencia como mineros que pudieran repeler esta nueva amenaza. El escogido para organizar la defensa contra los ataques subterráneos es un hombre curioso: «Juan Grant, un alemán, veterano soldado y muy ducho en todos los asuntos militares»,[49] había acudido al asedio en la compañía de Giustiniani. Era, de hecho, un escocés que al parecer había trabajado en Alemania. Es imposible adivinar la secuencia de acontecimientos que dio con él en Constantinopla. Evidentemente era un soldado profesional con mucha experiencia, especialista en asedios e ingeniería y, durante unos breves momentos, interpretó un papel protagonista en una de las tramas más extrañas de la historia de esta gran batalla.

Era obvio que Grant conocía bien su oficio. Se localizó la posición de la mina enemiga gracias al ruido. Se excavó una contramina con rapidez y sigilo. Los defensores contaban con la ventaja de la sorpresa. Irrumpieron en el túnel enemigo en la oscuridad, incendiaron las vigas que lo sostenían e hicieron que se derrumbara sobre los mineros, provocando que se asfixiaran en la oscuridad. El peligro que representaba este túnel hizo desvanecerse toda complacencia entre los defensores de la ciudad. En adelante se tomaron todo tipo de precauciones para prevenir las minas bajo las murallas. Grant debió seguir las prácticas habituales en su época. Se colocaban cuencos o cubos de agua a intervalos regulares en el suelo junto a la muralla y se observaba la superficie del agua en busca de ondas que delataran que existía algún tipo de vibración subterránea. Para lo que era necesaria más habilidad era para localizar la dirección del túnel de la mina y para interceptarlo rápida y silenciosamente. A partir de entonces se produjo un combate lúgubre y subterráneo, que seguía sus propias reglas y lógica, y que era un reflejo del que se libraba en las murallas y en la cadena. En los días siguientes al 16 de mayo, los zapadores cristianos no percibieron ninguna señal de movimiento. El día 21 se detectó otra mina. De nuevo el enemigo había pasado por debajo de los cimientos con la intención de abrir un pasadizo para que las tropas invasoras entraran en la ciudad. Los hombres de Grant interceptaron el túnel, pero no consiguieron sorprender a los otomanos, que se retiraron, quemando las vigas tras ellos para que el túnel se colapsara.

Bajo el suelo discurría un juego macabro del ratón y el gato en horrendas condiciones. Al día siguiente, «a la hora de Completas»[50] los defensores descubrieron un túnel que entraba en la ciudad cerca de la puerta Calegaria, que interceptaron. Quemaron vivos a los zapadores enemigos con fuego griego. Unas pocas horas más tarde, las delatoras vibraciones indicaron que había otra mina cerca, que se demostró más difícil de localizar. Por suerte para los defensores, las vigas de este túnel se hundieron solas y mataron a todos los zapadores que había dentro.

Los mineros sajones no cejaban. No pasó un solo día sin combates subterráneos. En cada ocasión, recordó Giacomo Tetaldi, «los cristianos excavaron contraminas y escucharon, y las localizaron […] y asfixiaron a los turcos en sus túneles con humo o a veces con pestilencias horrendas y malignas. En algunos lugares los ahogaron inundando sus minas, y muchas veces lucharon contra ellos cuerpo a cuerpo».[51]

Mientras continuaban excavando túneles, los ingenieros militares de Mehmed inventaron otro ingenio notable y completamente inesperado que utilizar en la superficie. Al alba del 19 de mayo, los vigías de la muralla cerca de la puerta Carisia miraron tras desperezarse hacia el distante mar de tiendas enemigas… y se quedaron estupefactos ante lo que vieron. A diez pasos de ellos, situada al borde del foso, se alzaba una enorme torre «que superaba las murallas de las barbacanas»[52] y que, de algún modo, había aparecido de la nada durante la noche. A los defensores les asombró que los otomanos hubieran podido erigir aquella estructura tan rápido. Habían empujado la torre, que tenía ruedas, desde su campamento amparados en la oscuridad y ahora se alzaba frente a las murallas, dominándolas. Estaba construida sobre una estructura de fuertes vigas de madera cubiertas con piel de camello y tenía una doble capa de vallas para proteger a los hombres que había dentro. Su parte inferior se había protegido con un terraplén por el exterior, de modo «que los disparos de cañón o mosquete no pudieran dañarla».[53] En el interior de la estructura unas escalas conectaban los pisos y también podían utilizarse para salvar la distancia entre la torre y la muralla. Durante la noche, una multitud de obreros había construido desde las líneas otomanas a la torre un camino cubierto «de media milla de longitud […] y lo habían protegido con dos capas de vallas sobre las que habían dispuesto pieles de camello, y por medio de este camino podían ir de la torre al campamento a cubierto de forma que no pudieran alcanzarlos ni las balas ni los dardos de ballesta ni las piedras lanzadas por las culebrinas».[54] Hombres armados acudieron a la muralla para ver aquella increíble estructura. La torre de asalto era casi un retorno a la era clásica de los asedios, aunque al arzobispo Leonardo le pareció que «difícilmente los romanos podrían haber construido un artefacto así».[55] Había sido diseñada específicamente para ayudar a colmar el foso frente a la muralla exterior que tantos problemas había dado a los atacantes. Dentro de la torre equipos de hombres excavaban tierra y la lanzaban por pequeñas aperturas al foso que tenían frente a ellos. Siguieron trabajando todo el día, mientras desde los pisos superiores los arqueros les cubrían disparando flechas encendidas hacia la ciudad, «parecía que por pura felicidad».[56]

Este fue un proyecto fundamental para Mehmed, concebido en secreto a pesar de su gran escala y ejecutado, como el transporte por tierra de los barcos, a la velocidad del rayo. Tuvo un profundo impacto psicológico. La ingeniosidad y los recursos del ejército sitiador debieron parecer a los defensores una pesadilla que no cesaba. Constantino y sus comandantes se apresuraron a las almenas para hacer frente a esta nueva emergencia «y cuando la vieron se quedaron paralizados por el miedo como si estuvieran muertos, y constantemente les preocupaba que esa torre fuera a ser la causa de la caída de la ciudad, pues era más alta que las barbacanas».[57] La amenaza de la torre era manifiesta. Estaba colmando el foso a la vista de todos, y el fuego de cobertura que ofrecían sus arqueros hacía muy difícil organizar una respuesta. Cuando anocheció los otomanos habían avanzado mucho. Habían rellenado el foso con maderos, ramas secas y tierra. La torre de asalto, empujada desde su interior, avanzaba y cada vez estaba más cerca de las murallas. Los defensores, presa del pánico, decidieron que era imperativo tomar medidas inmediatas, pues otro día bajo la sombra de aquella alta torre podría demostrarse fatal. En cuanto oscureció, preparon tras las murallas barriles llenos de pólvora y los lanzaron rodando desde las murallas, con las mechas encendidas. Hubo una serie de grandes explosiones: «de repente la tierra rugió como si emanara de ella un gran trueno y envió a la torre de asedio y a los hombres que había en ella a las nubes, como si se hubiera producido una gran tormenta». La torre se quebró y explotó: «cayeron personas y trozos de madera desde muy alto».[58] Los defensores lanzaron rodando barriles de brea incendiados sobre los heridos que gemían al pie de las murallas. Efectuaron una salida, masacraron a los supervivientes y quemaron sus cuerpos junto con al resto del equipo de asedio que habían traído los atacantes: «grandes arietes y escalas con ruedas, y carros con torretas protectoras sobre ellos».[59] Mehmed observó el fracaso desde lejos. Furioso, ordenó que sus hombres se retiraran. Otras torres parecidas que se habían colocado en otros puntos de la muralla también fueron retiradas por los otomanos o incendiadas por los defensores. Evidentemente las torres eran demasiado vulnerables al fuego, así que no se repitió el experimento.

La guerra en los túneles subterráneos se intensificó. El 23 de mayo los defensores detectaron e interceptaron otra mina. Mientras avanzaban por el estrecho túnel a la temblorosa luz de las antorchas, se encontraron de súbito cara a cara con el enemigo. Utilizando fuego griego consiguieron hundir el techo del túnel, enterrando a muchos zapadores sajones y soldados otomanos, pero además consiguieron capturar a dos oficiales y llevarlos vivos a la superficie. Los griegos torturaron a esos hombres hasta que revelaron la ubicación de todos los demás túneles, «y, cuando hubieron confesado, les cortaron la cabeza y arrojaron sus cuerpos desde las murallas en el lado de la ciudad en el que estaba el campamento turco; y los turcos, al ver a sus compañeros arrojados desde las murallas, se enfurecieron y sintieron enorme ira hacia los griegos y hacia nosotros, los italianos».[60]

Al día siguiente los zapadores cambiaron de táctica. En lugar de pasar directamente bajo las murallas para crear pasadizos hasta la ciudad, hicieron que su túnel diera un giro al llegar a la muralla y discurriera directamente bajo ella durante diez pasos. Se dispuso el incendio de las vigas que sostenían el túnel para que, al venirse abajo, hundiera la sección de la muralla que había sobre él. Las obras se descubrieron justo a tiempo; los intrusos fueron rechazados y se reconstruyó la muralla por debajo con ladrillos. Pero la ciudad estaba muy intranquila. El 25 de mayo se hizo un último intento de repetir esta operación. Otra vez, los mineros consiguieron preparar el hundimiento de una larga sección de la muralla antes de ser interceptados y rechazados. A ojos de los defensores, este fue el más peligroso de todos los túneles que habían descubierto, pero señaló también el fin de la guerra subterránea. Los mineros sajones habían trabajado ininterrumpidamente durante diez días, en el transcurso de los cuales habían excavado catorce túneles. Sin embargo, Grant los había destruido todos. Mehmed reconoció el fracaso tanto de las torres como de las minas… y continuó bombardeando la ciudad con sus cañones.

Lejos, al oeste de Constantinopla, más allá del ruido de los cañones y de los ataques nocturnos, tenía lugar un drama menor pero muy significativo. Un velero se mecía suavemente fondeado en uno de los pequeños puertos de una isla del Egeo. Era el bergantín veneciano que había salido de la ciudad. Había barrido todo el archipiélago en busca de alguna señal de una flota de rescate. La tripulación no había encontrado nada. Tampoco habían recibido buenas noticias de ninguno de los barcos con los que se habían cruzado. Sabían que no estaba en camino ninguna flota de socorro. De hecho, la flota veneciana estaba frente a la costa de Grecia, informándose cautelosamente de las intenciones navales otomanas, mientras que las galeras que el papa había encargado a Venecia estaban construyéndose todavía. La tripulación comprendía perfectamente lo que aquello implicaba, tanto para la ciudad, como para ellos mismos. En cubierta se produjo un acalorado debate sobre qué debían hacer a continuación. Un marinero defendió que no debían volver a la ciudad, sino dirigirse a «una tierra cristiana, porque estoy seguro de que a estas alturas los turcos ya habrán tomado Constantinopla».[61] Sus compañeros se volvieron hacia él y le replicaron que el emperador les había confiado la tarea de investigar e informar, y que su deber era volver: «así que queremos regresar a Constantinopla, esté en manos de turcos o cristianos, vayamos a morir o a vivir, déjanos seguir nuestro camino».[62] Después de haber hablado partidarios de ambas posturas, se sometió a votación qué hacer y se decidió democráticamente regresar, fueran cuales fueran las consecuencias.

El bergantín remontó los Dardanelos impulsado por un viento del sur, volvió a camuflarse con sus enseñas turcas y se aproximó a la ciudad poco antes del amanecer del 23 de mayo. Pero en esta ocasión la flota otomana no se dejó engañar. Patrullaban la zona con esmero, pues temían la llegada de las galeras venecianas tanto como la ansiaban los bizantinos, y creyeron que aquel pequeño velero podría ser una avanzadilla o un barco de exploración de la flota cristiana. Remaron hacia él para interceptarlo, pero el bergantín las dejó atrás y los defensores abrieron la cadena para que entrase. Ese mismo día, su tripulación fue a informar al emperador de que no habían encontrado indicios de ninguna flota de auxilio. Constantino les dio las gracias por haber regresado a la ciudad y «empezó a llorar amargamente». La certeza de que la cristiandad no iba a enviar ningún barco extinguió las esperanzas de rescate; «y viendo esto, el emperador decidió ponerse en manos de nuestro generoso Señor Jesucristo, de Santa María, madre de Dios, y de San Constantino, fundador de la ciudad, para que la defendieran».[63] Era el cuadragésimo octavo día de asedio.

12

Augurios y presagios
24 - 26 de mayo de 1453

Vemos augurios en las réplicas y en los saludos de los
hombres. De los cantos de los pájaros domésticos o
del vuelo de los cuervos derivamos presagios. Anota-
mos nuestros sueños y creemos que predicen el
futuro [...] Son estos pecados y otros como
estos los que nos hacen merecedores de
los castigos que Dios nos impone.[1]
José Briennio, escritor bizantino del siglo XIV

Profecía, apocalipsis, pecado: al entrar el asedio en las últimas
semanas de mayo, los temores religiosos se apoderaron de la
población de la ciudad. La creencia en los presagios siempre
había sido una de las características de la vida bizantina. La propia Constantinopla había sido fundada como resultado de una
señal mística —la imagen de una cruz que se le apareció a Constantino el Grande antes de la batalla crucial del puente Milvio
mil doscientos cuarenta años antes—, así que en la ciudad los
presagios se buscaban y se interpretaban ávidamente. Con el
inexorable declive del imperio, estos augurios empezaron a te-
ñirse de un profundo pesimismo. La creencia de que el imperio
Bizantino iba a ser el último imperio de la tierra, cuyo último
siglo había empezado alrededor de 1394, estaba muy extendida.
La gente recordaba los antiguos libros proféticos de los anteriores asedios árabes; sus versos gnómicos y oraculares se recitaban

a menudo: «desventuras caerán sobre ti, ciudad de las siete colinas, cuando la vigésima carta se proclame ante tus murallas.
Entonces la caída estará próxima, y también la destrucción de
tus soberanos».[2] A los turcos se los veía como un pueblo del
apocalipsis que representaba el juicio final: un azote enviado por
Dios a la tierra como castigo por los pecados de los cristianos.

En este clima la gente estudiaba incesantemente los signos que pudieran predecir el fin del imperio... o del mundo:
epidemias, fenómenos naturales, apariciones de ángeles... La
propia ciudad, más antigua de lo que sus habitantes podían
comprender, estaba envuelta en inmemoriales leyendas, profecías y símbolos sobrenaturales. Algunos consideraban que sus
monumentos milenarios, cuyo propósito original había sido olvidado hacía tiempo, eran criptogramas en los que se podía leer
el futuro: el friso esculpido en la base de la estatua del foro del
Toro contenía una profecía en clave sobre el fin de la ciudad, y
la gran estatua ecuestre de Justiniano apuntando a oriente ya no
expresaba confianza en sojuzgar a los persas, sino que anunciaba
la dirección desde la que acudirían los destructores de la ciudad.

En este ambiente, los presentimientos de que se acercaba
el juicio final tomaron fuerza conforme se prolongaba el asedio. El clima poco habitual de la estación y el terror provocado
por el persistente bombardeo de artillería convenció a los fieles
ortodoxos de que el fin estaba próximo y llegaría entre explosiones y humo negro. El Anticristo, encarnado en Mehmed,
estaba a las puertas. Proliferaron los sueños proféticos y los
presagios: un niño había visto que el ángel que protegía las
murallas de la ciudad abandonaba su puesto; se habían recogido unas ostras que sangraban; una gran serpiente se avecinaba, devastando la tierra, y los terremotos y granizadas que se
habían producido en la ciudad dejaban claro que «se acercaba
la ruina universal».[3] Todo apuntaba a que el fin de los tiempos
estaba a la vuelta de la esquina. En el monasterio de San Jorge había un documento oracular, dividido en cuadrados, que
mostraba la sucesión de emperadores, con un emperador en
cada cuadrado: «con el tiempo todos los cuadros se llenaron y
quedó solo el último»,[4] el que debía ocupar Constantino XI.

Las nociones bizantinas de que el tiempo era circular y simétrico se vieron confirmadas por una segunda profecía imperial: que la ciudad sería tanto fundada como perdida por un emperador llamado Constantino cuya madre se llamaría Helena. Tanto la madre de Constantino I como la de Constantino XI se llamaban Helena.

En este clima febril, la moral de la población civil empezó a decaer. Se celebraban constantes misas de intercesión por toda la ciudad. Día y noche, las iglesias vivían sumidas en un interminable murmullo de plegarias, con la excepción de Santa Sofía, que seguía vacía y sin visitantes. Néstor Iskánder presenció como «toda la gente estaba reunida en las santas iglesias de Dios, llorando, sollozando, levantando los brazos al cielo y suplicando a Dios».[5] Para los ortodoxos las oraciones eran tan necesarias para la supervivencia de la ciudad como el acarrear piedras y madera a las murallas de noche para repararlas. Las plegarias mantenían el escudo de protección divina que salvaguardaba la ciudad. Los más optimistas recordaban toda una serie de profecías favorables: que la ciudad estaba personalmente protegida por la virgen María, Madre de Dios, y no podría nunca ser tomada porque en ella se guardaban las reliquias de la Vera Cruz; y que incluso si el enemigo conseguía entrar en la ciudad, no podría pasar de la columna de Constantino, pues en ese lugar bajaría un ángel del cielo y con su espada pondría en fuga a los invasores.

A pesar de estas profecías favorables, la zozobra por la inminencia del apocalipsis había aumentado a raíz de las malas noticias que había traído el bergantín veneciano el 23 de mayo, y se había acrecentado todavía más con la luna llena, que fue probablemente el día siguiente, 24 de mayo, aunque las fechas son un tanto inciertas. La luna ocupaba un lugar destacado en la psique colectiva de la ciudad. Elevándose sobre la cúpula de cobre de Santa Sofía o reflejada en las tranquilas aguas del Cuerno de Oro o sobre las corrientes del Bósforo, era el símbolo de Bizancio desde la antigüedad. Como una moneda de oro que salía de las colinas de Asia cada noche, su movimiento reflejaba la antigüedad de la ciudad y el sinfín de repetitivos ciclos a lo largo de los cuales había vivido. Igual que la luna, Constantinopla flotaba, atemporal y ominosa. Se creía que el último milenio de la tierra estaría gobernado por la luna y que durante esa época «la vida será corta y la suerte cambiante».[6] A finales de mayo, los miedos se centraron en la creencia concreta de que la ciudad no podía ser tomada con la luna en cuarto creciente; después del día 24 la luna empezaría a menguar y el futuro sería incierto. La perspectiva de esa fecha infundía pavor en el populacho. Todas las profecías sobre la historia de la ciudad parecían converger ahora en un mismo punto.

Por eso la gente esperaba con aprensión el crepúsculo del día 24 de mayo. Después de otro día de bombardeo pesado la noche dio paso a un inesperado silencio. Según todas las crónicas fue una bella noche de primavera, la época del año en que Constantinopla parecía más mágica que nunca, con los últimos restos de luz desvaneciéndose en poniente y el distante rumor del mar lamiendo las murallas costeras. «El aire estaba despejado y sin nubes», recordaba Barbaro, «puro como el cristal».[7] Sin embargo, a medida que la luna se elevó en la primera hora después del crepúsculo, iluminó un espectáculo extraordinario. Donde debería haber habido un círculo completo de plata, solo se podía ver una luna «de tres días, con poca parte visible».[8] Durante cuatro horas permaneció enfermizamente mínima, y luego «creció poco a poco y en la sexta hora de la noche se completó su círculo».[9] El eclipse parcial golpeó la moral de los defensores con toda la fuerza de las profecías. ¿Acaso no era la luna creciente el símbolo de los otomanos, perfectamente visible en los estandartes que ondeaban sobre el campamento de Mehmed? Según Barbaro: «el emperador tuvo mucho miedo al ver esta señal, y todos sus señores [...] pero los turcos celebraron una gran fiesta en su campamento al verla, porque parecía ahora que la victoria era suya».[10] Para Constantino, que a duras penas conseguía mantener la moral del populacho, fue un golpe muy duro.

Al día siguiente se tomó la decisión, quizá a instancias del propio emperador, de intentar levantar el ánimo del pueblo haciendo otra apelación directa a la virgen. Existía una enorme fe en

Sello que muestra la Odighitria.

los poderes sobrenaturales de la Madre de Dios. Su icono más sagrado, la Odighitria, «la que muestra el camino», era un talismán al que se atribuían poderes milagrosos. Se creía que había sido pintado por San Lucas el Evangelista, y había desempeñado un antiguo y honroso papel en las sucesivas defensas de la ciudad. Se había llevado en procesión por las murallas durante el sitio de los avaros en 626. De nuevo, en 718, se atribuyó a la Odighitria la salvación de Constantinopla de los árabes. En consecuencia, una gran multitud reunida la mañana del 25 de mayo en el templo en el que se guardaba el icono, la iglesia de San Salvador, en Cora, cerca de las murallas de la ciudad, para implorar la protección de la virgen. La Odighitria, montada sobre unas andas de madera, fue llevada a hombros por un grupo de hombres escogido entre los miembros de la cofradía del icono, y una procesión recorrió las empinadas y estrechas calles siguiendo el orden tradicional: la abría un hombre portando la cruz, tras él iban los sacerdotes, con sus hábitos negros, haciendo oscilar sus incensarios, luego los laicos, hombres mujeres y niños, que probablemente caminaban descalzos. Cantores dirigían los himnos de la gente. Los hechizantes cuartos de tonos de estas canciones religiosas, los lamentos de la gente, las nubes de incienso y las tradicionales plegarias invocando la protección de la virgen se elevaron al cielo de la mañana. Una y otra vez los ciudadanos repitieron su poderosa invocación para conseguir protección psíquica: «Salva a tu ciudad, como sabes y deseas. Sé nuestros brazos, nuestra muralla, nuestro escudo y nuestro general: lucha por tu pueblo».[11] Se decía que la ruta exacta de estas procesiones la dictaba una fuerza que emanaba del propio icono, como el tirón de la vara de un zahorí.

En este ambiente preñado de miedo y devoción, lo que sucedió acto seguido tuvo efectos devastadores. El icono se escurrió súbita e inexplicablemente de las manos de sus porteadores «sin que mediara fuerza ni motivo aparente y cayó al suelo».[12] Horrorizada, la gente corrió hacia el icono dando gritos para que se restaurara a la virgen a su plataforma, pero el icono parecía pegado al suelo como si estuviera hecho de plomo. Resultó imposible levantarlo. Durante un rato que se hizo eterno, los sacerdotes y porteadores se afanaron, entre gritos y plegarias, por levantar la adorada imagen del fango. Al final lo lograron, pero todo el mundo quedó impresionado por el mal augurio. Apenas se había vuelto a poner en marcha la alterada procesión cuando descargó sobre ella una violenta tormenta. El cielo de mediodía se oscureció, rayos rasgaron el aire y truenos hicieron temblar el suelo; una lluvia torrencial y una granizada violenta azotaron con tal fuerza a la procesión que la gente «fue incapaz de hacerle frente y no pudo avanzar».[13] El icono se detuvo en un lugar inestable. Por la estrecha calle bajaba un torrente de agua con tanta fuerza que amenazaba con arrastrar a los niños que encontrase en su camino: «muchos de los que seguían la procesión se hubieran visto arrastrados y ahogados por la terrible fuerza del agua si algunos de los hombres no los hubieran agarrado rápidamente y, con dificultad, sacado de la desbocada riada».[14] Tuvo que suspenderse la procesión. La multitud se dispersó y regresó a casa con una interpretación clara y terrible de lo acontecido: la virgen no había querido escuchar sus plegarias; la tormenta «ciertamente predecía la inminente destrucción de todo, que, como una ola torrencial y violenta, lo arrasaría y destruiría todo».[15]

A la mañana siguiente los constantinopolitanos despertaron y encontraron la ciudad cubierta por una espesa niebla. Evidentemente no hacía viento; el aire estaba quieto y la niebla se pegó a la ciudad como una manta durante todo el día. Todo estaba acallado, silencioso, invisible. La extraña atmósfera acentuó la sensación de histeria. Era como si el propio clima estuviera socavando la voluntad de los defensores. Solo podía haber una explicación para esa niebla tan atípica en esa época del año: indicaba «la partida de Dios, que había abandonado la ciudad, renunciado a ella y le había dado la espalda por completo. Pues Dios se esconde en las nubes y así aparece y de nuevo desaparece».[16] Hacia el atardecer la atmósfera se enrareció todavía más y una «gran oscuridad empezó a reunirse sobre la ciudad».[17] Y sucedió algo todavía más extraño. Al principio, los centinelas de las murallas observaron a Constantinopla iluminada por luces como si el enemigo estuviera incendiando la ciudad. Alarmada, la gente corrió a ver lo que sucedía y se quedaron atónitos al

La ciudad protegida por Dios. Grabado de las *Crónicas de Nuremberg* de Hartmann Schedel, publicado en 1493.

mirar la cúpula de Santa Sofía. Una extraña luz brillaba en su cima. El excitable Néstor Iskánder describió lo que vio: «sobre la ventana emergía una gran llama de fuego, que rodeó todo el cuello de la iglesia durante mucho tiempo. La llama se reunió en una, alteró su forma y emitió una luz indescriptible. Inmediatamente ascendió al cielo. Los que la vieron se quedaron anonadados; empezaron a gemir y a gritar en griego: "¡Señor, ten piedad! ¡Hasta la luz se ha ido al cielo!"».[18] Para los fieles parecía claro que Dios había abandonado a Constantinopla. En el campamento otomano la atmósfera sobrenaturalmente pesada y aquella luz ultraterrena tuvieron un efecto similar entre las tropas. Cundió la incertidumbre y el pánico ante estas apariciones. En su tienda, Mehmed no podía dormir. Al ver el resplandor sobre la ciudad, su primera reacción fue la preocupación e hizo venir a sus mulás para que interpretaran aquella señal. Acudieron ante él y proclamaron que aquellos presagios eran favorables a la causa musulmana: «Es una señal excelente: la ciudad está condenada».[19]

Al día siguiente, una delegación de sacerdotes y ministros se reunieron con Constantino para expresar su preocupación. Le describieron con detalle la luz sobrenatural e intentaron persuadir al emperador de que buscara un lugar más seguro que la ciudad desde el que organizar la resistencia a Mehmed. «Emperador: sopesad todo lo que se ha dicho sobre la ciudad. Dios concedió su luz en tiempos del emperador Justiniano para la preservación de la santa iglesia y de esta ciudad. Pero esta noche, esa luz ha partido al cielo. Esto significa que la gracia y la generosidad de Dios se han apartado de nosotros: Dios desea entregar nuestra ciudad al enemigo […] os lo suplicamos: dejad la ciudad para que no muramos todos».[20] Por una mezcla de emoción y puro agotamiento, Constantino se derrumbó en el suelo y quedó inconsciente durante largo rato. Cuando finalmente volvió en sí, su respuesta fue la misma: abandonar la ciudad significaría condenar su nombre al oprobio eterno. Se quedaría defendiéndola y, si era necesario, moriría junto a sus súbditos. Insistió a los delegados para que no difundieran palabras ni rumores que causaran pesar entre el pueblo: «no permitáis que desesperen y ni que decaiga su esfuerzo en la batalla».[21]

Otros respondieron de forma distinta. La noche del 26 de mayo, un capitán veneciano, un tal Nicolás Giustiniani —que no era familia del Giustiniani que se había convertido en el héroe de los defensores—, soltó la cadena y huyó por mar amparándose en la oscuridad. Unos pocos barcos pequeños más salieron de los puertos a lo largo de las murallas marítimas del Mármara, burlaron el bloqueo naval y pusieron rumbo a las ciudades griegas del Egeo. Algunos de los ciudadanos más ricos buscaron refugio en los barcos italianos del Cuerno de Oro, pues los consideraban la mejor vía de escape en caso de catástrofe final. Otros empezaron a buscar refugios o escondites seguros dentro de la propia ciudad. Pocos se hacían ilusiones sobre las consecuencias de la derrota.

Debido a la estructura mística del mundo medieval, los presagios astrológicos y el mal tiempo que habían destruido la moral de la ciudad se consideraban signos claros de la voluntad de Dios. En realidad, no obstante, la explicación más plausible de todos esos fenómenos estaba muy lejos, en el océano Pacífico, y era tan portentosa que rivalizaba incluso con las visiones espeluznantes del Armagedón. En algún momento a principios de 1453, la isla volcánica de Kuwae, que estaba casi a dos mil kilómetros al este de Australia, literalmente saltó por los aires. Ocho millones de metros cúbicos de roca fundida fueron lanzados a la estratosfera en una explosión dos mil veces más potente que la de la bomba de Hiroshima. Fue el Krakatoa de la Edad Media, un acontecimiento que afectó al clima de todo el mundo. El viento distribuyó el polvo volcánico por toda la atmósfera, haciendo que las temperaturas bajaran y arruinando las cosechas desde China hasta Suecia. Al sur del río Yangtzé, una región con un clima tan suave como el de Florida, nevó de forma ininterrumpida durante cuarenta días. Los anillos de los árboles en esa época en Inglaterra indican varios años de crecimiento muy débil. Las partículas emitidas desde Kuwae, ricas en azufre, podrían muy bien ser responsables de la mezcla tan poco habitual de frío, lluvia, granizo, niebla y nieve que asoló la ciudad durante toda la primavera. Al estar suspendidas en la atmósfera también debieron crear atardeceres de colores espectaculares y extraños efectos ópticos. Es muy posible que fueran estas partículas volcánicas, por sí mismas o en conjunción con el efecto del fuego de San Telmo —el brillo que producen las descargas de electricidad atmosférica— lo que envolvió la cúpula de la catedral en ominosas cintas de fuego el 26 de mayo y conjuró para los defensores sus visiones de que Dios se había olvidado de ellos. (Efectos lumínicos parecidos se produjeron también después de la erupción del Krakatoa en 1883 y alarmaron a los vecinos de Nueva York pero, como vivían en una época más científica, asumieron que se trataba de incendios y enviaron a los bomberos.)

La atmósfera febril y profética no afectaba solo a la ciudad. Alrededor de la última semana de mayo, los soldados del campamento otomano también sufrieron una grave crisis de moral. Entre las banderas otomanas se extendió un soterrado descontento. Ya era el quinto mes del año lunar árabe; durante siete semanas habían asaltado la ciudad por tierra y por mar. Habían soportado el horrible clima de aquella primavera y sufrido gran cantidad de bajas en las murallas. Habían retirado del foso, lleno de cadáveres, más cuerpos aplastados de los que querían contar; cada día se levantaba sobre la llanura el humo de las piras funerarias. Y, sin embargo, al levantar la vista desde su mar de ordenadas tiendas, podían ver que las murallas seguían allí; y donde habían caído se había levantado en su lugar un alto terraplén culminado por barriles llenos de tierra, como si el tenaz enemigo quisiera burlarse de ellos. El águila bicéfala del emperador seguía ondeando sobre los baluartes y el león de San Marcos en el palacio imperial servía de recordatorio de la presencia de ayuda occidental y avivaba el miedo a que hubiera refuerzos en camino. Ningún ejército contemporáneo podía sostener un asedio más tiempo que los otomanos. Comprendían las reglas esenciales de la vida en un campamento mejor que cualquier ejército occidental —incinerar rápidamente los cadáveres; proteger las fuentes de agua de contaminación, y crear un sistema para disponer de los excrementos de forma higiénica eran elementos esenciales de la disciplina bélica otomana— pero gradualmente las matemáticas del asedio se volverían contra ellos. Se ha estimado que en la Edad Media una fuerza de asedio de 25 000 hombres, un tercio del tamaño del ejército que se había reunido frente a Constantinopla, debía transportar 34 000 litros de agua y treinta toneladas de forraje al día para sostenerse. En un asedio de sesenta días, tal ejército necesitaría retirar 3 785 000 litros de orina animal y humana y 4 000 toneladas de deshechos biológicos sólidos. Pronto el calor del verano se añadiría a las incomodidades físicas de los musulmanes, y con él aumentaría la amenaza de enfermedades. El tiempo jugaba en contra de la determinación otomana de tomar la ciudad.

En realidad, después de siete semanas de guerra, un profundo cansancio se había apoderado de ambos bandos. Todos reconocían que el desenlace no podía posponerse mucho tiempo. Todos tenían los nervios a flor de piel, a punto de quebrarse. Llegados a este punto la lucha por Constantinopla se había convertido en un combate singular entre Mehmed y Constantino en el que se disputaban la moral de sus hombres. Mientras dentro de la ciudad Constantino percibía cómo la moral de sus hombres comenzaba a desintegrarse, idéntica aflicción se apoderó de forma misteriosa de los soldados rasos del ejército otomano. La fecha y secuencia exacta de los acontecimientos que siguieron es incierta. La llegada del bergantín veneciano el 23 que trajo noticias de que no llegaría ninguna flota de socorro fue quizá, irónicamente, percibida por los otomanos como precisamente una avanzadilla de esa flota. Al día siguiente, corrió como la pólvora entre las tiendas el rumor de que una poderosa armada se aproximaba a los Dardanelos, mientras que un ejército cruzado húngaro bajo el mando de Juan Hunyadi «el formidable caballero blanco», ya había cruzado el Danubio y marchaba sobre Edirne. La explicación más probable es que Constantino debió fomentar la filtración de estas informaciones en un último intento de socavar la determinación otomana. Tuvo éxito de inmediato. La incertidumbre y la preocupación se adueñaron de la llanura. Los hombres recordaban, en palabras del cronista, que «muchos reyes y sultanes habían aspirado a la conquista [...] y habían reunido y equipado a grandes ejércitos, pero que nadie había alcanzado el pie de la fortaleza. Se habían retirado doloridos, heridos y desilusionados».[22] El desaliento cundió en el campamento y, si hemos de creer a Leonardo de Quíos, «los turcos empezaron a gritar contra su sultán».[23] Por segunda vez, las dudas y la sensación de peligro inminente se apoderaron del estado mayor otomano, y las viejas disensiones sobre el asedio empezaron a resurgir.

Para Mehmed fue el momento de crisis. El fracaso en el asedio de la ciudad podría resultar fatal para su reputación, pero a su ejército se le terminaban el tiempo y la paciencia. Necesitaba que sus hombres recuperaran su confianza en él y para ello tenía que actuar con decisión. La noche del eclipse lunar le había concedido un afortunado momento para levantar la moral de la tropa. El celo religioso de los mulás y los derviches que habían acudido al asedio se aseguraron de que una interpretación favorable de aquel fenómeno se difundiera por el campamento, pero la decisión de continuar con el asedio seguía pareciendo incierta. Con su característica combinación de astucia y habilidad, Mehmed decidió intentar, una última vez, persuadir a Constantino para que se rindiera pacíficamente.

Probablemente alrededor del 25 de mayo envió un emisario a la ciudad, Ismail, un noble griego renegado, para que hiciera comprender a los bizantinos el destino que les esperaba. El enviado trató de convencerles de lo desesperado de su situación: «Hombres de Grecia, vuestro destino está sobre el filo de la navaja. ¿Por qué no enviáis a un embajador para que discuta los términos de paz con el sultán? Si me confiáis a mí esa misión, me encargaré de que os ofrezca sus términos. De lo contrario, vuestra ciudad será arrasada, vuestras esposas y vuestros hijos vendidos como esclavos y perecerá hasta el último de vuestros hombres».[24] Cautelosamente, los bizantinos decidieron considerar la proposición, pero resolvieron cubrirse las espaldas enviando a negociar a un hombre «que no era de alto rango»,[25] para no arriesgar la vida de uno de los líderes de la ciudad. Este desafortunado individuo fue conducido a la tienda roja y oro a postrarse frente al sultán en persona. Mehmed lo trató con cortesía y le ofreció dos opciones: la ciudad podía pagar un tributo anual de 100 000 besantes o la población entera debía abandonar la ciudad «llevándose con ellos sus posesiones, y yendo a donde quisieran sin ser molestados».[26] Se transmitió la oferta al emperador y su consejo. Pagar ese tipo de tributo estaba claramente más allá de las posibilidades de la ciudad, que era pobre, y la noción de largar velas y abandonar Constantinopla resultaba inconcebible para Constantino. La respuesta del emperador fue decir que entregaría todo cuanto tenía, con excepción de la ciudad. Mehmed replicó que las únicas opciones que le quedaban eran la rendición de la ciudad, la muerte por la espada o la conversión al Islam. Quizá bajo esta conversación subyacía la sensación entre los bizantinos de que la oferta de Mehmed no era sincera, de que había enviado a Ismail solamente como «un medio para sondear el estado anímico de los griegos […] para descubrir lo que pensaban de su propia situación y lo segura que era su posición».[27] Mehmed, sin embargo, todavía prefería la opción de la rendición voluntaria. Con ella se conservaría intacto el tejido de la ciudad que quería convertir en la capital de su imperio; bajo las leyes del islam, sin embargo, estaba obligado a permitir a sus tropas tres días de saqueo si la ciudad se tomaba al asalto.

Nadie sabe si la ciudad estuvo cerca o no de una rendición voluntaria. Se ha sugerido que los genoveses, cuya colonia en Gálata también estaba directamente amenazada, presionaron al emperador para que rechazara la oferta de rendición, pero parece poco probable que Constantino, cuyas opiniones permanecieron admirablemente coherentes a lo largo de todo el conflicto, tuviera jamás la menor intención de entregar Constantinopla. De todos modos, probablemente era demasiado tarde para ambos bandos para acordar una rendición negociada. Había entre ellos demasiada inquina. Durante cincuenta días se habían mofado y masacrado los unos a los otros y ejecutado prisioneros a la vista de sus compatriotas. El final tenía que llegar con el levantamiento del asedio o la caída de la ciudad. Creo que Ducas probablemente refleja el verdadero tono de la respuesta de Constantino: «Impón un tributo anual tan grande como quieras, luego acuerda un tratado de paz y retírate, pues no sabes si conseguirás la victoria o tendrás una decepción. No está en mi mano, ni en la de ningún ciudadano, entregarte esta ciudad. Es nuestra decisión unánime morir por ella antes que perderla para salvar la vida».[28]

Si fue Constantino quien instigó entre los otomanos el rumor de que se acercaban ejércitos cristianos, ese acto de desinformación acabaría siendo un arma de doble filo. Extramuros este rumor generó bastante incertidumbre, pero la amenaza de la prontitud de un relevo hizo que los atacantes aceleraran sus planes. La categórica respuesta de Constantino contribuyó a aclarar el debate en el campamento otomano. Probablemente al día siguiente, el 26 de mayo, Mehmed convocó un consejo de guerra para resolver la cuestión o bien levantando el asedio o bien apostando todo a un asalto general definitivo. El debate que siguió fue la continuación del que se había tenido en la reunión de crisis tras la derrota naval del 21 de abril. De nuevo el anciano visir turco, Jalil Pachá, se levantó para hablar. Lo hizo con cautela, sabedor de las consecuencias de la temeridad del sultán y del riesgo de provocar una respuesta unida de la cristiandad. Había sido testigo de las vicisitudes de la fortuna durante el reinado del padre de Mehmed y conocía bien los peligros de un ejército descontento. Habló apasionadamente a favor de la paz: «Vuestro poder, que ya es muy grande, podéis incrementarlo más mediante la paz que mediante la guerra. Pues el resultado de la guerra siempre es incierto y es más a menudo compañera de la adversidad que de la prosperidad».[29] Agitó el espectro de un ejército húngaro y de una flota italiana y apremió a Mehmed a que extrajera un tributo muy lucrativo a los griegos y levantara el asedio. De nuevo Zaganos Pachá, el converso griego, defendió la guerra, señalando que existía una gran ventaja numérica y que los defensores eran menos cada día que pasaba y estaban al borde del agotamiento. Se burló de la noción de que pudiera llegar auxilio de Occidente y demostró que conocía bien la realidad de la política italiana: «Los genoveses están divididos en facciones, los venecianos están siendo atacados por el duque de Milán: ninguno de ellos enviará ni la más mínima ayuda».[30]

Apeló al deseo de gloria de Mehmed y pidió «la oportunidad de hacer un último y definitivo asalto general, y si fracasamos, haremos luego lo que creáis mejor».[31] Zaganos recibió también ahora el apoyo de otros generales, como Turaján Bey, el comandante del ejército europeo, y por una poderosa facción religiosa, dirigida por el jeque Akshemsettin y el mulá Gurani.

El debate fue enconado. Era el momento crucial de la lucha de poder entre dos facciones de la corte otomana que llevaban años enfrentadas. El resultado iba a ser determinante para el futuro del estado otomano, pero ambos bandos sabían que en realidad luchaban por sus vidas: una política fracasada conduciría inexorablemente a la horca o al estrangulamiento. Al final, la apelación a la gloria militar persuadió a Mehmed de ignorar la posibilidad del fracaso o de la revuelta militar; es posible que el sultán enviara a Zaganos Pachá a recorrer el campamento para que le informara del estado de ánimo de la tropa antes de tomar una decisión. Si fue así, la respuesta fue, naturalmente, inequívoca: Zaganos, como no podía ser de otra manera, «descubrió» que el ejército estaba deseando lanzar el asalto final. Mehmed decidió que había pasado el tiempo de las dudas: «Decide el día de la batalla, Zaganos. Prepara al ejército, bloquea Gálata para que no pueda ayudar al enemigo y haz todos estos preparativos rápido».[32]

Corrió la voz por todo el campamento de que se preparaba un ataque para los próximos días. Mehmed sabía que necesitaba dar un golpe de efecto para levantar la maltrecha moral de sus soldados antes de lanzar el asalto final... y también para asombrar al enemigo. Cuando cayó la noche del 26 de mayo, los heraldos pasearon entre las tiendas del campamento pregonando las órdenes del sultán. Frente a cada una de las tiendas se encendieron antorchas y hogueras. «Y todas las tiendas del campamento encendieron dos fuegos, y los fuegos fueron tan grandes que por su mucha luz parecía de día».[33] Desde las almenas, los defensores contemplaron asombrados y confusos como el anillo de fuego se extendía gradualmente hasta abarcar todo el horizonte: desde el campamento frente a ellos a las colinas de Gálata y sobre las aguas hasta la costa de Asia. Era tan brillante que se podían divisar las tiendas individuales. «Este extraño espectáculo fue en verdad increíble», escribió Ducas. «La superficie del mar relucía como relámpagos».[34] «Parecía que tierra y mar estuvieran en llamas»,[35] recordó Tetaldi. Acompañando a la brillante iluminación del cielo nocturno, llegó el lento crescendo de tambores y címbalos y los repetidos y cada vez más acelerados gritos de los fieles: «*Illala, Illala, Mahomet Russolalla*»[36] —«Dios es y será siempre, y Mahoma es su profeta»— tan fuertes que parecía «que fueran a reventar el propio cielo».[37] Dentro del campamento otomano hubo extraordinarias escenas de entusiasmo y gozo por la decisión de lanzar un ataque final y definitivo. Al principio, los más optimistas de las murallas confundieron las hogueras con un incendio que se extendía por las tiendas enemigas. Acudieron a las murallas a ver el espectáculo y entonces comprendieron el verdadero significado del horizonte encendido y de los gritos de los enemigos. El anillo de fuego tuvo el efecto deseado en la ciudad, y desinfló el coraje de los defensores hasta el punto de que «parecían medio muertos, incapaces de inspirar o espirar».[38] El asombro ante el despliegue de fervor religioso musulmán dio paso al pánico. Se dirigieron súplicas fervientes a la virgen y oraciones por la salvación: «Sálvanos, oh, Señor».[39] Si necesitaban alguna confirmación de lo que significaban los gritos y las llamas, no tardó en llegar. Amparándose en la oscuridad, reclutas forzosos cristianos del ejército del sultán dispararon flechas por encima de las murallas con cartas atadas que detallaban el ataque que iba a producirse.

A la luz de las hogueras proseguían los aciagos preparativos. El horizonte cobraba vida por las figuras que preparaban matorrales y otros materiales para colmar los fosos. Los cañones habían bombardeado implacablemente la empalizada de Giustiniani en el valle del Lico durante todo el día. Fue probablemente el día de la gran niebla, cuando los nervios de los defensores ya estaban destrozados por los terribles presagios. Los otomanos descargaron una interminable granizada de balas de piedra. Empezaron a aparecer grandes brechas en los baluartes. «No puedo describir lo que los cañones le hicieron a la muralla ese día», informó Barbaro. «Sufrimos mucho y nos poseyó un gran terror».[40] Cayó la noche y los exhaustos defensores se prepararon, dirigidos por Giustiniani, para reparar las brechas, pero debido a la luz de las hogueras, las murallas estaban claramente iluminadas y el bombardeo prosiguió tras el ocaso. Y entonces, hacia medianoche, los fuegos fueron extinguidos de repente, los gritos exaltados cesaron de súbito, el bombardeo se detuvo y se extendió en la noche de mayo un silencio tan horripilante que asustó más a los vigilantes de las murallas que el estrépito de las celebraciones que lo habían precedido. Giustiniani y los ciudadanos trabajaron duro durante el breve periodo de oscuridad que quedaba para reparar como pudieron la muralla.

Más o menos a estas alturas la gradual destrucción de la muralla había obligado a los defensores a realizar otra pequeña alteración en su estrategia. Hasta entonces habían hecho salidas sorpresa desde las puertas de la muralla exterior para entorpecer o desbaratar las actividades del enemigo. A medida que secciones de la muralla fueron destruidas y reemplazadas por la empalizada, se hizo más complicado realizar salidas sorpresa desde sus propias líneas. Algunos ancianos sabían de una antigua poterna que se había tapiado y que estaba oculta bajo el palacio real, en el punto en que la muralla de Teodosio se unía con la más irregular muralla de Comneno. Esta antigua puerta se conocía como la puerta del Circo o la puerta de Madera, y recibía esos nombres porque antiguamente había llevado a un circo de madera construido extramuros. La pequeña puerta estaba protegida por sólidas murallas, pero permitiría a los hombres hacer una salida y acosar al enemigo en la llanura frente a la muralla. Constantino dio órdenes de que la puerta se desbloquease para que pudiera continuar el hostigamiento al enemigo. Parece que nadie recordaba otra antigua profecía. En tiempos del primer asedio árabe, en 669, apareció un extraño libro de profecías, el llamado Apocalipsis del Pseudo Metodio. Entre sus muchas predicciones se contaban estas líneas: «Desventurada serás Bizancio, porque Ismail [Arabia] te tomará. Y todos los caballos de Ismail cruzarán el estrecho hasta ti, y el primero de ellos plantará su tienda frente a ti, Bizancio, y empezará la batalla e irrumpirá por la puerta del Circo de Madera y llegará hasta el Toro».[41]

✝ ΝΙΚΑΗΤΥΧΗ
ΚѠΝСΤΑΝΤΙΝѠΤΟΥΘΕΟ
ΦΥΛΑΚΤΟΥΗΜѠΝΔΕСΠΟΤѴ
✝

13

«Recordad la fecha»
27 - 28 de mayo de 1453

Estas tribulaciones son por la gloria de Dios.
La espada del islam está en nuestras manos. Si no
hubiéramos escogido soportar estas tribulaciones,
no seríamos dignos de llamarnos *gazis* y nos aver-
gonzaríamos cuando estuviéramos ante Dios el
día del juicio final.[1]
Mehmed II

Existe una fábula sobre los métodos de conquista de Mehmed que cuenta el cronista serbio Miguel el Jenízaro. En ella, el sultán convocó a sus nobles y ordenó «que se extendiera ante ellos una gran alfombra, y en el centro colocó una manzana y les propuso el siguiente acertijo: "¿Puede alguno de vosotros coger la manzana sin pisar la alfombra?" Y los nobles debatieron entre ellos pensando cómo podría hacerse, y ninguno de ellos pudo dar con la solución hasta que el propio Mehmed se acercó a la alfombra y la enrolló ante él, caminando tras ella, y así llegó a la manzana y luego desenrolló la alfombra sin pisarla».[2]

Mehmed consideraba que ahora era el momento de tomar la manzana. Era obvio para ambas partes que se acercaba el combate final. El sultán esperaba que, como si fuera una sección de la muralla tambaleándose bajo el bombardeo de los cañones, un último asalto general masivo provocaría el hundimiento de toda la resistencia. Constantino entendía, gracias a sus espías, y posiblemente gracias al propio Jalil, que si la ciudad sobrevivía a este ataque, el asedio se levantaría y se tocarían las campanas de las iglesias para celebrar la victoria bizantina. Ambos comandantes se prepararon para el esfuerzo supremo.

Mehmed trabajó frenéticamente. En estos últimos días se mantuvo constantemente en movimiento, a caballo entre los hombres, celebrando audiencias en su tienda roja y oro, levantando la moral de sus tropas, dando órdenes, prometiendo recompensas, amenazando con castigos, supervisando personalmente los preparativos finales... sobre todo, siendo visto por todos. La presencia física del *padisha* se consideraba esencial para mantener la moral de los hombres mientras se preparaban para luchar y morir. Mehmed sabía que este era el momento clave de su destino. Tenía al alcance de su mano todos sus sueños de gloria; la alternativa era un fracaso inconcebible. Estaba decidido a no dejar nada a merced del azar.

El domingo 27 de mayo ordenó que los cañones abrieran fuego de nuevo. Probablemente fue el bombardeo más intenso de todo el asedio. Durante todo el día, las grandes bombardas atacaron la sección central de la muralla, con la intención expresa de abrir grandes brechas a través de las cuales lanzar el asalto general, y de prevenir posibles reparaciones. Parece que enormes balas de granito golpeaban la muralla tres veces antes de derribar una gran sección. A plena luz del día y bajo un bombardeo tan intenso, era imposible realizar una reparación inmediata, pero aun así no se produjo ningún ataque. Todo el día, según Barbaro, «no hicieron otra cosa que bombardear las pobres murallas y derrumbaron buena parte de ellas y dejaron la mitad muy dañadas».[3] Las brechas eran cada vez mayores y Mehmed se aseguró de que fuera cada vez más complicado repararlas. Quería asegurarse de que los defensores no tuvieran ningún descanso en los días anteriores al esfuerzo final.

Durante el día, Mehmed convocó ante su tienda a los oficiales de su ejército. La cadena de mando al completo se reunió para escuchar las palabras de su sultán: «los gobernadores de provincias y los generales y los oficiales de caballería y los comandantes de cuerpos y los capitanes comunes y los comandantes de mil, cien o cincuenta hombres, y la caballería que lo acompañaba y los capitanes de los barcos y trirremes y el almirante de toda la flota».[4] Mehmed conjuró para este público la imagen de fabulosas riquezas que ahora tenían al alcance: las montañas de oro en los palacios y las casas, las ofrendas votivas y las reliquias de las iglesias, «hechas de oro, plata y piedras preciosas y perlas de valor incalculable»,[5] las nobles y bellas mujeres y chicos disponibles para pedir rescate por ellos, para tomarlas como esposas o para venderlos como esclavos, los elegantes edificios y parques que ahora serían suyos y en los que vivirían. Prosiguió subrayando no solo el honor inmortal que supondría capturar la ciudad más famosa del mundo, sino también la necesidad de hacerlo. Constantinopla era una amenaza palpable para la seguridad del Imperio otomano mientras permaneciera en manos cristianas. Una vez tomada, sería el primer peldaño de futuras conquistas. Presentó la tarea que les quedaba por delante como sencilla. La muralla terrestre estaba muy dañada, el foso colmado y los defensores eran pocos y estaban desmoralizados. Se tomó especiales molestias en explicar la escasa determinación de los italianos, cuya implicación en el asedio constituía obviamente una especie de problema psicológico para sus oyentes. Es casi seguro, aunque Critobulo, siendo griego, no lo menciona, que Mehmed también insistiera en apelar a la guerra santa, al antiguo deseo musulmán de conquistar Constantinopla, a las palabras del profeta y al atractivo del martirio.

Luego explicó la táctica para la batalla. Creía, y tenía razón, que los defensores estaban exhaustos por el constante bombardeo y las incesantes escaramuzas. Había llegado la hora de utilizar con toda su contundencia la ventaja numérica que poseían. Las tropas atacarían en oleadas, relevándose unas a otras. Cuando una división estuviera cansada, una segunda división la reemplazaría. Simplemente lanzarían ola tras ola de tropas frescas contra las murallas hasta que los cansados defensores se vinieran abajo. Persistirían hasta la victoria; por mucho que durase la batalla, no habría tregua: «una vez hayamos empezado a combatir, la lucha será continua, sin dormir ni comer ni beber ni descansar, sin aflojar, manteniendo la presión sobre ellos hasta que los superemos en la batalla».[6] Atacarían la ciudad desde todos los puntos simultáneamente en un asalto coordinado, de modo que los defensores no pudieran trasladar tropas para socorrer secciones que pasaran por dificultades. A pesar de toda esta retórica, sin embargo, un ataque ilimitado de este tipo era imposible: el marco temporal práctico de un asalto general sería finito y duraría unas pocas horas. Si la resistencia era firme, podía infligir un número de bajas incapacitante a los atacantes. Por lo tanto, si los otomanos no lograban arrollar a los defensores rápidamente, tendrían forzosamente que retirarse.

Se dieron órdenes muy precisas a cada mando. La flota en las Dobles Columnas debía rodear la ciudad y fijar a los defensores de las murallas marítimas para que no pudieran socorrer a los de las murallas terrestres. Los barcos, dentro del Cuerno de Oro, debían ayudar a colocar el puente de pontones desde el valle de los Manantiales y atacar el final de la muralla terrestre. Junto a ellos, las tropas de Karaja Pachá atacarían la muralla frente al palacio real y, en el centro, Mehmed se colocaría con Jalil y sus Jenízaros en lo que se consideraba el teatro de operaciones crucial, frente a la muralla derruida y a la empalizada del valle del Lico. A su derecha, Ishak Pachá y Mahmut Pachá intentarían asaltar las murallas en la sección que iba del centro al mar de Mármara. A lo largo de todo su discurso el sultán subrayó que se debía asegurar la disciplina de las tropas. Debían obedecer las órdenes al pie de la letra: «guardar silencio cuando deban avanzar sin hacer ruido y, cuando deban gritar, emitir los alaridos más sobrecogedores».[7] Reiteró lo importante que era el éxito en este asalto para el futuro del pueblo otomano, y prometió comandarlo personalmente. Con estas palabras, dio permiso a los oficiales para que se retiraran y regresaran con sus tropas.

Después cabalgó por todo el campamento, acompañado por su guardia personal de jenízaros, vestidos con sus característicos sombreros blancos, y por sus heraldos, que pregonaron el anuncio público del ataque. El mensaje, gritado a lo largo y ancho del mar de tiendas, tenía como objetivo avivar el entusiasmo de los hombres. Habría las recompensas tradicionales tras tomar una ciudad al asalto: «Ya sabéis cuántos cargos de gobernador tengo a mi disposición en Asia y en Europa. De estos daré el mejor al primero que pase la empalizada. Y le daré los honores que merece y me aseguraré de que viva entre riquezas, y le haré el más feliz de los hombres de su generación».[8] Todas las grandes batallas otomanas estaban precedidas por la promesa de una serie de recompensas graduales diseñadas para alentar a los hombres. Había un correspondiente juego de castigos: «Pero si veo a algún hombre oculto en las tiendas y no luchando en la muralla, no podrá escapar a una muerte lenta».[9] Una de las armas psicológicas de las conquistas otomanas era que implicaban a los hombres en un sistema de recompensas muy efectivo que unía el honor y el dinero al reconocimiento de los esfuerzos excepcionales. Se implementaba gracias a la presencia en el campo de batalla de los mensajeros del sultán, los *chavushes*, un cuerpo de soldados que reportaban directamente al sultán. Un simple relato de un acto de coraje realizado por uno de ellos podía conducir a un ascenso inmediato. Los hombres sabían que las grandes gestas serían recompensadas.

Mehmed fue más allá. Siguiendo los preceptos de la ley islámica, se decretó que puesto que la ciudad no se había rendido se entregaría a los soldados durante tres días para que la saquearan a placer. Juró por Dios, «por los cuatro mil profetas, por Mahoma, por el alma de su padre y por sus hijos y por la espada que llevaba, que les entregaría todo para que lo saquearan, todas las personas, hombres y mujeres, y todo cuanto había en la ciudad, tanto en tesoros como en propiedades, y que no rompería su promesa».[10]

La perspectiva de la Manzana Roja, rica en botín y maravillas, apelaba directamente a lo más profundo del alma del jinete nómada, arquetipo del saqueador que ansia la riqueza de las ciudades. Tras siete semanas sufriendo bajo la lluvia de primavera, el ansia de conquista debió golpear a los hombres como un hambre casi física. En buena medida la ciudad que imaginaban ya no existía. La Constantinopla conjurada por Mehmed había sido saqueada por los cruzados cristianos dos siglos y medio antes. Sus fabulosos tesoros, sus adornos de oro y sus reliquias con joyas incrustadas habían desaparecido casi por completo en la catástrofe de 1204, fundidas por los caballeros normandos o transportadas hasta Venecia junto con los caballos de bronce. Lo que quedaba en mayo de 1453 era una sombra empobrecida y disminuida de lo que la ciudad había sido anteriormente, una urbe cuya mayor riqueza era su gente. «Antes la ciudad de la sabiduría, ahora una ciudad de ruinas»,[11] había dicho Genadio de la agonizante Constantinopla. Puede que unos pocos hombres ricos tuvieran todavía montones de oro escondidos en sus casas y en las iglesias todavía había objetos preciosos, pero la ciudad ya no poseía los tesoros de la cueva de Aladino que imaginaban y codiciaban las tropas otomanas al contemplar sus murallas.

Sin embargo, la proclamación sirvió para despertar el ardor guerrero del ejército. Sus grandes gritos llegaron a los defensores, que contemplaban la escena desde las murallas. «Oh, si hubieras oído sus voces elevadas al cielo», escribió Leonardo, «desde luego te habrías quedado paralizado».[12] Es muy probable que Mehmed no deseara tener que prometer el saqueo de la ciudad, pero tenía que hacerlo si quería ganarse por completo a sus cansadas tropas. Una rendición negociada habría garantizado que el nivel de destrucción fuera tan bajo como él deseaba. La Manzana Roja no era para Mehmed solo un cofre lleno de botín que se podía saquear: iba a convertirse en el centro de su imperio y su intención era preservarla intacta. Con esto en mente, añadió una condición muy severa a su promesa: los edificios y las murallas de la ciudad se convertirían en propiedad exclusiva del sultán y solo del sultán; bajo ninguna circunstancia se debía permitir que fueran dañados o destruidos una vez se tomara la ciudad. La captura de Estambul no iba a convertirse en un segundo saqueo de Bagdad, la ciudad más fabulosa de la Edad Media, que los mongoles habían entregado por completo a las llamas en 1258.

Se fijó el ataque para dos días después, el 29 de mayo. Con el fin de que los soldados alcanzaran el clímax de su fervor religioso y para apartar de su mente cualquier pensamiento negativo, se anunció que el día siguiente, el 28 de mayo, se dedicaría por completo a la expiación. Los hombres debían ayunar durante las horas de luz, realizar sus abluciones rituales, decir sus oraciones cinco veces e implorar la ayuda de Dios para capturar la ciudad. Tanto esa noche como la siguiente se realizarían las tradicionales ofrendas con velas. El misterio y el asombro que provocaban los cirios, combinadas con las oraciones y la música, eran poderosas armas psicológicas que funcionaron tanto en los soldados como en sus enemigos y que se emplearon con su máxima potencia frente a las murallas de Constantinopla.

Mientras tanto, los trabajos en el campamento otomano se reemprendieron con renovado entusiasmo. Grandes cantidades de tierra y matorrales se reunieron para llenar el foso, se dispusieron las escaleras de asalto, se reunieron grandes cantidades de flechas y se levantaron pantallas protectoras con ruedas. Cuando cayó la noche, la ciudad se vio envuelta de nuevo en un círculo brillante de fuego; el cántico rítmico de los nombres de Dios se levantó de forma continua desde el campamento, acompañado por los incansables golpes de tambor, el entrechocar de címbalos y el agudo sonido de las *zornas*. Según Barbaro, el estrépito podía oírse desde el otro lado del Bósforo, en la costa de Anatolia, «y nosotros, los cristianos, sufríamos el mayor terror».[13] Dentro de la ciudad se celebraba la fiesta de Todos los Santos, pero no hubo consuelo en las iglesias, solo penitencia y continuas plegarias por la intercesión divina.

Al final del día Giustiniani y sus hombres se pusieron de nuevo a reparar los daños de la muralla exterior, pero en la iluminada noche el bombardeo continuó sin pausa. Los defensores eran claramente visibles y fue ahora, según Néstor Iskánder, cuando la suerte que había acompañado hasta ahora a Giustiniani, lo abandonó. Mientras dirigía las operaciones, un fragmento de una bala de piedra rebotada tras un impacto golpeó al comandante genovés, atravesó su peto de acero y se le clavó en el pecho. Cayó al suelo y fue llevado a una cama en su residencia.

Es difícil exagerar la importancia que tenía Giustiniani para la causa Bizantina. Desde su espectacular llegada a los muelles en enero de 1453 con 700 soldados veteranos vestidos con brillantes armaduras, Giustiniani se había convertido en una figura icónica de la defensa de la ciudad. Había acudido a Constantinopla voluntariamente, y a su propia costa, «para el avance de la fe cristiana y por el honor del mundo».[14] Hombre experto técnicamente, valiente como pocos e incansable en la defensa de las murallas, solo él había podido concitar la lealtad tanto de griegos como de venecianos, hasta el punto de que estos últimos se vieron obligados a hacer con él una excepción a su odio general a los genoveses. La construcción de la empalizada fue una improvisación brillante cuyos extraordinarios resultados mellaron la moral de las tropas otomanas. El testimonio, no siempre fiable, de su compatriota Leonardo de Quíos sugiere que Mehmed desarrolló una exasperada admiración hacia su principal oponente e intentó sobornarlo con una gran suma. Pero Giustiniani no estaba en venta. Por eso, cuando el admirado líder que con tanta gallardía había liderado la lucha cayó fulminado, cundió la desesperación entre los defensores. Se abandonaron las reparaciones de la muralla. Cuando comunicaron la noticia a Constantino, «de golpe su determinación se desvaneció y se ensimismó en sus pensamientos».[15]

A medianoche los gritos se extinguieron y los fuegos se apagaron. El silencio y la oscuridad cayeron abruptamente sobre las tiendas y los estandartes, sobre los cañones, los caballos y los barcos, sobre las tranquilas aguas del Cuerno de Oro y las dañadas murallas. Los doctores que cuidaban al herido Giustiniani «lo trataron durante toda la noche y trabajaron para salvarlo».[16] El descanso fue breve para los habitantes de la ciudad.

Mehmed pasó el lunes 28 de mayo realizando los preparativos finales para el ataque. Al alba estaba despierto dando órdenes a sus artilleros para que prepararan y apuntaran los cañones a las partes más dañadas de la muralla, para que de ese modo dispararan sobre los defensores más vulnerables cuando se diera la orden de atacar más tarde ese día. Los líderes de la caballería y de las divisiones de infantería de su guardia personal fueron convocados para recibir órdenes y organizados en divisiones. Por todo el campo se ordenó, al son de las trompetas, que todos los oficiales estuvieran en sus puestos so pena de muerte, preparados para el ataque que se acercaba.

Cuando los cañones abrieron fuego, «fue algo fuera de este mundo», según Barbaro, «y lo hicieron porque era el día en que debía acabar el bombardeo».[17] A pesar de la intensidad del fuego de artillería, no hubo ningún ataque. La única actividad visible era la acumulación constante de miles de largas escaleras, que los otomanos estaban acercando a las murallas, y de un gran número de pantallas de madera, que protegerían a los hombres mientras avanzaban hacia la empalizada. Se trajeron caballos desde los prados. Era un día de finales de primavera y brillaba el sol. En el bando otomano, los hombres continuaron con sus preparativos: ayunaron y rezaron, afilaron sus espadas, comprobaron los broches de sus escudos y armaduras, y descansaron. A medida que se acercaba la hora y se aproximaba el asalto final, un humor introspectivo se extendió entre los soldados. El silencio religioso y la estricta disciplina del ejército enemigo ponía nerviosos a los vigilantes de las murallas. Algunos tenían la esperanza de que la falta de actividad en el campamento enemigo fuera un indicio de que los otomanos se preparaban para retirarse; otros eran más realistas.

Mehmed se había esforzado por mantener alta la moral de sus hombres, afinando la respuesta de sus soldados a lo largo de varios días mediante sucesivos ciclos de fervor y reflexión diseñados para levantar los ánimos y acallar las dudas. Los mulás y los derviches jugaron un papel decisivo en la creación de la mentalidad adecuada. Miles de religiosos itinerantes habían acudido al asedio desde los pueblos y ciudades del interior de Anatolia, trayendo con ellos fervientes expectativas religiosas. Caminaban por el campamento vestidos con ropa raída y polvorienta y con los ojos encendidos de pasión. Recitaban los versos relevantes del Corán y de los hadices, recordaban las profecías y relataban historias de martirio. Recordaban a los soldados que seguían los pasos de los compañeros del profeta que habían fallecido en el primer asedio árabe de Constantinopla. Sus nombres pasaban de boca en boca: Hazret Hafiz, Ebu Seybet ul-Ensari, Hamd ul-Ensari y, sobre todos ellos, Ayyub, a quien los turcos llamaban Eyüp. Los religiosos repetían a sus oyentes, en voz baja, que en ellos había recaído el honor de hacer que se cumpliera la palabra del mismísimo Profeta:

El Profeta dijo a sus discípulos: «¿Habéis oído hablar de una ciudad con tierra por un lado y mar en los otros dos lados? Ellos contestaron: «Sí, oh, Mensajero de Dios». Él dijo: «La última hora [del juicio] no llegará antes de que sea tomada por 70 000 hijos de Isaac. Cuando lleguen a ella, no combatirán con armas y catapultas, sino con las palabras "No hay otro Dios que Alá, y Alá es grande". Entonces la primera muralla costera caerá y, regocijándose, entrarán en la ciudad"».[18]

Puede que estas palabras atribuidas al profeta sean espurias, pero el sentimiento que transmiten era real. Sobre el ejército recaía la perspectiva de completar un ciclo mesiánico de la historia, un sueño antiguo de los pueblos islámicos que se remontaba al nacimiento del propio islam, y los soldados que tan cerca estaban de hacerlo realidad aspiraban a conseguir fama eterna. Tenían la certeza de que si morían en combate se convertirían en mártires santos e irían al paraíso: «Jardines bañados por frescos torrentes, donde habitarán para siempre en compañía de esposas perfectas y castas, y en la gracia de Dios».[19]

Era una combinación embriagadora, pero había algunos en el campamento, entre ellos el propio jeque Akshemsettin, mucho más realistas sobre lo que de verdad motivaba a parte de las tropas. «Sabes muy bien», había escrito a Mehmed en un momento anterior del asedio, «que la mayoría de los soldados han sido convertidos al islam a la fuerza. El número de los que están dispuestos a dar sus vidas por amor a Dios es extremadamente pequeño. Por otra parte, si atisban la posibilidad de un cuantioso botín, correrán sin dudarlo a una muerte certera».[20] También para ellos había palabras de ánimo en el Corán: «Dios os ha prometido un rico botín, y os lo ha dado con rapidez. Ha detenido la mano de vuestros enemigos para hacer de vuestra victoria una señal para todos los creyentes y guiaros por la recta vía».[21]

Mehmed se embarcó en una inspección final. Con un gran destacamento de caballería cabalgó hasta las Dobles Columnas para dar las últimas instrucciones a Hamza relativas al asalto naval. La flota debía rodear la ciudad y poner sus barcos a tiro de los defensores, de modo que estos se vieran envueltos en constante batalla con los marineros y no pudieran ausentarse de su puesto en las murallas costeras para reforzar las terrestres. Si era posible, algunos barcos debían intentar embarrancar y escalar las murallas marítimas, aunque las posibilidades de éxito de un ataque de este tipo en las rápidas corrientes del mar de Mármara se consideraban escasas. A la flota en el Cuerno de Oro se le dieron órdenes similares. A su vuelta, Mehmed se detuvo frente a la puerta principal de Gálata y ordenó a los principales magistrados de la ciudad que salieran a verle. Les advirtió con la mayor severidad que no ayudaran a la ciudad durante el día siguiente.

Por la tarde estaba de nuevo a caballo, realizando una inspección de todo el ejército, recorriendo los seis kilómetros y medio entre mar y mar, animando a los hombres, dirigiéndose a oficiales individuales por su nombre, avivando su ardor guerrero. Se reiteró el mensaje del «palo y la zanahoria»: habría grandes recompensas pero también terribles castigos para aquellos que no obedecieran. Se ordenó bajo pena de muerte seguir las órdenes de los oficiales al pie de la letra. Mehmed probablemente dirigió sus palabras más severas a las reticentes tropas cristianas que combatían bajo Zaganos Pachá. Satisfecho con estos preparativos, regresó a su tienda a descansar.

Dentro de la ciudad se produjeron preparativos equivalentes. De algún modo, a pesar de los temores de Constantino y los médicos, Giustiniani había sobrevivido a la noche. Preocupado por el estado de la muralla exterior, que se había convertido en su obsesión, exigió que lo llevaran a los baluartes para supervisar personalmente las obras de reparación. Los defensores se pusieron manos a la obra para tapar las brechas y avanzaron notablemente los trabajos hasta que los detectaron los artilleros otomanos. Inmediatamente, una lluvia de cañonazos les impidió continuar. Parece que más tarde Giustiniani se recuperó lo bastante como para tomar una vez más personalmente el mando de la crucial zona central de las defensas.

En todos los demás lugares los preparativos para la defensa final se vieron perjudicados por la fricción entre las diversas facciones nacionales y religiosas. Las arraigadas rivalidades y las prioridades en conflicto de los diversos grupos, la dificultad de conseguir suficientes víveres, el agotamiento del trabajo continuo y la conmoción del bombardeo… tras cincuenta y tres días de asedio, los nervios estaban a flor de piel y cualquier desacuerdo escalaba hasta convertirse en una pelea. Mientras se preparaban para defenderse del siguiente ataque, Giustiniani y Lucas Notarás casi llegan a las manos por cómo debían desplegarse los pocos y preciosos cañones que tenían. Giustiniani exigió que Notarás le entregara el control de sus cañones para utilizarlos en la defensa de las murallas terrestres. Se produjo una furiosa riña durante la cual Giustiniani amenazó con atravesar a Notarás con su espada.

El aprovisionamiento de las murallas terrestres provocó otro altercado. Las destrozadas almenas tenían que reemplazarse por otras estructuras defensivas que protegieran de forma efectiva a los hombres de los proyectiles enemigos. Los venecianos se pusieron a hacer pantallas de madera en las carpinterías de su barrio, Platea, junto al Cuerno de Oro. Siete carros de pantallas fueron cargados en la plaza. El bailío veneciano ordenó a los griegos que los transportasen tres kilómetros hasta las murallas. Los griegos se negaron a menos que les pagaran. Los venecianos les acusaron de codicia; los griegos, que tenían que alimentar a sus hambrientas familias y estaban molestos por la arrogancia de los italianos, necesitaban el dinero para conseguir comida antes de que terminase el día. La disputa duró tanto que las pantallas no se entregaron en su destino hasta después de anochecer, cuando ya era demasiado tarde para utilizarlas.

Estos rabiosos antagonismos tenían una larga historia. El cisma religioso, el saqueo de Constantinopla durante la Cuarta Cruzada, la rivalidad comercial entre los genoveses y los venecianos: todo contribuía a avivar las acusaciones de codicia, traición, pereza y arrogancia que se lanzaron unos a otros durante estos tensos últimos días. Pero bajo esta superficie de discordia y desesperación, hay evidencias que indican que todas las faccio-

nes hicieron por lo general cuanto fue necesario para la defensa
común el 28 de mayo. El propio Constantino pasó el día orga-
nizando y animando a los ciudadanos y a los distintos contingentes de defensores —griegos, venecianos, genoveses, turcos y
catalanes— para que trabajaran juntos por la causa. Las mujeres
y los niños trabajaban todo el día, acarreando a las murallas las
piedras que luego se lanzaban al enemigo. El alcaide veneciano emitió una conmovedora proclama «a todos aquellos que se
llamen a sí mismos venecianos para que fueran a las murallas
terrestres, primero por amor a Dios, luego por el bien de la ciudad y de toda la cristiandad, y que resistieran en sus puestos y
estuvieran dispuestos a entregar la vida de buen grado».[22] En el
puerto se comprobó la cadena y todos los barcos se aprestaron
para el combate. Al otro lado de la ensenada, los habitantes de
Gálata contemplaban los preparativos para la lucha final cada
vez más preocupados. Parece probable que el *podestà* emitiera
también una última y clandestina llamada a todos los hombres
de la ciudad para que cruzaran el Cuerno de Oro en secreto y
se unieran a la defensa. Comprendía que el destino del enclave
genovés dependía de la supervivencia de Constantinopla.

En contraste con el silencio del campamento otomano,
Constantinopla estaba animada por mil sonidos. Durante todo
el día se tocaron las campanas de las iglesias, sonaron los tambores y se golpearon los gongs de madera para convocar a la
gente a realizar los últimos preparativos. El interminable ciclo
de plegarias, misas y gritos pidiendo la intercesión divina se había intensificado tras los terribles augurios de los últimos días.
Alcanzaron su punto culminante la mañana del 28 de mayo. El
fervor religioso dentro de la ciudad era igual que el que cundía
en la llanura frente a ella. Temprano por la mañana, una gran
procesión de sacerdotes, hombres, mujeres y niños se reunió
frente a Santa Sofía. Se trajeron los iconos más sagrados de la
ciudad, sacados de todos los templos y capillas. Además de la
Odighitria, cuya anterior procesión había resultado tan funesta,
se reunieron los huesos de los santos, las cruces de oro con joyas incrustadas que contenían fragmentos de la mismísima Vera
Cruz, y toda una serie de otros iconos. Los obispos y sacerdotes

abrían el paso, con sus vestidos brocados. Los laicos caminaban detrás de ellos, penitentes y descalzos, llorando y golpeándose el pecho, pidiendo la absolución por sus pecados y uniéndose a la recitación de los salmos. La procesión pasó por toda la ciudad y recorrió toda la longitud de las murallas terrestres. En cada posición defensiva importante, los sacerdotes leyeron las antiguas plegarias sobre que Dios protegería las murallas y daría la victoria a sus fieles. Los obispos levantaron sus báculos y bendijeron a los defensores, rociándoles con agua bendita salpicada con ramas de albahaca seca. Para muchos fue también un día de ayuno, interrumpido solo al anochecer. Fue el método más efectivo para subir la moral de los defensores.

Probablemente el propio emperador se unió a la procesión y cuando terminó convocó a los principales nobles y comandantes de todas las facciones de la ciudad para realizar una última apelación por la unidad y el valor. Su discurso fue un perfecto reflejo invertido del de Mehmed. Lo presenció el arzobispo Leonardo, que lo transmitió a su manera. Constantino se dirigió a todos los grupos uno por uno, apelando a sus propios intereses y creencias. Primero habló a su propia gente, a los residentes griegos de la ciudad. Los alabó por su intrépida defensa de la ciudad durante los pasados cincuenta y tres días y les animó a no tener miedo de los gritos salvajes de aquella chusma «de malvados turcos» sin adiestrar: podían confiar «en la protección de Dios», pero también en que sus armaduras eran mejores que las de sus enemigos. Les recordó que Mehmed había empezado aquella guerra quebrantando un tratado al construir una fortaleza en el Bósforo y «fingiendo querer la paz». En una apelación a defender su hogar, su religión y el futuro de Grecia, les recordó que Mehmed pretendía capturar «la ciudad de Constantino el Grande, vuestro hogar, el albergue de los refugiados cristianos y la protectora de todos los griegos, y profanar los sagrados templos de Dios convirtiéndolos en establos para sus caballos».[23]

Volviéndose primero hacia los genoveses y luego hacia los venecianos, alabó su valor y su compromiso con la ciudad: «Habéis decorado esta ciudad con hombres nobles y grandes como si fuera la vuestra. Ahora elevad vuestras exaltadas armas para este combate». Por último, se dirigió a todos los combatientes en conjunto y les suplicó que obedecieran fielmente las órdenes, y concluyó con una apelación a la gloria terrenal o celestial casi idéntica a la que había hecho Mehmed en el bando opuesto: «Sabed que hoy es vuestro día de gloria, en el que, si derramáis aunque sea una gota de sangre, ganaréis la corona de mártires y la gloria inmortal».[24] Estas palabras tuvieron el efecto deseado sobre los oyentes. Levantaron la moral de todos los presentes, que juraron mantenerse firmes frente al asalto que se avecinaba, para que «con la ayuda de Dios, consigamos la victoria».[25] Parece que todos resolvieron abandonar sus disputas y problemas personales y unirse por la causa común. Luego partieron a sus puestos.

En realidad, Constantino y Giustiniani sabían lo muy dispersas que estaban ahora sus fuerzas. Tras siete semanas de guerra de desgaste es probable que de los 8 000 soldados iniciales quedaran solo unos 4 000, que debían vigilar un perímetro de murallas de casi veinte kilómetros. Es probable que Mehmed estuviera en lo cierto al decirle a sus hombres que había lugares en los que «solo dos o tres hombres defendían cada torre, y solo otros tantos guardaban cada trozo de muralla entre dos torres».[26] Toda la longitud del Cuerno de Oro, unos cinco kilómetros, que podía ser atacada por los barcos otomanos en el valle de los Manantiales y por tropas que avanzaran por el puente de pontones, estaba defendida solamente por un destacamento de 500 ballesteros y arqueros veteranos. Más allá de la cadena, durante otros ocho kilómetros, había solo un arquero, ballestero o artillero en cada torre, apoyado por una banda de ciudadanos o monjes sin adiestramiento militar. Tramos concretos de las murallas marítimas se asignaron a distintos grupos: unos marineros cretenses defendían unas torres, un pequeño grupo de catalanes otra. Orján, el pretendiente al trono otomano, el tío del sultán, defendía una sección de la muralla que daba al mar de Mármara. Nadie dudaba de que él y sus soldados lucharían hasta la muerte si las cosas se torcían. Para ellos, rendirse no era una opción. En general, sin embargo, se consideraba que la muralla marítima estaba bien protegida por las corrientes del Mármara y que había que concentrar todos los hombres que fuera posible en la sección central de la muralla terrestre. A todo el mundo le parecía obvio que el asalto coordinado sería por el valle del Lico, entre las puertas de Romano y Carisio, donde los cañones habían destruido sectores de la muralla exterior. El último día se dedicó a realizar cuantas reparaciones fue posible en la empalizada y a asignar tropas a su defensa. Giustiniani estaba al mando de la sección central, con 400 italianos y el grueso de las tropas bizantinas, unos 2000 hombres en total. Constantino estableció su cuartel general en esta sección, para asegurar un apoyo total.

A media tarde, los defensores observaron cómo las tropas enemigas se reunían más allá de las murallas. Era una tarde despejada. El sol se hundía en poniente. En la llanura, el ejército otomano empezó a desplegarse en su formación regimental. Osciló y se colocó en posición, enarbolando sus estandartes de batalla y llenando el horizonte de costa a costa. En la vanguardia, los hombres continuaban su trabajo para colmar el foso, los cañones se acercaron lo más posible a la muralla y continuó sin obstáculos la inexorable acumulación de equipo para escalar las murallas. Dentro del Cuerno de Oro, los ochenta barcos que la flota otomana había transportado por tierra se prepararon para colocar el puente de pontones cerca de las murallas terrestres, y más allá de la cadena, el grueso de la flota, bajo el mando de Hamza Pachá, rodeó la ciudad, navegando más allá del cabo de la Acrópolis y extendiéndose por toda la orilla del Mármara. Todos los barcos estaban llenos de soldados, de ingenios para lanzar piedras y de escaleras tan altas como las propias murallas. Los hombres en los baluartes se dispusieron a esperar, pues todavía quedaba tiempo para el ataque.

Más adelante esa misma tarde, la gente de la ciudad, en busca de consuelo religioso, convergió por primera vez en cinco meses en la iglesia de Santa Sofía. La oscura iglesia, que había sido ostensiblemente boicoteada por los fieles ortodoxos, se llenó de gente nerviosa, penitente y devota, y por primera vez desde el verano de 1064, en el momento último de máxima necesidad, parece que católicos y ortodoxos adoraron juntos a

Dios en la ciudad, y dejaron a un lado los cuatrocientos años de cisma y los resentimientos de las cruzadas para compartir una última misa de intercesión. El enorme espacio de la milenaria iglesia de Justiniano se iluminó con la luz de las velas y en él reverberaron las ondulantes notas de la liturgia. Constantino participó en la misa. Ocupó la silla imperial a la derecha del altar, tomó parte de los sacramentos con gran fervor y «se echó al suelo y suplicó a Dios que por su amor y bondad perdonase sus pecados». Entonces se despidió del clero y de la gente, hizo una reverencia en todas direcciones y salió de la iglesia. «Inmediatamente», según el ferviente Néstor Iskánder, «todos los clérigos y laicos presentes gritaron; todas las mujeres y los niños gimieron y creo que sus voces llegaron al cielo».[27] Los comandantes militares regresaron a sus puestos. Algunos civiles permanecieron en la iglesia para tomar parte en una vigilia que iba a durar toda la noche. Otros se escondieron. La gente se deslizó entre los ecos y la oscuridad de las grandes cisternas subterráneas, flotando en pequeños barcos entre las columnas. En la superficie, Justiniano seguía montado en su caballo de bronce y señalando desafiante hacia oriente.

Cuando cayó la noche los otomanos rompieron su ayuno con una comida comunitaria y se prepararon para la noche. La comida previa a la batalla era una ocasión más para fomentar la solidaridad de grupo y la voluntad de sacrificio entre los soldados reunidos alrededor de las ollas comunes. Se encendieron velas y hogueras, quizá todavía más grandes que los de las dos noches anteriores. De nuevo, los heraldos pasaron entre los soldados acompañados por flautas y cornetas, reforzando el doble mensaje de vida próspera y gozosa muerte: «Hijos de Mahoma, alegrad vuestros corazones, pues mañana tendremos tantos cristianos en nuestras manos que los venderemos a dos ducados el esclavo, y nos haremos tan ricos que todos seremos de oro, y con las barbas de los griegos haremos correas para nuestros perros, y sus familias serán nuestras esclavas. Así que alegrad vuestros corazones y estad dispuestos a morir de buen grado por el amor de nuestro Mahoma».[28] Un alegre fervor se extendió por el campamento conforme las excitadas plegarias de los soldados aumentaban de intensidad como una enorme ola rompiendo contra la playa. Las luces y los gritos rítmicos helaron la sangre a los cristianos que aguardaban el ataque. Un bombardeo masivo se inició en la oscuridad, tan pesado «que nos pareció un auténtico infierno».[29] Y a medianoche el silencio y la oscuridad se apoderaron del campamento otomano. Los hombres ocuparon ordenadamente sus puestos «con todas sus armas y una gran montaña de flechas».[30] Animados por la adrenalina de la batalla que acercaba, por los sueños de martirio y por las expectativas de oro, esperaron en silencio absoluto la señal final para atacar.

Ya no quedaba nada por hacer. Ambos bandos entendían la enorme importancia del día siguiente. Ambos habían realizado sus preparativos espirituales. Según Barbaro quien, por supuesto, concedía la última palabra sobre lo que iba a acontecer al dios cristiano, «cuando cada bando hubo rezado a su dios por la victoria, ellos al suyo y nosotros al nuestro, nuestro Padre en los Cielos decidió con nuestra Madre quién saldría victorioso en esta batalla, que tan dura iba a ser y que se lucharía al día siguiente».[31] Según Sa'd-ud-din, las tropas otomanas, «del crepúsculo al amanecer, concentrados en la batalla [...] unidos las mayores obras meritorias [...] pasando la noche orando».[32]

Este día tiene un epílogo. Una de las crónicas de Jorge Frantzés nos muestra a Constantino cabalgando por las oscuras calles de la ciudad montado en su yegua árabe. Se dice que esa noche regresó muy tarde al palacio de Blanquernas. Convocó a los sirvientes de su casa y les suplicó que lo perdonasen, y una vez lo absolvieron, según Frantzés «el emperador montó en su caballo, salimos del palacio y empezamos a hacer el circuito de las murallas para animar a los centinelas a que hicieran su guardia atentamente y no se quedaran dormidos».[33] Después de comprobar que no había novedad en las murallas y que todas las puertas estaban bien cerradas, con el primer canto del gallo subieron a la torre de la puerta Caligaria, desde la que se veía toda la llanura y también el Cuerno de Oro, para presenciar los preparativos que el enemigo hacía en la oscuridad. Podían oír como las torres de asedio rodantes se acercaban chirriando e invisibles hacia las murallas y se arrastraban las escaleras de asalto sobre el transitado suelo, y llegaba a ellos el rumor de la actividad de muchos soldados colmando los fosos bajo las destrozadas murallas. Al sur, sobre el destellante Bósforo y el mar de Mármara, las siluetas de las grandes galeras se recortaban como formas espectrales y lejanas, colocándose cada una en su posición más allá de la imponente cúpula de Santa Sofía mientras, dentro del Cuerno de Oro, las pequeñas fustas se afanaban para colocar el puente de pontones sobre el estrecho y maniobraban para acercarse a las murallas. Fue un momento mágico, de introspección, una estampa perdurable de Constantino, que tanto había sufrido: el noble emperador y su fiel amigo en pie en la cima de la torre escuchando los inquietantes preparativos del ataque final en un mundo todavía oscuro y quedo antes del momento decisivo. Durante cincuenta y tres días su minúscula tropa había resistido al poderoso ejército otomano; habían soportado el bombardeo más terrible de toda la Edad Media, descargado por los cañones más grandes que el mundo había conocido hasta la fecha —se estima que la ciudad recibió cinco mil cañonazos para los que se utilizaron 25 toneladas de pólvora—; habían resistido tres asaltos a gran escala y docenas de escaramuzas, matado a un número desconocido de millares de soldados otomanos, destruido las minas y las torres de asalto enemigas, combatido en batallas navales, realizado salidas, entablado negociaciones de paz y trabajado incesantemente para destruir la moral del enemigo, y probablemente estaban mucho más cerca de la victoria de lo que creían.

Esta escena es plausible tanto en sus detalles geográficos como prácticos; los guardias de las torres más altas de la ciudad oían cómo las tropas otomanas se movían en la oscuridad y sin duda sus vistas abarcaban tanto la tierra como el mar, pero no sabemos a ciencia cierta si Constantino y Frantzés estuvieron de verdad allí. Lo más probable es que la crónica sea una invención cocinada cien años después por un sacerdote con reputación de falsario. Lo que sí sabemos es que en algún momento del 28 de mayo Constantino y su ministro se separaron, y que Frantzés tuvo un presentimiento sobre ese día y lo que significaría. Los dos hombres eran amigos de toda la vida. Frantzés había servido a su señor con una fidelidad notoriamente ausente entre los demás que rodearon al emperador en los turbulentos últimos años del Imperio bizantino. Veintitrés años antes le había salvado la vida en el sitio de Patrás. Había sido herido y capturado en combate, y había languidecido con grilletes en los pies en una mazmorra infectada de gusanos durante un mes antes de ser liberado. Había emprendido incontables misiones diplomáticas para su señor a lo largo de sus treinta años de servicio, entre ellas una infructuosa embajada de tres años al mar Negro en busca de una esposa para el emperador. A cambio, Constantino había nombrado a Frantzés gobernador de Patrás, y había sido su padrino en su boda y en el bautizo de sus hijos. Frantzés se jugaba mucho más que otros en el asedio: su familia estaba con él en la ciudad. Sea cual fuera el momento del 28 de mayo en que ambos hombres se separaron, Frantzés tuvo un mal presentimiento. Dos años antes de aquel día, lejos de Constantinopla, había tenido una premonición: «La misma noche del 28 de mayo [de 1451] tuve un sueño: me pareció que había vuelto a la Ciudad; cuando me incliné para postrarme ante el emperador y besarle los pies, me detuvo, hizo que me levantara y me besó los ojos. Entonces me desperté y les dije a los que dormían a mi lado: "Acabo de tener este sueño: Recordad la fecha"».[34]

14

Las puertas cerradas
1.30 de la noche, 29 de mayo de 1453

No existe la certeza de la victoria en la guerra,
ni siquiera cuando existe una superioridad
numérica y material que debería llevar a la
victoria. La victoria y la superioridad en
la guerra emanan de la suerte y el azar.[1]
Ibn Jaldún, historiador árabe del siglo XIV

Al anochecer del lunes 28 de mayo, los grandes cañones llevaban disparando contra las murallas terrestres durante cuarenta y siete días. Con el tiempo, Mehmed había concentrado sus baterías en tres puntos: al norte, entre el palacio de Blanquernas y la puerta de Carisio; en la sección central, alrededor del río Lico, y al sur hacia el Mármara y la tercera puerta militar. Los cañones habían infligido severos daños en estos puntos, así que cuando se dirigió a sus comandantes antes de la batalla pudo afirmar, con la apropiada exageración, que «el foso ha sido colmado y la muralla terrestre en tres puntos ha quedado tan derruida que no solo la infantería pesada y ligera como vosotros, sino incluso caballos y caballería pesada pueden atravesarla con facilidad».[2] De hecho, ambos bandos tenían claro desde hacía algún tiempo que un ataque concertado se centraría en un solo punto, la sección central, el Mesoteiquion, el estrecho valle entre las puertas de San Romano y Carisio. Este era el talón de Aquiles del sistema defensivo y era allí donde Mehmed había empleado la mayor parte de su potencia de fuego.

En vísperas del asalto general, había nueve brechas substanciales en la muralla exterior, algunas de casi treinta metros de anchura y la mayoría de ellas en el valle. Todas habían sido reemplazadas por la improvisada empalizada de Giustiniani. Esta empalizada era una estructura destartalada que tapaba los huecos en las defensas cuando un trozo de muralla se venía abajo. Rudimentarias vigas de madera le conferían su estructura básica, junto con restos de la muralla caída y cualquier otro material que se tuviera a mano: matorrales, ramas, manojos de juncos y piedras sueltas. Luego se rellenaban todo con tierra, que tenía la ventaja de absorber el impacto de las balas de cañón mejor que cualquier estructura de piedra. Con el tiempo, esta empalizada devino casi tan alta como la muralla original, y lo bastante ancha como para ofrecer una buena plataforma desde la que luchar. Los defensores estaban protegidos del fuego enemigo por barriles y canastos de mimbre llenos de tierra que hacían las veces de almenas, y cuyo derribo era siempre el primer objetivo de los ataques otomanos. Desde el 21 de abril, el mantenimiento de la empalizada había sido la principal prioridad de la ciudad. Tanto soldados como civiles trabajaban sin descanso para repararla y ampliarla. Hombres, mujeres y niños, monjes y monjas, todos habían contribuido a ello cargando piedras, madera, carros con tierra, ramas y trozos de viña hasta el frente, en un agotador y aparentemente incesante ciclo de destrucción y reconstrucción. Habían trabajado bajo el bombardeo de los cañones y entre los ataques otomanos día y noche, hiciera sol o lloviera, para tapar las brechas en cuanto aparecían. La empalizada representaba la energía colectiva de la población y, bajo el mando de Giustiniani, había recompensado sus esfuerzos rechazando todos los intentos de tomar la ciudad y desmoralizado al enemigo.

Fue tras esta empalizada donde los defensores supervivientes se apostaron a finales de aquella tarde soleada del 28 de mayo. Según Ducas, allí habría «tres mil latinos y romanos»:[3] los que quedaban de los 700 soldados de élite italianos que habían venido con Giustiniani, marineros de las galeras venecianas y el grueso de las tropas bizantinas. Lo más probable es que la cifra rondase los 2 000 hombres. Estaban bien armados, con corazas y cotas de malla, y equipados con toda una variedad de armas: ballestas, mosquetes, culebrinas, arcos largos, espadas y mazas: el equipo necesario para barrer a sus atacantes desde lejos y para rechazarlos cuerpo a cuerpo en las barricadas. Además, los defensores contaban con un gran número de piedras, que los civiles habían acercado al frente, y abundante material inflamable: barriles de fuego griego y jarras de alquitrán. Las tropas entraron a la zona por las puertas de las muralla interior y se repartieron a lo largo de la longitud de la empalizada hasta cubrir los poco más de novecientos metros del Mesoteiquion. El recinto entre las dos murallas solo medía dieciocho metros de ancho. No terminaba en la muralla interior, sino en un foso que se había cavado ante ella, del que se había sacado la tierra necesaria para fortificar la empalizada. Había el espacio justo para que galoparan los jinetes tras la línea de hombres parapetados tras la empalizada. En todo ese trecho había solo cuatro puntos de entrada a través de las murallas interiores: dos postigos junto a las puertas de San Romano y de Carisio a derecha e izquierda en la cima de las colinas, la imponente quinta puerta militar, que llevaba solo hasta el recinto entre las murallas a medio camino de la ladera norte, y otro postigo en un punto sin identificar que había sido creado por Giustinianni para que se pudiera entrar en la ciudad más fácilmente. Era obvio para todos que la batalla se ganaría o perdería en la empalizada; no había retirada posible desde ese puesto. Se tomó la decisión de que los postigos que llevaban a la ciudad debían cerrarse tras los defensores; una vez estos hubieran entrado en el recinto entre las murallas, las llaves de esos postigos debían entregarse a los comandantes. Tendrían que luchar o morir con la espalda contra la muralla interior, y sus líderes con ellos. Cuando anocheció, se dispusieron a esperar. Una pesada cortina de lluvia cayó en la oscuridad, pero las tropas otomanas siguieron acercando su equipo de asedio. Más tarde, Giustiniani entró en el recinto, luego llegaron Constantino y su séquito de nobles: su primo Teófilo Paleólogo, su fiel compañero militar Juan Dálmata y el español Don Francisco de Toledo. Esperaron en la empalizada las primeras señales del

ataque. Aunque probablemente pocos compartían el optimismo del *podestà* de Gálata, que había declarado que «la victoria
era segura»,[4] confiaban en sus posibilidades de superar esta tormenta final.

Las tropas otomanas se prepararon para la batalla durante la
madrugada. En la oscuridad de su tienda, Mehmed realizó las
abluciones y plegarias rituales, y rogó a Dios por la caída de la
ciudad. Con toda probabilidad, entre sus preparativos personales incluyó vestir una camisa talismánica, ricamente bordada
con versos del Corán y los nombres de Dios, como protección
mágica contra la mala suerte. Ataviado con turbante y caftán,
espada al cinto, y acompañado por sus comandantes clave, partió a lomos de su caballo a dirigir el ataque.

Los preparativos para un asalto simultáneo por tierra y mar
habían sido cuidadosamente realizados y el plan se había seguido al pie de la letra. Los barcos en el Cuerno de Oro y en el mar
de Mármara estaban en posición; las tropas ya estaban reunidas
para asaltar los puntos clave de las murallas terrestres, concen-
tradas en el valle del Lico. Mehmed decidió dedicar un gran
número de hombres a la empalizada y hacer entrar en batalla
a sus regimientos en orden ascendente de utilidad y habilidad.
Ordenó que el primer ataque lo llevaran a cabo los irregulares,
los *azaps* y las unidades de auxiliares extranjeras: tropas poco
preparadas, reclutadas con la promesa de botín u obligadas a
unirse a la campaña por las leyes del vasallaje. Parece que un
gran número de ellos eran «cristianos, mantenidos en el campamento por la fuerza»,[5] según Barbaro; «griegos, latinos, alemanes, húngaros... gente de todos los reinos cristianos»,[6] según Leonardo, una mezcla confusa de razas y credos armada de
forma variopinta; algunos llevaban arcos, hondas o mosquetes,
pero la mayoría solo tenía cimitarras y escudos. No era de ningún modo una fuerza de combate disciplinada, pero el objetivo
de Mehmed era utilizar a los prescindibles infieles para cansar
al enemigo antes de enviar tropas más valiosas a primera línea.
Estos hombres fueron traídos del extremo norte de la muralla,
equipados con escaleras de asalto y preparados para atacar a lo

largo de todo el frente del Mesoteiquion, y en particular a los segmentos en que la muralla se había derrumbado y estaban protegidos solo por la empalizada. Miles de ellos esperaban en la oscuridad la orden para lanzarse al ataque.

A la una y media de la madrugada, cuernos, tambores y címbalos señalaron el inicio del ataque. Los cañones abrieron fuego desde todas direcciones, tanto desde tierra como desde el mar. Las fuerzas otomanas avanzaron. Los irregulares tenían órdenes estrictas de avanzar a paso regular y en silencio. Cuando llegaron a la distancia de tiro, dispararon una andanada de proyectiles: «flechas de los arqueros, piedras de los honderos y balas de piedra y plomo de los cañones y arcabuces». [7] A una segunda

Sitio de Constantinopla según está reflejado en un manuscrito (9087, folio 207 v) conservado en la Biblioteca Nacional en París. Se observa el ataque del ejército y la armada otomana en 1453. La ilustración data de 1455 y en ella se observan tanto los artilleros apuntando los cañones como otros soldados trasladando barcos al Cuerno de Oro. Aunque con un aspecto gótico que no poseía en realidad, puede observarse la forma triangular de Constantinopla y la posición del enclave genovés de Gálata (Pera).

orden, corrieron hacia el foso colmado, gritando y lanzándose
contra las murallas «con jabalinas, picas y lanzas». Los defensores estaban bien preparados. Cuando los irregulares intentaron
escalar las murallas, los cristianos empujaron sus escaleras y lanzaron fuego griego y aceite hirviendo sobre los que se apiñaban
al pie de la empalizada. La oscuridad y la confusión se iluminaban solo por resplandores pálidos de los mosquetes entre «violentos gritos y blasfemias y maldiciones».Giustiniani comandó
a sus hombres y la presencia del emperador infundió valor a
los defensores. La ventaja estaba de su parte, pues «les lanzaban
grandes piedras desde las almenas y disparaban fechas y balas a
sus cerradas filas, «de modo que pocos escaparon vivos».[8] Algunos de los que venían detrás flaquearon y dieron media vuelta. Sin embargo, Mehmed había decidido llevar al límite a sus
tropas irregulares. En la retaguardia había situado una línea de
chavushes —policías militares— para asegurar el cumplimiento
de su órdenes, armados con mazas y látigos para enviar de vuelta
al combate a aquellos cuyo ánimo fallara. Tras ellos había una
línea de jenízaros con cimitarras dispuestos a matar a cualquiera
que superara el primer cordón e intentara escapar corriendo.
Gritos horribles emanaban de los desdichados atrapados entre
la lluvia de proyectiles junto a las murallas y la presión de los suyos para que se lanzaran al ataque, «para que tuvieran la ocasión
de morir unos junto a otros». Volvieron a arrojarse contra la
empalizada, luchando furiosa y desesperadamente por alzar sus
escaleras a pesar de la constante lluvia de proyectiles que caía sobre ellos... y fueron diezmados. A pesar de las fuertes pérdidas,
estos hombres prescindibles cumplieron su función. Mehmed
dejó que desgastaran durante dos horas a los defensores de la
empalizada antes de permitir a los supervivientes que se retiraran de aquella masacre y volvieran renqueando a la retaguardia.

Hubo un momento de pausa. Eran las tres y media de la
mañana, todavía de noche, y la llanura estaba iluminada por
destellos. En la empalizada los hombres tomaron aire; era momento de reorganizarse y hacer las reparaciones más urgentes.
En los demás puntos del frente el ataque de los irregulares
había sido menos violento; la capacidad defensiva de las mu-

rallas en los sectores en los que estaban intactas, hacía que
el progreso de los atacantes fuera muy difícil. Los ataques a
los otros sectores habían sido apenas diversiones para asegurar
que los defensores quedaban fijados a lo largo de la muralla
y no podían ser trasladados para reforzar a los que estaban
bajo más presión en el Mesoteiquion. Los efectivos estaban
tan repartidos que las tropas de reserva en la elevación central,
cerca de la iglesia de los Santos Apóstoles, a kilómetro y medio
de distancia, habían sido reducidas a un contingente de 300
hombres. Al mirar hacia la llanura, los hombres en la muralla
albergaban la vana esperanza de que el enemigo se retirara y no
atacara más esa noche. No sería así.

Había llegado el momento de intensificar el conflicto.
Mehmed cabalgó hacia las tropas anatolias situadas en su
flanco derecho, justo más allá de la puerta de San Romano.
Estos soldados eran infantería pesada, bien armados, equipados con cota de malla, veteranos y disciplinados... y les
impulsaba un sincero celo por la causa musulmana. Se dirigió
a ellos de forma coloquial, con un paternalismo que un sultán de veintiún años solo podía utilizar con su propia tribu:
«¡Avanzad, amigos e hijos míos! ¡Ahora es el momento de demostrar lo que valéis!».[9] Marcharon por el borde del valle, gi-
raron para encarar la empalizada y cargaron al unísono en una
masa apretada, proclamando el nombre de Alá «con temibles
gritos y alaridos».[10] Vinieron, dijo Niccolò Barbaro, «contra
las murallas como leones desencadenados».[11] La intensidad
del avance hizo cundir la alarma entre los defensores. A lo largo y ancho de la ciudad, tañeron las campanas, convocando a
todos los hombres a sus puestos en las murallas. Buena parte
de la población se acercó a los baluartes a ayudar. Otros redoblaron su ciclo de plegarias en las iglesias. A cinco kilómetros
de distancia, frente a Santa Sofía, el clero apoyó la defensa a
su modo: «Cuando oyeron las campanas, tomaron los iconos divinos, salieron frente a la iglesia y allí rezaron de pie y
bendijeron con cruces a la ciudad entera; con lágrimas en los
ojos, recitaban: "Devuélvenos la vida, buen Dios, y ayúdanos
o este será nuestro fin"».[12]

Los anatolios cruzaron el foso a la carrera, avanzando en una formación cerrada erizada de acero. Fueron recibidos con andanadas de disparos de las ballestas y los cañones que «mataron a un número increíble de turcos».[13] Aun así, siguieron avanzando, protegiéndose como podían de la lluvia de piedras y proyectiles, intentando obligarse a escalar la empalizada. «Les tirábamos todo tipo de misiles», dijo el arzobispo Leonardo, «y disparábamos con las ballestas contra sus filas compactas».[14] Por pura fuerza de su número, los anatolios consiguieron apoyar escaleras contra la empalizada. Los defensores las empujaron al suelo y los atacantes fueron castigados con rocas y brea hirviendo. Por unos momentos los otomanos se retiraron, pero en seguida volvieron a la carga. Tras la empalizada, los defensores estaban asombrados ante el valor de su enemigo, que parecía impulsado por una fuerza más allá de los límites de lo humano. Evidentemente no hubo necesidad de motivarlos con amenazas para que no se retirasen; este grupo eran todos «hombres valientes»,[15] dijo Barbaro. «Continuaron elevando gritos a los cielos y desplegaron sus estandartes todavía con mayor brío. ¡Oh, te hubiera maravillado ver a estas bestias! Su ejército estaba siendo masacrado, pero con infinita valentía seguían intentando llegar al foso».[16] A los anatolios, conforme sucesivas oleadas de soldados asaltaban las murallas, les perjudicaba su propio número y les estorbaban sus muertos. Los hombres tropezaban y escalaban unos sobre otro formando una pirámide en su intento de alcanzar la cima de la empalizada. Algunos consiguieron llegar hasta allí, dando tajos y golpes salvajes con sus espadas. Se combatía cuerpo a cuerpo sobre la plataforma de tierra, unos hombres apretados contra otros. Con tan poco espacio para moverse, era la pura presión física de la masa, más que el combate armado, lo que iba a determinar si los anatolios obligaban a los defensores a retroceder o si eran arrojados por estos sobre el tumultuoso montón de hombres, vivos, muertos y agonizantes junto a la empalizada, para morir entre gritos, maldiciones, armas rotas, cascos, turbantes y escudos.

La situación cambiaba de un momento a otro. «En ocasiones, la infantería pesada subía a las murallas y a la empalizada, y presionaba para avanzar. En otros momentos eran violentamente rechazados y obligados a retirarse».[17] El propio Mehmed galopó hacia adelante, animándoles con gritos y exclamaciones, y a veces lanzando oleadas frescas de soldados hacia la angosta brecha, cuando los que había frente a ellos perdían impulso o morían. Ordenó que abriera fuego el gran cañón. Andanadas de metralla de piedra llovieron sobre las murallas, acribillando a los defensores y matando a los anatolios desde atrás. Todo era oscuro y confuso antes del amanecer de esa mañana de verano, y el ruido de la batalla era tan extraordinario y ensordecedor que «parecía que el mismo aire se partía»[18] con el ruido de los timbales, el bramido de las gaitas, el golpe de los címbalos, el repicar de las campanas de las iglesias, el silbido de las flechas cruzando la noche, el rugido magnificado de los cañones otomanos, que hacía temblar el suelo, y los estallidos breves de los disparos. Las espadas golpeaban con música metálica contra los escudos, acompañadas del sonido más suave de una hoja segando una garganta, una flecha hundiéndose en un pecho, una bala rompiendo costillas o una piedra fracturando un cráneo. Y tras todos estos sonidos, el todavía más terrible estrépito de voces humanas: plegarias y gritos de guerra, gritos de ánimo, maldiciones, aullidos, gemidos y el lamento más quedo de los que se acercaban a la muerte. El humo y el polvo inundaban todo el frente. Las banderas islámicas se mantenían altas en la oscuridad. Los destellos humeantes de las armas cortas iluminaban rostros barbudos, cascos y armaduras; durante unos breves instantes, los combatientes se convertían en un cuadro estático alumbrado por el potente resplandor de los cañones; lenguas de fuego más pequeñas salían de los mosquetes y rasgaban brevemente la oscuridad; de las murallas se vertían cubos de fuego griego como si fueran una lluvia de oro.

Una hora antes del crepúsculo, uno de los grandes cañones consiguió un impacto directo en la empalizada y abrió una brecha. Nubes de polvo y humo de cañón oscurecían el frente, pero los anatolios, los más rápidos en reaccionar, avanzaron inmediatamente hacia la obertura. Antes de que los defensores pudieran reaccionar, trescientos soldados anatolios habían entrado. Por

primera vez los otomanos habían penetrado en el recinto entre
las dos murallas, donde se extendió el caos. Los defensores se reagruparon a la desesperada e hicieron frente a los anatolios en el
estrecho espacio entre las dos murallas. La brecha no era lo bastante amplia para permitir que una gran cantidad de hombres
mayor entrara de golpe, así que los atacantes se encontraron de
pronto rodeados y arrinconados. Los griegos y los italianos los
hicieron trizas sistemáticamente. No sobrevivió ninguno. Animados por esta victoria local, los defensores expulsaron a los
anatolios de la empalizada. Desanimadas, las tropas otomanas
se vinieron abajo y se ordenó la retirada. Eran las cinco y media. Los defensores llevaban luchando sin descanso cuatro horas
seguidas.

En este momento de la mañana, las tropas otomanas habían
realizado pocos progresos en los demás puntos del frente. En
el Cuerno de Oro, Zaganos Pachá había colocado el puente de
pontones en posición durante la noche y trasladado a un buen
número de tropas hasta el extremo de las murallas terrestres. Al
mismo tiempo, había acercado las galeras ligeras a las murallas,
de modo que los arqueros y los mosqueteros que había a bordo
de ellas pudieran disparar sobre las murallas. Acercó escaleras
y torres de madera a las murallas e intentó que su infantería
ligera asaltara los baluartes. El ataque fracasó. El desembarco
anfibio de Jalil en el mar de Mármara tampoco tuvo éxito. Las
corrientes hacían que resultara muy difícil mantener a los barcos estables, y la posición dominante de las murallas marítimas,
que daban directamente sobre el agua, hacía que no hubiera
ni siquiera unos metros de costa sobre la que establecer una
cabeza de puente. Aunque las murallas estaban defendidas por
pocos hombres y la defensa de parte de ellas se había confiado exclusivamente a monjes, los intrusos fueron fácilmente rechazados o capturados y decapitados. Al sur del Mesoteiquion,
Ishak Pachá mantuvo alguna presión sobre los defensores, pero
no tenía consigo a sus mejores tropas anatolias, que habían sido
asignadas al asalto de la empalizada. Los hombres de Karaja Pachá hicieron un intento más serio de superar la muralla en el

palacio de Blanquernas, uno de los lugares que Mehmed había designado porque ofrecía un acceso más fácil a la ciudad. Era donde «las defensas de la ciudad se tambaleaban»[19] debido al estado de la muralla, pero la defensa la dirigían tres genoveses, los hermanos Bocchiardi, que eran soldados profesionales veteranos. Según el arzobispo Leonardo «no tenían miedo a nada: ni a que la muralla se hundiese por los cañonazos enemigos ni a las explosiones de los cañones… día y noche mostraban la mayor atención y vigilancia con sus ballestas y terribles armas».[20] En ocasiones, realizaban salidas por la poterna de la puerta del Circo para perturbar las actividades enemigas. Los hombres de Karaja no pudieron conseguir ningún avance. El león de San Marcos continuaba ondeando sobre el oscuro palacio.

El fracaso de los irregulares y de las divisiones anatolias después de cuatro horas de intenso combate cuerpo a cuerpo, enfureció a Mehmed. El sultán sintió la ansiedad de la posible derrota: sabía que solo le quedaba un cuerpo de tropas frescas, sus regi-

Miniatura sobre el sitio de Constantinopla extraída de un manuscrito de la *Crónica de Carlos VII* de Jean Chartier, escrito antes de 1475.

mientos de palacio, los 5 000 soldados profesionales de élite que componían su guardia personal: «hombres bien armados, valientes y atrevidos, que tenían mucha más experiencia y coraje que los demás. Eran las tropas de elite del ejército: infantería pesada, arqueros y lanceros, y con ellos la brigada llamada de los jenízaros».[21] Decidió ordenarles que atacaran inmediatamente, antes de que los defensores tuvieran tiempo de reagruparse. Todo dependía de esta maniobra; si no conseguían romper la línea en pocas horas, perdería la iniciativa, sus agotadas tropas tendrían que retirarse y tendría que levantar el asedio.

En el recinto entre las dos murallas no había tiempo que perder. Las bajas habían sido mayores durante la segunda oleada de ataques, y el cansancio de los hombres había aumentado en proporción a la intensidad del combate. Sin embargo, el espíritu de resistencia seguía fuerte; según Critobulo, nada frenaba a los defensores: «ni el hambre que les acuciaba, ni la falta de sueño, ni la lucha continua e implacable, ni las heridas y la masacre, ni la muerte de sus parientes ante sus ojos, ni ningún otro terrible espectáculo podía hacerlos ceder o mermar su determinación ni su sentido del deber».[22] De hecho, no tenían otra opción que hacer frente al enemigo y combatir, pues no podían ser reemplazados —no había más tropas—, pero los italianos luchaban bajo el mando de Giustiniani y los griegos en presencia de su emperador; dos líderes que los inspiraban y motivaban tanto como el sultán al ejército otomano.

Mehmed sabía que debía golpear de nuevo, antes de que el ataque perdiera fuelle. Ahora, más que nunca, sus soldados profesionales debían ganarse la soldada. Montado en su caballo frente a ellos, apremió a los soldados a comportarse como héroes. Se impartieron órdenes claras y el propio Mehmed lideró personalmente a los hombres con paso firme hasta el borde del foso. Todavía quedaba una hora hasta el amanecer pero las estrellas ya palidecían y «la oscuridad de la noche se deslizaba hacia el alba».[23] Se detuvieron junto al foso. Allí ordenó «a los arqueros, honderos y mosqueteros que se apostaran a distancia de tiro hacia la derecha de aquellos que defendían la empalizada y la maltrecha muralla exterior».[24] Una lluvia de proyectiles cayó sobre las murallas: «había tantos disparos de culebrinas y tantas flechas que era imposible ver el cielo».[25] Los defensores se vieron obligados a agacharse tras la empalizada bajo «la lluvia de flechas y otros proyectiles que caían sobre ellos como copos de nieve». Se dio otra señal y avanzó la infantería, «con un grito guerrero potente y aterrador»,[26] «no como turcos, sino como leones».[27] Presionaron contra la empalizada empujados por una enorme ola de sonido, el arma psicológica definitiva de los ejércitos otomanos, tan fuerte que se pudo escuchar en la orilla asiática, a ocho kilómetros de su campamento. El sonido de los tambores y las gaitas, los gritos y exhortaciones de los oficiales, el atronador estallido de los cañones y los desgarradores gritos de los propios soldados estaban calculados tanto para generar en ellos una descarga de adrenalina como para destrozar los nervios del enemigo. Tuvieron el efecto deseado. «Con sus grandes gritos nos arrebataron nuestro coraje y extendieron el miedo por toda la ciudad»,[28] escribió Barbaro. El ataque simultáneo a lo largo del frente de seis kilómetros y medio de las murallas terrestres fue como si una ola humana rompiera contra un malecón. De nuevo, las campanas de las iglesias dieron la alarma y los no combatientes redoblaron sus plegarias.

La infantería pesada y los jenízaros estaban «frescos y ansiosos por entrar en combate».[29] Luchaban en presencia de su sultán, tanto por el honor como por el premio de ser los primeros en las murallas. Avanzaron sobre la empalizada sin titubeos ni dudas, «como hombres decididos a entrar en la ciudad»[30] y que sabían lo que estaban haciendo. Derribaron los barriles y las torretas de madera con palos culminados con ganchos, atacaron la estructura de la empalizada, apoyaron escaleras de asalto contra las murallas y, levantando sus escudos sobre sus cabezas para protegerse, intentaron abrirse camino hacia arriba, a pesar del demoledor bombardeo de piedras y proyectiles. Sus oficiales estaban tras ellos gritando órdenes, y el propio sultán avanzaba y retrocedía a lomos de su caballo gritando y animándoles.

En el otro bando, los cansados griegos e italianos plantaron batalla con bravura. Giustiniani y sus hombres, y Constantino acompañado por «todos sus nobles y principales caballeros y sus hombres más valientes»[31] se apresuraron a acudir a las barricadas con «jabalinas, picas, lanzas largas y otras armas».[32] La primera ola de tropas otomanas de palacio «cayó golpeada por las piedras, y muchos murieron»,[33] pero otros ocuparon rápidamente su lugar. No hubo vacilación. Pronto la lucha por el control de la muralla era cuerpo a cuerpo, cara a cara, y ambos bandos combatían con total entrega: por el honor, por Dios y por las grandes recompensas por parte de los otomanos; por Dios y por la supervivencia por parte de los defensores. En el combate trabado, era el terrible sonido de los gritos lo que ocupaba el aire: «burlas, los que ensartaban con sus lanzas y los que eran ensartados, los que asesinaban y los que eran asesinados, aquellos que hacían todo tipo de cosas terribles impulsados por la ira y la furia».[34] Tras ellos, los cañones disparaban sus enormes balas y el humo inundaba el campo de batalla, ocultando y descubriendo, según su capricho, a los combatientes de uno y otro bando. «Parecía», dijo Barbaro, «algo de otro mundo».[35]

Durante una hora, la lucha continuó sin que los regimientos de palacio lograran avanzar. Los defensores no dieron un paso atrás. «Los repelimos con vigor», dijo Leonardo, «pero muchos de nuestros hombres estaban ahora heridos y se retiraron de la lucha. Sin embargo, Giustiniani, nuestro comandante, se mantuvo firme y los demás capitanes también permanecieron en sus puestos de combate».[36] Entonces llegó un momento, imperceptible al principio, en el que los que estaban defendiendo la empalizada sintieron que la presión de los otomanos disminuía un poco. Era un momento trascendental, el instante en el que se decide una batalla. Constantino se dio cuenta y urgió a los defensores a redoblar sus esfuerzos. Según Leonardo, gritó a sus hombres: «Valientes soldados, el ejército del enemigo flaquea, la corona de la victoria es nuestra. Dios está de nuestra parte. ¡Seguid luchando!».[37] Los otomanos cedieron. Los cansados defensores sintieron revivir sus fuerzas.

Y en ese momento, cuando la victoria estaba casi en manos de los cristianos, dos extraños azares cambiaron la suerte de la batalla. Seiscientos metros más arriba en la línea del frente, cerca del palacio de Blanquernas, los hermanos Bocchiardi habían conseguido rechazar a las tropas de Karaja Pachá y habían realizado alguna salida ocasional por la puerta del Circo, la poterna oculta en un ángulo de las murallas. Esta puerta iba a hacer ahora buena la antigua profecía. Al regresar de una de las salidas, uno de los soldados italianos no la cerró tras él. Con la luz del amanecer, algunos hombres de Karaja vieron la puerta abierta y se apresuraron a entrar por ella. Cincuenta consiguieron subir por unas escaleras a la muralla y sorprender a los soldados que estaban allí. Algunos de los atacantes fueron muertos por los defensores, otros prefirieron saltar de las murallas antes de verse pasados por la espada. Lo que sucedió después exactamente no está claro; parece que los intrusos fueron aislados con éxito y rodeados antes de que pudieran causar muchos más daños, pero antes lograron arrancar la bandera de San Marcos y el estandarte del emperador de algunas de las torres y reemplazarlos por banderas otomanas.

Más abajo en el frente, en la empalizada, Constantino y Giustiniani no eran conscientes de estos hechos. Estaban conteniendo con éxito el ataque otomano cuando la mala suerte se cebó con ellos. Giustiniani fue herido. Para algunos fue el Dios de los cristianos o de los musulmanes, en respuesta a las oraciones de sus fieles, quien provocó este momento. Para los librescos griegos fue un instante sacado directamente de Homero: un súbito cambio de fortuna provocado, según Critobulo, por «la malvada e implacable fortuna»,[38] el momento en el que una serena y despiadada diosa, que contempla la batalla con distancia olímpica, decide inclinar la balanza hacia un bando… y hace que el héroe muerda el polvo e infunde miedo en su corazón.

No hay acuerdo absoluto sobre lo que sucedió, pero todo el mundo coincide en sus consecuencias: la caída de su comandante causó una consternación inmediata entre las tropas genovesas. A la luz de los acontecimientos subsiguientes, las crónicas se vuelven fragmentarias y contradictorias: Giustiniani, «vestido con la armadura de Aquiles», cae derribado de doce maneras distintas. Una flecha lo alcanza en la pierna derecha; le apuñalan por la espalda mientras combate en la muralla; una bala de plomo penetra desde detrás de su brazo y atraviesa su peto; un disparo de culebrina le alcanza en el hombro; su propio bando le dispara accidentalmente... o a propósito. Las versiones más plausibles sugieren que la armadura que cubría la parte superior de su cuerpo fue atravesada por una bala de plomo y que el pequeño agujero de entrada escondía graves heridas internas.

Giustiniani llevaba combatiendo sin cesar desde el inicio del asedio y estaba, sin duda, agotado más allá de lo humanamente concebible. Ya había sido herido el día anterior y esta segunda herida parece que quebró su espíritu de lucha. Incapaz de mantenerse en pie, sangrando copiosamente y con heridas más graves de lo que podían percibir quienes le rodeaban, ordenó a sus hombres que lo llevaran a su barco para recibir tratamiento médico. Fueron a ver al emperador para pedirle la llave de una de las puertas. Constantino quedó consternado ante el peligro que suponía que su principal comandante se retirase del combate y suplicó a Giustiniani y a sus oficiales que se quedasen hasta que hubiera pasado el peligro, pero se negaron. Giustiniani entregó el mando de sus tropas a dos de sus oficiales y prometió regresar después de que le trataran su herida. Con renuencia, Constantino les entregó la llave. Se abrió la puerta y la guardia personal del comandante genovés se lo llevó hacia su galera en el Cuerno de Oro. Fue una decisión catastrófica. La tentación de la puerta abierta fue demasiado grande para los demás genoveses; al ver que su comandante se marchaba, fueron tras él.

Constantino y su séquito intentaron desesperadamente contener la marea de la retirada. Prohibieron a los demás griegos seguir a los italianos fuera del recinto entre murallas y les ordenaron cerrar filas y adelantarse para ocupar los espacios que habían quedado vacíos en la primera línea. Parece que Mehmed notó que la defensa se debilitaba y reagrupó a sus tropas para lanzar un nuevo asalto. «¡Amigos, la ciudad es nuestra!», gritó. «¡Solo un pequeño esfuerzo más y tomaremos la ciudad!».[39]

Un grupo de jenízaros, bajo el mando de Cafer Bey, uno de los oficiales favoritos de Mehmed, cargó a la carrera gritando «*Allahu Akbar*» (Dios es Grande). Con el grito del sultán todavía resonando en sus oídos —«¡Adelante mis halcones, en marcha leones míos!»— y recordando las promesas por levantar la bandera sobre las murallas, se abalanzaron sobre la empalizada. Al frente, llevando la bandera otomana, iba un hombre gigantesco, Hasan de Ulubat, seguido por treinta soldados. Cubriéndose la cabeza con el escudo, consiguió asaltar la empalizada, empujó hacia atrás a los vacilantes defensores y llegó a la cima de las murallas. Durante un breve periodo logró mantener su posición allí, ondeando la bandera, convertido en una inspiración para la acometida del cuerpo de jenízaros. Fue una estampa memorable y emocionante de coraje otomano: el gigante jenízaro plantando finalmente la bandera del islam en las murallas de la ciudad cristiana estaba destinado a pasar a la mitología de la forja de su nación. En poco tiempo, sin embargo, los defensores se reagruparon y respondieron con una aluvión de piedras, flechas y lanzas. Echaron de las murallas a algunos de los treinta y luego arrinconaron a Hasan, le hicieron hincar la rodilla y lo mataron. Pero por todas partes más y más jenízaros conseguían alcanzar la cima de las murallas y penetrar por las brechas de la empalizada. Como un maremoto que supera un dique costero, miles de hombres empezaron a entrar en el recinto entre murallas, empujando a los defensores hacia atrás por la fuerza de su número. En poco tiempo, los defensores se vieron arrinconados ante la muralla interior, al pie de la cual se había cavado un foso del que se había sacado la tierra para la empalizada. Algunos defensores fueron empujados a él y quedaron atrapados en el fondo. Como no podían salir de él trepando, fueron masacrados allí.

Las tropas otomanas entraban en el recinto entre murallas a través de un frente cada vez más amplio; muchas fallecieron víctimas del bombardeo de los defensores desde la empalizada, pero la inundación era imparable; según Barbaro entraron treinta mil enemigos en quince minutos, lanzando «tales gritos que parecía que aquello era el mismo infierno».[40] Al mismo tiempo, se divisaron las banderas plantadas por los intrusos enemigos cerca de la puerta del Circo y los gritos otomanos se enardecieron. «¡La ciudad es nuestra!». El pánico se adueñó de los defensores. Dieron media vuelta y echaron a correr, buscando una forma de huir del recinto cerrado de las murallas y entrar en la ciudad. Pero algunos de los soldados de Mehmed ya habían escalado la muralla interior y les disparaban desde arriba.

Solo había una ruta de escape posible: la pequeña poterna a través de la que se habían llevado a Giustiniani. Todas las demás puertas estaban cerradas. Una masa desesperada de hombres confluyó sobre la entrada, pisándose y aplastándose unos a otros en sus intentos por salir, «de modo que formaron una gran montaña de hombres vivos junto a la puerta que impidió que nadie pudiera pasar».[41] Algunos cayeron al suelo y murieron arrollados por los demás; otros fueron masacrados por la infantería pesada otomana, que ahora penetraba por la empalizada en formación ordenada. La montaña de cuerpos creció y extinguió cualquier posibilidad de huida. Todos los defensores de la empalizada murieron en la masacre. Frente a cada una de las otras puertas —la de Carisio, la Quinta Puerta Militar— había una similar montaña de cadáveres, formada por los cuerpos de los hombres que no habían podido escapar del recinto cerrado entre las dos murallas. Y en algún punto en esta asfixiante y desesperada melé se vio por última vez a Constantino, rodeado de su fiel séquito —Teófilo Paleólogo, Juan Dálmata y el valiente español don Francisco de Toledo—. Sus últimos momentos los relatan testigos poco fiables que, casi con certeza, no los presenciaron personalmente. Algunos lo describen arrancándose los distintivos de su cargo y arrojándose hacia los invasores, resistiendo con gallardía, para caer al fin y ser arrollado por los soldados enemigos, desapareciendo para siempre de la historia y entrando en la leyenda. Como los demás miembros de su séquito, prefirió caer con Constantinopla que vivir sin ella.

Un grupo de jenízaros se abrió paso entre los muertos y abrió la Quinta Puerta Militar. Luego ascendieron a las murallas interiores y parte de ellos fueron a la puerta de Carisio y la abrieron desde dentro; otros fueron a la derecha y abrieron la de San Romano. Torre tras torre empezaron a izarse las banderas otomanas. «Luego el resto del ejército entró violentamente en la ciudad [...] y el sultán se quedó frente a las poderosas murallas, donde estaba el gran estandarte y las banderas de cola de caballo, y contempló lo que sucedía».[42] Amanecía. El sol iniciaba su ascenso. Los soldados otomanos campaban entre los caídos, decapitando a muertos y moribundos. Grandes aves carroñeras sobrevolaban la escena. La defensa se había derrumbado en menos de cinco horas.

لَتُفْتَحَنَّ الْقُسْطَنْطِينِيَّةُ
فَلَنِعْمَ الْأَمِيرُ أَمِيرُهَا وَلَنِعْمَ الْجَيْشُ ذَلِكَ الْجَيْشُ

15

Un puñado de polvo
6 de la mañana del 29 de mayo de 1453

Por favor, decidme cómo será el fin de este mundo.
¿Y cómo sabrán los hombres que el fin está cerca, a
las puertas? ¿Qué signos lo indicarán? ¿Y qué sucederá
con esta ciudad, la Nueva Jerusalén? ¿Qué pasará
con los templos sagrados que hay aquí, con los
venerables iconos, con las reliquias de los santos
y con los libros? Por favor, decídmelo.[1]
Epifanio, monje ortodoxo del siglo x
a San Andrés el loco en Cristo

Según las tropas otomanas penetraban en la ciudad y sus banderas ondeaban cada vez en más torres, el pánico cundió entre la población civil. El grito «¡La ciudad ha caído!» corrió por las calles. La gente empezó a correr. Los hermanos Bocchiardi, en su puesto cerca de la puerta del Circo, vieron cómo sus soldados huían hacia la ciudad. Montaron a caballo, arremetieron contra el enemigo y obligaron a los otomanos a retroceder temporalmente. Sin embargo, pronto comprendieron que la batalla estaba perdida. Las tropas otomanas les disparaban proyectiles desde las murallas, que ahora dominaban, y uno de ellos hirió en la cabeza a Paolo. Los Bocchiardi comprendieron que corrían peligro de ser rodeados. Paolo fue capturado y asesinado, pero sus hermanos lograron abrirse paso combatiendo hasta el Cuerno de Oro con sus hombres. En el puerto, el herido Giustiniani recibió las noticias de que la defensa se había hundido y «ordenó a sus cornetas que tocaran retirada para sus tropas».[2] Para otros fue demasiado tarde. El bailío veneciano, Minotto, y muchos de los líderes y marineros venecianos, que habían acudido de las galeras para combatir, fueron rodeados y capturados en el palacio de Blanquernas, mientras que más allá, en la muralla terrestre hacia el mar de Mármara, donde la defensa había permanecido firme, los soldados se vieron ahora atacados por la espalda. Muchos murieron, otros, entre ellos los comandantes Filippo Contarini y Demetrio Cantacuceno, se rindieron y fueron hechos prisioneros.

Dentro de la ciudad la confusión se extendió con extraordinaria rapidez. El hundimiento del frente fue tan dramático e inesperado que tomó a muchos por sorpresa. Mientras algunos de los que habían escapado de las murallas huían hacia el Cuerno de Oro con la esperanza de huir a bordo de un barco, otros se apresuraban hacia el frente. Alertados por el sonido de la batalla, algunos civiles que corrían hacia las murallas para asistir a las tropas se toparon con los primeros grupos de soldados otomanos dentro de la ciudad, que «los atacaron con gran salvajismo y furia»[3] y los mataron. Así pues, fue una mezcla de miedo y odio lo que desencadenó la matanza inicial en la ciudad. Viéndose de súbito en el laberinto de estrechas calles, los soldados otomanos no supieron qué hacer y se pusieron nerviosos. Esperaban luchar contra un ejército grande y decidido; les resultaba imposible creer que los 2 000 hombres que habían derrotado en la empalizada fueran todos los recursos militares de los que disponía la ciudad. Además, las semanas de escarnio a las que los habían sometido los griegos desde las murallas habían agriado el conflicto hasta empujarlos al salvajismo. Ahora la ciudad iba a pagar por haberse negado a negociar su rendición. Al principio mataron «para crear un miedo universal»;[4] durante un breve periodo «todos aquellos con los que se cruzaban eran despachados por la punta de una cimitarra, mujeres y hombres, viejos y jóvenes, de cualquier clase y condición».[5] Esta crueldad probablemente se intensificó debido a focos de intensa resistencia por parte del populacho, que «les tiraba ladrillos y adoquines desde arriba [...] y le arrojaba fuego».[6] La sangre corría por las calles.

Las banderas del sultán, ondeando de las altas torres de las murallas terrestres, transmitieron las noticias rápidamente por toda la línea otomana. Junto al Cuerno de Oro la flota otomana redobló sus ataques y, a medida que los defensores abandonaban sus puestos, los marineros otomanos abrieron las puertas de las murallas marítimas una tras otra. Pronto, la puerta Platea, cerca del barrio veneciano del mismo nombre, fue abierta y destacamentos otomanos penetraron en el corazón de la ciudad. Más allá, siguiendo la costa, las noticias llegaron a Hamza Bey y a la flota del Mármara. Ansiosos por unirse al saqueo de la ciudad, los marineros acercaron de nuevo sus barcos a la costa y lanzaron escaleras contra las murallas.

Durante un breve periodo continuó la matanza indiscriminada: «Toda la ciudad estaba repleta de hombres matando y siendo matados, huyendo o dando caza»,[7] según Laónico Calcocondilas. En el pánico, todo el mundo hizo lo que más le convenía. Mientras los italianos fueron hacia el Cuerno en busca de la seguridad de sus barcos, los griegos huyeron a sus casas para proteger a sus esposas e hijos. Algunos fueron capturados por el camino, otros llegaron a casa y encontraron «a sus esposas e hijos capturados y sus posesiones saqueadas». Sin embargo, otros, al llegar a casa, «fueron ellos mismos capturados y hechos prisioneros junto con sus amigos más íntimos y esposas».[8] Muchos de los que llegaron a sus casas antes que el enemigo, comprendiendo lo que sucedería si se rendían, decidieron morir en defensa de sus familias. La gente se escondió en sótanos y algunos vagaban por la ciudad conmocionados hasta que los capturaban o mataban. En la iglesia de Teodosia, cerca del Cuerno de Oro, se produjo una escena de enorme patetismo. Era la fiesta de la santa, celebrada con adoración y celo durante cientos de años siguiendo un ritual fielmente preservado. La fachada estaba adornada con las primeras rosas del año. Dentro había tenido lugar la tradicional vigilia nocturna; frente al sepulcro de la santa, las velas encendidas brillaban en la corta noche de verano. A primera hora de la mañana, una procesión de hombres y mujeres se dirigió hacia la iglesia, con una fe ciega en el poder milagroso de la oración. Llevaban consigo las ofrendas usuales, «velas bellamente adornadas e incienso»,[9] cuando fueron interceptados por soldados y capturados: la congregación entera fue hecha prisionera. La iglesia, que era rica gracias a las donaciones de sus parroquianos, fue saqueada. Los huesos de Teodosia se arrojaron a los perros. Por todas partes en la ciudad, las mujeres despertaban en sus camas cuando intrusos irrumpían en sus dormitorios.

A medida que avanzó la mañana y los otomanos comprendieron lo que sucedía —que no existía ningún tipo de resistencia organizada—, la masacre se tornó menos indiscriminada. Los soldados otomanos actuaron, según Sa'd-ud-din, respetando los preceptos. «Matando a los viejos y haciendo prisioneros a los jóvenes».[10] El énfasis pasó a ponerse en hacer prisioneros como botín. Empezó la caza de esclavos valiosos —mujeres jóvenes o niños hermosos—, en la que las tropas irregulares de muchas «naciones, costumbres y lenguajes»,[11] con las tropas cristianas de los otomanos al frente, se dedicaron a «saquear, destruir, robar, asesinar, vejar, capturar y esclavizar a hombres, mujeres, niños, jóvenes y viejos, sacerdotes y monjes... a gente de toda edad y condición».[12] Las crónicas de las atrocidades fueron escritas en su mayor parte por los cristianos, y de forma mucho más evasiva por los cronistas otomanos, pero no hay duda de que esa mañana se sucedieron las escenas de terror. Nos han llegado una serie de vivos cuadros, visiones «más terribles y desdichadas que cualquier tragedia», según Critobulo, el escritor griego habitualmente pro otomano. Las mujeres fueron «sacadas a rastras de sus dormitorios».[13] Los niños fueron arrancados de brazos de sus padres; los ancianos y ancianas que no pudieron huir de sus casas fueron «masacrados despiadadamente», junto con los «débiles mentales, los viejos, los leprosos y los enfermos».[14] «Bebés recién nacidos eran arrojados a las plazas».[15] Mujeres y chicos fueron violados y luego grupos de cautivos, agrupados sin ton ni son, fueron atados juntos por sus captores «que los arrastraban de forma salvaje, los empujaban, golpeaban, azotaban y maltrataban, llevándolos como si fueran un rebaño de animales, insultándolos y haciéndoles cosas terribles».[16] Los que sobrevivieron, particularmente las «mujeres jóvenes y modestas, de alta cuna y ricas, que estaban acostumbradas a no salir de su casa»[17] quedaron traumatizadas de por vida. En lugar de soportar este destino, muchas mujeres, jóvenes o casadas, prefirieron arrojarse a los pozos. Hubo peleas entre los invasores por las mujeres más bellas, por las que en ocasiones luchaban a muerte.

Las iglesias y los monasterios estaban particularmente buscados. Los que estaban cerca de las murallas —la iglesia militar de San Jorge, cerca de la puerta de Carisio; la iglesia de San Juan Bautista en Petra y el monasterio de Cora— fueron saqueados casi inmediatamente. El milagroso icono de la Odighitria fue cortado en cuatro trozos y dividido entre los soldados por su valioso marco. Se destruyeron las cruces de las iglesias; las tumbas de los santos se profanaron y saquearon en busca de tesoros; los cuerpos que contenían fueron destrozados y esparcidos por las calles. Los tesoros de la iglesia —cálices, copas y «artefactos sagrados, y ropa elegante y suntuosa, bordada con mucho oro y en la que brillaban piedras preciosas y perlas incrustadas»—[18] fueron robados y fundidos o destrozados para arrancarles los materiales valiosos. Se destruyeron los altares, se registraron «los muros de las iglesias y santuarios […] en busca de oro».[19] Según Leonardo, «los iconos sagrados de los santos»[20] contemplaron terribles violaciones. Los soldados entraron en los conventos y se llevaron a las monjas «a la flota para forzarlas»,[21] y asesinaron a los monjes en sus celdas o los sacaron a rastras «de las iglesias en las que habían buscado santuario y los tomaron esclavos entre insultos y oprobios». Se forzaron las tumbas de los emperadores con palancas de hierro en busca de oro oculto. Estas «y otras diez mil cosas terribles sucedieron»,[22] escribió Critobulo con tristeza. En pocas horas, desaparecieron mil años de Constantinopla cristiana.

Ante este maremoto, los que podían, huyeron. Muchos se dirigieron hacia Santa Sofía, guiados por el instinto y la superstición. Recordaban la vieja profecía de que el enemigo penetraría en la ciudad hasta la columna de Constantino, cerca de la gran iglesia, y que entonces un ángel vengador descendería de los cielos, espada en mano, e inspiraría a los defensores a expulsar a los invasores de Constantinopla «y de Occidente y de la propia Anatolia, hasta el lugar conocido como el Manzano Rojo, en la frontera con Persia».[23] Dentro de la iglesia, una numerosa congregación de clero y laicos (hombres, mujeres y niños), se reunió para la misa de maitines y para depositar sus esperanzas en Dios. Las imponentes puertas de bronce de la iglesia se cerraron y se atrancaron. Eran las ocho de la mañana.

En otros lugares, algunas de las zonas de la ciudad pudieron negociar una rendición organizada. A mediados del siglo XV, la población de Constantinopla se había reducido tanto dentro de sus murallas que algunas partes de la ciudad se habían convertido en pueblos separados, protegidos por sus propias murallas y empalizadas. Algunos de estos —Studion, en el mar de Mármara y el pueblo pesquero de Petrion, cerca del Cuerno de Oro— abrieron voluntariamente sus puertas con la condición de que sus casas se salvaran del saqueo general. En cada caso, el líder fue conducido ante el sultán para que realizara la rendición formal de su ciudad y Mehmed probablemente dedicó un destacamento de policía militar a proteger las casas. Tales actos de rendición, según las leyes de la guerra islámica, debían garantizar la inmunidad de las ciudades que se rendían y cierto número de iglesias

Puertas de Santa Sofía.

y, en consecuencia, monasterios sobrevivieron intactos. En otros lugares, perduraron focos de resistencia heroica o desesperada. En el Cuerno de Oro, un grupo de marineros cretenses se atrincheraron en tres torres y se negaron a rendirse. Durante toda la mañana resistieron los intentos otomanos de reducirlos. Muchos de los que estaban en las murallas marítimas, lejos de las murallas terrestres, también siguieron combatiendo, pues no conocieron la realidad de la situación hasta que se encontraron con que el enemigo aparecía a sus espaldas. Algunos de los defensores se arrojaron desde las murallas, otros se rindieron incondicionalmente al enemigo. El príncipe Orján, el pretendiente al trono otomano, y su pequeño grupo de turcos carecían de esa opción. Combatieron hasta el último hombre, igual que los catalanes que defendían la muralla marítima cerca del palacio de Bucoleón.

Entre toda esta destrucción, los marineros otomanos tomaron una decisión trascendental. Cuando vieron que el ejército estaba dentro de las murallas temieron perder la oportunidad de participar en el pillaje, así que llevaron sus barcos a la orilla y los abandonaron «para buscar oro, joyas y otras riquezas».[24] Tanta prisa tenían los marineros otomanos por desembarcar en el Cuerno de Oro que ignoraron a los italianos que huían por las murallas en dirección contraria. Para los cristianos eso fue un poco de buena suerte en un día aciago.

La caza de botín devino una obsesión. El barrio judío, en el Cuerno de Oro, era un objetivo obvio para el saqueo, dado que tradicionalmente comerciaba con joyas, y también se buscó con avidez a los comerciantes italianos. Según avanzaba el día, la extracción de botín se organizó mejor. Los primeros soldados que entraban en una casa colgaban de ella una bandera para indicar que ya había sido saqueada, de modo que la siguiente partida automáticamente buscaba en otra parte: «y de ese modo pusieron sus banderas por doquier, incluso en los monasterios e iglesias».[25] Los hombres trabajaban en equipo. Llevaban a los prisioneros y el botín en carros al campamento o a los barcos, y luego regresaban a por más. No dejaron ni un solo rincón sin registrar: «iglesias, viejas bóvedas y tumbas, claustros, cámaras subterráneas y escondrijos y grietas y cuevas y agujeros. Y buscaron en todos los rincones ocultos, y si había algo o alguien escondido allí, lo sacaban a la luz».[26] Algunos emprendieron incluso un saqueo de lo saqueado, y se dedicaron a robar el botín que estaba en el campamento otomano sin vigilancia.

Mientras tanto, continuaba la lucha por la supervivencia. Durante el curso de la mañana la suerte decidió cientos de destinos individuales. El cardenal Isidoro, arzobispo de Kiev, con la ayuda de sus sirvientes, cambió sus suntuosos ropajes episcopales por los de un soldado muerto. Las tropas otomanas encontraron pronto el cadáver vestido con las ropas del obispo, le cortaron la cabeza y la pasearon triunfantes por las calles. El anciano Isidoro fue capturado poco después; pero parece que, al no reconocerlo, lo consideraron demasiado miserable como para que mereciera la pena el trabajo de venderlo como esclavo. Por una pequeña suma compró su libertad a sus captores allí mismo y consiguió subir a bordo de uno de los barcos italianos del puerto. El príncipe Orján no tuvo tanta suerte. Vestido como un soldado y confiando en su dominio fluido del griego, intentó escapar de las murallas marítimas, pero fue reconocido y perseguido. Viendo que su situación era desesperada, se arrojó desde las almenas. Llevaron a Mehmed su cabeza cortada, pues el sultán estaba ansioso por conocer el destino de su rival. Otros nobles importantes fueron capturados vivos: Lucas Notarás y su familia fueron hechos prisioneros, probablemente en su propio palacio, igual que sucedió con Jorge Frantzés y su familia. El monje Genadio, que había sido el líder de la causa antiunionista, fue apresado en su celda. Los catalanes siguieron luchando hasta que todos estuvieron muertos o presos, pero los cretenses en sus torres del Cuerno de Oro se demostraron irreductibles. Al final, alguien comunicó su resistencia a Mehmed. En un gesto característicamente quijotesco, el sultán les ofreció una tregua y la posibilidad de partir en sus barcos de forma honrosa. Tras algunas dudas, aceptaron la oferta y partieron como hombres libres.

A muchos les pareció que el Cuerno de Oro ofrecía las mejores perspectivas de huida. Durante las primeras horas de la mañana, cientos de soldados y civiles llegaron hasta allí a través de las estrechas calles, con la esperanza de subir a bordo de alguno de los barcos italianos que había en el puerto. La escena en las puertas de la muralla marítima era de confusión y pánico. Algunos, con la precipitación de la huida, se subieron en botes demasiado llenos que volcaron y se hundieron, llevándose tras ellos a sus ocupantes. La sensación de tragedia fue magnificada por una decisión que tomaron algunos de los guardianes de las puertas. Viendo a sus compatriotas griegos huyendo a la orilla y recordando la profecía de que se podría rechazar al enemigo a la altura de la estatua de Constantino, decidieron que se podría persuadir a los defensores de que dieran media vuelta si se encontraban la puerta de salida cerrada. Y, por consiguiente, tiraron las llaves al mar desde la cima de la muralla para que nadie más escapara. Al desaparecer cualquier medio de alcanzar las galeras italianas fondeadas frente a la costa, las escenas junto al mar se volvieron cada vez más patéticas: «hombres, mujeres, monjes y monjas gritando lastimosamente, golpeándose el pecho, implorando a los barcos que vinieran a rescatarlos»,[27] pero la situación a bordo de las galeras era también caótica y los capitanes no sabían qué hacer. Para cuando el comerciante florentino Giacomo Tetaldi llegó a la orilla, dos horas después del hundimiento del frente, no había nada que hacer allí excepto echarse a nadar o esperar «la furia de los turcos». Prefiriendo arriesgarse a morir ahogado que por la espada, se quitó la ropa y nadó hasta los barcos, cuyos marineros lo izaron a bordo. Llegó justo a tiempo. Al volver la vista atrás, vio que los otomanos capturaban a unos cuarenta soldados que estaban en proceso de quitarse la armadura para imitarlo. «Que Dios los ampare»,[28] escribió. Algunos de los desesperados que aguardaban en la orilla fueron rescatados desde el otro lado del Cuerno de Oro por el *podestà* de Gálata y persuadidos de aceptar la relativa seguridad de la colonia genovesa: «no sin gran peligro, traje a la ciudad a aquellos que estaban en la empalizada; jamás viste nada tan terrible».[29]

A bordo de los barcos italianos la indecisión provocó parálisis. Los marineros habían escuchado cómo el desafiante tañido de las campanas de las iglesias iba apagándose a principios de la mañana, y los gritos sobre las aguas cuando los marineros otomanos llevaron sus barcos a tierra y tomaron al asalto las murallas del Cuerno de Oro. Los venecianos habían visto también el triste espectáculo de la población implorando a los capitanes que acercaran sus barcos a la costa o ahogándose intentando alcanzarlos. No obstante, resultaba demasiado peligroso acercarse a la orilla; además del obvio peligro de ser capturado por el enemigo, una súbita estampida de gente desesperada podía fácilmente hacer peligrar la seguridad de un barco. Además, una gran parte de los marineros de las galeras italianas habían sido enviados a defender las murallas, de modo que los barcos contaban con tripulaciones alarmantemente reducidas. Por fortuna para los cristianos, la actitud de la flota otomana, cuyos marineros abandonaron los barcos para tomar parte en el saqueo, fue un increíble golpe de suerte que presentó, sin duda durante una ventana de tiempo muy pequeña, la posibilidad de huir. Era imperativo que la flota de galeras actuase de forma decidida antes de que los marineros otomanos recuperaran la disciplina.

Esa misma incertidumbre tenía su reflejo en Gálata. Cuando fue obvio que la ciudad había sido tomada, cundió el pánico entre la gente. «Siempre supe que si caía Constantinopla, también caería este lugar»,[30] escribió tiempo después Angelo Lomellino, el *podestà*. La cuestión era cómo reaccionar. La actitud de Mehmed hacia los genoveses, a los que consideraba culpables de colaborar en la defensa de la ciudad, no estaba clara. La mayoría de los hombres de la ciudad estaban, ciertamente, luchando al otro lado del Cuerno de Oro, entre ellos el propio sobrino del *podestà*. En toda la ciudad quedaban solo seiscientos hombres. Muchos de ellos sintieron la tentación de marcharse de Gálata inmediatamente. Un gran número de personas subió a bordo de un barco genovés para huir, dejando atrás sus hogares y posesiones; otro barco, que transportaba esencialmente a mujeres, fue capturado por la flota otomana Lomellino decidió dar ejemplo y quedarse en la ciudad. Comprendió que si él abandonaba Gálata, el saqueo de la colonia sería inevitable.

Mientras se producían estas deliberaciones, el capitán de la flota veneciana, Alviso Diedo, acompañado por su armero y por el cirujano Niccolò Barbaro, desembarcó para consultar con el *podestà* qué debía hacer: ¿debían los barcos genoveses y venecianos enfrentarse conjuntamente a los otomanos, declarando de ese modo un estado de guerra abierta entre las repúblicas italianas y el sultán, o debían escapar, ahora que todavía podían? Lomellino les suplicó que aguardaran mientras enviaba un embajador a Mehmed, pero los capitanes venecianos no tenían tiempo para esperar a los resultados de unas conversaciones diplomáticas. Habían aguardado lo máximo posible para recoger a los supervivientes que se alejaban nadando de la ciudad caída y no se atrevían a demorarse más, dadas las dificultades de preparar sus barcos para hacerse a la mar. Diedo y sus compañeros en Gálata podían ver las galeras aprestándose para partir en la bahía y estaban volviendo a paso ligero hacia ellas cuando descubrieron, horrorizados, que Lomellino había cerrado las puertas para impedir un éxodo masivo. «Estábamos en una situación terrible», escribió Barbaro. «Estábamos encerrados en su ciudad, las galeras empezaban a izar las velas y a retirar los remos, dispuestas a partir sin su capitán».[31] Veían cómo sus barcos estaban a punto de zarpar y sabían perfectamente que Mehmed no sería benevolente con el capitán de la flota enemiga. Imploraron desesperadamente al *podestà* que los dejara salir. Finalmente, Lomellino permitió que se abrieran las puertas. Llegaron a la orilla justo a tiempo y subieron a bordo. Las galeras empezaron a avanzar lentamente hacia la cadena que seguía cerrando la boca de la bahía. Dos hombres saltaron al agua con hachas y cortaron uno de los flotadores de la cadena hasta que cedió. Uno por uno, los barcos entraron en el Bósforo, mientras los comandantes otomanos contemplaban furiosos e impotentes desde la orilla cómo sus enemigos huían, sin poder perseguirlos porque sus marineros se habían lanzado al saqueo. La flotilla de barcos cristianos dobló el cabo de Gálata y aguardó en formación en el ahora vacío puerto otomano de las Dobles Columnas. Allí aguardaron con la esperanza de poder embarcar a sus compañeros o a otros supervivientes, pero hacia mediodía quedó claro que todos habían muerto o sido capturados y no tenía sentido esperar más. Por segunda vez la suerte sonrió a los barcos cristianos. El viento del sur, que tan oportunamente había impulsado a los barcos genoveses hacia el norte por los estrechos en abril, soplaba ahora del norte a unos fuertes doce nudos. Sin este golpe de suerte, reconoció Barbaro, «todos habríamos sido capturados».[32]

Y así, «a mediodía, con la ayuda de Dios nuestro Señor, Alviso Diedo, el capitán de la flota de Tana, zarpó en su galera»,[33] y con él partió una pequeña flotilla de barcos y galeras de Venecia y Creta. Una de las grandes galeras de Trebisonda, que había perdido 164 tripulantes, tuvo muchas dificultades para desplegar sus velas, pero no había nadie que se opusiera ni acosara a la flota, así que finalmente avanzó hacia el sur por el mar de Mármara, navegando entre los cuerpos de los cristianos y musulmanes que flotaban en el agua «como melones en una acequia»,[34] hacia los Dardanelos con una mezcla de alegría por su buena suerte y de remordimiento por el recuerdo de sus camaradas caídos «algunos de los cuales se habían ahogado, otros muerto en el bombardeo o durante la batalla»,[35] entre ellos el propio Trevisano. Transportaban a cuatrocientos supervivientes rescatados en las últimas horas de caos, además de a un sorprendente número de nobles bizantinos que habían embarcado antes de que la ciudad cayera. Siete barcos de Génova también consiguieron escapar, entre ellos la galera que llevaba al maltrecho Giustiniani. Mientras lo hacían, Hamza Bey reagrupó a la flota otomana, que entró en la boca del Cuerno de Oro y capturó quince barcos que todavía seguían allí y que pertenecían al emperador, a Ancona y a los genoveses, algunos de ellos demasiado cargados de refugiados como para navegar. En la costa había grupos de personas que lloraban y suplicaban con patetismo a las galeras que partían. Los soldados otomanos simplemente los rodearon y los llevaron presos a sus propios barcos.

Hay cinco kilómetros desde las murallas terrestres hasta el corazón de la ciudad. Al amanecer, los grupos más osados de jenízaros ya se abrían paso por la avenida principal desde la puerta de San Romano, rumbo a Santa Sofía. Además de la leyenda de la Manzana Roja, había una creencia, muy extendida en el bando otomano, de que la cripta de Santa Sofía, cuya silueta había sido tan visible sobre el horizonte durante las semanas de infructuoso asedio, contenía un enorme tesoro de oro, plata y piedras preciosas. Los jenízaros marchaban por las desoladas plazas y las desiertas calles, pasaron más allá del foro del Toro y del foro de Teodosio y siguieron hacia el Mese, la calle central que llevaba al corazón de la ciudad. Otros entraron por la puerta de Carisio más al norte, más allá de la iglesia de los Santos Apóstoles, que no fue saqueada: parece que Mehmed apostó guardias en la iglesia para limitar la devastación de los monumentos de la ciudad. Encontraron poca resistencia. Cuando llegaron al foro de Constantino, donde el fundador de la ciudad la contemplaba desde su columna imperial, ningún ángel les hizo dar media vuelta con una espada de fuego. Al mismo tiempo, los marineros de las flotas del Cuerno de Oro y el mar de Mármara irrumpían en los bazares y las iglesias de la punta de la península. Hacia las siete de la mañana ambos grupos habían llegado al centro de la ciudad y entrado en el foro del Augusteum. Allí estaban los mayores trofeos que quedaban del esplendor imperial de Bizancio: Justiniano, todavía cabalgando hacia el sol naciente; el Milion, el punto desde el que se medían todas las distancias del imperio; más allá, a un lado estaba el Hipódromo y algunos de los botines originales de Constantino el Grande, ornamentos que ligaban a la ciudad a un pasado todavía más antiguo: la extraña columna en forma de serpiente con tres cabezas del templo de Apolo en Delfos, un monumento de la victoria griega contra los persas en la batalla de Platea en 479 a. C., e incluso más antigua, la columna egipcia del faraón Tutmosis III. Los jeroglíficos perfectamente conservados de su pulida superficie de granito tenían tres mil años de antigüedad cuando las tropas otomanas los contemplaron por primera vez. Enfrente estaba la propia Santa Sofía, la Gran Iglesia, que se elevaba «hasta los mismos cielos».[36]

Dentro había empezado la misa de maitines y las nueve imponentes puertas de madera forradas de latón, rematadas con sus cruces protectoras, estaban cerradas a cal y canto. La multitud reunida rezaba para que un milagro los salvara del enemigo que se acercaba. Las mujeres habían ocupado su lugar habitual en la galería, los hombres, abajo. Los sacerdotes oficiaban la misa desde el altar. Algunos se escondieron en los rincones más apartados de la gran estructura, trepando por pasillos de servicio hasta el techo. Cuando los jenízaros irrumpieron en el patio de la iglesia y encontraron las puertas cerradas, empezaron a golpear la puerta central, la puerta imperial, la entrada reservada al emperador y a su séquito. Bajo los continuos hachazos, la puerta, de diez centímetros de grosor, tembló primero y luego se abrió de par en par. Los soldados otomanos entraron en tromba en el gran edificio. Sobre ellos, Cristo miraba impasible desde un mosaico azul y dorado, con su mano derecha alzada en gesto de bendición y su mano izquierda sosteniendo un libro en el que se leían las palabras: «La paz esté con vosotros, yo soy la luz del mundo».

Si existe un momento preciso en el que se pueda decir que murió Bizancio, fue este, con el último golpe de hacha sobre las puertas de la iglesia. Santa Sofía había sido testigo de muchos de los grandes dramas de la ciudad imperial. Había habido una iglesia en ese lugar desde hacia 1 100 años; la gran iglesia de Justiniano llevaba allí 900. El poderoso edificio reflejaba y había vivido la turbulenta vida espiritual y secular de la ciudad. Todos los emperadores, con la ominosa excepción del último, habían sido coronados allí, y muchos de los dramas que habían definido el imperio se habían desarrollado bajo su gran cúpula «suspendida del cielo por una cadena dorada».[37] Sobre su suelo de mármol se había derramado sangre antes; se habían producido disturbios; emperadores y patriarcas se habían refugiado en ella escapando de turbas enfurecidas o conspiradores, o habían sido conducidos hasta la iglesia a la fuerza. En tres ocasiones la cúpula se había hundido por temblores de tierra. Sus imponentes entradas habían visto pasar a legados papales con bulas de excomunión. Los vikingos habían tallado grafitis en sus paredes; los bárbaros francos cruzados la habían saqueado inmisericordemente. Había sido allí donde toda la población de Rusia había sido convertida al cristianismo gracias a la etérea belleza de la liturgia ortodoxa, y allí también donde se habían debatido las grandes disputas religiosas, el mismo lugar cuyo suelo la gente corriente había desgastado con sus pasos y cuyas paredes habían oído sus plegarias. La historia de la iglesia de la Santa Sabiduría era un reflejo de Bizancio: sagrada y profana, mística y sensual, bella y cruel, irracional, divina y humana, y tras 1 123 años y 27 días, su historia casi tocaba a su fin.

Un gemido de miedo se elevó de las gargantas de la atemorizada población al ver irrumpir a los soldados. Se pidió socorro a Dios a gritos, pero no sirvió de nada; estaban «atrapados como en una red».[38] Hubo escaso derramamiento de sangre. Se mató a los pocos que ofrecieron resistencia y quizá a algunos ancianos y enfermos, pero la mayoría de los presentes se rindieron «como ovejas».[39] Las tropas otomanas habían venido en busca de botín y beneficios. Ignoraron los gritos de los hombres, mujeres y niños, y cada soldado trató de asegurarse su premio. Las mujeres jóvenes casi fueron desmembradas en la carrera por asegurarse las esclavas más valiosas. Monjas y nobles, jóvenes y ancianos, señoras y sirvientas fueron atadas juntas y sacadas a rastras de la iglesia. A ellas se las maniató con sus propios velos, mientras que los hombres fueron atados con cuerdas. Los otomanos trabajaban en equipo: cada hombres llevaba a sus cautivos a «cierto punto, los dejaba allí vigilados por un compañero y volvía para conseguir un segundo o incluso un tercer premio». En una hora toda la congregación había sido maniatada. «La infinita cuerda de cautivos», escribió Ducas, «que, como un rebaño de reses o de ovejas salía del templo y del santuario del templo, era un espectáculo extraordinario».[40] Un espeluznante murmullo de lamentaciones llenó el aire de la mañana.

Los soldados volvieron su atención entonces hacia la propia iglesia. Hicieron pedazos los iconos y les arrancaron los valiosos marcos de metal y «en un instante se hicieron con las preciosas reliquias sagradas que se custodiaban en el santuario, las vasijas de oro y plata y otros materiales valiosos».[41] Pronto siguieron el mismo camino todos los demás elementos u objetos fijos, que los musulmanes consideraban como muestra de idolatría y ofensas a Dios y, por lo tanto, botín lícito para los soldados —las cadenas, candelabros y lámparas, el iconostasio, el altar y lo que lo cubría, los muebles de la iglesia, el trono del emperador— en muy poco tiempo todo fue o bien confiscado y sacado de la iglesia o bien destruido allí mismo, dejando el gran templo «expoliado y desierto»,[42] según Ducas. La gran iglesia se convirtió en una cáscara vacía. Este momento definitorio de pérdida y derrota para los griegos dio origen a una leyenda típica de su persistente fe en el poder de los milagros y de su deseo por la

ciudad sagrada. En el momento en que los soldados se aproximaban al altar, los sacerdotes tomaron los vasos y utensilios
sagrados, se acercaron al santuario y —según la leyenda— la
pared se abrió para dejarles pasar y se cerró tras ellos, y allí per-
manecerán seguros hasta que un emperador ortodoxo vuelva
a consagrar Santa Sofía como iglesia cristiana. Quizá la fuente
de esta historia esté en que alguno de los sacerdotes escapara a
través de uno de los antiguos pasadizos que conectaban la iglesia
con la residencia del patriarca, que había tras ella. Y hubo otro
pequeño y agridulce consuelo. Los otomanos destrozaron la
tumba del odiado dogo veneciano, Enrico Dandolo, que había
visitado una devastación similar sobre la ciudad doscientos cincuenta años antes. No encontraron ningún tesoro, pero tiraron
sus huesos a la calle para que los royeran los perros.

Mehmed permaneció en su campamento, fuera de las murallas,
toda la mañana, esperando informes de la capitulación de la ciudad y de su saqueo. Recibió un constante torrente de noticias y
de asustadas diputaciones de ciudadanos. Llegaron embajadores
del *podestà* de Gálata con obsequios, desesperados por conseguir
garantías de que el pacto de neutralidad seguía vigente, pero el
sultán no les dio una respuesta categórica. Los soldados le trajeron la cabeza de Orján, pero era el rostro de Constantino el que
Mehmed estaba más ansioso por ver. El destino del emperador y
la verificación de su muerte siguen siendo confusos y quizá apócrifos. Pasaban las horas y seguía sin recibirse información definitiva sobre su fin. Parece que Mehmed ordenó expresamente que
se buscara su cadáver entre los muertos en el campo de batalla.
Más tarde, ese mismo día, unos jenízaros, probablemente serbios,
le trajeron una cabeza al sultán; según nos cuenta Ducas, el megaduque Lucas Notarás estaba presente y confirmó la identidad de
su señor. La cabeza de Constantino —o, en cualquier caso, una
cabeza— se clavó entonces en la columna de Justiniano, frente a
Santa Sofía, para demostrar a los griegos que el emperador estaba
muerto. Luego se la despellejó, se rellenó de paja y fue llevada,
con elaborada ceremonia, en procesión por las principales cortes
del mundo musulmán como emblema de poder y conquista.

Cómo —o, incluso según algunas fuentes, si— Constantino murió no está claro. No hubo ningún testigo fiable en la escena y la verdad se astilla y fragmenta en relatos partisanos y apócrifos. Los cronistas otomanos están unidos en presentar un relato desdeñoso pero bastante específico, muchas versiones del cual fueron escritas mucho después de los hechos y parecen beber unas de otras: «el emperador cegado en su corazón»[43] intentó huir cuando resultó obvio que la batalla estaba perdida. Bajaba con su séquito por las empinadas calles que llevaban al Cuerno de Oro o al mar de Mármara para buscar un barco, cuando se encontró con un grupo de *azaps* y jenízaros dedicados al pillaje. «Se produjo una batalla desesperada. El caballo del emperador resbaló mientras atacaba a un *azap* herido, ante lo cual el *azap* se rehízo y cortó la cabeza al emperador. Cuando vieron esto, el resto de las tropas enemigas perdieron la esperanza y los *azaps* consiguieron matar o capturar a la mayoría de ellas. También se hicieron con una gran cantidad de dinero y piedras preciosas que llevaba el séquito del emperador».[44]

Las crónicas griegas lo presentan cargando contra el enemigo en las murallas, acompañado de su fiel grupo de nobles cuando el frente se hundió. En la versión de Calcocondilas, «el emperador se volvió hacia Cantacuceno y los pocos que los acompañaban, y dijo: "¡Carguemos, hombres, contra estos bárbaros!" Cantacuceno, que era un hombre valiente, murió combatiendo y el propio emperador Constantino fue obligado a retirarse y perseguido implacablemente, herido en el hombro y luego muerto».[45] Hay muchas variantes de esta historia que terminan en una montaña de cadáveres en la puerta de San Romano o cerca de uno de los postigos cerrados; todas estas historias proveyeron al pueblo griego con leyendas sobre su emperador que han perdurado hasta nuestros días. «El emperador de Constantinopla murió», escribió Giacomo Tetaldi con sencillez y sin adornos. «Algunos dicen que le cortaron la cabeza, otros que cayó entre la multitud que se agolpó frente a la puerta. Ambas historias podrían muy bien ser ciertas».[46] «Fue muerto y su cabeza se presentó al señor de los turcos en una pica», escribió Benvenuto, el cónsul de Ancona en la ciudad. El hecho de que no hubiera una identificación clara del cuerpo sugiere que es posible que Constantino se hubiera arrancado los distintivos de su cargo durante el asalto final otomano y muriera como un soldado raso. Muchos de los cadáveres fueron decapitados y, en consecuencia, debió ser muy difícil distinguir a los caídos. Circularon abundantes historias apócrifas, algunas decían que había escapado en barco, pero estas versiones pueden descartarse; otras afirman que Mehmed entregó su cuerpo a los griegos para que lo enterraran en uno de diversos puntos de la ciudad, pero no puede identificarse ningún lugar con seguridad. La incertidumbre de su final se convertiría en el epicentro de un creciente cuerpo de leyendas griegas emanadas de la añoranza de la gloria perdida, que se plasmaron en canciones y lamentos:

> Llorad, cristianos de Oriente y Occidente, llorad y lamentaos por esta gran destrucción. El martes 29 de mayo del año 1453, los hijos de Hagar tomaron la ciudad de Constantinopla [...] Y cuando Constantino Dragases [...] recibió las noticias [...] tomó su lanza, se ciñó su espada, montó sobre su yegua, su yegua de pies blancos, y acometió a los turcos, esos perros impíos. Mató diez pachás y sesenta jenízaros, pero su espada se quebró y su lanza se rompió y quedó aislado, solo sin ayuda de nadie [...] y un turco lo hirió en la cabeza y el pobre Constantino cayó de su yegua y quedó tendido en el suelo entre el polvo y la sangre. Le cortaron la cabeza y la clavaron en la punta de una lanza, y enterraron su cuerpo bajo un laurel.[47]

El «desdichado emperador» tenía cuarenta y nueve años cuando murió. Fueran cuales fueran las circunstancias de su muerte, parece claro que intentó hasta el último momento mantener viva la llama de Bizancio. «El dirigente de Estambul fue valiente y no pidió cuartel»,[48] declaró el cronista Oruj, en una rara nota de reticente respeto procedente de los otomanos. Había sido un oponente formidable.

Más adelante ese mismo día, cuando el caos remitió un tanto y se restauró cierta semejanza de orden, Mehmed realizó su entrada triunfal en Constantinopla. Lo hizo por la puerta de Carisio —que en turco se convertiría en la puerta de Edirne—, a caballo, acompañado a pie por sus visires, beylerbeys, el ulema, sus comandantes, sus tropas de élite, sus guardaespaldas y sus soldados de infantería, en una demostración de pompa y boato que ha sido amplificada por la leyenda. Las banderas verdes del islam y las rojas del sultán se desplegaron en cuanto la cabalgata pasó por el arco. Después de los retratos de Kemal Ataturk, esta es probablemente la imagen más famosa de toda la historia turca, infinitamente conmemorada en poemas e imágenes. En los cuadros y grabados del siglo XIX, se observa a un Mehmed con barba montado con la espalda muy erguida sobre un caballo de paso orgulloso, con el rostro vuelto hacia un lado. Le flanquean jenízaros fornidos y con bigote que llevan mosquetes, lanzas y hachas de guerra, imanes cuyas barbas blancas simbolizan las sabiduría del islam, y tras ellos las banderas ondeando al viento y un bosque de lanzas se extienden hasta el horizonte. A su izquierda, un guerrero negro, musculoso como un culturista, está plantado orgulloso como representante de todas las demás naciones de la Fe, que dan la bienvenida a los guerreros *gazis* a la herencia prometida por el Profeta. Su cimitarra apunta a un montón de cadáveres cristianos a los pies del sultán, en cuyos derrotados escudos caídos al suelo lucen cruces, un recuerdo de la época de las cruzadas y un símbolo del triunfo del islam sobre la cristiandad. Según la leyenda, Mehmed se detuvo y dio gracias a Dios. Luego se volvió para felicitar a sus «setenta u ochenta mil héroes musulmanes, gritando: "¡No os detengáis, conquistadores! ¡Alabado sea Dios! ¡Sois los conquistadores de Constantinopla!"».[49] Este es el momento icónico en que el sultán asume el apodo por el que siempre se le ha conocido en turco —*Fatih*, el Conquistador— y este es también el instante en el que el Imperio otomano adquiere auténtica relevancia mundial. Mehmed tenía veintiún años.

El sultán avanzó desfilando hasta el centro de la ciudad para inspeccionar los edificios que tan claramente había visto desde la distancia. Pasó frente a la iglesia de los Santos Apóstoles y al imponente acueducto de Valente y continuó en dirección a Santa Sofía. Lo que vio, probablemente, más que impresionarlo

Fragmento del cuadro *Entrada de Mehmed II en Constantinopla el 29 de mayo de 1453*, de Jean-Joseph Benjamin Constant, conocido como Benjamin Constant (1845-1902), que hoy se encuentra en el museo de los Agustinos en Toulouse.

debió hacer que volviera a tocar de pies en el suelo. Las calles se parecían más Pompeya tras la erupción del volcán que a una Ciudad de Oro. Sin control, el ejército había olvidado el edicto que ordenaba que no se debían tocar los edificios. Había caído sobre Constantinopla, según Critobulo, que escribía con cierta exageración, «como un incendio o un torbellino [...] toda la ciudad estaba desierta y vacía y parecía destrozada y chamuscada como si hubiera ardido [...] las casas que quedaban en pie habían sido arrasadas y estaban tan arruinadas que infundían miedo en los corazones de cuantos las veían, debido a la enorme devastación».[50] Aunque había prometido a su ejército tres días de saqueo, la ciudad había sido efectivamente desposeída de todo en solo uno. Para evitar que la destrucción fuera mayor, rompió su promesa y ordenó que se acabara el saqueo al anochecer del primer día, y dice mucho de la disciplina de su ejército que los *chavushes* pudieran hacer respetar sus órdenes.

Mehmed siguió cabalgando, deteniéndose para inspeccionar monumentos particulares a lo largo de su camino. Según la leyenda, cuando pasó frente a la columna de las Serpientes, la golpeó con su maza y rompió la mandíbula de una de las cabezas. Dejando atrás la estatua de Justiniano, cabalgó hasta las puertas principales de Santa Sofía y desmontó. Se agachó, tomó un puñado de tierra y lo echó sobre su turbante como un acto de humildad ante Dios. Luego entró en la destrozada iglesia. Parece que lo que vio lo asombró y conmocionó a la vez. Caminó por el gran espacio y levantó la vista hacia la cúpula, pero entonces un soldado que estaba destrozando las losas de mármol del suelo llamó su atención. Preguntó al hombre por qué estaba rompiendo el suelo. «Por la Fe», contestó el hombre. Enfurecido por esta manifiesta desobediencia a su orden de preservar los edificios, Mehmed ensartó al hombre con su espada. Se lo llevaron, medio muerto, miembros de su séquito. Unos pocos griegos, que todavía estaban escondidos en diversos rincones del edificio, salieron y se arrojaron a los pies del sultán, y algunos sacerdotes reaparecieron, posiblemente los mismos a los que las paredes se habían «tragado». En uno de los impredecibles ataques de generosidad que caracterizaban al sultán, Mehmed ordenó que se escoltara a esos hombres de vuelta a sus casas y se les protegiera. Luego llamó a un imán para que subiera al púlpito y llamara a la oración, y él mismo subió al altar y se arrodilló y rezó al Dios triunfante.

Más adelante, según el historiador otomano Tursun Bey, Mehmed, «como el espíritu de Dios ascendiendo a la cuarta esfera celestial», ascendió por las galerías de la iglesia hasta la cima de la gran cúpula. Desde allí, podía contemplar la gran basílica y el antiguo corazón de la ciudad cristiana. Abajo, la decadencia de un imperio, otrora orgulloso, era evidente. Muchos de los edificios que rodeaban a la iglesia se habían hundido, entre ellos la mayor parte de las gradas del Hipódromo y el viejo Palacio Real. Este edificio, que fuera el centro del poder imperial en otras épocas, llevaba en ruinas desde que los cruzados lo habían destrozado en 1204. Al contemplar el desolado panorama, el sultán «pensó en lo transitorio e inestable que era este mundo, y en su destrucción última», y recordó un pareado referido a la aniquilación del Imperio persa por los árabes en el siglo VII:

La araña sostiene las cortinas en el palacio de Cosroes.
La lechuza llama al relevo en el castillo de Afrasiyab.[51]

Es una imagen melancólica. Mehmed había conseguido todo cuanto había soñado; al terminar un día trascendental en el que había confirmado al Imperio otomano como la gran superpotencia de su época, ya atisbaba su decadencia. Cabalgó de vuelta por la ciudad destrozada. Grandes líneas de cautivos eran conducidas a improvisadas tiendas más allá del foso. Casi toda la totalidad de la población, 50 000 personas, fue llevada a los barcos y al campamento; quizá 4 000 habían muerto en los combates del día.

Separados de sus familias, se oía a los niños llamar a sus madres, a los maridos a sus esposas, todos «confundidos ante tamaña catástrofe». En el campamento otomano había hogueras y fiestas, cantos y bailes al son de las gaitas y los tambores. Se vistió a los caballos con ropa de sacerdotes y se hizo desfilar sarcásticamente por todo el campamento un crucifijo tocado con un gorro otomano. Se negociaba con el botín y se compraban y vendían piedras preciosas. Se dice que hubo hombres que se hicieron ricos de la noche a la mañana «comprando joyas por unas pocas monedas»,[52] que «el oro y la plata se compraban y vendían por el precio del latón».[53]

El día se había desarrollado en una serie de lamentables y terribles escenas de masacre y pillaje, pero nada de ello era particular del islam. Era la reacción que cabía esperar de cualquier ejército medieval que tomaba una ciudad al asalto. En la propia historia de Bizancio existían numerosos sucesos similares, que solo de vez en cuando, o incidentalmente, tuvieron motivos religiosos. El saqueo de Constantinopla no fue peor que el saqueo que los bizantinos hicieron de la ciudad de Candía, en Creta, en 961, cuando Nicéforo Focas —un hombre cuyo apodo era «la muerte blanca de los sarracenos»— perdió el control de su ejército durante tres días de sobrecogedora carnicería; tampoco fue peor que el saqueo de Constantinopla que realizaron los cruzados en 1204, y fue más disciplinado que el estallido irracional de xenofobia que lo había precedido en 1183, cuando los bizantinos habían matado prácticamente a todos los latinos de la ciudad, «mujeres y niños, viejos y débiles, incluso los enfermos que estaban en los hospitales».[54] Pero cuando cayó la noche en el Bósforo y en la ciudad, el 29 de mayo de 1453, y se coló por las ventanas de la cúpula de Santa Sofía cubriendo con su manto los destrozados mosaicos de los emperadores y ángeles, las columnas de pórfido, los suelos de ónice y mármol, los muebles destrozados y los charcos de sangre seca, se llevó con ella a Bizancio para siempre jamás.

Las ruinas del palacio de Hormisdas, más conocido como palacio Bucoleón, en la orilla del mar de Mármara.

16

El actual terror del mundo
1453-1683

Mire donde mire, solo veo peligro.[1]
Angelo Lomellino, *podestà* de
Gálata, a su hermano,
23 de junio de 1453

Las cuentas se ajustaron inmediatamente tras la caída. Al día siguiente, hubo una distribución del botín: según la costumbre, Mehmed, como comandante, tenía derecho a un quinto de todo lo que se hubiera conseguido. Ubicó a su parte de esclavos griegos en un área cerca del Cuerno de Oro, el distrito de Fanar, que sigue siendo un barrio tradicionalmente griego en la actualidad. La inmensa mayoría de los ciudadanos corrientes —unos 30 000— fueron llevados a los mercados de esclavos de Edirne, Bursa y Ankara. Conocemos los destinos de unos cuantos de estos deportados porque eran personas importantes por las que se acabó pagando un rescate. Entre ellos estaba Mateo Camariotes, cuyo padre y hermanos murieron durante el asedio, y cuya familia se dispersó tras la caída de la ciudad. Mateo se desvivió por rastrear el paradero de los suyos: «Pagué un rescate por mi hermana en un sitio, por mi madre en otro; luego por el hijo de mi hermano: Dios quiso que obtuviera la libertad de todos». En conjunto, sin embargo, fue una experiencia amarga. Más allá de la muerte y desaparición de sus seres queridos, lo más demoledor para Camariotes fue descubrir que «de los cuatro hijos de mi hermano, en el desastre tres —¡Ay!—, por la fragilidad de la juventud, habían renunciado a su fe cristiana [...] quizá esto no habría pasado si mi padre y mi hermano hubieran sobrevivido [...] así que vivo, si a esto se puede llamar vivir, en el dolor y la pena».[2] La conversión al islam fue común, pues el fracaso de las oraciones y de las reliquias, que no impidieron la captura por el islam de la ciudad protegida por Dios, resultó traumático para muchos. La mayoría de los cautivos, sin embargo, simplemente desapareció en el interior del Imperio otomano, «dispersados por todo el mundo como si fueran polvo»,[3] según lamentó el poeta armenio Abraham de Ankara.

El destino de los notables de la ciudad que sobrevivieron al combate se decidió de una manera más inmediata. Mehmed retuvo a todos los personajes relevantes que pudo encontrar, entre ellos el propio megaduque Lucas Notarás y su familia. Los venecianos, a quien Mehmed había identificado como sus principales rivales en la cuenca del Mediterráneo, recibieron un trato especialmente duro. Minotto, el bailío de su colonia, que había jugado un papel importante en la defensa de la ciudad, fue ejecutado junto con su hijo y otros notables venecianos; veintinueve fueron devueltos a Italia tras el pago del correspondiente rescate. El cónsul catalán y algunos de sus principales colegas también fueron ejecutados, mientras que en vano se desató una caza del hombre en busca de los religiosos unionistas Leonardo de Quíos e Isidoro de Kiev, que consiguieron escapar sin ser reconocidos. La búsqueda en Gálata de los dos hermanos Bocchiardi que habían sobrevivido tampoco tuvo éxito: se escondieron y sobrevivieron.

El *podestà* de Gálata, Angelo Lomellino, actuó con rapidez para intentar salvar la colonia genovesa. Su complicidad en la defensa de Constantinopla le convertía en destinatario obvio del castigo otomano. Lomellino escribió a su hermano que el sultán «había dicho que hicimos cuanto pudimos por defender Constantinopla [...] y ciertamente decía la verdad. Así pues, corríamos un gravísimo peligro, y teníamos que hacer lo que quería para evitar su ira».[4] Mehmed ordenó la destrucción inmediata de las murallas y el foso de la ciudad (con la excepción de las murallas marítimas), el derribo de sus torres de defensa y la incautación de sus cañones y todas sus armas. El sobrino del *podestà* fue añadido al séquito del palacio del sultán como rehén, igual que cierto número de los hijos de la nobleza bizantina, una política que aseguraba el buen comportamiento de los nobles al tiempo que aportaba jóvenes reclutas con buena formación a la administración imperial.

Fue en este contexto en el que se decidió el destino del megaduque Lucas Notarás. Siendo noble bizantino de mayor rango, Notarás fue una figura controvertida durante el asedio y los italianos siempre hablaron mal de él. Al parecer, era contrario a la unión de iglesias y su muy repetida frase, «antes el turbante del sultán que el sombrero de un cardenal» fue a menudo citada por los escritores italianos como prueba de la intransigencia de los griegos ortodoxos. Parece que la intención inicial de Mehmed era hacer a Notarás prefecto de la ciudad —un indicio de la dirección profunda de los planes del sultán para Constantinopla—, pero probablemente sus ministros le persuadieron de que cambiara de opinión. Según el siempre ameno Ducas, Mehmed «lleno de vino y en pleno estupor ebrio» exigió que Notarás entregara a uno de sus hijos para satisfacer su lujuria. Al negarse Notarás, Mehmed envió a su verdugo a que hiciera una visita a la familia. Después de matar a todos los varones, «el verdugo recogió sus cabezas y regresó al banquete, donde se las ofreció al sangriento monstruo».[5] Quizá es más probable que Notarás no estuviera dispuesto a que sus hijos fueran rehenes del sultán y Mehmed decidiera que era demasiado arriesgado dejar con vida al líder de la nobleza bizantina.

El trabajo de conversión de Santa Sofía en una mezquita empezó casi de inmediato. Se construyó rápidamente un minarete de madera para la llamada a la oración y se encalaron los mosaicos, con la excepción de los cuatro ángeles guardianes bajo la cúpula, que Mehmed, mostrando cierta consideración hacia los espíritus del lugar, preservó. (Otros poderosos talismanes «paganos» de la antigua ciudad también sobrevivieron durante un tiempo: la estatua ecuestre de Justiniano, la columna de las serpientes de Delfos y el obelisco egipcio. Después de todo, Mehmed era un hombre supersticioso.) El 2 de junio se escucharon por primera vez las oraciones del viernes en lo que era ahora la mezquita Aya Sofya «y la invocación islámica se leyó en nombre del sultán Mehmed Khan Gazi».[6] Según los cronistas otomanos, «el dulce canto de la fe musulmana repetido cinco veces se escuchó en la ciudad»[7] y, en un momento de piedad, Mehmed acuñó un nuevo nombre para la ciudad: *Islambol*, un juego de palabras que significaba «llena de islam». El nombre, sin embargo, no acabó de cuajar entre los turcos. Milagrosamente, el jeque Akshemsettin también «redescubrió» rápidamente la tumba de Ayyub, el portaestandarte del Profeta, que había muerto en el primer asedio árabe en 669 y cuya muerte había sido una poderoso acicate en la guerra santa por la ciudad.

A pesar de estas muestras de piedad musulmana, la reconstrucción que el sultán hizo de la ciudad sería extremadamente polémica para el islam tradicional. A Mehmed le había perturbado profundamente la devastación infligida sobre Constantinopla: «¡Qué ciudad hemos entregado al saqueo y a la destrucción!»,[8] se dice que exclamó mientras inspeccionaba por primera vez la ciudad. Al emprender el camino de regreso a Edirne el 21 de junio era consciente de que dejaba atrás una ruina melancólica, vaciada de población. Por eso, reconstruirla para que convertirla en la capital imperial que había soñado iba a ser la una de las principales preocupaciones de su reinado... pero, sorprendentemente, el modelo que escogería para esa reconstrucción no sería islámico.

Los barcos cristianos que escaparon la mañana del 29 de mayo llevaron a Occidente la noticia de la caída de la ciudad. A principios de junio, tres de esos barcos llegaron a Creta llevando a bordo a los marineros cuya heroica defensa de las torres había inducido la clemencia de Mehmed. Las noticias de la conquista otomana conmocionaron a los habitantes de la isla. «Esto es lo peor que ha pasado o pasará jamás»,[9] escribió un monje al conocer el desenlace del sitio de Constantinopla. Mientras tanto, las galeras venecianas alcanzaron la isla de Negroponte, frente a la costa de Grecia y provocaron el pánico entre la población: solo tras muchas dificultades, el bailío local consiguió impedir una evacuación a gran escala de la isla. Escribió inmediatamente al Senado veneciano. A medida que los barcos zigzagueaban por el Egeo intercambiando noticias, las novedades se extendieron con creciente rapidez a las islas y puertos del mar oriental: a Chipre, Rodas, Corfú, Quíos, Monemvasia, Modón y Lepanto. Como si se hubiera lanzando una gigantesca piedra en el Mediterráneo, las ondas del pánico se extendieron por todo el mar hasta el estrecho de Gibraltar y mucho más allá. Alcanzaron Venecia la mañana del viernes 29 de junio de 1453. El Senado estaba reunido. Cuando un cúter de Lepanto amarró en el muelle de madera del *bacino*, la gente se asomó a ventanas y balcones, ávida de noticias frescas sobre la ciudad, sobre los familiares que tenían allí y sobre sus intereses comerciales. Cuando supieron que Constantinopla había caído, «rompieron en un llanto grande y desbordado, sollozos y gemidos [...] todo el mundo se golpeaba el pecho y se tiraba del cabello o la barba por la muerte de un padre o un hijo o un hermano, o por la pérdida de propiedades».[10] El Senado escuchó las noticias en estupefacto silencio. Acto seguido, se suspendió la sesión. Se enviaron toda una serie de cartas urgentes por toda Italia para difundir «la horrible y deplorable caída de las Ciudades de Constantinopla y Pera [Gálata]».[11] La noticia llegó a Bolonia el 4 de julio, a Génova el 6 de julio, a Roma el 8 del mismo mes y a Nápoles poco después. Muchos, al principio, no dieron crédito a las informaciones de que la ciudad invencible había caído; cuando finalmente se confirmaron las pésimas nuevas hubo manifestaciones públicas de dolor por las calles. El terror exageraba los rumores más horribles. Se dijo que todos los habitantes mayores de seis años habían sido masacrados, que los turcos habían cegado a cuarenta mil personas, que todas las iglesias habían sido destruidas y que el sultán estaba reuniendo ahora un enorme ejército para invadir inmediatamente Italia. El boca oreja agigantaba la bestialidad de los turcos y la ferocidad de su ataque contra la cristiandad, unos temas cuyos ecos resonarían en toda Europa durante cientos de años.

Si hay un momento en que se puede reconocer una sensibilidad moderna en un acontecimiento medieval, es en las reacciones a la noticia de la caída de Constantinopla. Como el asesinato de Kennedy o el 11 de septiembre en Nueva York, todos en Europa recordaban exactamente dónde estaban cuando recibieron la noticia. «El día en que los turcos tomaron Constantinopla el sol se oscureció»,[12] declaró un cronista georgiano. «¿Qué son estas execrables noticias que nos llegan relativas a Constantinopla?», escribió Aeneas Sylvius Piccolomini al papa. «Incluso ahora, mientras escribo estas líneas, me tiembla la mano; mi alma está horrorizada».[13] Federico III lloró al enterarse en Alemania. La voz corrió tan rápido por Europa como navegaban los barcos, galopaban los caballos o se cantaban las canciones. La noticia pasó desde Italia a Francia, España, Portugal, los Países Bajos, Serbia, Hungría, Polonia y más allá. En Londres, un cronista declaró que «en este año la ciudad de Constantino el Noble fue perdida por hombres cristianos y la ganó el príncipe de los turcos, Mohamed»;[14] Cristiano I, rey de Dinamarca y Noruega, describió a Mehmed como la bestia que emerge del mar en el Apocalipsis. Los canales diplomáticos entre las cortes europeas iban llenos de noticias, avisos e ideas de posibles cruzadas. A lo largo y ancho del mundo cristiano hubo un torrente de cartas, crónicas, historias, profecías, canciones, lamentos y sermones traducidos a todos los lenguajes de la Fe, desde el serbio al francés, desde armenio al inglés. La historia de Constantinopla se escuchó no solo en palacios, sino también en cruces de caminos, en plazas, en mercados y en tabernas. Llegó a los rincones más recónditos de Europa y a las gentes más humildes: con el tiempo, incluso el libro de plegarias luteranas en Islandia rogaría a Dios que salvase a sus fieles de «las artimañas del papa y el terror del Turco».[15] Fue solo el comienzo de un ferviente y renovado sentimiento antiislámico.

En el mundo islámico, las noticias fueron recibidas con regocijo por los musulmanes devotos. El 27 de octubre, un embajador de Mehmed llegó a El Cairo, llevando noticia de la captura de la ciudad y trayendo consigo dos cautivos griegos de alta alcurnia como prueba tangible del triunfo. Según el cronista musulmán, «El sultán y todos los hombres se regocijaron por esta gran conquista; las buenas noticias se leyeron en los bandos cada mañana y El Cairo se engalanó durante dos días [...] la gente lo celebraba decorando las tiendas y las casas de forma extravagante [...] Digo que se den a Dios las gracias y el mérito de esta gran victoria».[16] Fue una victoria con un significado inmensamente trascendente para el mundo musulmán; cumplió las viejas pseudoprofecías atribuidas a Mahoma y pareció restaurar la perspectiva de que la Fe se extendiera por todo el mundo. Confirió al sultán un prestigio inmenso. Mehmed envió la acostumbrada carta celebrando su victoria a los principales potentados del mundo musulmán y en ella afirmó su derecho a liderar la guerra santa y tomó el título de «Padre de la Conquista», directamente ligado «por el aliento del viento en el Califato» a los primeros gloriosos días del islam. Según Ducas, la cabeza de Constantino, «rellena de paja» fue enviada también sucesivamente «a los líderes de los persas, árabes y otros turcos»,[17] y Mehmed envió cuatrocientos niños griegos a cada uno de los gobernantes de Egipto, Túnez y Granada. No se trataba de meros obsequios. Mehmed estaba reivindicando el título de defensor de la Fe y, con él, el premio máximo: el protectorado de los lugares sagrados de La Meca, Medina y Jerusalén. «Es tu responsabilidad», conminó perentoriamente al sultán mameluco de El Cairo, «mantener las rutas de peregrinaje abiertas para los musulmanes; nuestro deber es el de aportar *gazis*».[18] Al mismo tiempo, se declaró a sí mismo «Soberano de dos mares y dos tierras», heredero del imperio de los césares, con ambiciones de dominación mundial que serían tanto imperiales como religiosas: «Debe haber [...] solo un imperio, una fe y una soberanía en el mundo».[19]

En Occidente, la caída de Constantinopla lo cambió todo y no cambió nada. Para los que habían seguido de cerca los acontecimientos, estaba claro desde hacía tiempo que la ciudad era indefendible. Como enclave aislado, su captura era, en último término, inevitable; si Constantino hubiera conseguido resistir al asedio otomano, habría sido solo cuestión de tiempo que otro asalto hubiera triunfado. Para los que se habían molestado en prestar atención, la caída de Constantinopla o la conquista de Estambul —dependiendo de la perspectiva religiosa— era básicamente la plasmación simbólica de un hecho patente: los otomanos eran una potencia mundial y estaban firmemente asentados en Europa. Lo cierto es que pocos eran capaces de adoptar esa perspectiva. Incluso los venecianos, con sus espías y con el interminable caudal de información diplomática que fluía hacia su Senado, ignoraban en buena medida las capacidades militares de Mehmed. «Nuestros senadores no podían creer que los turcos fueran capaces de llevar una flota al asedio de Constantinopla»,[20] subrayó Marco Barbaro para explicar la tardanza de un ejército de socorro veneciano. Tampoco habían comprendido el poder de las armas ni la determinación y habilidad del propio Mehmed. Lo que la captura de la ciudad ponía de manifiesto era el punto hasta el cual el equilibrio de poder había cambiado en el Mediterráneo y clarificó la amenaza que suponían los otomanos para toda una hueste de intereses y naciones cristianas, una amenaza que la existencia de Constantinopla como estado tapón había ayudado a ignorar.

Por todo el mundo cristiano las consecuencias fueron religiosas, militares, económicas y psicológicas. De golpe, la terrible imagen de Mehmed y sus ambiciones quedó claramente definida para griegos, venecianos, genoveses, el papa en Roma, los húngaros, los valacos y todos los pueblos de los Balcanes. La implacable figura del Gran Turco y su ambicioso deseo de ser el Alejandro de su época se proyectaron sobre la gran pantalla de la imaginación europea. Una fuente dice que el Conquistador entró en la ciudad con las palabras «Doy gracias a Mahoma, que nos ha dado esta espléndida victoria; pero ruego que me permita vivir lo bastante como para capturar y subyugar la Vieja Roma como he hecho con la Nueva».[21] Esta imagen no carecía de fundamento. En la imaginación de Mehmed, la sede de la Manzana Roja se había trasladado hacia occidente, de Constantinopla a Roma. Mucho antes de que los ejércitos otomanos

invadieran Italia, iban a la batalla al grito de «¡Roma! ¡Roma!».
Paso a paso, la encarnación del Anticristo parecía avanzar inexorablemente contra el mundo cristiano. En los años que siguieron a 1453, se haría una tras otra con las colonias genovesas y
griegas del mar Negro: Sínope, Trebisonda y Caffa cayeron en
sus manos. En 1462 invadió Valaquia; al año siguiente, Bosnia.
Morea quedó bajo gobierno otomano en 1464. En 1474 entró
en Albania, en 1476 en Moldavia: la marea del avance otomano
parecía irreversible. Sus tropas no pudieron tomar Rodas en un
célebre asedio en 1480, pero fue solo un revés temporal. Los
venecianos eran los que más tenían que temer: la guerra de la
Serenísima contra Mehmed estalló en 1463, duró quince años
y fue el prólogo de un titánico conflicto en el Mediterráneo.
Durante esta década, Venecia perdió su enclave comercial en
Negroponte y, mucho peor, en 1477 los otomanos saquearon el
hinterland de la propia ciudad italiana, llegando tan cerca que el
humo de los incendios se podía ver desde el campanario de San
Marcos. Venecia podía sentir el aliento del islam en su cuello.
«¡El enemigo está ante nuestras puertas!», escribió Celso Ma-
ffei al dogo. «El hacha ha llegado a la raíz. A menos que llegue
ayuda divina, el fin de los cristianos está sellado».[22] En julio de
1481, los otomanos finalmente desembarcaron un ejército en
el talón de Italia para marchar sobre Roma. Cuando tomaron
Otranto, el arzobispo fue ejecutado en el altar de su catedral
y 12 000 ciudadanos fueron asesinados. En Roma el papa se
planteó huir de la ciudad y cundió el pánico entre la población.
Por fortuna para los italianos, en ese mismo momento llegó al
ejército otomano la noticia de que Mehmed había muerto, y la
campaña de Italia se vino abajo.

Bajo el ímpetu de la caída de Constantinopla, papas y cardenales intentaron reanimar el proyecto de las cruzadas religiosas,
que continuaron hasta bien entrado el siglo XVI. El papa Pío II,
para quien lo que estaba en juego era la propia cultura cristiana,
marcó el tono del debate al convocar un congreso en Mantua
en 1459 para unificar las diversas y enfrentadas facciones de la
cristiandad. En un memorable discurso que duraría dos horas,
describió la situación de forma desoladora:

Nosotros mismos hemos permitido que Constantinopla, la capital de Oriente, fuera conquistada por los
turcos. Y mientras permanecemos sentados ociosos
en casa, los brazos de estos bárbaros avanzan hacia el
Danubio y el Sava. En la ciudad imperial de Oriente
han asesinado al sucesor de Constantino y masacrado a
su pueblo, profanado los templos del Señor, y violado
el noble edificio de Justiniano con el horrendo culto a
Mahoma; han destruido las imágenes de la madre Dios
y de los santos, volcado los altares, echado las reliquias
de los santos a los cerdos, matado a los sacerdotes, for-
zado a las mujeres y jóvenes, incluso a las vírgenes dedi-
cadas al Señor, hecho una matanza entre los nobles de la
ciudad durante un banquete del sultán, llevado la imagen de nuestro Salvador crucificado a su campamento
entre burlas y chanzas gritando «¡Este es el Dios de los
cristianos!» y la han profanado con barro y escupitajos.
Y todo esto ha pasado ante nuestros mismísimos ojos,
mientras permanecemos profundamente dormidos
[...] Mehmed nunca abandonará las armas, excepto
tras conseguir la victoria total o ser derrotado de forma
absoluta. Cada victoria será para él solo un escalón hacia la siguiente, hasta que, después de haber subyugado
a todos los príncipes de Occidente, haya destruido el
Evangelio de Cristo e impuesto la ley de su falso profeta
al mundo.[23]

A pesar de que se intentó repetidamente, palabras apasiona-
das como estas no consiguieron que se iniciara ninguna acción
práctica, igual que antes había fracasado el intento de socorrer
a la propia Constantinopla. Las potencias europeas estaban demasiado celosas unas de otras, demasiado desunidas —y en algunos sentidos, eran demasiado seculares— como para aliarse
nunca más en nombre de la cristiandad: se rumoreaba incluso que los venecianos habían colaborado en el desembarco en
Otranto. Pero estos avisos sí revivieron en Europa el miedo al

islam. Tendrían que pasar otros doscientos años antes de que el avance de los otomanos en Europa se viera finalmente detenido, en 1683, a las puertas de Viena; mientras tanto la cristiandad y el islam se enfrentarían en una larga guerra, con períodos calientes y fríos, que perduraría durante mucho tiempo en la memoria racial y que formaría un largo eslabón en la cadena de acontecimientos entre ambas religiones. La caída de Constantinopla había despertado en el islam y en Europa recuerdos antiguos de las cruzadas. El peligro otomano se consideraba la continuación de lo que se percibía como un asalto del islam contra el mundo cristiano; la palabra «turco» reemplazó a la palabra «sarraceno» como término genérico para los musulmanes, con todas las connotaciones de oponente cruel e implacable que conllevaba. Ambos bandos estaban convencidos de que luchaban por su propia supervivencia contra un enemigo decidido a conquistar el mundo. Fue el prototipo de un conflicto ideológico global. Los otomanos mantuvieron vivo el espíritu de la yihad, ahora unido a su visión imperial. En el corazón de las tierras musulmanas reverdeció el convencimiento sobre la superioridad del islam. La leyenda de la Manzana Roja tenía enorme fuerza; después de Roma se trasladó a Budapest, luego a Viena. Más allá de estas ubicaciones literales, era el símbolo de la fe mesiánica en el triunfo final de la Fe. En Europa, la imagen del Turco se convirtió en sinónimo de todo lo que era impío y cruel. Hacia 1536, esa palabra se utilizaba en inglés con el significado, según el diccionario de Oxford, de «alguien que se comporta como un bárbaro o un salvaje». Y el combustible que alimentó el fuego de estas actitudes fue el descubrimiento que mejor ejemplificaba el espíritu del Renacimiento: la imprenta.

La caída de Constantinopla se produjo en el umbral de una revolución, en el momento en el que el tren de los descubrimientos científicos empezaba a ganar velocidad en Occidente a expensas de la religión. Algunas de estas fuerzas se manifestaron en el propio asedio como el impacto de la pólvora, la superioridad de los barcos de vela y el final de la guerra de asedio medieval. Los siguientes setenta años traerían a Europa, entre otras cosas, los empastes de oro en los dientes, el reloj de bolsillo, el astrolabio, los manuales de navegación, la sífilis, la traducción del Nuevo Testamento, Copérnico y Leonardo da Vinci, Colón y Lutero… y los tipos móviles.

El invento de Gutenberg revolucionó las comunicaciones masivas y difundió nuevas ideas sobre la guerra santa contra el islam. Un enorme corpus de literatura cruzada y antiislámica emergió de las imprentas de Europa durante los siguientes 150 años. Uno de los ejemplos más antiguos que sobreviven de textos creados por la imprenta moderna es la indulgencia concedida por Nicolás V en 1451 para recaudar fondos para rescatar Chipre de los turcos. Miles de copias de tales documentos aparecieron por toda Europa junto a llamamientos a la cruzada en folletos y carteles —predecesores de los modernos periódicos— que difundieron las noticias sobre la guerra contra «la maldita amenaza del Gran Turco de los infieles». Se produjo, acto seguido, una auténtica explosión de libros —solo en Francia, se publicaron ochenta libros sobre los otomanos entre 1480 y 1609, mientras que solo se publicaron, por ejemplo, cuarenta sobre América—. Cuando Richard Knolles escribió en 1603 *Historia general de los turcos*, que se convirtió en un gran *best seller*, ya existía en inglés una abundante literatura sobre el pueblo que Knolles definió como «el actual terror del mundo». Estas obras tenían títulos sugerentes como: *Las guerras de los turcos; La notable historia de los sarracenos; Un discurso sobre la sangrienta y cruel batalla que perdió el sultán Selim; Noticias verdaderas sobre una notable victoria obtenida contra el Turco; El estado de los cristianos que viven sometidos al Turco…* el aluvión de información fue interminable.

Otelo combatía en la guerra mundial de su época —contra el «enemigo general otomano», el «maligno Turco con turbante»—,[24] y por primera vez, los cristianos que estaban lejos del mundo musulmán pudieron ver grabados del enemigo hechos con moldes de madera y publicados en libros ilustrados tan influyentes como *Miserias y tribulaciones de los cristianos retenidos como tributo y esclavos por el Turco*, de Bartolomé Georgevich. Estas imágenes mostraban sangrientas batallas entre caballeros con armadura y turcos con turbante, y no se andaban con medias tintas al retratar el salvajismo del infiel: mostraban a los turcos decapitando prisioneros, llevándose largas cuerdas de mujeres y niños como cautivos o cabalgando con bebés clavados en sus lanzas. El conflicto con el Turco era entendido por la mayoría como la continuación de un enfrentamiento mucho más antiguo con el islam, una guerra milenaria por la verdad. Sus características y causas se estudiaron exhaustivamente en Occidente. Thomas Brightman, que escribía en 1644, declaró que los sarracenos fueron «la primera plaga de langostas [...] alrededor del año 630», a los que sucedieron «los turcos, una progenie de víboras, peores que su padre, que destruyeron completamente a los sarracenos, que eran su madre».[25] De algún modo el conflicto con el islam siempre fue distinto: más profundo, más amenazador, más próximo a la pesadilla.

Desde luego, es cierto que Europa tenía motivos para temer al más rico, más poderoso y mejor organizado Imperio otomano en los doscientos años que siguieron a la caída de Constantinopla, pero la imagen que había creado de su oponente, concebida esencialmente en términos religiosos en un momento en que la propia idea de la cristiandad agonizaba en las naciones europeas, era muy tendenciosa. El mundo otomano era muy distinto visto desde fuera y desde dentro, y en ningún lugar esa dualidad se manifestaba de forma más patente que en la propia Constantinopla.

Puede que Sa'd-ud-din declarara que después de la caída de Estambul «las iglesias que estaban dentro de la ciudad fueron vaciadas de sus viles ídolos y limpiadas de sus sucias e idólatras impurezas»,[26] pero la realidad fue muy distinta. La ciudad que Mehmed reconstruyó tras la conquista no cuadraba con la imagen terrible del islam que tenía la cristiandad. El sultán no se consideraba a sí mismo solo un gobernante musulmán, sino también el heredero del Imperio romano, por lo que se propuso construir una capital multicultural en la que todos los ciudadanos gozarían de ciertos derechos. Reubicó forzosamente a cristianos griegos y musulmanes turcos en la ciudad, garantizó la seguridad del enclave ge-

Ver a tu enemigo: grabado alemán del siglo XVI que
mostraba la caballería otomana.

novés de Gálata y prohibió a los turcos vivir allí. El monje
Genadio, que con tanto encono había resistido los intentos
de unión, fue rescatado de la esclavitud en Edirne y devuelto
a la capital como patriarca de la comunidad ortodoxa, bajo
la fórmula: «Sé patriarca, en buena hora, cuenta con nuestra
amistad, y mantén todos los privilegios que han ostentado
los patriarcas que te precedieron».[27] Los cristianos vivirían
en sus propios barrios y mantendrían algunas de sus iglesias,
aunque con restricciones: deberían llevar ropas distintivas y

tendrían prohibido llevar armas. En el contexto de su época, era una política notablemente tolerante. Al otro extremo del Mediterráneo, el final de la reconquista de España por los Reyes Católicos en 1492 resultó en la conversión forzosa o expulsión de todos los musulmanes y judíos. Los propios judíos españoles fueron animados a emigrar al Imperio otomano —«el refugio del mundo»— donde, dentro de la experiencia general del exilio judío, se les recibió de forma por lo general positiva. «Aquí, en la tierra de los turcos, no tenemos de qué quejarnos», escribió un rabino a sus hermanos en Europa. «Poseemos grandes fortunas, mucho oro y plata están en nuestras manos. No estamos oprimidos con pesados impuestos y nuestro comercio es libre y sin trabas».[28] Mehmed recibiría considerables críticas desde el propio islam por estas políticas. Su hijo, el más piadoso Bayaceto II, declaró que su padre «por consejo de los malintencionados y los hipócritas» había «infringido la Ley del Profeta».[29]

Aunque Constantinopla se convertiría en una ciudad más islámica con el transcurso de los siglos, Mehmed marcó el tono de un lugar asombrosamente multicultural, el modelo de una ciudad del Levante mediterráneo. Para los occidentales que veían más allá de los rudimentarios estereotipos, la capital otomana era una fuente constante de sorpresas. Cuando el alemán Arnold von Harff la visitó en 1499 le asombró descubrir dos monasterios franciscanos en Gálata, donde todavía se celebraba la misa católica. Los que conocían de cerca al infiel lo decían muy clara-

Caligrafía otomana.

mente: «Los turcos no obligan a nadie a renunciar a su fe, no se esfuerzan por persuadir a nadie de que lo haga y no tienen muy buena opinión de los renegados»,[30] escribió Jorge de Hungría en el siglo xv. Era totalmente distinto a lo que sucedía en la fragmentada Europa durante la Reforma. El flujo de refugiados después de la caída de la ciudad se produjo en su gran mayoría en una dirección: de las tierras cristianas hacia el Imperio otomano. El propio Mehmed estaba más interesado en construir un imperio mundial que en convertir al mundo al islam.

La caída de Constantinopla fue un trauma para Occidente; no solo hizo mella en la confianza del cristianismo, sino que también fue considerado el trágico final del mundo clásico, «una segunda muerte de Homero y Platón».[31] Y sin embargo, la caída también liberó la ciudad del empobrecimiento, el aislamiento y la ruina. La ciudad rodeada por «la guirnalda de agua»[32] que Procopio había alabado en el siglo vi, recuperó ahora su viejo empuje y energía como capital de un rico imperio multicultural, a caballo de dos mundos y de una docena de rutas comerciales; y aquellos a los que Occidente consideraba monstruos con cuernos y cola salidos de Apocalipsis —«hechos de un caballo y un hombre»—[33] supieron insuflar nueva

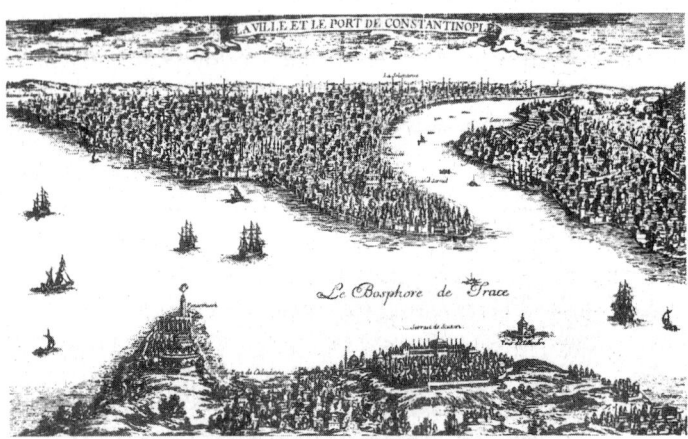

La nueva silueta de Estambul: la ciudad islámica vista desde el mar, extraída de *Relation nouvelle d'un voyage de Constantinople*, de Guillaume-Joseph Grelot, publicado en 1672.

vida a una ciudad asombrosa y bella, distinta a la Ciudad de Oro cristiana, pero hecha de colores no menos brillantes.

Constantinopla de nuevo comerciaba con los bienes del mundo entero en los laberínticos callejones del bazar cubierto y el bazar egipcio; las caravanas de camellos y los barcos de nuevo la conectaban con todos los puertos importantes del Mediterráneo Oriental, pero los marineros que se acercaban a ella por el mar de Mármara veían que su horizonte había adquirido una silueta distinta. Junto a Aya Sofya, las colinas de la ciudad empezaron a poblarse con las cúpulas gris plomo de las mezquitas. Minaretes blancos finos como agujas y gruesos como lápices, emergieron decorados por capas de balcones con delicada tracería, puntuando la silueta de la ciudad. Una serie de brillantes arquitectos de mezquitas crearon, bajo cúpulas suspendidas, espacios abstractos y atemporales: interiores de tranquila luz, decorados con azulejos que mostraban intrincados diseños geométricos, elaborada caligrafía y estilizadas flores cuyos sensuales colores —rojo brillante y turquesa y verdeceladón y el azul más claro de las profundidades del mar— creaban «un reflejo del infinito jardín de las delicias»[34] prometido en el Corán.

La Estambul otomana era una ciudad que se imprimía con fuerza en el ojo y el oído, un lugar de casas de madera y cipreses, de fuentes públicas y jardines, de elegantes tumbas y bazares subterráneos, de ruido y ajetreo y talleres, donde cada oficio y grupo étnico tenía su propio barrio, y donde todas las razas del Mediterráneo oriental, con sus ropas y sombreros característicos, convivían, trabajaban y comerciaban, donde el mar podía verse de repente, reluciente, al doblar una esquina o desde la plaza de una mezquita, y en el que la llamada a la oración, procedente de una docena de minaretes, conformaba la ciudad de punta a punta y del amanecer al crepúsculo tan íntimamente como los gritos de los comerciantes locales en la calle. Tras los imponentes muros del palacio de Topkapi, los sultanes otomanos crearon su propia versión de la Alhambra y de Isfahán en una serie de frágiles pabellones alicatados más parecidos a tiendas sólidas que a edificios, rodeadas de elegantes jardines, desde los que se pueden ver, a través del Bósforo, las colinas de Asia.

El arte, la arquitectura y el ceremonial otomanos crearon un mundo visual tan rico que asombraba tanto a los visitantes occidentales como antes lo había hecho la Constantinopla cristiana. «Contemplo la perspectiva de ese mundo en miniatura, la gran ciudad de Constantinopla», escribió Edward Lithgow en 1640, «que desde luego muestra tal esplendor externo al asombrado espectador [...] y de cuanto ahora hay el mundo hace tan gran narración que en toda la tierra no hay lugar que la iguale».[35]

En ningún lugar está la sensual textura de la Estambul otomana conservada más vivamente que en la interminable sucesión de miniaturas con las que los sultanes celebraban sus triunfos. Es un mundo alegre con patrones de colores primarios, plano y sin perspectiva, como los dibujos de los azulejos o las alfombras. Aquí encontramos presentaciones cortesanas y banquetes, batallas y asedios, decapitaciones, procesiones y festividades, tiendas y banderas, fuentes y palacios, caftanes ricamente elaborados y armaduras y bellos caballos. Es un mundo enamorado de la ceremonia, del ruido y de la luz. Hay luchas de carneros, jarras, cocineros de kebab y fuegos artificiales, grupos de jenízaros en formación compacta que desfilan y tocan música y se abren paso por la página en un torrente de rojo, funambulistas que cruzan el Cuerno de Oro en cuerdas suspendidas de los mástiles de los barcos, escuadrones de caballería con turbantes blancos cabalgando frente a tiendas con elaborados estampados, mapas de la ciudad brillantes como joyas, y toda la exuberancia visible de la pintura: rojo brillante, naranja, azul claro, lila, amarillo limón, castaño, gris, rosa, esmeralda y oro. El mundo de las miniaturas parece expresar a la vez alegría y orgullo por los logros otomanos, por el sobrecogedor ascenso de tribu a imperio en doscientos años, un eco de las palabras que tiempo atrás escribieron los turcos selyúcidas en una puerta de la ciudad santa de Konya: «Lo que he creado no tiene rival en el mundo».[36]

En 1599, la reina Isabel I de Inglaterra envió al sultán Mehmed III un órgano como muestra de amistad. El instrumento iba acompañando de su fabricante, Thomas Dallam, para que lo tocara ante el dirigente otomano. Cuando el maestro fue conducido a través de los sucesivos patios del palacio hasta el sultán, se quedó tan impresionado por el ceremonial que «lo que vi casi me hizo pensar que estaba en otro mundo».[37] Los visitantes han ahogado idénticos gritos de asombro desde que Constantino el Grande fundó la segunda Roma y la segunda Jerusalén en el siglo IV. «Me parece», escribió el francés Pierre Gilles en el siglo XVI, «que mientras otras ciudades son mortales, esta permanecerá aquí mientras haya hombres en la tierra».[38]

EPÍLOGO

Lugares de reposo

*Fue una suerte para la cristiandad y para Italia que
la muerte detuviera al fiero e indomable bárbaro.*[1]
Giovanni Sagredo, noble veneciano del siglo XVII

En la primavera de 1481, las banderas de cola de caballo del sultán se izaron en la costa de Anatolia, al otro lado de la franja de agua que separaba la ciudad de otro continente, lo que implicaba que la campaña de ese año sería en Asia. Es típico del secretismo de Mehmed que nadie, ni siquiera sus principales ministros, conociera su verdadero objetivo. Lo más probable, creyó todo el mundo, era que se tratara de una guerra contra la dinastía musulmana rival de los mamelucos de Egipto.

Durante treinta años, el sultán había trabajado duro para edificar su imperio mundial. Había llevado personalmente los asuntos del estado: nombrado y ejecutado ministros, aceptado tributos, reconstruido Estambul, reubicado forzosamente a grupos de gente, reformado la economía, concluido tratados, castigado con muertes terribles a los recalcitrantes, concedido libertad de culto, enviado o comandado personalmente ejércitos año tras año hacia Oriente u Occidente. Tenía cuarenta y nueve años y mala salud. El tiempo y la falta de moderación se habían cobrado su precio. Según una crónica contemporánea poco aduladora, estaba gordo, con «un cuello corto y grueso, complexión cetrina, hombros más bien altos y tenía una voz muy fuerte».[2] Mehmed, que coleccionaba títulos como si fueran condecoraciones por sus campañas militares —«El Trueno de la Guerra», «Señor del Poder y la Victoria en Mar y Tierra», «Emperador de los Romanos y del Globo Terrestre», «Conquistador del Mundo»—, en ocasiones apenas podía caminar. Sufría de gota y de una deformante corpulencia mórbida, y se apartó de las miradas del mundo en el palacio de Topkapi. El hombre a quien Occidente llamaba «el Bebedor de Sangre» o «el Segundo Nerón», había pasado a tener una apariencia grotesca. El diplomático francés Philippe de Commynes declaró que «hombres que lo han visto me dicen que se ha formado una monstruosa inflamación en sus piernas; al acercarse el verano creció tanto que se hizo tan grande como el cuerpo de un hombre y no podía abrirse; y luego remitió».[3] Refugiado tras los muros de palacio, Mehmed se dedicaba a actividades poco propias de un tirano: la jardinería, las manualidades y el encargo de frescos obscenos a Gentile Bellini, el pintor que acababa de importar de Venecia. El famoso último retrato que le hizo Bellini, enmarcado en un arco dorado y culminado con coronas imperiales, sugiere que quedaba en el interior del sultán un ansia que no había sido satisfecha: el Conquistador del Mundo siguió siendo hasta el final un hombre irascible, supersticioso y torturado.

Mehmed cruzó el estrecho hacia Asia el 25 de abril para la campaña de ese año, pero le acometieron casi inmediatamente fuertes dolores de estómago. Después de unos días de insoportable dolor, murió el 3 de mayo de 1481, cerca de Gebze, donde otro aspirante a conquistador del mundo, Aníbal, se había suicidado ingiriendo veneno. El fin del sultán está envuelto en misterio. Lo más probable es que Mehmed fuera envenenado, en su caso por su médico persa. A pesar de numerosos intentos de asesinato venecianos a lo largo de los años, las sospechas apuntan con fuerza a su hijo, Bayaceto. Quizá la ley del fratricidio de Mehmed impulsó al príncipe a realizar un asalto preventivo —que tuvo éxito— al trono. Padre e hijo no estaban próximos: el devoto Bayaceto detestaba las poco ortodoxas opiniones religiosas de Mehmed —un cotilleo cortesano que corría por Italia cita a Bayaceto diciendo que «su padre era tiránico y no creía en el Profeta Mahoma».[4] Treinta años después Bayaceto sería a su vez envenenado por su hijo, Selim «el Severo»; «entre príncipes no hay lazos de sangre»[5] dice un dicho árabe. En Italia, las noticias de la muerte de Mehmed fueron recibidas con especial alegría. Se dispararon salvas de cañón y se tocaron las campanas; en Roma hubo fuegos artificiales y misas de gracias. El mensajero que había llevado las noticias a Venecia, declaró:

El sultán Mehmed II en 1479, en el célebre retrato
del pintor italiano Gentile Bellini.

«La gran águila está muerta».[6] Incluso el sultán mameluco en El Cairo respiró aliviado.

Hoy *Fatih* —el Conquistador— reposa en un mausoleo en el complejo de mezquitas y en el barrio de Estambul que llevan su nombre. La elección del lugar no fue accidental. Reemplazó a una de las más famosas e históricas iglesias bizantinas, la de los Santos Apóstoles, donde el fundador de la ciudad, Constantino el Grande, había sido enterrado con gran ceremonia en 337. En la muerte, como en vida, Mehmed asumió la herencia imperial. El mausoleo original fue destruido por un terremoto y luego reconstruido por completo, de modo que el interior tiene hoy tanto bronce dorado como un salón francés del XIX, y no le falta ni siquiera el reloj del abuelo, la decoración barroca del techo y una araña de cristal colgando del techo, como si fuera la tumba de un Napoleón musulmán. La tumba ricamente decorada, cubierta con una tela verde y rematada con un estilizado turbante en un extremo, es tan larga como un pequeño cañón. La gente acude a ella a rezar, a leer el Corán y a hacer fotografías. Con el paso del tiempo, Fatih se ha convertido casi en un santo —se ha visto investido con algunas de las características de un hombre sagrado para el islam—, de modo que ahora su identidad es doble, sagrada y secular. Como Churchill, es a la vez una marca nacional —el nombre de una marca de camiones, de un puente sobre el Bósforo, la imagen inmediatamente reconocible de un jinete galopando heroicamente en un sello conmemorativo o en el edificio de una escuela— y un símbolo de piedad. El distrito de Fatih es el corazón del tradicional y nuevamente seguro de sí mismo Estambul musulmán. Es un lugar pacífico: en el patio de la mezquita, mujeres con la cabeza cubierta con pañuelos se reúnen para hablar bajo los plátanos después de la oración; los niños que las acompañan corren en círculos; vendedores ambulantes ofrecen rollitos de sésamo, coches de juguete y globos de helio con forma de animales. En la puerta de la tumba de Mehmed hay una bala de cañón de piedra colocada como ofrenda votiva.

El destino de los demás actores principales del asedio en el bando otomano reflejan las vicisitudes de servir al sultán.

Para Jalil Pachá, que se había opuesto siempre a la guerra, el fin fue rápido. Fue ahorcado en Edirne en agosto o septiembre de 1453, y reemplazado por Zaganos Pachá, el renegado griego que había apoyado activamente la guerra. El destino del viejo visir señaló un cambio decisivo en la política del estado: casi todos los sucesivos visires serían antiguos esclavos conversos en lugar de turcos de la vieja aristocracia. De Urban, el fundidor de cañones, arquitecto clave de la victoria, nos han llegado evidencias circunstanciales de que sobrevivió al asedio y recibió una recompensa del sultán: después de la captura de Estambul hubo un área llamada Distrito del Artillero Verban, lo que sugiere que el mercenario húngaro tomó residencia en la ciudad cuyas murallas había contribuido tanto a destruir. Y Ayyub, el compañero del Profeta, cuya muerte en el primer asedio árabe había sido una inspiración tan importante para los *gazis*, descansa ahora en su propio complejo de mezquitas a la sombra de los plátanos en las tranquilas aguas de Eyüp, en el extremo del Cuerno de Oro, un lugar de peregrinaje venerado y, durante cientos de años, la mezquita en que se coronaba a los sultanes.

Entre los defensores que escaparon, hubo diversos y variados destinos. Los refugiados griegos, por lo general, padecieron la típica fortuna del exiliado: miseria en una tierra extraña y nostalgia por la ciudad perdida. Muchos se ganaban la vida como podían en Italia —en 1478, solo en Venecia, había 4 000 griegos— o en Creta, que era un bastión de la iglesia ortodoxa, pero se dispersaron por todo el mundo hasta lugares tan lejanos como Londres. Los descendientes de la familia Paleólogo desaparecieron gradualmente entre la aristocracia menor de Europa. Uno o dos, por añoranza o pobreza, regresaron a Constantinopla y se confiaron a la generosidad del sultán. Al menos uno, Andrés, se convirtió al islam y llegó a ser un funcionario de la corte bajo el nombre de Mehmed Pachá. La melancólica realidad griega de la caída está quizá bien reflejada en la experiencia de Jorge Frantzés y su esposa. Acabaron sus días en monasterios de Corfú donde Frantzés escribió una corta y dolorosa crónica de los sucesos de su vida. Empieza diciendo: «Soy Jorge Frantzés, el desdichado Primer Señor del

Guardarropa Imperial, actualmente conocido por mi nombre monástico, Gregorio. Escribo la siguiente crónica de los acontecimientos que ocurrieron durante mi desventurada vida. Más me habría valido no haber nacido o haber muerto en mi niñez. Puesto que no sucedió así, que se sepa que nací un martes, 30 de agosto de 1401».[7] En un tono lacónico y desgarrado, Frantzés narró la doble tragedia —personal y nacional— del avance otomano. Sus dos hijas fueron incorporadas al serrallo; su hijo fue ejecutado allí en 1453. En septiembre de 1455 escribió: «Mi hermosa hija Thamar murió de una enfermedad infecciosa en el serrallo del sultán. ¡Ay de mí, su desgraciado padre! Tenía solo catorce años y cinco meses».[8] Vivió hasta 1477, lo bastante como para ver cómo la libertad griega se extinguía casi por completo bajo la ocupación turca. Su testamento termina con una reafirmación de la posición ortodoxa sobre el *filioque*, el tema que había causado tantos problemas durante el asedio: «Confieso con certeza que el Espíritu Santo no procede el Padre y del Hijo, como afirman los italianos, sino sin separación de la misma manifestación del padre».[9]

Entre los supervivientes italianos también hubo finales muy distintos. El herido Giustiniani regresó a Quíos donde, según su compatriota genovés, el arzobispo Leonardo, murió poco después, «fuera por su herida o por la vergüenza de su deshonra»,[10] pues casi todo el mundo lo señaló como el culpable de la derrota final. Fue enterrado con un epitafio en su lápida, hoy perdida: «Aquí yace Giovanni Giustiniani, un gran hombre y noble de Génova y Quíos, que murió el 8 de agosto de 1453 a consecuencia de una herida fatal recibida durante el asalto a Constantinopla el día de la muerte del gentilísimo Constantino, el último emperador y valiente líder de los cristianos orientales, a manos del soberano turco Mehmed».[11] El propio Leonardo murió en Génova en 1459; el cardenal Isidoro de Kiev, que había venido a traer la unión a los griegos, que fue nombrado patriarca de Constantinopla *in absentia* por el papa, sin legitimidad alguna, sucumbió a la demencia senil y murió en Roma en 1463.

En cuanto al propio Constantino no hay ninguna certeza ni tumba en la que descanse su cuerpo. La muerte del emperador anunció un crítico eclipse del mundo bizantino y el inicio de la *turcocracia* —la ocupación turca de Grecia— que duraría hasta más allá de la muerte de Byron. El desconocido destino que corrió el emperador se convirtió en el catalizador de una profunda nostalgia en el alma griega por las glorias de Bizancio y, con el tiempo, un rico caudal de profecías se adhirió a su nombre. En la cultura popular griega, Constantino se convirtió en una figura artúrica, el pasado y futuro rey, que dormía en su tumba junto a la Puerta Dorada y que regresaría un día a través de esa puerta, perseguiría a los turcos hasta el mismo Manzano Rojo y recuperaría la ciudad. Los otomanos tenían miedo a la figura talismánica del emperador: Mehmed vigiló muy de cerca a los hermanos de Constantino y tapió la Puerta Dorada, por si acaso. Estas leyendas asegurarían al desventurado Constantino una trágica vida después de la muerte. Hacia el final del siglo XIX su legado se entrelazaría con la visión nacional griega, la Gran Idea —el sueño de reincorporar a las poblaciones griegas de Bizancio al estado griego. Esta noción provocó una intervención desastrosa en la Anatolia turca que fue aplastada por Kemal Ataturk en 1922 y que tuvo como consecuencia la masacre de la población griega de Esmirna y el subsiguiente intercambio de poblaciones. Solo entonces murieron finalmente las esperanzas de reconstruir Bizancio.

Si el espíritu de Constantino reside en alguna parte no es en Estambul, sino a mil seiscientos kilómetros de allí, en el Peloponeso. Aquí, durante un tiempo, reinó en Morea como déspota de la pequeña ciudad medieval de Mistra, que durante doscientos años experimentó un asombroso florecimiento tardío de la tradición bizantina. Sigue siendo un templo consagrado al alma bizantina: todas las farolas del moderno pueblo bajo la ciudadela llevan la insignia del águila bicéfala; en la plaza, la Platia Palaiologou, hay una estatua de Constantino defendiendo la fe espada en mano, la imagen de un hombre cuya imagen se desconoce. Está frente a un pedestal de mármol que tiene inscrita una cita de Ducas; sobre su cabeza la bandera bizantina, de un vívido amarillo estampado con águilas negras cuelga lánguidamente recortada contra el cielo griego de intenso azul. La Mistra medieval se levanta tras ella, una ladera verde de mansiones desvencijadas, iglesias y salones entre los que asoman cipreses. Es un lugar evocador. Aquí, durante un frágil instante, Constantinopla se reconstruyó a sí misma en miniatura, como una Florencia griega. Pintó una versión humanista en radiantes frescos, redescubrió las enseñanzas de Aristóteles y Platón y soñó con un futuro dorado antes de que los otomanos vinieran también aquí a arrebatárselo. En la pequeña catedral de San Demetrio, que no es mayor que una iglesia rural, es donde posiblemente fue

Estatua de Constantino XI en Mistra.

coronado Constantino; en la iglesia de Santa Sofía está enterrada su esposa, Teodora. En la cima de la colina está el Palacio de los Déspotas, y tras él el desnudo monte Taigeto y el altiplano de Esparta se pierden en el horizonte. El edificio es de un estilo similar al palacio imperial de Blanquernas en Constantinopla, y es fácil imaginar al emperador mirando, a través de sus ventanas en su espacioso salón, hacia la verde llanura donde en el pasado los hoplitas espartanos se adiestraron para la batalla de las Termópilas y los bizantinos cultivaban olivos y trigo y producían miel y seda. Y el 29 de mayo de cada año, cuando los turcos celebraban la captura de Estambul con una recreación militar en la puerta de Edirne, Constantino, que murió como hereje por su apoyo a la unión de las iglesias, sigue siendo recordado en las pequeñas iglesias rurales de Creta y en las grandes catedrales de las ciudades griegas.

En la propia Estambul queda poco de la ciudad cristiana que fue, aunque uno todavía puede pasar por las grandes puertas de latón de Santa Sofía, que fueron forzadas por última vez el 29 de mayo de 1453, y pasar bajo el mosaico de la figura de Cristo con su mano levantada en gesto de bendición, hasta llegar a un espacio que resulta tan asombroso ahora como lo era en el siglo VI. La propia ciudad, contenida en los dos lados del triángulo que forman el Cuerno de Oro y el mar de Mármara, retiene visiblemente la forma particular que tanto influyó en muchos de los principales acontecimientos de este libro. Los transbordadores resoplan hoy en la boca del Bósforo desde Occidente, como si siguieran la estela de los cuatro barcos cristianos que doblaron el cabo de la Acrópolis donde se libró la batalla naval y realizan exactamente el mismo giro que aquellos barcos para embocar el Cuerno de Oro, ahora cruzado por una cadena distinta que franquea el paso en lugar de negarlo: el puente que lleva a Gálata. En la siguiente parada en el Cuerno de Oro, los barcos se detienen en Kasimpasha —el valle de los Manantiales— donde los barcos de Mehmed entraron uno a uno en las tranquilas aguas de la ensenada, mientras que la orilla del Bósforo, Rumeli Hisari, la Degolladora, se yergue todavía sobre la extraordinaria y empinada costa, y una roja bandera turca ondea centelleante sobre la gran torre junto al agua, la que fuera construida por Jalil.

Algunas de las murallas marítimas de la ciudad, especialmente las del Cuerno de Oro, son ahora meros fragmentos, pero la gran muralla de Teodosio, el tercer lado del triángulo, con la que se topa el visitante moderno al llegar desde el aeropuerto, sigue dominando el paisaje tan confiada como siempre. De cerca, muestra sus mil quinientos años de edad: hay tramos muy deteriorados, casi en ruinas, otros están completamente abandonados y otros, en cambio, han sido restaurados de manera incongruente; las torres emergen en ángulos extraños, partidas por terremotos o por cañonazos o por el paso del tiempo; el foso, que tantos problemas dio a los otomanos, está ahora pacíficamente ocupado por arbustos y árboles; se han abierto brechas en las defensas para dejar pasar carreteras y bajo los baluartes el sistema de metro ha excavado túneles mucho más eficientes que los que los mineros serbios pudieron soñar, pero a pesar de las presiones del mundo moderno la muralla de Teodosio permanece en pie en casi toda su longitud original. Uno puede caminar junto a ella de mar a mar, seguir el contorno de la tierra en la sección central del valle del Lico donde las murallas fueron demolidas por la artillería medieval o, subido en ella, imaginar las tiendas y pendones otomanos ondeando en la llanura a sus pies, «como un parterre de tulipanes»,[12] y las galeras deslizándose silenciosamente en el reluciente mar de Mármara o en el Cuerno de Oro. Casi todas las entradas del asedio han sobrevivido; la ominosa sombra de sus pesados arcos sigue impresionando, aunque la propia Puerta Dorada, a la que uno se acerca a través de una avenida de balas de los cañones de Mehmed, fue tapiada hace tiempo por Mehmed para protegerse del profetizado retorno de Constantino. Para los turcos, la más importante es la puerta de Edirne, la que fuera la puerta bizantina de Carisio, en la que la entrada formal de Mehmed en la ciudad está conmemorada por una placa, pero la más conmovedora de todas las puertas que aparecen en la historia del asedio está completamente olvidada un poco más hacia el Cuerno de Oro.

El arco tapiado de la puerta del Circo, la célebre Kerkoporta. Abajo, una imagen de (posiblemente) la misma puerta en la actualidad.

Aquí la muralla sufre un súbito ángulo recto, y oculta cerca de allí, tras un páramo y directamente contra el palacio de Constantino, hay un arco tapiado de aspecto anodino, típico del mosaico de alteraciones y reparaciones realizadas en la muralla a lo largo de los siglos. Dicen que esta es la profética puerta del Circo, la pequeña poterna que quedó abierta al final del ataque y que permitió el acceso de los primeros soldados otomanos a las murallas. O puede que en realidad esté en otro lugar. Los hechos del gran asedio se deslizan fácilmente hacia el mito.

Hay otros protagonistas importantes de la primavera de 1453 que todavía pueden verse en la moderna ciudad: los propios cañones. Yacen dispersos por toda Estambul, dormitando tras las murallas y en los patios de los museos: primitivos tubos con aros que apenas se han visto afectados por los quinientos años de exposición a las inclemencias del tiempo, en ocasiones acompañados por las bolas de granito o mármol perfectamente esféricas que disparaban. Del supercañón de Urban no queda ni rastro —probablemente fue fundido en la fundición militar otomana de Tophane, la misma suerte que correría poco después la estatua ecuestre de Justiniano. Mehmed derribó la estatua por consejo de sus astrólogos, pero parece que estuvo tirada en la plaza durante mucho tiempo antes de ser llevada finalmente a la fundición. El erudito francés Pierre Gilles vio algunos fragmentos de la escultura allí en el siglo XVI. «Entre los fragmentos estaba la pierna de Justiniano, que era más alta que yo, y su nariz, que medía más de nueve pulgadas. No me atreví a medir en público la longitud de las piernas del caballo, que estaban tiradas en el suelo, pero sí pude medir en privado una de las pezuñas y puedo decir que tenía nueve pulgadas de altura».[13] Fue la última vez que se vio al gran emperador, el último atisbo de la grandeza de Bizancio, antes de que los hornos de la fundición lo consumieran.

SOBRE LAS FUENTES

Han pasado tantas cosas en esta guerra q
ue la pluma no puede describirlas todas,
ni la lengua enumerarlas.[1]
Neshri, cronista otomano del siglo xv

La caída de Constantinopla —o la conquista de Estambul— fue un momento trascendental de la Edad Media. La noticia corrió como la pólvora tanto en el mundo musulmán como en el cristiano; y la avidez, desde el primer momento, por saber más sobre esta historia ha permitido la supervivencia de cierto número de crónicas, de modo que tenemos la suerte de que los hechos hayan sido cubiertos por varios textos. Examinándolos más de cerca, sin embargo, la suma de las partes es un poco menor que el todo. El puñado de testigos oculares de los que disponemos es, de hecho, relativamente pequeño, y la gran mayoría son cristianos. Muchos de sus nombres resultarán ya familiares a los lectores de este libro: el arzobispo Leonardo de Quíos, el irascible hombre de iglesia católico; Niccolò Barbaro, el médico de a bordo que escribió el diario con las fechas más fiables; Giacomo Tetaldi, un comerciante florentino; el ortodoxo ruso Néstor Iskánder; Tursun Bey, un funcionario otomano; y uno o dos más, como Jorge Frantzés, cuyas crónicas han dado muchos dolores de cabeza a los historiadores modernos. Detrás de estos participantes hay un compacto grupo de sucesores inmediatos que vivieron cerca de los hechos históricos y que probablemente escucharon la historia poco después, de segunda mano. Ducas, el irreprimible cronista griego, ameno, poco fiable y plagado de historias apócrifas, imparte una energía especial a su historia. Otro griego, Critobulo, un juez de la isla de Imbros, es especial en tanto que cristiano que escribe una versión pro otomana de los hechos. (Una de las muchas ambiciones que tenía para su obra era que fuera leída «por todas las naciones occidentales», incluidos los habitantes de las Islas Británicas.) Los siguientes siglos vieron una serie de sucesivas versiones de ambos bandos; algunas de ellas son simples repeticiones de textos anteriores, otras añaden rumores, narraciones orales perdidas, mitos y propaganda cristiana o imperial otomana, lo que ha creado una mezcla embriagadora de información, no toda ella verificable. Este libro se ha creado a partir de este conjunto de narrativas directas e indirectas.

Muchas de las dificultades que se derivan del tratamiento de estas fuentes son endémicas a la disciplina de escribir sobre el pasado, especialmente cuando se escribe sobre acontecimientos anteriores a la época científica. Los testigos presenciales del asedio tienen una notoria tendencia a dar grandes números redondos cuando estiman el tamaño de los ejércitos o las cifras de bajas; son poco precisos en fechas y horas; tienen afición por sistemas de pesos y medidas irritantemente locales, y tendencia a exagerar para complacer a su público. La sucesión cronológica de los hechos es por lo general una pura convención ficticia; y la distinción entre hechos, historia y mitos es muy tenue. Las supersticiones religiosas están tan profundamente entrelazadas con los acontecimientos que la caída de la ciudad es una narrativa en la que pesa de igual modo lo que la gente creía que lo que realmente sucedió. Y, por supuesto, la noción de un relato objetivo e imparcial es absolutamente ajena a todos los cronistas.

Cada escritor tiene su propio punto de vista y un motivo para su versión, y es necesario interpretar correctamente las afirmaciones y los intereses de cada uno de ellos. Los juicios que expresan están rutinariamente basados en su religión, nacionalidad y credo. Los venecianos automáticamente ensalzan la valentía de sus marineros y denigran a los traicioneros genoveses… y viceversa. Los italianos acusan a los griegos de cobardía, pereza y estupidez. Los católicos y los ortodoxos se insultan unos a otros parapetados a ambos lados del cisma. Dentro del campamento cristiano la búsqueda de una explicación, sea teológica o humana, de la pérdida de la ciudad, es una motivación fundamental, y la cultura de la culpa resuena poderosamente a lo largo de sus páginas. Y, por supuesto, todos los escritores cristianos insultan rutinariamente a Mehmed, el bebedor de sangre, con la excepción de Critobulo, que hace todo tipo de esfuerzos para congraciarse con el sultán. Los otomanos, por supuesto, devuelven los insultos con idéntico entusiasmo.

La narración de estos testigos es siempre vívida —eran conscientes de que habían presenciado y sobrevivido a un acontecimiento de lo más extraordinario— pero las versiones están llenas de silencios extraños. Dada la enorme relevancia de 1453 para la historia del pueblo turco, es sorprendente que existan tan pocas crónicas contemporáneas otomanas de la conquista de la ciudad, que no haya testimonios de testigos presenciales y prácticamente ningún registro personal de los sentimientos y motivaciones de los soldados musulmanes, aparte de la carta del jeque Akshemsettin a Mehmed. La sociedad era predominantemente preliteraria, la transmisión de los acontecimientos era fundamentalmente oral y no existía la tradición de registrar historias individuales. Lo que tenemos está en la forma de tersas crónicas, reescritas luego para servir a los fines de la leyenda dinástica otomana, de modo que la perspectiva otomana muchas veces tiene que construirse leyendo entre líneas de las crónicas cristianas: 1453 es, pues, de lo más inusual, en el sentido de que su historia está escrita por los perdedores.

Casi igual de sorprendente es la escasez de testimonios procedentes de los griegos ortodoxos. Quizá ello sea debido a que muchos de los notables bizantinos fueron asesinados en el saqueo final. O puede que los supervivientes estuvieran demasiado traumatizados, como Jorge Frantzés, como para detenerse en los detalles. El caso es que la versión cristiana de la historia nos ha llegado relatada en su mayor parte por italianos o por griegos unionistas que presentan una imagen negativa de todos los defensores ortodoxos de la ciudad, con la notoria excepción del propio Constantino.

En consecuencia, la historia conserva un buen número de misterios que probablemente nunca podrán resolverse. Cómo

transportaron exactamente los otomanos sus barcos, sigue siendo un animado tema de debate entre los historiadores turcos; y
la muerte del emperador Constantino continua demostrándose
especialmente elusiva: las versiones opuestas corresponden con
exactitud a cada uno de los bandos; de hecho, el propio Constantino es una figura envuelta en niebla si la comparamos con el
impaciente e incontenible Mehmed, que parece estar en todas
partes durante el asedio.

Mi objetivo al volver a contar «el relato de Constantinopla»
ha sido el de construir, conociendo estas dificultades y las contradicciones implícitas en las fuentes, una versión de los acontecimientos lo más veraz posible. Me he abierto paso entre los
textos, en ocasiones con dificultades, con la intención de cua-
drar los diversos testimonios y buscar las explicaciones más pro-
bables de los hechos. Las fechas son notablemente inciertas, a
pesar de que el diario de Barbaro narra el asedio día a día. Cada
crónica presenta su propia línea temporal en cuanto a la secuencia de los hechos y es inevitable que muchos historiadores no
estén de acuerdo conmigo en algunos detalles. Una disección de
este libro revelará algunos misterios en la sucesión de los hechos.
Los he mantenido en mi narrativa como recordatorio de que
hay cosas que no conocemos y no pueden deducirse a través de
los testimonios de los que disponemos. Por lo general, me he
inclinado por la cronología que me parecía más plausible y, en la
medida de lo posible, he limitado el uso de los terribles «quizá»,
«posiblemente» o «probablemente» en mi relato. La alternativa
habría sido agotar al lector con incesantes versiones sobre los
mismos hechos, que habrían añadido poco a la dinámica general de una historia que por sí misma ya es lo bastante interesante
y colorida. Al mismo tiempo, he trazado líneas rectas en las de-
ducciones que creo es justificable hacer a partir de las evidencias
que aportan la geografía, el paisaje, el clima y el tiempo.

Mi segundo objetivo en este libro es capturar el sonido de
las voces humanas —reproducir las palabras, prejuicios, esperanzas y miedos de los protagonistas— y explicar algo de «la
historia de la historia», de las versiones que se consideran ciertas
y de los hechos verificables. Las fuentes son a menudo persona-

lidades extraordinarias por derecho propio, casi tan exóticas y misteriosas como el relato que explican; algunas, como Barbaro, existen solo a través de su crónica y luego se desvanecen en el silencio. Otras, como Leonardo de Quíos o Isidoro de Kiev, están profundamente integradas en la historia de la iglesia en ese período. Uno de los relatos más fascinantes del asedio es el del ruso ortodoxo Néstor Iskánder, que parece que llegó a Constantinopla como recluta forzoso del ejército otomano. Es lógico deducir que debió escapar hacia el interior de la ciudad durante los inicios del asedio y que presenció y participó en los hechos —su relato es particularmente vívido en lo tocante al bombardeo y a los acontecimientos en las murallas— y sobrevivió a la venganza otomana, posiblemente disfrazado de monje en un monasterio. Su mezcla mística y en ocasiones fantástica de leyendas, rumores y observaciones de primera mano es tan confusa respecto a las fechas y a la secuencia temporal que muchos escritores se han inclinado por ignorarla por completo, pero contiene una increíble cantidad de detalles convincentes: nadie es más concreto que él sobre los combates en la muralla o sobre el proceso de cómo deshacerse de los muertos, una tarea que probablemente realizó personalmente. Y Néstor Iskánder es casi único entre todas las fuentes porque nos ofrece informes de griegos combatiendo como, por ejemplo, el incidente que lleva a la muerte de Rhangabe. Los venecianos y los genoveses querrían que creyéramos que todo el asedio fue un asunto exclusivamente italiano, con la población griega comportándose, en el mejor de los casos, de forma pasiva, y en el peor, debido a las diferencias religiosas, siendo activamente obstruccionista, especuladora y cobarde.

Otras dos crónicas destinadas a tener una interesante vida después de la muerte fueron la de Jorge Frantzés y Ducas. Frantzés es célebre por haber escrito dos versiones de la historia, conocidas como la Crónica Mayor y la Crónica Menor. Durante un tiempo se asumió que la Mayor era simplemente una expansión de la Menor, que no cuenta casi nada sobre el asedio, el acontecimiento más significativo, y traumático, de la larga vida de Frantzés. La Mayor, que es vívida, detallada y muy plausible, se utilizó durante mucho tiempo como una de las principales fuentes de información sobre 1453. Sin embargo, se ha demostrado que se trata de una ingeniosa falsificación, escrita cien años después de los hechos por un tal Makarios Melisseno, que utilizó la narración en primera persona y la figura de Frantzés para dar credibilidad a su texto. Sus credenciales no inspiran confianza: Melisseno era un sacerdote del que se sabe que falsificó un decreto imperial para ganar una disputa eclesiástica. En consecuencia, se ha puesto en tela de juicio todo lo que dice la Crónica Mayor. Ahora los historiadores pasan de puntillas por el texto de diversas maneras, y cualquiera que desee escribir sobre el asedio debe plantearse cómo abordar este problema. Se ha determinado, a partir de un análisis detallado del texto, que esta crítica sí se basa en una versión más larga de la de Frantzés, ahora perdida. Después de todo, Melisseno habría tenido que ser un novelista de primer orden para haber inventado todo el contenido de la crónica, y un historiador extraordinario para ofrecer tantos detalles que se han revelado correctos. Melisseno es la fuente de la escena que muestra a Frantzés junto a Constantino en la oscura torre antes de la batalla; es también responsable de uno de los momentos más icónicos de la historia turca: la historia de Hasan de Ulubat, el gigante jenízaro que fue el primero en plantar la bandera otomana en las murallas. Esta segunda historia, al menos, parece demasiado concreta y detallada como para ser una invención.

Igual de exótica es la crónica de Ducas: una extensa historia de la caída de Bizancio. Ducas presenció muchos de los acontecimientos en torno al asedio, y quizá el propio sitio de la ciudad. Probablemente presenció las pruebas del gran cañón de Urban en Edirne y vio pudrirse los cuerpos de los marineros empalados por Mehmed, después de que su barco fuera hundido por la artillería de la Degolladora. Su crónica, vívida e intransigente, acaba de forma abrupta: a media frase, durante la descripción del asedio otomano a Lesbos en 1462, dejando el destino de su autor, como tantas cosas en esta historia, envuelto en una nube de misterio. La apasionante descripción de los acontecimientos en Lesbos da la impresión de que el autor estuvo presente y da pie a las especulaciones de que fue atrapado, pluma en mano, cuando se hundió la defensa griega de la ciudad. ¿Corrió el mismo terrible destino que los defensores —que fueron serrados en dos mitades para cumplir así la promesa que se les hizo de que no se les cortaría la cabeza— o fue vendido como esclavo? Literalmente, Ducas abandona la sala a media frase.

El propio hecho de contar la historia de Constantinopla tiene una historia muy rica por derecho propio. Este libro se apoya sobre los hombros de una larga tradición de versiones en inglés; hay una línea sucesoria que va desde Edward Gibbon en el siglo xviii, hasta dos pares, Sir Edwin Pears en 1903 y el gran historiador bizantino Sir Stephen Runciman en 1965 y, por supuesto, existe toda una hueste de crónicas en otros idiomas. En cuanto a las dificultades de conseguir narrar esta materia bien, Critobulo de Imbros, un hombre perfectamente consciente de su labor como historiador, detectó el problema hace ya quinientos años y él mismo dio con una elegante disculpa que incluyó en su dedicatoria a Mehmed —una medida muy prudente al dirigirse al Conquistador del Mundo si no se está personalmente ante él—. Cualquier versión subsiguiente podría invocar sus palabras: «Por lo tanto, oh, poderoso emperador, me he esforzado mucho, pues no fui personalmente testigo de los acontecimientos, por conocer la verdad de lo que sucedió. Al escribir la historia he preguntado a aquellos que sabían, y he examinado exactamente cómo aconteció todo [...] Y si mis palabras os parecen inferiores a vuestras gestas [...] Yo mismo [...] cedo en el asunto de la crónica de los hechos a otros que en tales cosas son mucho más competentes que yo».[2]

BIBLIOGRAFÍA

Recopilaciones de fuentes

Jorga, N., *Notes et extraits pour servir à l'Histoire des Croisades au XVe siècle*, 6 vols., París y Bucarest, 1899–1916.

Legrand, Emile, *Recueil de Chansons Populaires Grecques*, París, 1874.

Lewis, Bernard, *Islam from the Prophet Muhammad to the Capture of Constantinople*, 2 vols., Nueva York, 1974.

Melville Jones, J. R., *The Siege of Constantinople 1453: Seven Contemporary Accounts*, Amsterdam, 1972.

Pertusi, Agostino, *La Caduta di Costantinopoli*, 2 vols., Milán, 1976.

Fuentes individuales

Barbaro, Niccolò, *Giornale dell' Assedio di Costantinopoli* 1453, ed. E. Cornet, Viena, 1856; (en inglés) *Diary of the Siege of Constantinople 1453*, trad. de J. R. Melville Jones, Nueva York, 1969.

Brocquière, Bertrandon de la, in *Early Travels in Palestine*, ed. T. Wright, Londres, 1848.

Camariotes, Mateo, «De Constantinopoli Capta Narratio Lamentabilis», in *Patrologiae Cursus Completus, Series Graeco-Latina*, vol. 160, ed. J. P. Migne, París, 1866.

Chelebi, Evliya, *In the Days of the Janissaries*, ed. Alexander Pallis, Londres, 1951.

Chelebi, Evliya, «Le Siège de Constantinople d'après le Seyahatname d'Evliya Chelebi», trad. de H. Turkova, *Byzantinoslavica*, vol. 14, 1953.

Comnena, Ana, *The Alexiad of Anna Comnena*, trad. de E. R. A. Sewter, Londres, 1969. Edición española, *La Alexiada*, trad. de Emilio Díaz Rolando, Universidad de Sevilla, Sevilla, 1989.

Critobulo, *Critobuli Imbriotae Historiae*, ed. Diether Reinsch, Berlín, 1983; (en inglés) *History of Mehmed the Conqueror*, trad. de Charles T. Riggs, Westport, 1970.

Ducas, *Decline and Fall of Byzantium to the Ottoman Turks*, trad. de Harry J. Magoulias, Detroit, 1975.

Ducas, *Fragmenta Historicorum Graecorum*, vol. 5, París, 1870.

Gilles, Pierre, *The Antiquities of Constantinople*, Londres, 1729.

Gunther of Pairis, *The Capture of Constantinople: The Hystoria Constantinopolitana of Gunther of Pairis*, ed. y trad. de Alfred J. Andrea, Filadelfia, 1997.

Ibn Jaldún, *The Muqaddimah*, 3 vols. trad. de Franz Rosenthal, Londres, 1958. Edición española, *Introducción a la historia universal (al-Muqaddima)*, Editorial Almuzara, Córdoba, 2008.

Ibn Taghribirdi, Abu al-Mahasin Yusuf, *History of Egypt, Part 6, 1382–1469 A.D.*, trad. de, W. Popper, Berkeley, 1960.

Iskánder, Néstor, *The Tale of Constantinople*, trad. de and ed. Walter K. Hanak and Marios Philippides, 1998. Edición española, *Relato sobre la toma de Constantinopla*, ed. y traduccción de Matilde Casas Olea, Centro de Estudios Bizantinos, Neogriegos y Chipriotas, Granada, 2003.

Khoja Sa'd-ud-din, *The Capture of Constantinople from the Taj-ut-Tevarikh,* trad. de E. J. W. Gibb, Glasgow, 1879.

Leonardo de Quíos, *De Capta a Mehemethe II Constantinopoli*, París, 1823.

Mihailovich, Konstantin, *Memoirs of a Janissary*, trad. de Benjamin Stolz, Ann Arbor, 1975.

Ovidio, *Tristia*, Cambridge, Massachusetts, 1989.

Procopio, *Buildings*, Londres, 1971.

Pusculo, Ubertino, *Constantinopoleos Libri IV*, in Ellissen, *Analekten der Mittel- und Neugriechischen Literatur III*, 1857.

Spandounes, Teodoro, *On the Origin of the Ottoman Emperors*, trad. y ed. de Donald M. Nicol, Cambridge, 1997.

Frantzés, Jorge, *The Fall of the Byzantine Empire: A Chronicle by George Frantzés 1401–1477*, trad. de Marios Philippides, Amherst, 1980.

Frantzés, Jorge, *A Contemporary Greek Source for the Siege of Constantinople 1453: The Frantzés Chronicle*, trad. de Margaret Carroll, Amsterdam, 1985.

Tafur, Pero, *Travels and Adventures, 1435–1439*, trad. de Malcolm Letts, Londres, 1926.

Teófanes el Confesor, *The Chronicle of Theophanes Confessor*, trad. de Cyril Mango y Roger Scott, Oxford, 1997.

Tursun Beg, *The History of Mehmed the Conqueror*, trad. de Jalil Inalcik y Rhoads Murphey, Minneapolis y Chicago, 1978.

Otras fuentes

Ak, Mahmut y Başar, Fahameddin, *Istanbul'un Fetih Günlüğü*, Estambul, 2003.

Akbar, M. J., *The Shade of Swords: Jihad and the Conflict between Islam and Christianity*, Londres, 2002.

Armstrong, Karen, *Holy War: The Crusades and Their Impact on Today's World*, Londres, 1992.

Atıl, Esin, *Levni and the Surname: The Story of an Eighteenth-century Ottoman Festival*, Estambul, 1999.

Ayalon, David, *Gunpowder and Firearms in the Mamluk Kingdom*, Londres, 1956.

Aydın, Erdoğan, Fatih ve *Fetih: Mitler ve Gerçekler*, Estambul, 2001.

Babinger, Franz, *Mehmed the Conqueror and His Time*, Princeton, 1978.

Bartusis, Mark C., *The Late Byzantine Army: Arms and Society, 1204–1453*, Filadelfia, 1992.

Baynes, Norman H., *Byzantine Studies and Other Essays*, Londres, 1955.

Bury, J. B., *A History of the Later Roman Empire from Arcadius to Irene, 395–800*, 2 vols. Londres, 1889.

Cahen, Claude, *Pre-Ottoman Turkey*, trad. de J. Jones-Williams, Londres, 1968.

Carroll, Margaret, «Notes on the authorship of the Siege Section of the Chronicon Maius», *Byzantion* 41, 1971.

Chatzidakis, Manolis, *Mystras: The Medieval City and the Castle*, Atenas, 2001.

Cipolla, Carlo M., *European Culture and Overseas Expansion*, Londres, 1970.

Clark, Victoria, *Why Angels Fall: A Journey through Orthodox Europe from Byzantium to Kosovo*, Londres, 2000.

Coles, Paul, *The Ottoman Impact on Europe*, Londres, 1968.

Corán, trad. de N. J. Dawood, Londres, 1956. Edición española, Herder, Barcelona, 1999.

Corfis, Ivy A. y Wolfe, Michael (eds), *The Medieval City under Siege*, Woodbridge, 1995.

DeVries, Kelly, *Guns and Men in Medieval Europe, 1200–1500*, Aldershot, 2002.

Dirimtekin, Feridun, *Istanbul'un Fethi*, Estambul, 2003.

Emecen, Feridun M., *Istanbul'un Fethi Olayı ve Meseleleri*, Istanbul, 2003.

Encyclopaedia of Islam, Leiden, 1960.

Esin, Emel, *Ottoman Empire in Miniatures*, Istanbul, 1988.

Freely, John, *The Companion Guide to Istanbul*, Woodbridge, 2000.

Gill, Joseph, *The Council of Florence*, Cambridge, 1959.

Goffman, Daniel, *The Ottoman Empire and Early Modern Europe*, Cambridge, 2002.

Goodwin, Godfrey, *The Janissaries*, Londres, 1994.

Goodwin, Jason, *Lords of the Horizons: A History of the Ottoman Empire*, Londres, 1999. Edición española, *Los señores del horizonte: una historia del Imperio Otomano*, trad. de Gregorio Alonso García, Alianza Editorial, Madrid 2004.

Granville Browne, E. (ed.), *A History of Ottoman Poetry*, Londres, 1904.

Guilmartin, John F., *Galleons and Galleys*, Londres, 2002.

Haldon, J. and Byrne, M., «A Possible Solution to the Problem of Greek Fire», *Byzantinische Zeitschrift* 70, pp. 91–99.

Hall, Bert S., *Weapons and Warfare in Renaissance Europe: Gunpowder, Technology and Tactics*, Baltimore, 1997.

Hattendorf, John B. and Unger, Richard W., *War at Sea in the Middle Ages and the Renaissance*, Woodbridge, 2003.

Heywood, Colin, *Writing Ottoman History: Documents and Interpretations*, Aldershot 2002.

Hogg, Ian V., *A History of Artillery*, Londres, 1974.

Howard, Michael, *War in European History*, Oxford, 1976.

Imber, Colin, «The Legend of Osman Gazi», *The Ottoman Emirate 1300–1389*, Rethymnon, 1993.

Imber, Colin, «What Does Ghazi Actually Mean», *The Balance of Truth: Essays in Honour of Professor Geoffrey Lewis*, Estambul, 2000.

Imber, Colin, *The Ottoman Empire: 1300–1650*, Basingstoke, 2002.

Inalcik, Jalil, «Mehmed the Conqueror and His Time», *Speculum* 35, pp. 408–427.

Inalcik, Jalil, *Fatih Devri üzerinde Tetkikler ve Vesikalar I*, Ankara, 1987.

Inalcik, Jalil, *The Ottoman Empire: Conquest, Organization and Economy*, Londres, 1978.

Inalcik, Jalil, *The Ottoman Empire: The Classical Age 1300–1600*, Londres, 1973.

Istanbul: Everyman Guides, Londres, 1993.

Kaegi, Walter Emil, *Byzantium and the Early Islamic Conquests*, Cambridge, 1992.

Kazankaya, Hasan, *Fatih Sultan Mehmed'in Istanbul'un Fethi ve Fethin Karanlık Noktaları*, 2 vols., Istanbul, 1995.

Keegan, John, *A History of Warfare*, Londres, 1994. Edición española, *Historia de la guerra*, trad. de Francisco Martín Arribas, Editorial Planeta, Barcelona, 1995.

Keen, Maurice (ed.), *Medieval Warfare: A History*, Oxford, 1999. Edición española, *Historia de la guerra en la Edad Media*, trad. de Asunción Rodríguez Guzmán, Machado Libros, 2006, Madrid.

Kelly, Laurence, *Istanbul: A Traveller's Companion*, Londres, 1987.

Khadduri, Majid, *War and Peace in the Law of Islam*, Baltimore, 1955.

Kinross, Lord, *The Ottoman Centuries*, Londres, 1977.

Levey, Michael, *The World of Ottoman Art*, Londres, 1971.

Lewis, Bernard, *Istanbul and the Civilization of the Ottoman Empire*, Norman, 1968.

Lewis, Bernard, «Politics and War» in J. Schacht and C. E. Bosworth (eds), *The Legacy of Islam*, Oxford, 1979.

Lewis, Bernard, *Islam from the Prophet Muhammad to the Capture of Constantinople*, 2 vols., Oxford, 1987.

Lewis, Bernard, *The Muslim Discovery of Europe*, Londres, 1982.

Mackintosh-Smith, Tim, *Travels with a Tangerine*, Londres, 2001.

Mango, Cyril, *Studies on Constantinople*, Aldershot, 1993.

Mango, Cyril (ed.), *The Oxford History of Byzantium*, Oxford, 2002.

Mansel, Philip, *Constantinople: City of the World's Desire, 1453–1924*, Londres, 1995.

Massignon, Louis, «Textes Prémonitoires et commentaires mystiques relatifs à la prise de Constantinople par les Turcs en 1453», Oriens 6, pp. 10–17.

Matar, Nabil, *Islam in Britain 1558–1685*, Cambridge, 1998.

Mathews, Thomas F., *The Art of Byzantium: Between Antiquity and the Renaissance*, Londres, 1998.

McCarthy, Justin, *The Ottoman Turks: an Introductory History to 1923*, Harlow, 1997

McNeill, William H., *The Rise of the West: A History of the Human Community*, Chicago, 1990.

Mijatovich, Chedomil, *Constantine Palaiologos: the Last Emperor of the Greeks, 1448–1453*, Londres, 1892.

Morris, Jan, *The Venetian Empire: A Sea Voyage*, Londres, 1980.

Murphey, Rhoads, *Ottoman Warfare 1500–1700*, Londres, 1999.

Nicol, Donald M., *Byzantium and Venice*, Cambridge, 1988.

Nicol, Donald M., *The Immortal Emperor: The Life and Legend of Constantine Palaiologos, Last Emperor of the Romans*, Cambridge, 1969.

Nicol, Donald M., *The Last Centuries of Byzantium, 1261–1453*, Londres, 1972.

Nicolle, David, *Armies of the Ottoman Turks 1300–1774*, Londres, 1983.

Nicolle, David, *Constantinople 1453*, Oxford, 2000.

Nicolle, David, *The Janissaries*, Londres, 1995.

Norwich, John J., *A History of Byzantium*, 3 vols. Londres, 1995.

Ostrogorsky, George, *History of the Byzantine State*, trad. de Joan Hussey, Oxford, 1980.

Parry, V. J., *Richard Knolles' «History of the Turks»*, ed. Salih Özbaran, Estambul, 2003.

Parry, V. J. and Yapp, M. E. (eds), *War, Technology and Society in the Middle East*, Londres, 1975

Partington, J. R., *A History of Greek Fire and Gunpowder*, Cambridge, 1960.

Pears, Edwin, *The Destruction of the Greek Empire and the Story of the Capture of Constantinople by the Turks*, Londres, 1903.

Rose, Susan, *Medieval Naval Warfare, 1000–1500*, Londres, 2002.

Runciman, Stephen, *The Eastern Schism: A Study of the Papacy and Eastern Churches during the 11th and 12th Centuries*, Oxford, 1955.

Runciman, Stephen, *The Fall of Constantinople*, Cambridge, 1965. Edición española, *La caída de Constantinopla, 1453*, trad. de Zarín Panteleimón, Reino de Redonda, Madrid, 2006.

Runciman, Stephen, *The Eastern Schism*, Oxford, 1955.

Schwoebel, Robert, *The Shadow of the Crescent: The Renaissance Image of the Turk, 1453–1517*, Nieuwkoop, 1967.

Setton, Kenneth M., *The Papacy and the Levant (1204–1571), vol. II: The Fifteenth Century*, Filadelfia, 1978.

Shaw, Stanford, *History of the Ottoman Empire and Modern Turkey, vol. I: Empire of the Gazis*, Cambridge, 1976.

Sherrard, Philip, *Constantinople: The Iconography of a Sacred City*, Londres, 1965.

Simarski, Lynn Teo, «Constantinople's Volcanic Twilight», *Saudi Aramco World*, Nov./Dec., 1996.

Stacton, D., *The World on the Last Day*, Londres, 1965.

Tsangadas, B. C. P., *The Fortifications and Defence of Constantinople*, Nueva York, 1980.

Vakalopoulos, Apostolos E., *The Origins of the Greek Nation: The Byzantine Period, 1204–1461*, New Brunswick, 1970.

Van Millingen, Alexander, *Byzantine Churches in Constantinople*, Londres, 1912.

Van Millingen, Alexander, *Byzantine Constantinople*, Londres, 1899.

Vassilaki, Maria (ed.), *Mother of God: Representations of the Virgin in Byzantine Art*, Turín, 2000.

Ware, Timothy, *The Orthodox Church*, Londres, 1993.

Wheatcroft, Andrew, *Infidels: The Conflict between Christendom and Islam 638–2002*, Londres, 2003.

Wheatcroft, Andrew, *The Ottomans: Dissolving Images*, Londres, 1995.

Wintle, Justin, *The Rough Guide History of Islam*, Londres, 2003.

Wittek, Paul, *The Rise of the Ottoman Empire*, Londres, 1963.

Yerasimos, Stephane, *La Fondation de Constantinople et de Sainte-Sophie dans les Traditions Turques*, París, 1990.

Yerasimos, Stephane, *Les Traditions Apocalyptiques au tournant de la Chute de Constantinople*, París, 1999.

AGRADECIMIENTOS

La idea de este libro lleva tanto tiempo desarrollándose que las deudas en las que he incurrido durante su creación son muchas. El hecho de que hoy exista se debe de forma directa a Andrew Lownie, mi agente, y a Julian Loose en Faber y Bill Strachan en Hyperion por haber creído en la historia, y luego a los profesionales y entusiastas equipos en ambas editoriales, que supieron hacerlo realidad.

Por sus orígenes más profundos siempre estaré agradecido a Christopher Trillo, el campeón de Estambul, por haberme persuadido de que visitara la ciudad en 1973, y a un pequeño ejército de viejos amigos que me han aconsejado a lo largo de los años: Andrew Taylor, Elizabeth Manners y Stephen Scoffham por haber leído la propuesta a la editorial y el manuscrito, a Elizabeth Manners de nuevo por sus fotografías de los murales del monasterio de Moldovita en Rumanía; a John Dyson por su inmensa ayuda en lo tocante a buscar libros sobre Estambul y por su hospitalidad generosa; a Rita y Ron Morton por su no menos extraordinaria hospitalidad en Grecia; a Ron Morton y David Gordon-Macleod por llevarme al monte Athos para que pudiera ver viva la tradición bizantina; a Annamaria Ferro y Andy Kirby por sus traducciones; a Oliver Poole por sus fotografías; a Athena Adams-Florou por escanear las imágenes; a Dennis Naish por su información sobre la fundición de cañones, y a Martin Dow por su asesoría sobre la lengua árabe. A todos ellos les estoy inmensamente agradecido. Y por último, siempre mi más profundas gracias a Jan, no solo por haber leído la propuesta de este libro y luego su manuscrito, sino por sobrevivir a mordeduras de perros turcos y al autor año tras año, con amor.

También quiero dar las gracias a las siguientes editoriales por haberme permitido utilizar extensos fragmentos de sus obras. El material de *La crónica de Constantinopla de Néstor Iskánder*, traducido y anotado por Walter K. Hanak y Marios Philippides, es cortesía de Aristide D. Caratzas, editor de Melissa International Ltd; el material de Frank Babinger, *Mehmed the Conqueror and His Time* (1978 Princeton University Press), ha sido utilizado con permiso de Princeton University Press.

NOTAS

Epígrafes

1. Citado en Stacton, p. 153.
2. Melville Jones, p. 12.

Prólogo

1. Procopio, p. 35.
2. Mansel, p. 1.

1. El mar en llamas

1. Citado en Sherrard, p. 11.
2. Citado en Akbar, p. 45.
3. Citado en ibid., p.44.
4. Ibn Jaldún, vol. 2, p. 40.
5. Ana Comnena, p. 402.
6. Citado en Tsangadas, p. 112.
7. Citado en ibid., p. 112.
8. Teófanes el Confesor, p. 676.
9. Ibíd., p. 546.
10. Ibíd., p. 550.
11. Ibíd., p. 550.
12. Ibíd., p. 546.
13. Citado en Wintle, p. 245.
14. Ovidio, *Tristia*, 1.10.
15. Citado en Sherrard, p. 12.

16. Citado en Mansel, p. 3.

17. Citado en Sherrard, p. 12.

18. Citado en ibíd., p. 51.

19. Citado en ibíd.., p. 27.

20. Citado en Norwich, vol. 1., p. 202.

21. Citado en Clark, p. 17.

22. Citado en ibíd.., p. 14.

23. Citado en Sherrard, p. 74.

24. Citado en Wheatcroft, p. 54.

2. Sueños de Estambul

1. Citado en Lewis, *Islam from the Prophet*, vol. 2, pp. 207-8.

2. Ibn Jaldún, vol. 2, pp. 257-258.

3. Ibn Jaldún, citado en Lewis, *The Legacy of Islam*, p. 197.

4. Citado en Lewis, *Islam from the Prophet*, vol. 2, p. 208.

5. Citado en Cahen, p. 213.

6. Citado en Armstrong, p. 2.

7. Citado en Norwich, vol. 3, p. 102.

8. Citado en Mango, *The Oxford History of Byzantium*, p. 128.

9. Citado en Kelly, p. 35.

10. Citado en Morris, p. 39.

11. Citado en Norwich, vol. 3, p. 130.

12. Citado en ibíd., vol. 3, p. 179.

13. Citado en Morris, p. 41.

14. Citado en Kinross, p. 24.

15. Citado en Mackintosh-Smith, p. 290.

16. Citado en Wittek, p. 15.

17. Citado en ibíd., p. 14.

18. Citado en ibíd., 14.

19. Tafur, p. 146.

20. Mihailovich, pp. 191-2.

21. Brocquière, pp. 362-5.

3. Sultán y emperador

1. Citado en Babinger, p. 59.
2. Citado en ibíd., p. 418.
3. Brocquière, p. 351.
4. Inalcik, p. 59.
5. Citado en Babinger, p. 24.
6. Granville Brown, *A History of Ottoman Poetry*.
7. Mihailovich, p. 171.
8. Ducas, *Fragmenta*, p. 228.
9. Khoja Sa'd-ud-din, p. 41.
10. Ducas, *Fragmenta*, p. 227.
11. Citado en Babinger, p. 424.
12. Citado en ibíd., p. 112.
13. Brocquière, pp. 335-41.
14. Néstor Iskánder, p. 67.
15. Citado en Babinger, p. 47.

4. El degüello

1. Citado en Freely, p. 269.
2. Citado en Babinger, p. 68.
3. Frantzés, trad. de Filípides, p. 59.
4. Ducas, *Fragmenta*, p. 228.
5. Tursun Beg, p. 33.
6. Ducas, *Fragmenta*, pp. 234-5.
7. Citado en Nicol, *The Inmortal Emperor*, p. 52.
8. Khoja Sa'd-ud-din, p. 11.
9. Critobulo, *Critobuli*, p. 19.
10. Ducas, *Fragmenta*, pp. 237-8.
11. Ibíd., p. 238.
12. Ibíd., p. 239.
13. Ibíd., p. 239.
14. Ibíd., p. 245.
15. Critobulo, *Critobuli*, p. 21.
16. Mihailovich, p. 89.

17. Critobulo, *Critobuli*, p. 21.

18. Ibíd., p. 22.

19. Tursun Beg, p. 34.

20. Critobulo, *Critobuli*, p. 22.

21. Ducas, *Fragmenta*, p. 245.

22. Critobulo, *Critobuli*, p. 22.

23. Pertusi, *La Caduta*, vol. 1, p. 311.

24. Ibíd., p. 311.

25. Khoja Sa'd-ud-din, p. 12.

26. Ducas, *Fragmenta*, p. 248.

27. Ducas, *Fragmenta*, p. 248.

5. La iglesia oscura

1.   Citado en Mijatovich, p. 17.

2.   Citado en un artículo de la página web de *The Daily Telegraph*, 4 de mayo de 2001.

3.   Citado en Ware, p. 43.

4.   Citado en ibíd., p. 53.

5.   Citado en Clark, p. 27.

6.   Citado en Norwich, vol. 3, p. 184.

7.   Citado en Mijatovich, pp. 24-5.

8.   Citado en Gill, p. 381.

9.   Citado en Runciman, *The Fall of Constantinople*, pp. 63-64.

10. Citado en Nicol, *The Inmortal Emperor*, p. 58.

11. Pertusi, *La Caduta*, vol. 1, p. 125.

12. Citado en Gill, p. 384.

13. Pertusi, *La Caduta*, vol. 1, p. 11.

14. Ibíd., p. 92.

15. Citado en Stacton, p. 165.

16. Citado en Sherrad, p. 34.

17. Ducas, *Fragmenta*, p. 254.

18. Critobulo, *Critobuli*, p. 30.

19. Critobulo, *History of Mehmet*, pp. 29-31.

20. Critobulo, *Critobuli*, p. 32.

21. Ibíd., p. 37.

22. Ducas, *Fragmenta*, p. 257.

23. Barbaro, *Giornale*, p. 3.

24. Ibíd., p. 4.

25. Ibíd., p. 5.

26. Ibíd., p. 13.

27. Ducas, *Fragmenta*, p. 265.

28. Critobulo, *History of Mehmed*, p. 39.

29. Frantzés, trad. de Filípides, p. 72.

6. La muralla y el cañón

1. Citado en Hogg, p. 16.

2. Critobulo, *Critobuli*, p. 40.

3. Critobulo, *Critobuli*, p. 37.

4. Gunther de París, p. 99.

5. Citado en Tsangadas, p. 9.

6. Citado en Van Millingen, *Byzantine Constantinople*, p. 49.

7. Citado en ibíd., p. 47.

8. Citado en ibíd., p. 107.

9. Citado en Mijatovich, p. 50.

10. Citado en Hogg, p. 16.

11. Citado en Cipolla, p. 36.

12. Citado en DeVries, p. 125.

13. Ducas, *Fragmenta*, pp. 247-8.

14. Critobulo, *Critobuli*, p. 44.

15. Ibíd., p. 44.

16. Ibíd., p. 44.

17. Chelebi, *In the Days*, p. 90.

18. Ibíd., p. 90.

19. Ibid., p. 91.

20. Critobulo, *Critobuli*, p. 44.

21. Ducas, *Fragmenta*, p. 248.

22. Ibíd., p. 249.

23. Ibíd., p. 249.

7. Numerosos como las estrellas

1. Pertusi, *La Caduta*, vol. 1, p. 315.
2. Mihailovich, p. 177.
3. Ducas, *Fragmenta*, p. 262.
4. Citado en Imber, *The Ottoman Empire*, p. 257.
5. Ibíd., p. 277.
6. Citado en Goodwin, *Lords of the Horizons*, p. 66.
7. Ducas, *Fragmenta*, p. 262.
8. Khoja Sa'd-ud-din, p. 16.
9. Chelebi, *Le Siège*, p. 2.
10. Critobulo, *Critobuli*, p. 38.
11. Ibíd., p. 39.
12. Khoja Sa'd-ud-din, p. 17.
13. Ducas, *Fragmenta*, p. 262.
14. Citado en Pertusi, *La Caduta*, vol. 1, p. xx.
15. Tursun Beg, p. 34.
16. Frantzés, trad. de Carroll, p. 47.
17. Citado en Goodwin, p. 70.
18. Pertusi, *La Caduta*, vol. 1, p. 316.
19. Critobulo, *Critobuli*, p. 41.
20. Pertusi, *La Caduta*, vol. 1, p. 176.
21. Ibíd., p. 5.
22. Ibíd., vol. 1, p. 130.
23. Mihailovich, p. 91.
24. Citado en Pertusi, *La Caduta*, vol. 1, p. xx.
25. Citado en ibíd., p. xx.
26. Mihailovich, p. 175.
27. Pertusi, *La Caduta*, vol. 1, pp. 175-6.
28. Mijatovich, p. 137.
29. Frantzés, trad. Carroll, p. 49.
30. Ibíd., pp. 49-50.
31. Frantzés, trad. Filípides, p. 69.
32. Leonard, p. 38.
33. Pertusi, *La Caduta*, vol. 1, p. 146.
34. Leonard, p. 38.
35. Frantzés, trad. Filípides, p. 70.

36. Barbaro, *Giornale*, pp. 19.
37. Pertusi, *La Caduta*, vol. 1, p. 148.
38. Ibíd., p. 27.
39. Frantzés, trad. Filípides, p. 110.
40. Pertusi, *La Caduta*, vol. 1, p. 148.
41. Barbaro, *Giornale*, p. 19.
42. Pertusi, *La Caduta*, vol. 1, pp. 152-4.
43. Barbaro, *Gionarle*, p. 19-20.
44. El Corán, p. 198.
45. Chelebi, *Le Siège*, p. 3.
46. Ducas, trad. Magoulias, p. 217.
47. Critobulo, *Critobuli*, p. 37.
48. Ibíd., p.40.

8. El horrible estruendo de Resurrección

1. Néstor Iskánder, p. 45.
2. Critobulo, *Critobuli*, p. 41.
3. Ibíd., p. 46.
4. Ducas, *Fragmenta*, p. 266.
5. Ibíd., p. 266.
6. Critobulo, *Critobuli*, p. 47.
7. Ibíd., p. 48.
8. Pertusi, *La Caduta*, vol. 1, p. 130.
9. Leonard, p. 18.
10. Barbaro, p. 30.
11. Néstor Iskánder, p. 43.
12. Pertusi, *La Caduta*, vol. 1, p. 130.
13. Pertusi, *La Caduta*, vol. 1, p. 15.
14. Critobulo, *Critobuli*, p. 45.
15. Ibíd., p. 45.
16. Ibíd., p. 45.
17. Ibíd., p. 45.
18. Pertusi, *La Caduta*, vol. 1, p. 130.
19. Khoja Sa'd-ud-din, p. 21.
20. Néstor Iskánder, pp. 33-5.

21. Ibíd., p. 35.
22. Melville Jones, p. 46.
23. Ibíd., p. 47.
24. Critobulo, *Critobuli*, p. 46.
25. Frantzés, trad. de Carroll, p. 48.
26. Ibíd., pp. 48-49.
27. Ducas, *Fragmenta*, pp. 273-4.
28. Melville Jones, p. 45.
29. Frantzés, trad. de Filípides, p. 103.
30. Critobulo, *History of Mehmed*, p. 49.
31. Leonardo, p. 38.
32. Ducas, *Fragmenta*, p. 266.
33. Barbaro, *Giornale*, p. 22.
34. Critobulo, *History of Mehmed*, p. 49.
35. Pertusi, *La Caduta*, vol. 1, pp. 15-16.
36. Néstor Iskánder, p. 37.
37. Ibíd., p. 39.
38. Ibíd., p. 39.

9. Un viento divino

1. Citado en Guilmartin, p. 22.
2. Critobulo, *Critobuli*, p. 38.
3. Ibíd., p. 38.
4. Ibíd., p. 38.
5. Ibíd., p. 43.
6. Pertusi, *La Caduta*, vol. 2, p. 256.
7. Critobulo, *Critobuli*, p. 39.
8. Pertusi, *La Caduta*, vol. 2, p. 256.
9. Barbaro, *Giornale*, p. 19.
10. Barbaro, *Diary*, p. 29.
11. Barbaro, *Giornale*, p. 20.
12. Ibíd., p. 20.
13. Ibíd., p. 21.
14. Pertusi, *La Caduta*, vol. 1, p. 15.
15. Barbaro, *Giornale*, p. 22.

16. Critobulo, *Critobuli*, p. 51.

17. Ibíd., p. 51.

18. Pertusi, *La Caduta*, vol. 1, p. LXXVI.

19. Critobulo, *Critobuli*, p. 53.

20. Barbaro, *Giornale*, p. 23.

21. Ibíd., p. 53.

22. Barbaro, *Giornale*, p. 23.

23. Critobulo, *Critobuli*, p. 53.

24. Ibíd., p. 53.

25. Ducas, *Fragmenta*, p. 269.

26. Leonardo, p. 30.

27. Ducas, *Fragmenta*, p. 269.

28. Critobulo, *Critobuli*, p. 54.

29. Melville Jones, p. 21.

30. Pertusi, *La Caduta*, vol. 1, p. 140.

31. Barbaro, p. 33.

32. Critobulo, *Critobuli*, p. 54.

33. Melville Jones, p. 22.

34. Barbaro, *Giornale*, p. 24.

35. Critobulo, *Critobuli*, p. 55.

10. Espirales de sangre

1. Lewis, *Islam from the Prophet*, vol. 1, p. 212.

2. Leonardo, p. 18.

3. Critobulo, *Critobuli*, p. 55.

4. Barbaro, *Giornale*, pp. 23-4.

5. Tursun Bey, citado den Inalcik, *Speculum* 35, p. 411.

6. Pertusi, *La Caduta*, vol. 1, p. 301.

7. Ibíd., pp. 301-2.

8. Barbaro, *Diary*, p. 34.

9. Frantzés, trad. de Carroll, p. 56.

10. Barbaro, *Giornale*, p. 25.

11. Ibíd., p. 25.

12. Ducas, *Fragmenta*, p. 214.

13. Melville Jones, p. 4.

14. Citado en Mijatovich, p. 161.
15. Citado en Nicol, *The Immortal Emperor*, pp. 127-8.
16. Pertusi, *La Caduta*, vol. 1, p. 16.
17. Ibíd., p. 16.
18. Barbaro, *Diary*, p. 36.
19. Ibíd., p. 36.
20. Pertusi, *La Caduta*, vol. 1, p. 17.
21. Ibíd., p. 17.
22. Ibíd., p. 16.
23. Ducas, trad. de Magoulias, p. 258.
24. Leonardo, p. 28.
25. Pertusi, *La Caduta*, vol. 1, pp. 134-6.
26. Critobulo, *Critobuli*, p. 56.
27. Ibíd., p. 56.
28. Ibíd., p. 56.
29. Barbaro, *Giornale*, p. 28.
30. Frantzés, trad. de Carroll, p. 56.
31. Critobulo, *Critobuli*, p. 57.
32. Pertusi, *La Caduta*, vol. 1, p. 19.
33. Barbaro, *Giornale*, p. 29.
34. Frantzés, trad. de Filípides, p. 111.
35. Barbaro, *Giornale*, p. 30.
36. Ibíd., p. 31.
37. Ibíd., p. 31.
38. Ibíd., p. 32.
39. Ibíd., p. 33.
40. Ibíd., p. 40.
41. Barbaro, *Giornale*, pp. 31-2.
42. Citado en Babinger, p. 429.
43. Melville Jones, p. 5.
44. Ducas, trad. de Magoulias, p. 260.
45. Frantzés, trad. de Carroll, p. 31.
46. Pertusi, *La Caduta*, vol. 1, p. 144.
47. Ibíd., p. 144.

11. Terribles ingenios

1. *Siegecraft: Two Tenth-century Instructional Manuals by Heron of Byzantium*, ed. D. F. Sullivan, Washington DC, 2000, p. 29.
2. Leonardo, p. 36.
3. Pertusi, *La Caduta*, vol. 1, p. 20.
4. Ibíd., p. 142
5. Ibíd., p. 23.
6. Ibíd., p. 23.
7. Barbaro, *Giornale*, p. 34.
8. Critobulo, *Critobuli*, pp. 51-2.
9. Leonardo, p. 32.
10. Barbaro, *Giornale*, pp. 35-6.
11. Ibíd., p. 36.
12. Leonardo, p. 32.
13. Ducas, *Fragmenta*, p. 279.
14. Ibíd., p. 278.
15. Barbaro, *Giornale*, p. 39.
16. Néstor Iskánder, p. 43.
17. Ibíd., p. 45.
18. Ibíd., p. 45.
19. Leonardo, p. 44.
20. Ibíd., p. 46.
21. Ibíd., p. 44.
22. Pertusi, *La Caduta*, vol. 1, p. 152.
23. Tursun Bey, p. 36.
24. Néstor Iskánder, p. 49.
25. Néstor Iskánder, p. 53.
26. Barbaro, *Giornale*, p. 36.
27. Néstor Iskánder, p. 55.
28. Ibíd., p. 57.
29. Ibíd., p. 57.
30. Barbaro, *Giornale*, p. 39.
31. Néstor Iskánder, p. 47.
32. Ibíd., p. 47.
33. Citado en Wintle, p. 245.
34. Barbaro, *Giornale*, p. 37.

35. Ibíd., p. 39.
36. Néstor Iskánder, p. 57.
37. Ibíd., p. 59.
38. Ibíd., p. 61.
39. Citado en Mijatovich, p. 181.
40. Barbaro, *Giornale*, p. 40.
41. Ibíd., p. 40.
42. Ibíd., p. 40.
43. Ibíd., p. 41.
44. Ibíd., p. 41.
45. Ibíd., p. 44.
46. Barbaro, *Diary*, p. 55.
47. Barbaro, *Giornale*, p. 43.
48. Pertusi, *La Caduta*, vol. 2, p. 262.
49. Ibíd., vol. 1, p. 134.
50. Barbaro, *Diary*, p. 55.
51. Melville Jones, p. 5.
52. Barbaro, *Giornale*, p. 42.
53. Ibíd., p. 43.
54. Ibíd., p. 43.
55. Leonardo, p. 22.
56. Barbaro, *Diary*, p. 53.
57. Barbaro, *Giornale*, p. 42.
58. Néstor Iskánder, p. 51.
59. Leonardo, p. 22.
60. Barbaro, *Giornale*, pp. 46-7.
61. Pertusi, *La Caduta*, vol. 1, p. 26.
62. Ibíd., pp. 26-27.
63. Barbaro, *Giornale*, p. 35.

12. Augurios y presagios

1. Citado en Sherrard, p. 167.
2. Yerasimos, *Les Traditions Apocalyptiques*, p. 59.
3. Melville Jones, p. 129.
4. Leonardo, p. 14.

5. Néstor Iskánder, p. 69.

6. Citado en Yerasimos, *Les Traditions Apocalyptiques*, p. 70.

7. Barbaro, *Diary*, p. 56.

8. Pertusi, *La Caduta*, vol. 1, p. 26.

9. Ibíd., p. 26.

10. Ibíd., p. 26-7.

11. Citado en Tsangadas, p. 304.

12. Critobulo, *Critobuli*, p. 58.

13. Ibíd., p. 58.

14. Ibíd., p. 58.

15. Ibíd., pp. 58-9.

16. Ibíd., p. 63.

17. Néstor Iskánder, p. 81.

18. Ibíd., p. 63.

19. Ibíd., p. 81.

20. Ibíd., p. 63.

21. Ibíd., p. 65.

22. Pertusi, *La Caduta*, vol. 1, p. 309-10.

23. Leonardo, p. 50.

24. Melville Jones, pp. 47-8.

25. Ibíd., p. 48.

26. Ibíd., p. 48.

27. Ibíd., p. 48.

28. Ducas, *Fragmenta*, p. 286.

29. Leonardo, p. 50.

30. Ibíd., p. 50.

31. Melville Jones, p. 6.

32. Leonardo, p. 50.

33. Pertusi, *La Caduta*, vol. 1, p. 27.

34. Ducas, *Fragmenta*, p. 281.

35. Pertusi, *La Caduta*, vol. 1, p. 181.

36. Leonardo, p. 54.

37. Barbaro, *Giornale*, p. 48.

38. Ducas, trad. Magoulias, p. 221.

39. Ducas, *Fragmenta*, p. 281.

40. Pertusi, *La Caduta*, vol. 1, p. 27.

41. Citado en Yerasimos, *Les Traditions Apocalyptiques*, p. 157.

13. «Recordad la fecha»

1. Citado en Inalcik, *The Ottoman Empire: The Classical Age*, p. 56.
2. Mihailovich, p. 145.
3. Barbaro, *Giornale*, p. 49.
4. Critobulo, *Critobuli*, p. 59.
5. Ibíd., p. 61.
6. Ibíd., p. 62.
7. Ibíd., p. 63.
8. Melville Jones, pp. 48-49.
9. Ibíd., p. 49.
10. Leonardo, p. 54.
11. Citado en Babinger, p. 355.
12. Pertusi, *La Caduta*, vol. 1, pp. 156-8.
13. Barbaro, *Giornale*, p. 49.
14. Ibíd., p. 21.
15. Néstor Iskánder, p. 75.
16. Ibíd., p. 77.
17. Barbaro, *Diary*, p. 60.
18. Citado en Babinger, p. 85.
19. El Corán, p. 44.
20. Pertusi, *La Caduta*, vol. 1, p. 302.
21. El Corán, p. 361.
22. Barbaro, *Giornale*, p. 50.
23. Leonardo, p. 56.
24. Ibíd., p. 58.
25. Melville jones, p. 35.
26. Critobulo, *Critobuli*, pp. 61-2.
27. Néstor Iskánder, p. 87.
28. Barbaro, *Giornale*, p. 49.
29. Barbaro, *Diary*, p. 56.
30. Barbaro, *Giornale*, p. 49.
31. Pertusi, *La Caduta*, vol. 1, p. 29.
32. Khoja Sa'd-ud-din, p. 27.
33. Frantzés, trad. Carroll, p. 74.

34. Frantzés, trad. Filípides, p. 61.

14. Las puertas cerradas

1. Ibn Jaldún, vol. 2., p. 67.
2. Critobulo, *History of Mehmed*, p. 62.
3. Ducas, *Fragmenta*, p. 283.
4. Pertusi, *La Caduta*, vol. 1, p. 42.
5. Pertusi, *La Caduta*, vol. 1, p. 30.
6. Leonardo, p. 16.
7. Critobulo, *Critobuli*, p. 66.
8. Barbaro, *Diary*, p. 62.
9. Critobulo, *Critobuli*, p. 67.
10. Critobulo, *History of Mehmed*, p. 67.
11. Barbaro, *Giornale*, p. 52.
12. Néstor Iskánder, p. 60.
13. Barbaro, *Giornale*, p. 52.
14. Leonardo, p. 60.
15. Barbaro, *Giornale*, p. 67.
16. Leonardo, p. 60.
17. Critobulo, *Critobuli*, p. 67.
18. Barbaro, *Giornale*, p. 53.
19. Leonardo, p. 40.
20. Ibíd., p. 40.
21. Critobulo, *Critobuli*, p. 68.
22. Ibíd., p. 68.
23. Pertusi, *La Caduta*, vol. 1, p. 158.
24. Critobulo, *Critobuli*, p. 68.
25. Melville Jones, p. 7.
26. Critobulo, *Critobuli*, p. 68.
27. Barbaro, *Giornale*, p. 53.
28. Ibíd., p. 53.
29. Ibíd., p. 53.
30. Ibíd., p. 53.
31. Ibíd., p. 53.
32. Critobulo, *Critobuli*, p. 68.

33. Pertusi, *La Caduta*, vol. 1, p. 160.
34. Critobulo, *Critobuli*, p. 69.
35. Barbaro, *Giornale*, p. 53.
36. Pertusi, *La Caduta*, vol. 1, p. 161.
37. Leonardo, p. 44.
38. Critobulo, *Critobuli*, p. 68.
39. Ibíd., p. 70.
40. Barbaro, *Giornale*, p. 54.
41. Melville jones, p. 50.
42. Critobulo, *Critobuli*, p. 70.

15. Un puñado de polvo

1.　Sherrard, p. 102.
2.　Ducas, *Fragmenta*, p. 296.
3.　Critobulo, *Critobuli*, p. 71.
4.　Ibíd., p. 71.
5.　Barbaro, *Giornale*, p. 55.
6.　Néstor Iskánder, p. 89.
7.　Melville Jones, p. 51.
8.　Ducas, *Fragmenta*, p. 295.
9.　Ducas, trad. Magoulias, p. 228.
10. Khoja Sa'd-ud-din, p. 29.
11. Melville Jones, p. 123.
12. Critobulo, *Critobuli*, p. 71.
13. Ibíd., pp. 71-2.
14. Leonardo, p. 66.
15. Ducas, *Fragmenta*, p. 295.
16. Critobulo, *Critobuli*, p. 72.
17. Ibíd., p. 72.
18. Ibíd., p. 73.
19. Ibíd., p. 73.
20. Melville Jones, p. 38.
21. Barbaro, *Diary*, p. 67.
22. Critobulo, *Critobuli*, p. 73.
23. Ducas, *Fragmenta*, p. 292.

24. Pertusi, *La Caduta*, vol. 1, p. 34.
25. Barbaro, *Diary*, p. 67.
26. Critobulo, *Critobuli*, p. 74.
27. Ducas, *Fragmenta*, p. 296.
28. Pertusi, *La Caduta*, vol. 1, pp. 185-6.
29. Ibíd., p. 44.
30. Ibíd., p. 44.
31. Pertusi, *La Caduta*, vol. 1, p. 36.
32. Ibíd., p. 37.
33. Barbaro, *Giornale*, p. 58.
34. Pertusi, *La Caduta*, vol. 1, p. 36.
35. Ibíd., p. 36.
36. Procopio, citado en Freely, p. 28.
37. Citado en Norwich, vol. 1, p. 203.
38. Critobulo, *Critobuli*, p. 74.
39. Ducas, trad. Magoulias, p. 225.
40. Ducas, trad. Magoulias, p. 227.
41. Ducas, *Fragmenta*, p. 292.
42. Ibíd., p. 227.
43. Khoja Sa'd-ud-din, p. 30.
44. Tursun Beg, p. 37.
45. Pertusi, *La Caduta*, vol. 1, p. 214.
46. Ibíd., pp. 184-5.
47. Legrand, p. 74.
48. Citado en Lewis, *The Muslim Discovery of Europe*, p. 30.
49. Citado en Freely, pp. 211-12.
50. Critobulo, *Critobuli*, pp. 74-5.
51. Citado en Lewis, *Istanbul*, p. 8.
52. Pertusi, *La Caduta*, vol. 1, pp. 219-21.
53. Ibíd., p. 327.
54. Norwich, vol. 3, p. 143.

16. El actual terror del mundo

1. Melville Jones, p. 135.
2. Camariotes, p. 1070.

3. Pertusi, *La Caduta*, vol. 2, p. 416.

4. Ibíd., pp. 44-6.

5. Ducas, trad. de Magoulias, pp. 234-5.

6. Citado en Lewis, *Istanbul*, p. 8.

7. Khoja Sa'd-ud-din, p. 33.

8. Critobulo, *Critobuli*, p. 76.

9. Citado en Wheatcroft, *The Ottomans*, p. 23.

10. Pertusi, *La Caduta*, vol. 1, p. xxxviii.

11. Citado en Schwoebel, p. 8.

12. Ibíd., p. 4.

13. Citado en ibíd., p. 9.

14. Ibíd., p. 4.

15. Lewis, *The Muslim Discovery of Europe*, p. 32.

16. Ibn Taghribirdi, pp. 38-39.

17. Ducas, *Fragmenta*, p. 300.

18. Inalcik, *The Ottoman Empire*, p. 56.

19. Citado en Schwoebel, p. 43.

20. Barbaro, *Giornale*, p. 66.

21. Citado en Schwoebel, p. 11.

22. Citado en Babinger, p. 358.

23. Citado en Babinger, pp. 170-71.

24. *Otelo*.

25. Citado en matar, p. 158.

26. Khoja Sa'd-ud-din, p. 33.

27. Citado en Runciman, *The Fall of Constantinople*, p. 155.

28. Citado en Mansel, p. 15.

29. Citado en Mansel, p. 32.

30. Citado en Mansel, p. 47.

31. Citado en Schwoebel, p. 9.

32. Citado en Freeley, p. 3.

33. Citado en Matar, p. 159.

34. Citado en Levey, p. 15.

35. Citado en *Istanbul: Everyman Guides*, p. 82.

36. Citado en Levey, p. 18.

37. Citado en Mansel, p. 57.

38. Citado en Freely, p. 14.

Epílogo: Lugares de reposo

1. Citado en Babinger, p. 408.
2. Citado en ibíd., p. 424.
3. Citado en ibíd., p. 424.
4. Citado en ibíd., p. 411.
5. Citado en ibíd., p. 405.
6. Citado en Babinger, p. 408.
7. Frantzés, trad. de Filípides, p. 21.
8. Ibíd., p. 75.
9. Ibíd., p. 91.
10. Pertusi, *La Caduta*, vol. 1, p. 162.
11. Citado en Setton, p. 429.
12. Chelebi, *Le Siège*, p. 2.
13. Gilles, p. 130.

Sobre las fuentes

1. *La Caduta*, vol. 2, p. 261.
2. Critobulo, *History of Mehmed*, pp. 4–6.

ÍNDICE ONOMÁSTICO Y DE MATERIAS

herederos masculinos enviados a gobernar provincias, 59
lucha fratricida por el poder, 59
miedo de asesinato, 58
Orján se otorga el título de sultán,
49
ya no caudillos tribales analfabetos,
58

Tafur, Pero, 53
Taigeto, monte, 357
Tana, flota de, 316
Tenedos, 112
Teodora, emperatriz, 357
Teodoro (hermano de Constantino XI),
74
Teodoro Caristeno, 152
Teodosia, iglesia de, 307
Teodosio II, emperador, 122
Teodosio, muralla de, 164, 311
áreas potencialmente vulnerables,
232
como defensa formidable, 120
construida por Antemio, 120
descrita, 232
destruida por un terremoto en el siglo v, 17, 117, 123
efectos del fuego de cañón, 281
el corazón del sistema, 120
el foso, 124
en tiempos modernos, 358
las torres, 121
mantenimiento y reparación, 260,
286
nueve agujeros substanciales en vísperas de la batalla, 286
nunca superada, 121
poternas, 121
protección de la Virgen, 122
reconstruida, 123
serie de puertas, 121
tres capas defensivas, 261
Teófanes el Confesor, 27
Teófilo Paleólogo, 287, 302
Termópilas, 357
Tesalónica, 72
Tetaldi, Giacomo, 147, 149, 181, 238,
260, 313, 322, 361
Therapia, 110, 161
tifus, 157

Timur, 56
Tokat, Anatolia, 141
Tomás (hermano de Constantino XI), 74,
90, 92
Tophane, 360
Topkapi, palacio de, Constantinopla, 58,
345, 350
Torá, la, 50
Tracia, 81, 84, 118, 136, 142, 161
Trebisonda, Anatolia, 78, 141, 213, 337
Trebisonda, emperador de, 78
Trebisonda, Jorge de, 18
Trevisano, Gabriel, 110, 153, 215, 231,
234, 316
trirremes, 180, 190, 193, 198, 265
Troya, 37
Turaján Bey, 92, 259
turcos
botín como razón de ser, 40
emergencia de los, 49
hogar ancestral, 39
infieles, 183
inquietos, móviles y tribales, 40
islam militante, 41
la imagen del, 336
reclutados en el ejército del califa de
Bagdad, 40
selyúcidas sunitas como sultanes en
Bagdad, 40
Turquía, creación de, (1923), 18
túrquicos, búlgaros, 40
Tursun Bey, 139, 143, 189, 198, 227,
326, 361
Tutmosis III, faraón, columna de, 317

ulemas, 143
Urban (fundidor de cañones húngaro),
130-133, 135, 162-164, 167-170
Urbano II, papa, 43

valacos, 336
Valaquia, 78, 337
Valente, acueducto de, 323
Valle de los Manantiales, 207, 210, 215,
222, 266, 277, 357
Varna, batalla de (1444), 63, 65, 73, 77,
188
vasallaje medieval, 18-19
Vaticano, 169
Venecia, 31, 45, 72, 82, 90

Ático de los Libros le agradece la atención
dedicada a *Constantinopla 1453* de Roger Crowley.
Esperamos que haya disfrutado de la lectura
y le invitamos a visitarnos
en www.aticodeloslibros.com,
donde encontrará más información
sobre nuestras publicaciones.

Si lo desea, puede también seguirnos
a través de Facebook, Twitter o Instagram y
suscribirse a nuestro boletín utilizando su teléfono
móvil para leer los siguientes códigos QR: